贵州统计年鉴 2020

GUIZHOU STATISTICAL YEARBOOK

中国统计出版社
China Statistics Press

贵州统计年鉴 2020

GUIZHOU STATISTICAL YEARBOOK 2020

贵州省统计局 国家统计局贵州调查总队 编

Compiled by Guizhou Provincial Bureau of Statistics NBS Survey Office in Guizhou

中国统计出版社

China Statistics Press

图书在版编目(CIP)数据

贵州统计年鉴. 2020 = Guizhou Statistical Yearbook 2020 : 汉英对照 / 贵州省统计局, 国家统计局贵州调查总队编. -- 北京 : 中国统计出版社, 2020.9
ISBN 978-7-5037-9209-0

Ⅰ. ①贵… Ⅱ. ①贵… ②国… Ⅲ. ①统计资料－贵州－2020－年鉴－汉、英 Ⅳ. ①C832.73-54

中国版本图书馆 CIP 数据核字(2020)第 120629 号

贵州统计年鉴-2020

作　　者/ 贵州省统计局　国家统计局贵州调查总队
责任编辑/ 钟钰
装帧设计/ 多彩贵州网有限责任公司
出版发行/ 中国统计出版社有限公司
地　　址/ 北京市丰台区西三环南路甲 6 号
邮政编码/ 100073
电　　话/ 邮购（010）63376909　书店（010）68783171
网　　址/ http://www.zgtjcbs.com
印　　刷/ 贵州新华印务有限责任公司
经　　销/ 新华书店
开　　本/ 890㎜×1240㎜　1/16
字　　数/ 1800 千字
印　　张/ 32
版　　别/ 2020 年 10 月第 1 版
版　　次/ 2020 年 10 月第 1 次印刷
定　　价/ 330.00 元　Price:330.00 yuan(RMB)

本书附同版本 CD-ROM 一张，光盘内容以书面文字为准。
如有印装差错，由本社发行部调换。

《贵州统计年鉴-2020》编辑人员

Guizhou Statistical Yearbook-2020 Editorial staff

编者说明

一、《贵州统计年鉴-2020》系统收录了2019年贵州省国民经济和社会发展等各方面统计数据，改革开放以来特别是2015年以来的主要统计数据，全省各市(州)、县(市、区、特区)和全国及各省(区、市)主要统计数据，是反映贵州省情的重要工具书之一。

二、本年鉴包括26个部分:综合，国民经济核算，人口，就业人员和职工工资，固定资产投资，对外经济贸易，能源，财政税收，价格指数，人民生活，城市概况，资源和环境，农业，工业，建筑业，运输和邮电，批发、零售、住宿和餐饮业，旅游业，金融业，教育，科学技术，文化、

体育和卫生，社会服务及其他，民族自治地方，市(州)、县(市、区、特区)资料，全国及各省(区、市)资料。为便于读者了解和使用统计数据，在每部分首页作简要说明，后面附有主要统计指标解释。

三、本年鉴中，凡由有关部门(单位)提供的数据均在表下注明数据来源，部分指标统计范围、口径发生变化的在表下均有注释，使用时请读者注意。

四、本年鉴中部分数据合计数或相对数由于计算单位或取舍不同而产生的计算误差，均未作机械调整。

五、本年鉴表中符号使用说明:“…”表示数据不足最小计量单位，“空格”表示该统计指标数据不详或无数据，“#表示为上级指标的其中项”。

本年鉴在编辑、出版过程中，得到了有关部门(单位)的大力支持和帮助，在此谨致衷心感谢!

Editor's Notes

I. Guizhou Statistical Yearbook 2020 is an annual statistical publication, it systematically includes the statistical data, which reflects comprehensively the economic and social development of Guizhou Province. It covers data of year 2019,key statistical data for the years since Reform and opening-up specially the year 2015, and Main Statistics of Province (autonomous regions, municipalities) as well as the whole country. It is a useful reference book to thoroughly know Guizhou.

II. The Yearbook contains 26 chapters: General Survey; National Accounts; Population;Employment and Wage; Investment in Fixed Assets; Foreign Trade and Economic Cooperation; Energy; Government Finance and Taxation; Price Indices; Peoples Living Conditions; General Information of Cities; Resources and Environment; Agriculture; Industry; Construction; Trans port, Post and Telecommunication Services; Wholesale and Retail Trades; Hotel, Catering Services and Tourism; Financial Intermediation; Education, Science and Technology; Culture,Sports and Public Health; Social Services and Others; Minority Nationality Autonomous Areas;Main Statistics of Prefectures and Counties; Main Statistics of Provinces (autonomous regions,municipalities) and the Whole Country. Explanatory Notes on Main Statistical Indicators is attached to the end of each chapter to help the readers to use the statistical data in this book.

III. Data sources are indicated below the statistical tables where data are provided by the departments (units) concerned. Some of the statistical range and caliber of indicators have changed, all of which are annotated at the bottom of the table.

IV. Statistical discrepancies on totals and relative figures due to rounding are not adjusted in the yearbook.

V. Notations used in the yearbook: "…" indicates that the figure is not large enough to be measured with the smallest unit in the table;"blank space" indicates that data are unknown or are not available; "#" indicates one of the parent indices.

Heartfelt thanks to the departments (units) concerned for the great support and help in the editing and publication of this yearbook.

目　录

CONTENTS

一　综　合
General Survey

二　国民经济核算
National Accounts

三 人 口
Population

四 就业人员和职工工资
Employment and Wages

六 对外经济贸易
Foreign Trade and Economic Cooperation

七 能 源
Energy

八 财政税收
Government Finance and Taxation

九 价格指数
Price Indices

十 人民生活
People´s Living Conditions

十一　城市概况
General Survey of Cities

十二　资源和环境
Resources and Environment

十三 农 业
Agriculture

十四 工 业
Industry

十五 建筑业
Construction

十六 运输和邮电
Transport, Postal and Telecommunication Services

十七　批发、零售、住宿和餐饮业
Wholesale and Retail Trades

十八　旅游业
Tourism

十九　金融业
Financial Intermediation

二十　教育
Education

二十一　科学技术
Technology

二十二 文化、体育和卫生
Culture, Sports and Public Health

二十三 社会服务及其他
Social Services and Others

二十四　民族自治地方
Minority Nationality Autonomous Areas

二十五　市(州)、县(市、区、特区)资料
Main Statistics of City(State,Prefecture) and County(City,District,Special Region)

综合

General Survey 1

简 要 说 明

一、主要内容

综合部分包括全省行政区划、法人单位数、国民经济和社会发展综合资料。

二、资料来源

国民经济和社会发展的总量、速度、结构、比例和效益状况及变化，根据有关资料由省统计局编辑整理。

“行政区划”资料由省民政厅汇总整理并提供。

Brief Introduction

I.Main Contents

This chapter consists of four parts: divisions of administrative areas, number of legal entities, summary data on the national economy and social development.

II.Sources of Data

The summary data on the national economy reflect the overall situation of the economic and social development by presenting further processed statistics including growth, structure, ratio and efficiency data derived from other chapters, which are edited by Guizhou Provincial Bureau of statistics.

Data on divisions of administrative areas in Guizhou Province are prepared and provided by Department of Civil Affairs Bureau.

1-1 行政区划(2019)

Divisions of Administrative Areas

单位:个 (unit)

市(州) 名 称	City (State)	地级单位 Units at Prefe-ctural Level	#市 Cities	县级单位 Units at County Level	县 Counties	自治县 Auto-nomous Counties	县级市 Cities at County Level	市辖区 Districts under the Jurisd-iction of City
全省合计	**Total**	**9**	**6**	**88**	**52**	**11**	**9**	**15**
贵 阳 市	Guiyang	1	1	10	3		1	6
六盘水市	Liupanshui	1	1	4	1		1	1
遵 义 市	Zunyi	1	1	14	7	2	2	3
安 顺 市	Anshun	1	1	6	1	3		2
毕 节 市	Bijie	1	1	8	6	1		1
铜 仁 市	Tongren	1	1	10	4	4		2
黔西南布依族苗族自治州	Qianxinan	1		8	6		2	
黔东南苗族侗族自治州	Qiandongnan	1		16	15		1	
黔南布依族苗族自治州	Qiannan	1		12	9	1	2	

注：资料来源于省民政厅(下表同)。

Note: Data in the table are obtained from the Provincial Department of Civil Affairs (the same applies to the next table).

1-1 续表 continued

市(州) 名 称	City (State)	特 区 Spe-cial Dist-rict	镇 Town	街道办事处 Street Commu-nities	乡 Tow-nship	民族乡 Ethnic Community Township	城市社区居民委员会 Neighb-ourhood Commi-ttees	村 民 委员会 Village Committees
全省合计	**Total**	**1**	**837**	**288**	**122**	**193**	**4310**	**13231**
贵 阳 市	Guiyang		50		9	18	636	949
六盘水市	Liupanshui	1	39	27	1	25	385	722
遵 义 市	Zunyi		180	52	13	8	596	1456
安 顺 市	Anshun		48	26	8	10	268	956
毕 节 市	Bijie		135	52	19	72	1434	2223
铜 仁 市	Tongren		94	38	11	38	308	2605
黔西南布依族苗族自治州	Qianxinan		83	43	12	3	233	1008
黔东南苗族侗族自治州	Qiandongnan		129	28	45	15	260	2126
黔南布依族苗族自治州	Qiannan		79	22	4	4	190	1186

1-2 各市(州)、县(市、区、特区)名称(2019)
Name of Each City (Autonomous Prefecture) and County (City, District, Special Region)

市(州)名称 City(State)	县(市、区、特区)名称 County(City,District,Special Region)
贵阳市 Guiyang	南明区 云岩区 花溪区 乌当区 白云区 观山湖区 清镇市 开阳县 息烽县 修文县 Nanming Yunyan Huaxi Wudang Baiyun Guanshanhu Qingzhen Kaiyang Xifeng Xiuwen
六盘水市 Liupanshui	钟山区 六枝特区 盘州市 水城县 Zhongshan Liuzhi Panzhou Shuicheng
遵义市 Zunyi	红花岗区 汇川区 播州区 赤水市 仁怀市 桐梓县 绥阳县 正安县 Honghuagang Huichuan Bozhou Chishui Renhuai Tongzi Suiyang Zhengan 凤冈县 湄潭县 余庆县 习水县 道真仡佬族苗族自治县 务川仡佬族苗族自治县 Fenggang Meitan Yuqing Xishui Daozhen Wuchuan
安顺市 Anshun	西秀区 平坝区 普定县 关岭布依族苗族自治县 镇宁布依族苗族自治县 Xixiu Pingba Puding Guanling Zhenning 紫云苗族布依族自治县 Ziyun
毕节市 Bijie	七星关区 大方县 黔西县 金沙县 织金县 纳雍县 赫章县 威宁彝族回族苗族自治县 Qixingguan Dafang Qianxi Jinsha Zhijin Nayong Hezhang Weining
铜仁市 Tongren	碧江区 万山区 江口县 石阡县 思南县 德江县 沿河土家族自治县 松桃苗族自治县 Bijiang Wanshan Jiangkou Shiqian Sinan Dejiang Yanhe Songtao 玉屏侗族自治县 印江土家族苗族自治县 Yuping Yinjiang
黔西南布依族苗族自治州 Qianxinan	兴义市 兴仁市 普安县 晴隆县 安龙县 望谟县 贞丰县 册亨县 Xingyi Xingren Puan Qinglong Anlong Wangmo Zhenfeng Ceheng
黔东南苗族侗族自治州 Qiandongnan	凯里市 黄平县 施秉县 三穗县 镇远县 岑巩县 天柱县 锦屏县 Kaili Huangping Shibing Sansui Zhenyuan Cengong Tianzhu Jinping 剑河县 台江县 黎平县 榕江县 从江县 雷山县 麻江县 丹寨县 Jianhe Taijiang Liping Rongjiang Congjiang Leishan Majiang Danzhai
黔南布依族苗族自治州 Qiannan	都匀市 福泉市 荔波县 贵定县 瓮安县 平塘县 罗甸县 长顺县 龙里县 惠水县 Duyun Fuquan Libo Cuiding Wengan Pingtang Luodian Changshun Longli Huishui 独山县 三都水族自治县 Dushan Sandu

1-3 法人单位数
Number of Legal Entities

单位：个 (unit)

指　标	Item	2015年	2016年	2017年	2018年	2019年
法人单位数	**Number of Legal Entities**	**265382**	**339564**	**447650**	**455227**	**471133**
按三次产业分	**Grouped by Three Strata of Industry**					
第一产业	Primary Industry	44993	69148	97661	107093	102106
第二产业	Secondary Industry	51081	62614	79790	71833	77158
#工业	Industry	43383	50595	61011	57259	54281
第三产业	Tertiary Industry	169308	207802	270199	276301	291869
按经济类型分	**Grouped by Registration Status**					
国有经济	State-owned Economic Units	32139	32301	32314	38865	39075
集体经济	Collective Economic Units	3696	2788	3427	3375	3340
私营经济	Private Economic Units	131101	183593	274674	295654	333858
联营经济	Joint Ownship Units	671	675	628	494	366
股份制经济	Share cooperative Units	2577	2730	3667	3781	21739
外商投资经济	Foreign Investment Units	239	257	289	234	313
港澳台商投资经济	Units with Funds from Hong Kong, Macao and Taiwan	249	276	349	231	287
其他经济	Others	94710	116944	132302	112593	72155
按机构类型分	**Grouped by Type of Institutions**					
企业	Enterprises	199132	247409	342973	340292	361145
事业单位	Institutions	21450	21448	21416	25876	25550
机关	Agencies	7271	7270	7347	6943	7024
社会团体	Social Organization	6190	5703	5807	5911	5772
民办非企业单位	Private non-enterprise unit	3053	3127	3245	5163	5179
农民专业合作社	Farmer professional cooperatives		31986	44730	51237	46626
其他组织机构	Others	28286	22621	22132	19805	19837

注:1.2018年第一产业法人单位数为第四次经济普查单位清查数,第二、三产业为单位普查数（下表同）。2.因统计口径调整，按机构类型分组中，2016年起农民专业合作社单列。3.按经济类型分组中,2015年—2018年股份制经济含股份有限公司,2019年股份制经济含股份有限公司和其它有限责任公司。

Note:1. Data of 2018 are from the fourth economic census (the same as in the following tables). 2.As a result of the statistical caliber adjustment, the 2016 farmer professional cooperatives are listed separately in the group by institution type.3. Grouped by economic type, the shareholding economy from 2015 to 2018 includes joint stock limited companies, and the shareholding economy from 2019 includes joint stock limited companies and other limited liability companies.

1-4 按行业分法人单位数
Number of Legal Entities Grouped by sector

单位：个 (unit)

行业门类	Item	2015年	2016年	2017年	2018年	2019年
全省总计	**Total**	**265382**	**339564**	**447650**	**455227**	**471133**
农、林、牧、渔业	Farming、Forestry、Animal Hasbandry 、Fishery	46520	71134	100143	108581	103738
采矿业	Mining	7361	7636	8003	4326	4280
制造业	Manufacturing	33897	40573	50398	46302	47820
电力、热力、燃气及水生产和供应业	Production and Supply of Electricity, Heat,Gas and Water	2125	2386	2610	2089	2181
建筑业	Construction	7914	12268	19090	19521	23301
批发和零售业	Wholesale and Retail Trades	47826	65613	94259	91682	97147
交通运输、仓储和邮政业	Transport,Storage and Post	4392	5619	7698	7709	8270
住宿和餐饮业	Hotels and Catering services	8149	11495	16341	17053	17207
信息传输、软件和信息技术服务业	Information Transmission,Software and Information Technology	3042	4851	8080	8179	9344
金融业	Financial Intermediation	2163	2417	2535	1509	1502
房地产业	Real Estate	8751	9930	11711	11596	12923
租赁和商务服务业	Leasing and Business Services	17043	23830	34597	35243	39748
科学研究和技术服务业	Scientific Research and Technical Services	5710	6650	9234	11100	11836
水利、环境和公共设施管理业	Management of Water Conservancy 、Environment and Public Facilities	1904	2311	3125	3373	3613
居民服务、修理和其他服务业	Services to Households ,Repairs and Other Services	6403	9197	12186	13950	14726
教育	Education	12180	12807	13558	15828	16440
卫生和社会工作	Health and Social Service	4955	5225	5522	5569	5621
文化、体育和娱乐业	Culture, Sports and Entertainment	4617	5829	8783	9258	9162
公共管理、社会保障和社会组织	Public Management 、Social Security and Social Organization	40430	39793	39777	42359	42274

注：行业分类按《国民经济行业分类》(GB/T4754—2017)执行。
Note:《Classification of National Economy Industry》(GB/T4754-2017) was used .

1-5 国民经济和社会发展主要指标

指标	Item	总量指标			
		1978	2000	2005	2010
人口	**Population**				
年末常住人口(万人)	Total Population at the Year-end (10000 persons)	2686.40	3755.72	3730.00	3479.00
#城镇人口	Urban Population	323.97	896.49	1002.25	1176.25
乡村人口	Rural Population	2362.43	2859.23	2727.75	2302.75
#男性人口	Male	1364.82	1968.00	1920.55	1797.43
女性人口	Female	1321.58	1787.72	1809.45	1681.57
年平均人口(万人)	Annual Average Population(10000 persons)	2663.27	3732.89	3717.61	3508.00
就业	**Employment**				
就业人员(万人)	Year-end Employees (10000 persons)	1053.67	1866.28	1944.29	1770.90
#非私营单位在岗职工人数	Staff and Workers	171.19	193.96	202.02	210.67
城镇登记失业人数（万人）	Urban Registeration Unemployment (10000 persons)		10.23	12.13	12.18
国民经济核算	**National Accounting**				
地区生产总值(亿元)	Gross Domestic Product (100 million yuan)	46.62	1029.92	2005.42	4602.79
第一产业增加值	Value-added of Primary Industry	19.42	271.20	368.94	625.66
第二产业增加值	Value-added of Secondary Industry	18.73	391.20	821.16	1800.06
第三产业增加值	Value-added of Tertiary Industry	8.47	367.52	815.32	2177.07
人均地区生产总值(元)	Per capita GDP(yuan)	175	2759	5394	13119
对外贸易	**Foreign Trade**				
进出口总额（亿美元）	Total Value of Imports and Exports(USD 100 million)	0.16	6.60	14.04	31.47
#出口额	Total Exports	0.03	4.21	8.59	19.20
利用外资	**Utilization of Foreign Capital**				
签订合同项目(个)	Projects of Agreements and Contracts(unit)		59	61	42
实际利用外资金额(万美元)	Foreign Capital Actually Absorbed(USD 10000)	※148	19545	19568	34026
财政	**Government Finance**				
财政总收入(亿元)	Total Financial Revenue(100 million yuan)	14.20	153.04	366.16	969.57
#一般公共预算收入(亿元)	General Public Budget Revenue (100 million yuan)	6.26	85.23	182.50	533.73
一般公共财政支出(亿元)	General Public Financial Expenditure (100 million yuan)	12.30	201.57	520.73	1631.48
价格指数(上年=100)	**Price Indices(preceding year=100)**				
居民消费价格总指数	Consumer Price Index	100.3	99.5	101.0	102.9
商品零售价格总指数	Retail Price Index	100.3	97.3	101.3	103.0
农业生产资料价格总指数	General Price Index of Means of Agricultural Production	102.1	100.6	110.2	101.1
工业生产者出厂价格指数	Ex-Factory Price Index of Industrial Producer		100.4	107.2	104.7
工业生产者购进价格指数	Purchasing Price Index of Industrial Producer		102.9	107.4	109.8

Major Indicators on National Economic and Social Development

Aggregate Indicators		增长速度（%）　Indices and Growth Rates (%)							
		2019年比以下各年增长 Increase Rate in 2019over the Following years					平均增长速度 Average Annual Growth Rate		
2015	2019	1978	2000	2005	2010	2015	1979–2019	2001–2019	2016–2019
3529.50	3622.95	34.9	-3.5	-2.9	4.1	2.6	0.7	-0.2	0.7
1482.74	1775.97	448.2	98.1	77.2	51.0	19.8	4.2	3.7	4.6
2046.76	1846.98	-21.8	-35.4	-32.3	-19.8	-9.8	-0.6	-2.3	-2.5
1820.63	1856.26	36.0	-5.7	-3.3	3.3	2.0	0.8	-0.3	0.5
1708.87	1766.69	33.7	-1.2	-2.4	5.1	3.4	0.7	-0.1	0.8
3518.77	3611.48	35.6	-3.3	-2.9	2.9	2.6	0.7	-0.2	0.7
1946.65	2049.40	94.5	9.8	5.4	15.7	5.3	1.6	0.5	1.3
277.62	290.39	69.6	49.7	43.7	37.8	4.6	1.3	2.1	1.1
14.49	15.33		49.9	26.4	25.9	5.8		2.2	1.4
10541.00	16769.34	4962.5	661.7	368.5	247.7	43.9	10.0	11.3	9.5
1641.99	2280.56	612.6	145.4	108.2	156.9	27.2	4.9	4.8	6.2
4175.24	6058.45	8829.5	836.8	426.1	279.1	47.3	11.6	12.5	10.2
4723.77	8430.33	10741.6	871.1	444.2	250.6	46.4	12.1	12.7	10.0
29953	46433	3701.7	688.2	382.5	240.1	40.1	9.3	11.5	8.8
122.21	65.68	39828.1	895.1	367.7	108.7	-46.3	15.7	12.9	-14.4
99.49	47.40	166225.6	1027.0	451.7	146.9	-52.4	19.8	13.6	-16.9
187									
262747	67887		247.3	246.9	99.5	-74.2		6.8	-28.7
2291.82	3051.52	21389.6	1893.9	733.4	214.7	33.1	14.0	17.1	7.4
1503.38	1767.47	28134.3	1973.8	868.5	231.2	17.6	14.8	17.3	4.1
3939.50	5948.74	48263.8	2851.2	1042.4	264.6	51.0	16.3	19.5	10.9
101.8	102.4								
100.1	101.7								
103.1	103.2								
96.1	99.8								
97.5	99.4								

1−5 续表1

指 标	Item	总量指标			
		1978	2000	2005	2010
能源生产与消费	**Total Production and Consumption of Energy**				
一次能源生产总量（万吨标准煤）	Total Production of Primary Energy(10000 tons of SCE)	1204.51	3288.83	7957.07	13100.00
能源消费总量(万吨标准煤)	Total Energy Consumption(10000 tons of SCE)	674.50	4278.60	5641.25	8175.43
农业	**Agriculture**				
主要农产品产量(万吨)	Output of Major Farm Products(10000 tons)				
粮 食	Grain	643.36	1161.30	1152.06	1112.30
油 料	Oil-bearing Crops	9.89	74.34	84.89	60.34
#油菜籽	Rapeseed	7.34	66.20	76.51	51.62
烤 烟	Flue-cured Tobacco	8.11	31.09	34.45	37.02
肉类总产量	Meat	12.80	124.06	187.01	179.09
水 产 品	Aquatic Products	0.37	6.24	9.46	8.79
工业	**Industry**				
规模以上工业企业	Industrial Enterprises above Designated Size				
增加值（亿元）	Added Value(100 million yuan)		216.99	585.85	1227.17
#轻工业	Light Industry		82.16	177.19	413.99
重工业	Heavy Industry		134.83	408.66	813.18
主营业务收入(亿元)	Revenue from Principal Business(100 million yuan)		593.80	1577.16	3926.01
利税总额(亿元)	Total Profits(100 million yuan)		87.44	232.49	671.39
主要工业产品产量	Output of Major Industrial Products				
发电量(亿千瓦小时)	Electricity(100 million kwh)	41.43	404.70	786.78	1358.69
原铝(万吨)	Aluminum(10000 tons)	2.32	27.19	41.99	88.79
成品钢材(万吨)	Rolled Steel(10000 tons)	4.95	150.93	214.85	391.04
水泥(万吨)	Cement(10000 tons)	130.93	783.88	1557.97	3694.84
磷矿石(万吨)	Phosphorite(10000 tons)	169.02	588.70	878.79	1579.21
茅台酒(吨)	Mao-Tai Chiew(ton)	1067	5397	8885	12911
卷烟(万箱)	Cigarettes(10000 cases)	31.60	187.40	208.21	239.24
建筑业	**Construction**				
建筑业总产值(亿元)	Gross Output Value of Construction(100 million yuan)	4.40	109.06	271.23	622.96
房屋建筑施工面积(万平方米)	Floor Space of Buildings under Construction(10000 sq.m)	313	1792	3153	5756
房屋建筑竣工面积(万平方米)	Floor Space of Buildings Completed(10000 sq.m)	164	824	1150	1350
交通运输业	**Transportation**				
运输线路长度(公里)	Length of Transportation Routes(km)				
铁路营业里程	Length of Railways	1365	1641	1986	2002
公路线路里程	Length of Highways in Operation	25954	34643	46893	151644
客运量(万人)	Passenger Traffic(10000 persons)	3294	53032	64450	97793
旅客周转量(亿人公里)	Passenger-Kilometers(100 million passenger-km)	25.50	238.36	312.40	514.41
货运量(万吨)	Freight Traffic(10000 tons)	3467	15615	21771	40310
货物周转量(亿吨公里)	Freight Ton-Kilometers(100 million ton-km)	79.60	404.07	646.55	1012.20

continued

Aggregate Indicators		增长速度（%） Indices and Growth Rates (%)							
		2019年比以下各年增长 Increase Rate in 2019 over the Following years					平均增长速度 Average Annual Growth Rate		
2015	2019	1978	2000	2005	2010	2015	1979–2019	2001–2019	2016–2019
14322.94	11630.38	865.6	253.6	46.2	-11.2	-18.8	5.7	6.9	-5.1
9344.21	10423.27	1445.3	143.6	84.8	27.5	11.5	6.9	4.8	2.8
1214.57	1051.24	63.4	-9.5	-8.8	-5.5	-13.4	1.2	-0.5	-3.5
114.80	103.01	941.6	38.6	21.3	70.7	-10.3	5.9	1.7	-2.7
89.73	77.25	952.5	16.7	1.0	49.7	-13.9	5.9	0.8	-3.7
32.89	21.58	166.1	-30.6	-37.4	-41.7	-34.4	2.4	-1.9	-10.0
201.94	205.87	1508.4	65.9	10.1	15.0	1.9	7.0	2.7	0.5
24.98	24.36	6483.8	290.4	157.5	177.1	-2.5	10.8	7.4	-0.6
3542.03			1068.2	443.6	180.9	43.8		13.8	12.9
1374.19			1068.3	476.4	203.4	54.5		13.8	15.6
2167.84			1026.8	419.1	165.7	36.1		13.6	10.8
9876.81	9619.12		1519.9	509.9	145.0	-2.6		15.8	-0.7
1460.84	1853.77		2020.0	697.4	176.1	26.9		17.4	6.1
1740.92	2106.28	4983.9	420.5	167.7	55.0	21.0	10.1	9.1	4.9
85.52	127.8	5408.6	370.0	204.4	43.9	49.4	10.3	8.5	10.6
463.04	707.74	14197.8	368.9	229.4	81.0	52.8	12.9	8.5	11.2
9909.52	10991.07	8294.6	1302.1	605.5	197.5	10.9	11.4	14.9	2.6
4323.10	2504.06	1381.5	325.4	184.9	58.6	-42.1	6.8	7.9	-12.8
22373									
252.34	222.93	605.5	19.0	7.1	-6.8	-11.7	4.9	0.9	-3.1
1947.74	3714.89	84329.3	3306.3	1269.6	496.3	90.7	17.9	20.4	17.5
16770	15929	4995.5	788.7	405.2	176.7	-5.0	10.1	12.2	-1.3
3194	4131	2419.8	401.3	259.4	206.0	29.3	8.2	8.9	6.6
2810	3753	174.9	128.7	89.0	87.5	33.6	2.5	4.5	7.5
186407	204723	688.8	491.0	336.6	35.0	9.8	5.2	9.8	2.4
87541	93756	2746.3	76.8	45.5	-4.1	7.1	8.5	3.0	1.7
658.23	832.94	3166.4	249.4	166.6	61.9	26.5	8.9	6.8	6.1
84540	106802	2980.5	584.0	390.6	164.9	26.3	8.7	10.6	6.0
1379.00	1953.89	2354.6	383.6	202.2	93.0	41.7	8.1	8.6	9.1

1-5 续表2

指标	Item	总量指 1978	2000
邮电通信业	**Post and Telecommunication**		
邮政业务总量（亿元）	Business Volume of Postal Services (100 million yuan)		
邮路网路总长度(公里)	Number of Postal Routes(km)		63538
函件(万件)	Number of Letters(10000 pcs)	3880	6943
交换机容量(万门)	Capacity of Telephone Exchanges(10000 lines)	8.95	260.46
年末固定电话用户(万户)	Number of Fixed Telephones Subscribers at the Year-end (10000 subscribers)	3.80	153.70
移动电话用户(万户)	Number of Mobile Telephones Subscribers(10000 subscribers)		79.70
互联网宽带接入端口(万个)	Number of Subscribers of Internet Service(10000 subscribers)		
旅游业	**Tourism**		
旅游总人数(万人次)	Total Number of Visitors(10000 persons)		1980
#入境旅游人数	Number of International Tourists Inbound		18.39
旅游总收入(亿元)	Total Tourism Income(100 million yuan)		57.95
#国际旅游外汇收入(万美元)	International Earnings from Tourism (USD 10000)		6092.23
金融业	**Financial Intermediation**		
全部金融机构人民币各项存款余额(亿元)	Total Savings Deposit Balance(100 million yuan)	18.05	1106.64
#住户存款	Household Deposits	1.84	539.49
全部金融机构人民币各项贷款余额(亿元)	Total Loan Balance (100 million yuan)	21.62	1064.82
教育	**Education**		
专任教师数	Full-time Teachers		
普通高等学校(万人)	Regular Institutions of Higher Education (10000 persons)	0.28	0.72
普通中学(万人)	Regular Secondary Schools (10000 persons)	5.42	8.12
小学(万人)	Primary Schools(10000 persons)	15.59	17.48
在校学生数	Students Enrollment		
普通高等学校(万人)	Regular Institutions of Higher Education (10000 persons)	1.33	7.55
普通中学(万人)	Regular Secondary Schools(10000 persons)	137.17	157.20
小学(万人)	Primary Schools(10000 persons)	423.60	500.21
小学学龄儿童入学率(%)	Enrollment Rate of School-age Children (%)	89.5	98.5
文化	**Culture**		
图书总印数(万册)	Number of Books Printed Copies (10000 copies)	5842	10289
杂志总印数(万册)	Number of Magazines Printed Copies(10000 copies)	69	994
报纸总印数(万份)	Number of Newspapers Printed Copies(10000 copies)	11930	28799
家庭	**Household**		
城镇居民平均每户常住家庭人口(人)	Average Persons Per Urban Household(person)	5.41	3.11
农村居民平均每户常住人口(人)	Average Persons Per Rural Household(person)	5.80	4.52
婚姻	**Marital**		
准予登记结婚(万对)	Marriage Registration Permitted(10000 households)	△7.02	28.02
离婚人数(万人)	Divorce(10000 persons)	△0.38	1.54
居住	**Residence**		
城镇人均住宅建筑面积(平方米)	Per Capita Building Space in Urban Areas(sq.m)	5.45	17.60
农村居民人均年末使用房屋面积(平方米)	Per Capita Living Space in Rural Areas(sq.m)		19.75
收入	**Income**		
城镇常住居民人均可支配收入(元)	Per Capita Annual Disposable Income of Urban Households(yuan)	261	5121
农村常住居民人均可支配收入(元)	Per Capita Annual Net Income of Rural Residents(yuan)	109	1374

continued

标	Aggregate Indicators			增长速度（%） Indices and Growth Rates (%)							
				2019年比以下各年增长 Increase Rate in 2019 over the Following years					平均增长速度 Average Annual Growth Rate		
2005	2010	2015	2019	1978	2000	2005	2010	2015	1979–2019	2001–2019	2016–2019
	15.50	33.77	76.05				390.6	125.2			22.5
64926	96174	187688	150032		136.1	131.1	56.0	-20.1		4.6	-5.4
5728	5939	3795	6092	57.0	-12.3	6.4	2.6	60.5	1.1	-0.7	12.6
1369.55	3673.01	5545.40	6597.10	73610.6	2432.9	381.7	79.6	19.0	17.5	18.5	4.4
466.49	432.61	312.53	229.71	5945.0	49.5	-50.8	-46.9	-26.5	10.5	2.1	-7.4
509.42	1964.40	3172.30	4386.24		5403.4	761.0	123.3	38.3		23.5	8.4
51.21	231.69	916.68	1759.85			3336.5	659.6	92.0			17.7
3099	12913.02	37630.01	113526.6		5633.7	3563.3	779.2	201.7		23.8	31.8
27.62	50.01	94.09	161.31		777.2	484.0	222.6	71.4		12.1	14.4
242.83	1061.23	3512.82	12318.86		21157.7	4973.0	1060.8	250.7		32.6	36.8
10141.36	12957.88	20111.94	34503.00		466.3	240.2	166.3	71.6		9.6	14.4
2777.54	7363.92	19438.64	27170.60	150429.6	2355.2	878.2	269.0	39.8	19.5	18.3	8.7
1350.90	3244.99	6861.43	9929.40	539541.3	1740.5	635.0	206.0	44.7	23.3	16.6	9.7
2303.93	5747.53	15051.94	28448.73	131485.2	2571.7	1134.8	395.0	89.0	19.1	18.9	17.3
1.44	2.04	3.05	3.78	1271.3	421.5	163.0	85.5	23.7	6.6	9.1	5.5
12.27	14.31	17.99	19.63	262.0	141.9	60.0	37.2	9.1	3.2	4.8	2.2
18.37	19.79	19.35	21.25	36.3	21.5	15.7	7.4	9.8	0.8	1.0	2.4
20.68	32.33	50.09	76.57	5657.5	914.2	270.4	136.9	52.9	10.4	13.0	11.2
254.96	276.75	295.86	278.49	103.0	77.2	9.2	0.6	-5.9	1.7	3.1	-1.5
473.76	433.50	346.31	388.30	-8.3	-22.4	-18.0	-10.4	12.1	-0.2	-1.3	2.9
98.3	97.9	99.5	99.7								
9993	8069	9636	13663	133.9	32.8	36.7	69.3	41.8	2.1	1.5	9.1
1349	1300	1756	1668	2317.3	67.8	23.6	28.3	-5.0	8.1	2.8	-1.3
35172	37004	33375	25367	112.6	-11.9	-27.9	-31.4	-24.0	1.9	-0.7	-6.6
3.06	3.03	3.05	3.47	-35.8	11.6	13.5	14.6	13.8	-1.1	0.6	3.3
4.40	4.34	3.53	3.70	-36.3	-18.2	-16.0	-14.9	4.7	-1.1	-1.1	1.2
21.13	37.51	49.26	36.14		29.0	71.1	-3.6	-26.6		1.3	-7.5
8.21	12.79	21.68	26.82		1638.7	226.7	109.6	23.7		16.2	5.5
26.40	27.42	36.37	38.19	600.8	117.0	44.7	39.3	5.0	4.9	4.2	1.2
23.50	27.26	32.33	35.31		78.8	50.2	29.5	9.2		3.1	2.2
8147	14143	24580	34404	13068.6	571.8	322.3	143.3	40.0	12.6	10.5	8.8
1877	3472	7387	10756	9741.1	682.8	473.1	209.8	45.6	11.8	11.4	9.9

1-5 续表3

指　标	Item	总量指标			
		1978	2000	2005	2010
社会保险	**Social Insurance**				
社会保险基金收入(亿元)	Revenue of Social Insurance Fund (100 million yuan)		22.87	57.34	201.56
社会保险基金支出(亿元)	Expenses of Social Insurance Fund (100 million yuan)		23.41	53.78	151.41
参加城镇职工基本养老保险人数(万人)	Number of Urban Employees Basic Pension Insurance (10000 persons)		165.42	183.67	257.31
参加失业保险人数(万人)	Number of Unemployment Insurance (10000 persons)		131.33	129.30	152.48
卫生	**Health Care**				
医院、卫生院(个)	Number of Hospitals and Health Centers(unit)	4510	1878	1843	2005
执业(助理)医师(万人)	Number of Licensed (Assistant) Doctors (10000 persons)	2.12	4.57	3.55	4.22
医院、卫生院床位数(万张)	Number of Beds(10000 beds)	3.75	5.51	5.84	9.75
城市市政建设	**Municipal Construction**				
供水总量(万立方米)	Volume of Tap Water Supply(10000 cu.m)	5389	45693	63705	63572
城市排水管道长度(公里)	Length of Sewer Pipelines(km)	214	1665	4313	5507
出租汽车(辆)	Taxi(unit)	☆33	7352	12386	15087
年末公共交通运营车辆数(辆)	Number of Public Vehicles under Operation at Year-end (Buses and Trolley Buses, etc.)(unit)	326	4144	5814	4984
年末实有道路长度(公里)	Length of Paved Roads at Year-end(km)	184	1679	3518	4081
城市绿化覆盖面积(公顷)	Urban Green Coverage (hectare)	1037	9939	31161	45500
环境	**Environment**				
环保资金投入(亿元)	Environment Protection Investment(100 million yuan)	0.17	10.98	33.26	89.52
环境污染事故(起)	Accident of Environment Pollution(unit)			28	4
火灾、交通事故	**Basic Statistics on Fires and Traffic Accidents**				
火灾发生数(起)	Number of Fires(case)	2501	1608	2299	1630
直接财产损失(万元)	Direct Property Loss(10000 yuan)	1734.21	2814.70	1078.50	4416.80

注：1.年末常住人口及分项指标1978,2000年为常住一年口径。2.规模以上工业统计口径2000-2010年为年主营业务收入500万元及以上的工业企业，2011年起为年主营业务收入2000万元及以上工业企业。3.本表速度指标中，地区生产总值、工业增加值和城乡居民收入及分项指标均按可比价格计算。4.储蓄存款2010年及以前为城乡居民储蓄存款。5.农村常住居民人均可支配收入2013年及以前为农民人均纯收入。6."△"为1979年数据；"☆"为1981年数据；"※"为1985年数据。

continued

Aggregate Indicators		增长速度(%) Indices and Growth Rates (%)							
2015	2019	2019年比以下各年增长 Increase Rate in 2019 over the Following years					平均增长速度 Average Annual		
		1978	2000	2005	2010	2015	1979–2019	2001–2019	2016–2019
463.97	1359.75		5846.4	2271.4	574.6	193.1		24.0	30.8
362.85	1130.53		4728.6	2002.3	646.7	211.6		22.6	32.9
392.09	677.50		309.6	268.9	163.3	72.8		7.7	14.7
205.31	276.07		110.2	113.5	81.1	34.5		4.0	7.7
2631	2708	-40.0	44.2	46.9	35.1	2.9	-1.2	1.9	0.7
6.34	8.98	323.0	96.6	152.8	113.0	41.6	3.6	3.6	9.1
18.73	25.07	567.9	354.6	329.3	157.2	33.8	4.7	8.3	7.6
85454	123811	2197.5	171.0	94.4	94.8	44.9	7.9	5.4	9.7
9529	16338	7534.6	881.3	278.8	196.7	71.5	11.2	12.8	14.4
25697	36378		394.8	193.7	141.1	41.6		8.8	9.1
7889	10287	3055.5	148.2	76.9	106.4	30.4	8.8	4.9	6.9
7014	10608	5665.2	531.8	201.5	159.9	51.2	10.4	10.2	10.9
73980	116111	11096.8	1068.2	272.6	155.2	56.9	12.2	13.8	11.9
161.16	165.12	97029.4	1403.8	396.5	84.5	2.5	18.3	15.3	0.6
9	8			-71.4	100.0	-11.1			-2.9
3483	5576	123.0	246.8	142.5	242.1	60.1	2.0	6.8	12.5
6538	10200	488.2	262.4	845.8	130.9	56.0	4.4	7.0	11.8

Note:1.As to permanent population at the year-end and subitems in this table,the year 1978 - 2000 refer to permanent population in one year scope. 2.The scale above ind ustrial enterprises statistics was the industrial of main business income of 5 million yuan and above in2000 to 2010. And from 2011, it is the industrial of main business income of 20 million yuan and above. 3.As to growth rates in the table,GDP,value-added of industry, per capita annual disposable income of urban households and per capita annual net income of rural residents and their sub items were calculated at constant price. 4.The year 2010 and before,savings deposit refer to savings deposit of urban and rural residents. 5.The year 2013 and before, per capita disposable income of rural permanent residents refer to rural percapita net income. 6.Data with "△" refer to the year 1979, with "☆" refer to the year 1981, with "※" refer to the year 1985.

1-6 国民经济和社会发展主要指标结构

Composition Indicators on National Economic and Social Development

单位：% (%)

指 标	Item	2015	2016	2017	2018	2019
人口	**Population**					
城镇、乡村	Grouped by Urban and Rural Area					
城 镇	Urban Population	42.0	44.1	46.0	47.5	49.0
乡 村	Rural Population	58.0	55.9	54.0	52.5	51.0
性别	Grouped by Sex					
男性	Male	51.6	51.6	51.6	51.7	51.2
女性	Female	48.4	48.4	48.4	48.3	48.8
就业人员	**Employment**					
第一产业	Primary Industry	59.7	57.3	55.5	53.8	52.5
第二产业	Secondary Industry	16.2	17.2	18.1	18.4	18.4
第三产业	Tertiary Industry	24.1	25.5	26.4	27.8	29.2
国民经济核算	**National Accounting**					
地区生产总值	GDP					
第一产业增加值	Value-added of Primary Industry	15.6	15.8	14.9	14.0	13.6
第二产业增加值	Value-added of Secondary Industry	38.2	37.9	36.5	35.9	36.1
第三产业增加值	Value-added of Tertiary Industry	46.2	46.3	48.5	50.1	50.3
投资	**Investment in Fixed Assets**					
全社会固定资产投资	Structure of Total Investment in Fixed Assets in the Whole Province					
#中央	Central	5.5	3.0	2.6	1.3	4.0
地方	Local	94.5	97.0	97.4	98.7	96.0
#国有经济	State-owned Economic Unit	49.5	46.9	54.8	52.4	44.8
非国有经济	Non-State-owned Economic Unit	50.5	53.1	45.2	47.6	55.2
资金来源结构	Grouped by Source of Funds					
国家预算资金	State Budgetary Appropriation	7.8	8.7	8.3	7.3	5.4
国内贷款	Domestic Loans	13.2	16.4	17.2	19.4	15.0
利用外资	Foreign Investment	0.1	0.3	0.2	0.1	0.2
自筹资金	Self-raising Funds	55.9	59.3	56.3	47.0	50.6
其他资金	Others	23.0	15.4	18.0	26.2	28.8
对外贸易	**Foreign Trade**					
出 口	Total Exports	81.4	83.2	71.0	67.4	72.2
进 口	Total Imports	18.6	16.8	29.0	32.6	27.8
财政	**Government Finance and Tax**					
一般公共预算收入	General Public Budget Revenue					
省 级	Provincial Level	18.3	18.9	18.3	19.8	25.4
市 级	Prefectural Level	20.5	19.5	19.7	20.9	20.5
县 级	County level	51.4	50.8	52.2	50.1	47.5
乡 级	Township Level	9.8	10.8	9.8	9.2	6.7

注：2018年起投资统计口径为计划总投资500万元及以上的固定资产项目投资和房地产开发项目投资。

Note: Starting from 2018, the investment statistics cover fixed asset project investment and real estate development project investment with a total planned investment of 5 million yuan or more.

1-6 续表1 continued

单位：% (%)

指 标	Item	2015	2016	2017	2018	2019
能源	**Energy**					
一次能源生产总量	Structure of Total Energy Production					
原 煤	Coal	81.1	81.9	80.3	77.9	76.5
水 电	Hydro-power	18.6	17.6	19.0	21.4	22.7
能源终端消费总量	Structure of Total Energy					
#原 煤	Coal	37.4	37.4	36.8	31.7	30.9
天然气	Natural Gas	1.7	1.7	1.9	3.9	4.2
电 力	Electricity	38.9	39.8	42.3	43.5	44.1
农业	**Agriculture**					
农林牧渔业增加值	Structure of Value-added of FFAFS					
农 业	Farming	64.0	61.0	61.1	63.3	65.1
林 业	Forestry	5.4	6.8	7.3	7.7	7.6
畜牧业	Animal Husbandry	24.3	25.2	24.8	22.3	20.5
渔 业	Fishery	2.1	1.9	1.8	1.5	1.6
农林牧渔服务业	FFAF Services	4.2	5.0	5.0	5.1	5.3
工业	**Industry**					
规模以上工业增加值	In the Industrial Enterprises above Designated Size					
#轻工业	Light Industry	38.8	38.7	39.7	45.1	47.2
重工业	Heavy Industry	61.2	61.3	60.3	54.9	52.8
#大型企业	Large Industry	33.8	29.5	29.8	41.2	44.8
中型企业	Medium-sized Industry	25.3	23.0	21.7	19.5	18.4
小型企业	Small Industry	40.3	44.5	45.1	35.0	33.3
建筑业	**Construction**					
建筑业总产值	Structure of Gross Output Value of Construction					
国有及国有控股	State-owned	76.9	65.9	65.4	56.3	53.9
非国有经济	Non-state-owned	23.1	34.1	34.6	43.7	46.1
交通运输业	**Transportation**					
货运量	Structure of Freight Traffic					
铁 路	Railways	6.8	6.3	5.5	5.4	5.2
公 路	Highways	91.5	91.9	92.8	93.0	93.3
水 运	Waterways	1.7	1.8	1.7	1.6	1.5
客运量	Structure of Passenger Traffic					
铁 路	Railways	5.6	5.8	6.3	7.3	7.7
公 路	Highways	92.1	91.9	91.3	90.3	89.9
水 运	Waterways	2.3	2.3	2.4	2.4	2.4
旅游业	**Tourism**					
来黔涉外旅游人数	Structure of Tourists Visiting Guizhou					
外 国 人	Foreigners	42.3	47.1	51.1	54.3	49.8
港澳同胞	Compatriots from Hong Kong and Macao	28.8	26.4	24.5	24.4	20.6
台湾同胞	Compatriots from Taiwan	28.9	26.5	24.4	21.3	29.6
金融业	**Financial Intermediation**					
金融机构人民币各项存款余额	Structure of Total Savings					
#财政存款	Treasury Deposit	3.9	3.4	3.2	2.8	1.7
个人储蓄存款	Personal Savings Deposit	38.0	35.9	36.7	40.0	42.4

1-6 续表2 continued

单位：% (%)

指　标	Item	2015	2016	2017	2018	2019
金融机构人民币各项贷款余额	Structure of Total Loan Balance					
#短期贷款	Short-Term Loan	20.9	19.2	18.2	17.3	17.1
中长期贷款	Middle-Term & Long-Term Loan	77.6	79.0	80.5	81.0	81.0
教育(学历教育口径)	**Education**					
在校学生	Structure of Students Enrollment					
#高等教育阶段	Higher Education	8.3	9.2	9.8	10.3	11.0
高中阶段	Senior Secondary Schools	20.6	20.1	19.6	19.0	17.9
初中阶段	Junior Secondary Schools	25.8	24.7	23.7	23.1	22.4
小学阶段	Primary Schools	45.2	46.0	46.9	47.6	48.6
专任教师	Structure of Full-time Teachers					
#高等教育阶段	Higher Education	7.3	7.7	7.9	8.0	8.2
高中阶段	Senior Secondary Schools	17.5	18.0	18.4	18.4	18.4
初中阶段	Junior Secondary Schools	29.3	29.1	28.5	28.1	27.6
小学阶段	Primary Schools	45.8	45.2	45.2	45.5	45.8
人民生活	**People's Living Conditions**					
城镇居民消费性支出	Consumption Structure of Urban Residents					
#食品烟酒	Food, Alcohol and Tobacco	34.0	33.2	33.0	32.4	32.2
衣　着	Clothing	8.0	7.9	7.7	7.6	7.6
居　住	Residence	17.7	17.8	17.5	17.9	18.1
生活用品及服务	Articles and Services for Daily Use	6.4	6.6	6.7	6.7	6.7
医疗保健	Medicines and Medical Services	5.2	5.5	5.8	5.9	5.9
交通通信	Transport and Communications	13.3	14.0	13.9	14.1	14.0
教育文化娱乐	Education, Cultural and Recreation Services	13.7	13.0	13.4	13.4	13.6
农村居民生活消费支出	Consumption Structure of Rural Residents					
#食品烟酒	Food, Alcohol and Tobacco	39.8	38.7	38.0	36.9	36.7
衣　着	Clothing	5.3	5.0	5.0	5.5	5.4
居　住	Residence	20.4	20.2	20.3	19.9	19.4
生活用品及服务	Articles and Services for Daily Use	5.7	5.8	5.4	5.5	5.6
医疗保健	Medicines and Medical Services	6.8	7.0	7.3	7.7	8.0
交通通信	Transport and Communications	11.8	12.8	13.0	13.3	13.4
教育文化娱乐	Education, Culture and Recreation	8.8	9.2	9.5	9.6	9.8
卫生	**Health Care**					
卫生机构床位数	Structure of Beds of Health Care Institutions					
#医院、卫生院	Hospitals and Health Centers	95.3	95.1	94.9	94.7	94.7
卫生技术人员	Medical Technical Personnels					
#执业(助理)医师	Licensed(Assistant) Doctors	33.9	33.7	33.4	33.2	33.6
环境	**Environment**					
环境保护投入资金	Structure of Environment Protection Investment					
#老工业污染源治理资金	Old Industry Pollute Fountain Treatment	6.6	3.2	3.4	3.7	5.4
城市环境基础设施建设	Urban Environment Infrastructure Investment	54.4	53.0	50.2	46.0	45.1

1-7 国民经济和社会发展主要指标比例、效益
Major Indicators on Proportions and Efficiency in National Economic and Social Development

指 标	Item	2015	2016	2017	2018	2019
人口与就业	**Population and Employment**					
城镇人口比重(%)	Proportion of Urban Population(%)	42.01	44.15	46.02	47.52	49.02
人口出生率(‰)	Birth Rate(‰)	13.00	13.43	13.98	13.90	13.65
人口死亡率(‰)	Death Rate(‰)	7.20	6.93	6.88	6.85	6.95
人口自然增长率(‰)	Natural Growth Rate(‰)	5.80	6.50	7.10	7.05	6.70
城镇登记失业率(%)	Registered Unemployment Rate in Urban Areas(%)	3.29	3.24	3.23	3.16	3.11
国民经济核算	**National Accounting**					
新经济增加值占GDP比重(%)	of GDP(%)		17.4	18	19	20
民营经济增加值占GDP比重(%)	Add Value in Non-public-owned Economic Share of GDP(%)	50.0	52.0	53.2	54.9	
人均地区生产总值(元)	Per Capita Gross Domestic Product(yuan)	29953	33246	37956	41244	46433
固定资产投资	**Investment in Fixed Assets**					
固定资产交付使用率(%)	Rate of projects fixed assets completed and put into use(%)	68.1	55.8	58.1	41.2	40.8
项目投产竣工率(%)	Rate of projects completed and put into use(%)	77.6	67.7	66.0	45.9	52.7
消费	**Consumption**					
人均社会消费品零售额(元)	Per Capita Ratail Sales of Consumer Goods(yuan)	9330	10470	11644	—	—
对外贸易	**Foreign Trade**					
进出口总额相当于地区生产总值比例(%)	Proportion of Total Value of Imports and Exports as Percentage to GDP(%)	7.2	3.2	4.1	3.4	2.7
财政	**Government Finance**					
财政总收入相当于地区生产总值比例(%)	Proportion of Total Financial Revenues to GDP(%)	21.8	20.5	19.6	20.1	18.2
一般公共预算支出相当于地区生产总值比例(%)	Proportion of General Budget Expenditure to GDP (%)	37.5	36.3	34.1	34.0	35.5
能源	**Energy**					
电力生产弹性系数	Elasticity Ratio of Electricity Production	0.98	0.12	0.28	0.57	0.76
能源消费弹性系数	Elasticity Ratio of Energy Consumption	0.23	0.27	0.25	0.21	0.47
电力消费弹性系数	Elasticity Ratio of Electricity Consumption	…	0.550	1.130	0.77	0.48
每万元地区生产总值能耗(吨标准煤/万元)(可比价)	Energy Consumption Per Unit of GDP (ton of SCE/10000 yuan) (equivalent value)	1.1271	0.8245	0.7668	0.7166	0.688
农业	**Agriculture**					
每亩播种面积农产品产量	Output of Farm Crops Per Mu of Sowning Area					
粮 食(公斤)	Grain(kg)	260	270	271	258	259
油 料(公斤)	Oil-bearing Crops(kg)	114	116	116	115	115

注：每万元地区生产总值能耗2015年按2010不变价计算，2016年起按2015年不变价计算。

Note: Energy consumption per 10000 yuan of regional GDP from 2015 is calculated at the constand price in 2010, and from 2016 to 2019 at the constant price in 2015.

1-7 续表1 continued

指　标	Item	2015	2016	2017	2018	2019
工业(规模以上)	**Industry (above Designated Size)**					
总资产贡献率(%)	Ratio of Total Assets to Industrial Output Value (%)	12.41	12.75	12.85	13.57	12.46
资本保值增值率(%)	Capital Maintenance and Appreciation Rate (%)	117.94	111.14	108.21	106.81	106.43
流动资产周转次数(次/年)	Turnover Times of Circulating Assets (times/year)	1.77	1.90	1.65	1.42	1.35
成本费用利润率(%)	Ratio of Profits to Industrial Cost (%)	8.24	8.42	9.52	12.22	11.77
建筑业	**Construction**					
技术装备率(元/人)	Value of Machinery Per Laborer (yuan/person)	8006	9047	9109	7705	6443
产值利税率(%)	Ratio of Per-tax Profits to Gross Output Value (%)	5.9	6.0	7.1	7.5	5.8
交通运输业	**Transportation**					
铁路网密度(公里/万平方公里)	Railway Density (km/10000 sq.km)	159.48	185.62	186.47	202.08	213.04
公路网密度(公里/万平方公里)	Highway Density (km/10000 sq.km)	10579	10876	11038	11177	11621
邮电通信业	**Postal and Telecommunication Services**					
电话普及率(包括移动电话)(部/百人)	Popularization Rate of Telephone (set/100 persons)	100.50	99.76	112.86	125.36	128.94
移动电话普及率(部/百人)	Popularization Rate of Mobile Telephone (set/100 persons)	91.50	92.43	105.93	118.68	122.52
旅游业	**Tourism**					
来黔境外旅游者人均消费支出(美元/人·天)	Daily Expenditure of Per Tourists Visiting Guizhou (USD/preson and day)	201.01	189.29	203.11	231.90	181.41
金融	**Finance**					
金融机构人民币各项存款余额相当于地区生产总值比例(%)	Deposit of Financial Institutions as Percentage of GDP (%)	184.4	201.6	191.8	172.4	162.0
金融机构人民币各项贷款余额相当于地区生产总值比例(%)	Loans of Financial Institutions as Percentage of GDP (%)	142.8	151.4	153.3	161.0	169.6

1–7 续表2 continued

指　　标	Item	2015	2016	2017	2018	2019
教育	**Education**					
学龄儿童入学率(%)	Enrollment Rate of School-age Children(%)	99.5	99.6	99.6	99.7	99.7
初中阶段毛入学率(%)	Enrollment Rate of Primary School Graduates Entering into Junior Secondary Schools(%)	104.0	107.9	108.8	109.7	109.9
九年义务教育巩固率（%）	The Consolidation Rate of Nine Year Compulsory Education（%）	87.6	88.0	90.0	91.0	93.0
高中阶段毛入学率(%)	Enrollment Rate of Junior secondary School Graduates Entering into Senior secondary Schools(%)	86.1	87.0	87.0	88.0	89.0
高等教育毛入学率(%)	Enrollment Rate of Senior secondary School Graduates Entering into Institution of Higher Learning(%)	31.2	33.0	34.0	36.0	38.2
教师负担学生系数(学生/教师)	Student-Teacher Ratio (student/teacher)					
普通高校	Regular Institution of Higher Education	16.41	17.35	17.90	18.97	20.28
普通高中	Regular Senior Secondary Schools	17.42	16.28	15.77	15.13	14.57
普通初中	Regular Junior Secondary Schools	16.01	14.88	14.35	14.10	13.98
小　　学	Primary Schools	17.90	17.93	17.92	17.89	18.27
城乡收入比例	**Urban-rural Income Ratio**					
城乡居民收入比(以农村常住居民人均可支配收入＝1)	Ratio of Annual Income of Urban Residents to Rural(rural resident=1)	3.33	3.31	3.28	3.25	3.20
卫生	**Health Care**					
每万人拥有执业(助理)医师数(人)	Number of Licensed(Assistant) Doctors Per 10000 Persons(person)	18.0	19.4	21.1	22. 6	24. 8
每万人拥有床位数(张)	Number of Beds in Hospitals and Health Centers Per 10000 Persons(bed)	55.7	59.1	65.1	68. 2	73. 1
城市建设	**City Construction**					
人均公园绿地面积(平方米)	Per Capita Area of Parks and Green Land(sq.m)	9.61	11.65	13.02	13.54	14. 72
用水普及率(%)	Percentage of Population with Access to Tap Water(%)	91.8	92.9	93.2	93.8	95. 3
燃气普及率(%)	Percentage of Households with Access to Tap Gas(%)	70.7	72.1	73.7	74.6	81. 2
环境、灾害	**Environment and Disaster**					
环保投入相当于地区生产总值比例(%)	Environment Protection Investment as Percentage to GDP(%)	1.5	1.5	1.3	1.2	1.0
亿元地区生产总值生产安全事故死亡人率(人/亿元)	Deaths of Industrial Accidents per Unit of GDP(person/100 million yuan)	0.08	0.12	0.10	0.08	0.06

1-8 贵州经济社会主要指标占全国比重
Proportion of Guizhou's Main Economic and Social Indicators to the Whole Country

指 标	Item	全 国 China		贵 州 Guizhou		贵州占全国比重(%) Proportion of Guizhou to China(%)	
		2019	2018	2019	2018	2019	2018
土地面积(万平方公里)	**Area of Territory(10000 sq.km)**	960		17.62		1.8	
人口	**Population**						
年末总人口(万人)	Total Population at the Year-end (10000 persons)	140005	139538	3622.95	3600.00	2.6	2.6
就业	**Employment**						
就业人员(万人)	Employees(10000 persons)	77471	77586	2049.40	2038.50	2.6	2.6
非私营单位在岗职工年平均工资(元)	Average Wage of Staff and Workers (yuan)	90501	82413	87970.00	82597.00	97.2	100.2
国民经济核算	**National Accounting**						
地区生产总值(亿元)	Gross Domestic Product (100million yuan)	990865	900309	16769.34	14806.45	1.7	1.6
第一产业增加值	Value-added of Primary Industry	70467	64734	2280.56	2159.54	3.2	3.3
第二产业增加值	Value-added of Secondary Industry	386165	366001	6058.45	5755.54	1.6	1.6
第三产业增加值	Value-added of Tertiary Industry	534233	469575	8430.33	6891.37	1.6	1.5
人均地区生产总值(元)	Per Capita Gross Domestic Product (yuan)	70892	66006	46433.00	42767.00	65.5	64.8
对外贸易	**Foreign Trade**						
进出口总额(亿美元)	Total Value of Imports and Exports (USD 100 million)	45852	46230	65.68	76.03	0.1	0.2
#出口	Total Exports	24995	24874	47.40	51.23	0.2	0.2
财政	**Government Finance**						
一般公共预算收入(亿元)	General Public Budget Revenue (100 million yuan)	101077	97903	1767.47	1726.85	1.7	1.8
一般公共预算支出(亿元)	General Public Budget Expenditure (100 million yuan)	203759	188196	5948.74	5029.68	2.9	2.7
能源	**Energy**						
一次能源生产总量(万吨标准煤)	Total Production of Primary Energy(10000 tons of SCE)	397000	377000	11630.38	12186.03	2.9	3.2
终端能源消费总量(万吨标准煤)	Consumption of Energy (10000 tons of SCE)	486000	464000	10074.14	9656.73	2.1	2.1
农业	**Agriculture**						
粮食产量(万吨)	Output of Grain(10000 tons)	66384	65789	1051.24	1059.70	1.6	1.6
油料产量(万吨)	Output of Oil-bearing Crops(10000tons)	3493	3433	103.01	112.62	2.9	3.3
工业	**Industry**						
发电量(亿千瓦小时)	Output of Electricity (100 million kwh)	75034	71661	2106.28	1945.35	2.8	2.7
水　泥(万吨)	Output of Cigarettes (100 million cases)	233036	217667	10991.07	11031.75	4.7	5.1

1-8 续表 continued

指 标	Item	全国 China 2019	全国 China 2018	贵州 Guizhou 2019	贵州 Guizhou 2018	贵州占全国比重(%) Proportion of Guizhou to China(%) 2019	贵州占全国比重(%) Proportion of Guizhou to China(%) 2018
交通运输业	**Transportation**						
铁路营业里程(万公里)	Length of Railways(10000 km)	13.98	13.17	0.38	0.36	2.7	2.7
公路里程(万公里)	Length of Highways(10000 km)	501.25	484.65	20.47	19.69	4.1	4.1
旅客周转量(亿人公里)	Passenger-Kilometers (100 million passenger-km)	35349	34218	832.94	798.67	2.4	2.3
货物周转量(亿吨公里)	Freight Ton-Kilometers(100 million ton-km)	199287	204686	1953.89	1797.68	1.0	0.9
邮电通信业	**Post and Telecommunication**						
电信业务总量(亿元)	Business Revenue of Telecommunications (100 million yuan)	106789	65634	3874.88	2191.17	3.6	3.3
邮政业务总量(亿元)	Business Volume of Postal Services (100 million yuan)	16230	12345	76.05	63.07	0.5	0.5
旅游业	**Tourism**						
国际旅游外汇收入(亿美元)	International Earnings from Tourism (USD 100 million)	1313	1271	3.45	3.18	0.3	0.2
金融业	**Finance**						
金融机构人民币各项存款余额(亿元)	Total Savings Deposit Balance (100 million yuan)	1928785	1775226	27170.60	26473.34	1.4	1.5
金融机构人民币各项贷款余额(亿元)	Total Loan Balance(100 million yuan)	1531123	1362967	28448.73	24715.05	1.9	1.8
教育	**Education**						
普通高等学校(所)	Regular Institutions of Higher Education(unit)	2688	2663	72	72	2.7	2.7
普通高等学校专任教师(万人)	Full-time Teachers of Regular Institutions of Higher Education(10000 persons)	174	167	3.78	3.62	2.2	2.2
普通高校在校大学生(万人)	Students Enrollment of Regular Institutions of Higher Education(10000 persons)	3032	2831	76.57	68.75	2.5	2.4
文化	**Culture**						
图书总印数(亿册)	Number of Books Printed Copies (100 million copies)	102	95	1.37	0.98	1.3	1.0
期刊总印数(亿册)	Number of Magazines Printed Copies (100 million copies)	22	24	0.17	0.17	0.8	0.7
报纸总印数(亿份)	Number of Newspapers Printed Copies (100million copies)	315	340	2.54	2.67	0.8	0.8
卫生	**Health Care**						
医疗卫生机构(万个)	Number of Health Institutions(10000 unit)	101	100	2.85	2.81	2.8	2.8
执业(助理)医师(万人)	Number of Licensed(Assistant) Doctors (10000 persons)	387	361	8.98	8.15	2.3	2.3
医院床位(万张)	Number of Beds in Hospitals(10000 beds)	687	652	20.57	18.92	3.0	2.9
人民生活	**People's Livelihood**						
城镇常住居民人均可支配收入(元)	Per Capita Annual Disposable Income of Urban Permanent Households(yuan)	42359	39251	34404	31592	81.2	80.5
农村常住居民人均可支配收入(元)	Per Capita Annual Disposable Income of Rural Residents(yuan)	16021	14617	10756	9716	67.1	66.5

注：贵州占全国比重中，非私营单位职工平均工资、人均地区生产总值、城乡居民人均收入占比表示贵州相当于全国的比例。

Note: In the proportion of Guizhou to China, the ratio in average wage of workers in non-private units, in per capita gross domestic product, and in per capita income of urban and rural households shows the proportion of Guizhou to China.

主要统计指标解释

行政区划 国家对行政区域的划分。

国民经济行业分类 2017年起统计定期报表使用国民经济行业分类（GB/T 4754—2017）。该分类是由国家统计局、国家标准化研究院起草，国家统计局组织修订，经国家质量监督检验检疫总局和国家标准化管理委员会批准，于2017年6月30日发布，10月1日起实施。该次修订是在2011年分类标准的基础上，参照联合国《国际标准产业分类》修订第四版（ISIC/Rev.4）进行的。修订后的《国民经济行业分类》（GB/T4754−2017）共有门类20个，大类97个，中类473个，小类1381个。

可比价格 指计算各种总量指标所采用的扣除价格变动因素的价格，可进行不同时期总量指标的对比。按可比价格计算总量指标有两种方法：一种是直接用产品产量乘某一年的不变价格计算；另一种是用价格指数进行换算。

平均增长速度 反映社会经济指标在较长时期内各期（年）平均增长程度的相对数。以倍数或百分数表示。我国计算平均增长速度有两种方法：一种是“水平法”，又称几何平均法，是以间隔期最后一年的水平同基期水平对比来计算平均每年增长（或下降）速度；另一种是“累计法”，又称代数平均法或方程法，是以间隔期内各年水平的总和同基期水平对比来计算平均每年增长（或下降）速度。在一般正常情况下，两种方法计算的平均每年增长速度比较接近；但在经济发展不平衡、出现大起大落时，两种方法计算的结果差别较大。

本《年鉴》内所列的平均增长速度，均用“水平法”计算。从某年到某年平均增长速度的年份，均不包括基期年在内。如改革开放以来年平均增长速度是以 1978 年为基期计算的，则写为 1979−2019 年平均增长速度。

Explanatory Notes on Main Statistical Indicators

Divisions of Administrative Areas refers to the division of administrative areas by the state.

Industrial Classification of the National Economy The statistics of periodic statements has been classified by Industrial Classification of the National Economy (GB/T 4754 - 2017) since 2017. The classification was drafted by the National Bureau of Statistics as well as the National Institute of Standardization, and then revised by the National Bureau of Statistics. It was approved by the General Administration of Quality Supervision, Inspection and Quarantine of the State and the Standardization Administration of the State, which was released on June 30, 2017 and came into effect on October 1, 2017. The revision was based on the 2011 classification, with reference to the revised fourth edition of the United Nations International Standard Industrial Classification (ISIC / Rev.4). The revised version of the Industrial Classification of the National Economy (GB/T4754-2017) is composed of 20 sections, 97 divisions, 472 major groups and 1381 classes.

Comparable Price refers to the price that is used to calculate various aggregate indicators after deducting price change factors, which can be used to compare aggregate indicators in different periods. There are two ways to calculate the total amount of the total index: one is that the output of the product is directly used for one year. The other is to use the price index for conversion.

Average Annual Growth Rate refers to the relative number reflecting the average growth of socio-economic indicators in each period (year) over a rather long period, expressed in multiples or percentages. There are two methods for calculating the average growth rate of our country: one is "horizontal", also known as the geometric mean method is to last year's levels of interval compared with the base period level to calculate the average annual growth (or decline) speed; another is the "cumulative method", also known as algebraic average method and equation method is combined with a interval in each level compared with the base period level to calculate average annual growth (or decline) speed. In the normal case, two methods for calculating the average annual growth rate is close to; but when the unbalanced economic development, the emergence of big ups and downs, two methods to calculate the results vary greatly.

The average annual growth rates listed in the Yearbook are calculated by the level approach. The base year is not listed in the duration for which average annual growth rates are computed. For instance, the average annual growth rate of the 36 years since 1978 is shown as the average annual growth rate of 1979-2019 without showing the base year 1978.

国民经济核算

National Accounts

2

简要说明

一、主要内容

国民经济核算资料主要包括地区生产总值及其有关资料。

二、地区生产总值

地区生产总值数据是根据不同产业部门、不同支出构成的特点和资料来源情况而采用不同方法计算的。

本年鉴公布的地区生产总值数据，如遇普查，在能够获得更详细的基础资料的情况下，会对地区生产总值的历史数据进行修订。

地区生产总值是一个价值量指标，其价值的变化受价格变化和物量变化两大因素影响。不变价地区生产总值是把按当期价格计算的地区生产总值换算成按某个固定期（基期）价格计算的价值，从而使两个不同时期的价值进行比较时，能够剔除价格变化的影响，以反映物量变化，反映生产活动成果的实际变动。随着经济的不断发展，各行业的价格结构也会不断发生变化，为了更好地反映这种变化对于经济的影响，计算不变价国内生产总值需要每隔若干年调整一次基期。我国自开始核算国内生产总值以来，共有 1952 年、1957 年、1970 年、1980 年、1990 年、2000 年、2005 年、2010 年、2015 年 9 个不变价基期，目前的基期是 2015 年。按照国家统计局要求，根据地区生产总值核算方法的调整变动，从 2016 年起将研发支出计入地区生产总值核算，同时对 2011-2015 年地区生产总值及各行业数据进行修订。

三、资料来源

本篇资料由省统计局根据产业部门资料加工计算。

Brief Introduction

I. Main Contents

Statistics on national accounts mainly include Gross Regional Product and other related data.

II. Gross Regional Product

Data on Gross Regional Product (GRP) are computed based on different approaches in the light of the different features of various sectors, various expenditure structures and different data sources.

Gross Regional Product (GRP) data published in this Yearbook are subject to revision of historical data when more detailed underlying information is available in the case of censuses.

Gross Regional Product (GRP) is a measurement of value which changes depending on changes of price and production. GRP at constant prices converts the gross domestic product based on the current price into a value based on the price of the base period. When adjusted for price changes, the values of two different periods can be compared to reflect changes of both products and production activities. As economy grows, changes takes place in the price structures of various industries, and the base period for the measurement of constant-price GRP thus needs to be adjusted every few years in order to better reflect the impact of price changes on the economy. Since China started GRP calculation, nine constant-price base periods have been used, i.e., 1952, 1957, 1970, 1980, 1990, 2000, 2005, 2010, and 2015, and the current base period is 2015.

According to the requirements of the National Bureau of Statistics, based on the adjustment and changes of GDP accounting method, R&D expenditure has been included in GDP accounting from 2016, and GDP as well as industry data from 2011 to 2015 have been revised.

III. Sources of Data

Data in this chapter which are based on various industry sectors are computed by Guizhou Provincial Bureau of Statistics.

2-1 地区生产总值

Gross Domestic Product

单位：亿元 (100 million yuan)

指　　标	Item	2015	2016	2017	2018	2019	2019年比2018年增长(%) Increase Rate in 2019over 2018(%)
地区生产总值	**Gross Domestic Product**	**10541.00**	**11792.35**	**13605.42**	**15353.21**	**16769.34**	**8.3**
按产业分	**By Three Strata of Industry**						
第一产业增加值	Primary Industry	1641.98	1861.81	2032.27	2156.02	2280.56	5.7
第二产业增加值	Secondary Industry	4026.71	4468.73	4970.85	5506.24	6058.45	9.8
第三产业增加值	Tertiary Industry	4872.31	5461.81	6602.30	7690.95	8430.33	7.8
按国民经济行业分	**By Sector**						
农　业	Agriculture	1714.03	1959.93	2139.97	2272.97	2408.03	5.7
#农林牧渔服务业	Farming Forestry, Animal Husbandry and Fishery Services	72.04	98.12	107.70	116.95	127.47	5.7
工　业	Industry	3195.95	3501.68	3821.40	4165.48	4545.97	9.5
#金属制品、机械和设备修理业	Repair Serivice of Metal Products,Machinery and Equipment	2.67	2.92	3.19	3.48	3.80	3.1
建筑业	Construction	833.43	969.97	1152.64	1344.94	1517.06	10.6
批发和零售业	Wholesale and Retail Trades	790.60	893.72	1040.11	1181.19	1269.90	5.7
交通运输、仓储和邮政业	Transport, Storage and Post	454.72	503.33	576.27	655.29	709.88	6.8
住宿和餐饮业	Hotels and Catering Services	264.14	292.60	337.20	378.42	417.18	7.7
金融业	Financial Intermediation	642.45	736.12	874.53	992.28	1060.02	6.2
房地产业	Real Estate	356.66	401.34	487.75	572.33	632.24	5.5
营利性服务业	For-profit Services	796.52	889.54	1116.74	1347.49	1504.47	12.6
非营利性服务业	Non-profit Services	1492.50	1644.12	2058.81	2442.82	2704.59	7.3
人均地区生产总值(元)	**Per Capita Gross Domestic Product(yuan)**	**29956**	**33291**	**38137**	**42767**	**46433**	**7.6**

注：1.2016年起地区生产总值含研发支出（R&D)的数据。2.增长速度已扣除价格因素。3.2018年前数据根据四经普数据进行修订。（以下表同）

Note: 1. Since 2016, the data of research and development (R&D) expenditure has included the data of research and development expenditure (R&D).
2. The growth rate has ruled out the influence of price. (the same as in the following table)

2-2 地区生产总值构成
Compostion of Gross Domestic Product

单位：% (%)

指 标	Item	2015	2016	2017	2018	2019
地区生产总值	**Gross Domestic product**	**100.0**	**100.0**	**100.0**	**100.0**	**100.0**
按产业分	**By Three Strata of Industry**					
第一产业增加值	Primary Industry	15.6	15.8	14.9	14.0	13.6
第二产业增加值	Secondary Industry	38.2	37.9	36.5	35.9	36.1
第三产业增加值	Tertiary Industry	46.2	46.3	48.5	50.1	50.3
按国民经济行业分	**By Sector**					
农 业	Agriculture	16.3	16.6	15.7	14.8	14.4
#农林牧渔服务业	Agriculture Forestry, Animal Husbandry and Fishery Services	0.7	0.8	0.8	0.8	0.8
工 业	Industry	30.3	29.7	28.1	27.1	27.1
建筑业	Construction	7.9	8.2	8.5	8.8	9.0
批发和零售业	Wholesale and Retail Trade	7.5	7.6	7.6	7.7	7.6
交通运输、仓储和邮政业	Transport Storage and Post	4.3	4.3	4.2	4.3	4.2
住宿和餐饮业	Hotel and Catering Services	2.5	2.5	2.5	2.5	2.5
金融业	Financial Intermediation	6.1	6.2	6.4	6.5	6.3
房地产业	Real Estate	3.4	3.4	3.6	3.7	3.8
营利性服务业	For-profit Services	7.6	7.5	8.2	8.8	9.0
非营利性服务业	Non-profit Services	14.2	13.9	15.1	15.9	16.1

2-3 三次产业对地区生产总值增长的贡献率

Share of the Contributions of the Three Strata of Industry to the Increase of the GDP

单位：%　　　　(%)

指　标	Item	2015	2016	2017	2018	2019
地区生产总值	**Gross Domestic Product**	**100.0**	**100.0**	**100.0**	**100.0**	**100.0**
第一产业增加值	Primary Industry	15.6	15.8	14.9	14.0	13.6
第二产业增加值	Secondary Industry	38.2	37.9	36.5	35.9	36.1
#工　业	Industry	30.3	29.7	28.1	27.1	27.1
第三产业增加值	Tertiary Industry	46.2	46.3	48.5	50.1	50.3

2-4 三次产业对地区生产总值增长的拉动

Contribution of the Three Strata of Industry to GDP Growth

单位：百分点　　　　(percerrtage point)

指　标	Item	2015	2016	2017	2018	2019
地区生产总值	**Gross Domestic Product**	**10.7**	**10.5**	**10.2**	**9.1**	**8.3**
第一产业增加值	Primary Industry	1.0	0.9	0.9	1.0	0.8
第二产业增加值	Secondary Industry	4.4	4.3	3.7	3.4	3.5
#工　业	Industry	2.9	2.9	2.5	2.4	2.6
第三产业增加值	Tertiary Industry	5.1	5.3	5.5	4.7	3.9

2–5 历年地区生产总值

Gross Domestic Product Over the Years

单位：亿元 (100 million yuan)

年份 Year	地区生产总值 Gross Domestic Product	第一产业增加值 Primary Industry	第二产业增加值 Secondary Industry	工业 Industry	建筑业 Construction	第三产业增加值 Tertiary Industry	#交通运输、仓储和邮政业 Transport, Storage and Post	人均地区生产总值(元) Per Capita GDP(yuan)
1978	46.62	19.42	18.73	15.24	3.49	8.47	1.68	175
1979	55.28	23.29	22.41	18.33	4.08	9.58	1.86	204
1980	60.26	24.86	24.00	19.37	4.63	11.40	2.01	219
1981	67.89	29.90	24.95	20.36	4.59	13.04	2.56	242
1982	79.39	37.37	27.44	22.58	4.86	14.58	2.74	278
1983	87.38	37.76	33.14	28.16	4.98	16.48	3.76	302
1984	108.27	45.73	43.51	36.85	6.66	19.03	4.66	371
1985	123.92	50.45	49.88	41.96	7.92	23.59	5.86	420
1986	139.57	56.46	50.96	43.57	7.39	32.15	7.34	467
1987	165.50	66.46	60.11	49.93	10.18	38.93	7.74	546
1988	211.79	85.20	78.63	68.32	10.31	47.96	9.78	683
1989	235.84	92.88	86.74	77.26	9.48	56.22	12.36	750
1990	260.14	100.10	92.83	82.15	10.68	67.21	11.69	810
1991	295.90	115.71	101.54	88.96	12.58	78.65	13.98	896
1992	339.91	121.18	122.08	106.41	15.67	96.65	19.00	1018
1993	417.69	133.40	155.03	135.40	19.63	129.26	25.45	1234
1994	524.46	183.52	194.80	173.03	21.77	146.14	18.02	1527
1995	636.21	227.06	232.52	208.75	23.77	176.63	22.77	1826
1996	723.18	254.43	255.09	225.36	29.73	213.66	26.79	2048
1997	805.79	271.83	288.99	251.10	37.89	244.97	23.51	2250
1998	858.39	264.86	319.40	273.82	45.58	274.13	29.14	2364
1999	937.50	267.57	350.41	294.42	55.99	319.52	59.17	2545
2000	1029.92	270.99	391.20	328.73	62.47	367.73	65.86	2759
2001	1133.27	274.17	433.52	360.73	72.79	425.58	73.47	3000
2002	1243.43	280.82	481.96	395.45	86.51	480.65	79.48	3257
2003	1428.97	290.90	570.70	474.48	96.22	567.37	84.51	3708
2004	1649.40	335.10	667.02	565.13	101.89	647.28	94.64	4244
2005	1939.94	362.49	797.87	679.00	118.87	779.58	113.84	5218
2006	2264.09	367.15	952.97	806.98	145.99	943.97	131.57	6103
2007	2847.46	430.64	1187.17	1000.86	186.31	1229.65	164.12	7778
2008	3504.48	522.55	1437.70	1206.98	230.72	1544.23	195.73	9697
2009	3856.66	531.20	1574.87	1296.98	277.89	1750.59	212.21	10814
2010	4518.95	602.80	1820.67	1484.88	335.79	2095.48	244.90	12882
2011	5615.55	699.56	2258.85	1822.94	435.91	2657.14	297.88	16165
2012	6742.24	862.69	2716.80	2185.79	531.01	3162.75	335.58	19394
2013	7973.06	999.34	3170.99	2533.25	638.67	3802.73	383.07	22825
2014	9173.13	1281.52	3582.36	2840.26	743.14	4309.25	421.92	26171
2015	10541.00	1641.98	4026.71	3195.95	833.43	4872.31	454.72	29956
2016	11792.35	1861.81	4468.73	3501.68	969.97	5461.81	503.33	33291
2017	13605.42	2032.27	4970.85	3821.40	1152.64	6602.30	576.27	38137
2018	15353.21	2156.02	5506.24	4165.48	1344.94	7690.95	655.29	42767
2019	16769.34	2280.56	6058.45	4545.97	1517.06	8430.33	709.88	46433

注：1.三次产业划分1978—1991年按老行业分类标准计算，1992年起全部采用2017年国民经济行业分类和三次产业划分标准计算。2.2005年起人均地区生产总值按常住半年人口计算，以往年份按常住一年人口计算。3.2003—2018数据根据四经普数据进行修订。（以下表同）

Note: 1. From 1978 to 1991, the three industries were calculated according to the old industry classification standard. Since 1992, the 2017 national economic industry classification and the three industries classification standard were used for all the calculations. 2. Since 2005, per capita GDP is calculated by resident population of six months, and in previous years, it was calculated by resident population of one year. 3. Data from 2003 to 2018 are revised according to the fourth economic Census. (the same as in the following table)

2−6 历年地区生产总值增长速度

Growth Rate of Gross Domestic Product Over the Years

单位：%　　　　(%)

年份 Year	地区生产总值 Gross Domestic Product	第一产业增加值 Primary Industry	第二产业增加值 Secondary Industry	工业 Industry	建筑业 Construction	第三产业增加值 Tertiary Industry	#交通运输、仓储和邮政业 Transport, Storage and Post	人均地区生产总值 Per Capita GDP
1978	23.7	6.6	37.3	39.7	23.7	32.7	33.6	21.4
1979	11.0	2.8	17.3	19.1	5.2	11.4	7.2	9.1
1980	4.4	0.4	4.3	6.9	-14.4	11.7	6.5	2.7
1981	6.5	9.9	1.7	-0.9	12.7	9.5	9.8	4.7
1982	15.8	23.0	9.3	11.4	1.3	12.6	3.6	13.8
1983	12.6	4.6	22.9	26.4	8.8	12.3	34.6	11.2
1984	19.8	18.2	23.8	23.8	23.5	14.9	37.6	18.6
1985	7.9	-1.2	12.8	12.0	16.6	17.8	24.3	6.7
1986	5.6	6.1	-2.0	-0.3	-9.5	20.9	8.7	4.3
1987	10.8	2.9	16.2	13.8	28.6	14.8	13.9	9.3
1988	8.6	-1.0	13.2	15.5	3.1	15.0	8.3	6.2
1989	4.5	6.3	3.9	6.8	-10.6	3.3	13.0	3.1
1990	4.3	1.7	6.1	5.6	8.8	4.6	-15.1	2.1
1991	9.2	13.2	3.5	3.5	3.8	11.2	6.8	6.2
1992	8.1	-0.7	15.0	16.0	8.0	12.6	21.2	8.6
1993	10.4	3.9	13.5	15.8	-4.8	14.8	15.1	8.9
1994	8.4	3.7	11.8	12.4	5.8	9.8	11.9	6.9
1995	7.5	2.4	10.5	11.1	4.0	9.3	7.8	5.9
1996	8.9	3.8	12.6	12.1	17.8	9.2	11.1	7.4
1997	9.0	4.2	12.3	11.8	18.0	9.3	12.5	7.5
1998	8.5	1.5	11.8	10.4	26.4	10.5	17.5	7.0
1999	8.8	3.4	13.2	11.8	25.1	7.3	14.5	7.3
2000	8.4	3.6	7.6	7.5	8.3	13.7	17.5	6.9
2001	8.8	1.1	9.4	9.2	10.7	13.6	5.3	7.5
2002	9.1	2.2	13.2	11.0	24.5	9.3	3.6	7.9
2003	10.1	3.0	13.3	13.3	13.5	11.0	3.8	9.1
2004	10.4	5.3	13.3	14.8	6.5	10.1	16.0	9.5
2005	12.7	5.2	12.0	13.0	7.4	17.6	26.5	17.9
2006	12.8	2.9	13.4	13.8	11.2	16.8	29.6	13.0
2007	14.8	3.3	13.2	14.0	8.6	21.2	29.4	16.4
2008	11.3	6.8	8.1	8.6	4.7	15.9	19.4	12.8
2009	11.4	4.3	12.1	10.1	24.9	13.2	5.3	12.9
2010	12.8	4.7	16.6	15.7	22.1	12.0	15.2	14.7
2011	15.4	1.2	18.8	18.9	18.5	16.5	15.3	16.5
2012	13.0	8.6	16.1	15.1	20.8	11.3	13.8	12.9
2013	12.4	5.8	14.1	13.1	18.7	12.5	12.4	11.9
2014	10.8	6.6	12.3	11.0	17.8	10.3	9.3	10.4
2015	10.7	6.5	11.4	9.7	17.8	11.1	9.4	10.3
2016	10.5	6.0	11.3	9.9	16.6	11.4	10.1	9.8
2017	10.2	6.3	10.1	9.0	14.1	11.4	10.6	9.4
2018	9.1	6.8	9.5	9.0	11.2	9.4	8.3	8.4
2019	8.3	5.7	9.8	9.5	10.6	7.8	6.8	7.6

2-7 历年地区生产总值指数（1978年=100）

Indices of Gross Domestic Product Over the Years (year of 1978=100)

年份 Year	地区生产总值 Gross Domestic Product	第一产业增加值 Primary Industry	第二产业增加值 Secondary Industry	工 业 Industry	建筑业 Construction	第三产业增加值 Tertiary Industry	人均地区生产总值 Per Capita GDP
1978	100.0	100.0	100.0	100.0	100.0	100.0	100.0
1979	111.0	102.8	117.3	119.1	105.2	111.4	109.1
1980	115.9	103.2	122.3	127.3	90.1	124.4	112.0
1981	123.4	113.4	124.4	126.2	101.5	136.3	117.3
1982	142.9	139.5	135.9	140.5	102.9	153.4	133.5
1983	160.9	145.9	167.1	177.6	111.9	172.3	148.4
1984	192.8	172.5	206.8	219.9	138.2	198.0	176.0
1985	208.0	170.4	233.4	246.3	161.1	233.2	187.9
1986	219.6	180.8	228.7	245.6	145.8	281.9	195.9
1987	243.4	186.0	265.8	279.4	187.5	323.7	214.1
1988	264.3	184.2	300.9	322.8	193.3	372.2	227.5
1989	276.2	195.8	312.6	344.7	172.8	384.5	234.4
1990	288.1	199.1	331.7	364.1	188.0	402.2	239.4
1991	314.6	225.4	343.3	376.8	195.1	447.2	254.2
1992	340.1	223.8	394.8	437.1	210.8	503.6	276.1
1993	375.5	232.5	448.1	506.2	200.7	578.1	300.7
1994	407.0	241.1	501.0	568.9	212.3	634.8	321.4
1995	437.5	246.9	553.6	632.1	220.8	693.8	340.4
1996	476.5	256.3	623.3	708.6	260.1	757.7	365.6
1997	519.4	267.1	700.0	792.2	306.9	828.1	393.0
1998	563.5	271.1	782.6	874.6	388.0	915.1	420.5
1999	613.1	280.3	885.9	977.8	485.4	981.9	451.2
2000	664.6	290.4	953.2	1051.1	525.6	1116.4	482.3
2001	723.1	293.6	1042.8	1147.8	581.9	1268.2	518.5
2002	788.9	300.0	1180.5	1274.0	724.4	1386.2	559.5
2003	868.6	309.0	1337.5	1443.5	822.2	1538.6	610.4
2004	958.9	325.4	1515.4	1657.1	875.7	1694.0	668.4
2005	1080.7	342.3	1697.2	1872.5	940.5	1992.2	788.0
2006	1219.0	352.3	1924.6	2131.0	1045.8	2326.9	890.4
2007	1399.4	363.9	2178.7	2429.3	1135.8	2820.2	1036.5
2008	1557.5	388.6	2355.2	2638.2	1189.1	3268.6	1169.1
2009	1735.1	405.3	2640.1	2904.7	1485.2	3700.0	1320.0
2010	1957.2	424.4	3078.4	3360.7	1813.5	4144.0	1514.0
2011	2258.6	429.5	3657.2	3995.9	2149.0	4827.8	1763.8
2012	2552.2	466.4	4246.0	4599.3	2596.0	5373.4	1991.3
2013	2868.7	493.5	4844.6	5201.8	3081.4	6045.0	2228.3
2014	3178.5	526.0	5440.5	5773.9	3629.9	6667.7	2460.0
2015	3518.6	560.2	6060.7	6334.0	4276.0	7407.8	2713.4
2016	3888.0	593.8	6745.6	6961.1	4985.8	8252.3	2979.3
2017	4284.6	631.3	7426.9	7587.6	5688.8	9193.0	3259.4
2018	4674.5	674.2	8132.5	8270.5	6326.0	10057.2	3533.2
2019	5062.5	712.6	8929.5	9056.2	6996.5	10841.6	3801.7

主要统计指标解释

国内生产总值(GDP) 指一个国家所有常住单位在一定时期内生产的全部最终产品和服务的价值总和。国内生产总值有三种表现形态，即价值形态、收入形态和产品形态。从价值形态看，它是所有常住单位在一定时期内生产的全部产品和服务价值减去同期投入的全部产品和服务价值的差额，即所有常住单位的增加值之和；从收入形态看，它是所有常住单位在一定时期内的生产活动所形成的原始收入之和；从产品形态看，它是所有常住单位在一定时期内最终使用的产品和服务减去进口的产品和服务的价值总和。在实际核算中，国内生产总值有三种计算方法，即生产法、收入法和支出法。三种方法分别从不同的方面反映国内生产总值及其构成。

对于一个地区来说，称为地区生产总值。

三次产业 三次产业的划分：

第一产业指农业、林业、畜牧业、渔业（不含农林牧渔服务业）。

第二产业指采矿业（不含开采辅助活动），制造业（不含金属制品、机械和设备修理业），电力、热力、燃气及水的生产和供应业，建筑业。

第三产业指除第一、二产业以外的其他行业。

Explanatory Notes on Main Statistical Indicators

Gross Domestic Product (GDP) refers to the final products and services produced by all resident units in a country (or a region) during a certain period of time. Gross domestic product is expressed in three different perspectives, namely value, income, and products respectively. GDP in its value perspective refers to the balance of total value of all goods and services produced by all resident units during a certain period of time, minus the total value of input of goods and services of the nature of non-fixed assets; in other words, it is the sum of the value-added of all resident units. GDP from the perspective of income includes the primary income created by all resident units and distributed to resident and non-resident units. GDP from the perspective of products refers to the value of all goods and services for final demand by all resident units plus the net exports of goods and services during a given period of time. In the practice of national accounting, gross domestic product is calculated from three approaches, namely production approach, income approach and expenditure approach, which reflect gross domestic product and its composition from different angles.

For a region, it is called as Gross Regional Product.

Three Strata of Industry Classification of economic activities into three strata of industry:

Primary industry refers to farming, forestry, animal husbandry and fishery.（excluding services in support of these industries）

Secondary industry refers to mining and quarrying(excluding support activities for mining), manufacturing (excluding Repair Services of metal Products, Machinery and Equipment), production and supply of electricity, heat, gas and water, and construction.

Tertiary industry refers to all other economic activities not included in the primary or secondary industries.

人口

Population 3

简要说明

一、主要内容

本篇资料反映全省人口方面的基本情况，包括全省六次人口普查数据；年末常住人口数、城镇人口、乡村人口；出生率、死亡率、自然增长率、人口受教育程度、婚姻等。

二、统计调查方法

目前由省统计局人口和就业统计处实施的人口统计调查有：在逢“0”的年份进行全省人口普查；在逢“5”的年份进行全省 1%人口抽样调查；其余年份进行全省人口变动情况抽样调查，其样本量约占总人口的 1‰左右。人口抽样调查是以全省为总体，市级单位为次总体，采用分层、多阶段、整群概率比例抽样方法抽取样本。

三、资料来源

本篇资料由省统计局整理。年末常住人口数据资料来源于人口普查和年度人口变动抽样调查数据，户籍人口数据资料由省公安厅提供，计划生育数据资料由省卫生健康委员会提供，婚姻数据资料由省民政厅提供。

Brief Introduction

I. Main Contents

Data in this chapter show the basic condition of the population in Guizhou Province, which include data from six censuses across the province. The main statistical indicators include provincial residential population at the year-end, urban population and rural population over the years, as well as birth rates, death rates, natural growth rates, population dependency coefficient and education attainments of the population, marriages etc.

II. Sampling Methodology

The statistical surveys on population which are conducted by Department of Population and Employment Statistics of Guizhou Provincial Bureau of Statistics are as follows: the provincial population census is conducted in the year ending with 0; the provincial 1 percent population sample survey is conducted in the year ending with 5; sample surveys on population changes are conducted in the rest of the years which cover about 1 thousandth of the total population of the province. The sample survey on population change takes the whole province as the population and each city, autonomous region or municipality as sub-populations, and the stratified multi-stage systematic PPS cluster sampling scheme is used.

III. Sources of Data

Data in this chapter are prepared by Guizhou Provincial Bureau of Statistics. The year-end resident population data were obtained from the census and the annual population change sample survey. The household registered population are provided by the Provincial Public Security Department, family planning data in the table are provided from the Provincial Health Commission, and the marriage data are provided by the Provincial Department Civil Affairs.

3-1 全省历次人口普查主要指标

Main Indicators on Province Population Census in 1953,1964,1982,1990,2000 and 2010

单位：万人 (10000 persons)

指 标	Item	第一次 (1953年) The First	第二次 (1964年) The Second	第三次 (1982年) The Third	第四次 (1990年) The Forth	第五次 (2000年) The Fifth	第六次 (2010年) The Sixth
总人口	**Total Population**	**1503.73**	**1714.05**	**2855.29**	**3239.11**	**3524.77**	**3474.65**
按城镇、乡村分	**Grouped by Residence**						
城镇人口	Urban population	109.91	203.55	540.22	623.17	844.51	1174.78
乡村人口	Rural population	1393.82	1510.51	2315.07	2615.94	2680.25	2299.87
城镇人口比重（%）	The proportion of urban population(%)	7.31	11.88	18.92	19.24	23.96	33.81
按性别分	**Grouped by Gender**						
男	Male	759.80	868.48	1464.08	1676.88	1846.45	1795.15
女	Female	743.93	845.57	1391.21	1562.22	1678.32	1679.50
性别比(以女性为100)	Sex Ratio(female=100)	102.13	102.71	105.24	107.34	110.02	106.89
人口年平均增长率(%)	The growth rate of Annual Average Population(%)		1.32	2.89	1.59	0.82	-0.14
家庭总户数(万户)	Total Number of Household (10000 households)	340.15	390.96	565.93	721.04	923.94	1038.96
户均规模(人/户)	Average Family Size(person/household)	4.42	4.38	4.93	4.41	3.74	3.24
人口自然变动(‰)	**Natural Change of Population(‰)**						
出生率	Birth Rate	38.43	52.62	24.81	23.09	20.59	13.96
死亡率	Death Rate	17.61	20.66	7.60	7.90	7.53	6.55
自然增长率	Natural Growth Rate	20.82	31.96	17.21	15.19	13.06	7.41
年龄结构(%)	**Age Composition (%)**						
0-14岁	Ages 0-14	37.88	38.82	40.88	32.68	30.17	25.22
15-64岁	Ages 15-64	58.52	58.42	54.45	62.71	63.87	66.21
65岁及以上	Ages 65 and Above	3.59	2.76	4.66	4.61	5.97	8.57
民族	**Population by Ethnicity**						
汉族	Han	1109.84	1312.89	2112.95	2114.88	2191.17	2219.85
占总人口比重(%)	Percentage to Total Population(%)	73.81	76.61	74.00	65.29	62.16	63.89
年均增长率(%)	Annual average growth rate(%)		0.37	-0.35	-1.24	-0.49	0.27
少数民族	Ethnic Minorities(10 000 persons)	393.89	401.16	742.35	1124.23	1333.60	1254.80
占总人口比重(%)	Percentage to Total Population(%)	26.19	23.39	26.00	34.71	37.84	36.11
年均增长率(%)	Annual average growth rate(%)		-1.12	1.06	2.93	0.87	-0.46
受教育程度	**Education Attainments**						
小 学	Primary School		352.71	822.65	1210.75	1535.30	1368.07
初 中	Junior Secondary School		53.80	325.86	475.78	727.48	1035.07
高 中	Senior Secondary School		13.38	84.72	127.50	199.67	253.02
大专以上	College and Higher Level		3.96	11.09	25.06	67.49	183.88
文盲人口	Illiterate Population			1202.24	969.11	598.58	303.85
文盲率（%）	Illiterate Rate(%)			42.11	29.92	16.98	8.74
每十万人口拥有的各种受教育程度人口(人)	**Population with Various Education Attainments Per 100000 Persons(person)**						
小 学	Primary School				37379	43557	39373
初 中	Junior Secondary School				14688	20639	29789
高中/中专	Senior Secondary School and Technical Secondary School				3973	5665	7282
大专及以上	College and Higher Level				774	1915	5292

注：数据来源于历次人口普查公报。

Note:Data in this table are from the communique of the six national population censuses.

3-2 第六次人口普查全省世居民族人口数

Population of all ethnic groups on the Sixth National Population Census

单位：万人 (10000 persons)

指　标	Item	第六次人口普查(2010年) The Sixth Population Census(2010)
总人口	Total Population	3474.86
男	Male	1790.55
女	Female	1684.31
汉族	Han	2234.42
男	Male	1151.79
女	Female	1082.63
蒙古族	Mongolian	4.16
男	Male	2.32
女	Female	1.84
回族	Hui	18.48
男	Male	9.50
女	Female	8.98
苗族	Miao	396.84
男	Male	204.09
女	Female	192.75
彝族	Yi	83.45
男	Male	42.96
女	Female	40.49
壮族	Zhuang	5.26
男	Male	2.65
女	Female	2.61
布依族	Bouyei	251.06
男	Male	127.11
女	Female	123.95
满族	Manchu	2.31
男	Male	1.19
女	Female	1.12
侗族	Dong	143.19
男	Male	75.02
女	Female	68.17
瑶族	Yao	4.09
男	Male	2.14
女	Female	1.95
白族	Bai	17.95
男	Male	9.59
女	Female	8.36
土家族	Tujia	143.70
男	Male	73.65
女	Female	70.05
畲族	She	3.66
男	Male	1.91
女	Female	1.75
水族	Shui	34.87
男	Male	18.03
女	Female	16.84
仫佬族	Mulam	2.50
男	Male	1.33
女	Female	1.17
羌族	Qiang	0.16
男	Male	0.09
女	Female	0.07
毛南族	Maonan	2.73
男	Male	1.42
女	Female	1.31
仡佬族	Gelao	49.52
男	Male	25.89
女	Female	23.62
其他未识别的民族	Other unrecognized peoples	61.28
男	Male	32.01
女	Female	29.27

注：数据来源于第六次人口普查机器汇总数。

Note:Data in this table are obtained from machine summany number of the Sixth Population Census.

3-3　常住人口主要指标

Permanent Resident Population (at least half a year)

单位：万人　　(10000 persons)

指　　标	Item	2015	2016	2017	2018	2019
年末总人口	**Total Population at the Year-end**	**3529.50**	**3555.00**	**3580.00**	**3600.00**	**3622.95**
家庭年末总户数(万户)	Total Number of Household (10000 households)	1068.51	1100.62	1104.94	1105.91	1113.79
家庭户规模(人/户)	Average Family Size(person/household)	3.20	3.23	3.24	3.21	3.20
人口自然变动	**Natural Change of Population**					
出生人数	Number of Birth	45.74	47.40	50.05	49.90	49.30
出生率(‰)	Birth Rate(‰)	13.00	13.43	13.98	13.90	13.65
死亡人数	Number of Death	25.34	24.46	24.63	24.59	25.10
死亡率(‰)	Death Rate(‰)	7.20	6.93	6.88	6.85	6.95
自然增长人数	Natural Increase of Population	20.40	22.94	25.42	25.31	24.20
自然增长率(‰)	Natural Growth Rate(‰)	5.80	6.50	7.10	7.05	6.70

3-4 常住人口年龄结构和抚养比

Age Composition and Dependency Ratio of Population

单位：万人　　(10000 persons)

指　标	Item	2015	2016	2017	2018	2019
年末总人口	**Total population (year-end)**	**3529.50**	**3555.00**	**3580.00**	**3600.00**	**3622.95**
0-14岁人口数	Population ages 0-14	783.17	791.70	802.28	808.56	811.18
占总人口比重(%)	% of total	22.19	22.30	22.41	22.46	22.39
15-64岁人口数	Population ages 15-64	2386.32	2396.42	2405.40	2412.36	2421.22
占总人口比重(%)	% of total	67.61	67.40	67.19	67.01	66.83
65岁及以上人口数	Population ages 65 and above	360.01	366.88	372.32	379.05	390.55
占总人口比重(%)	% of total	10.20	10.30	10.40	10.53	10.78
总抚养比(%)	Gross Dependency Ratio	47.91	48.35	48.83	49.23	49.63
少儿抚养比(%)	Children Dependency Ratio	32.82	33.04	33.35	33.52	33.50
老年抚养比(%)	Old-age Dependency Ratio	15.09	15.31	15.48	15.71	16.13

3-5 6岁及以上人口受教育程度构成

Population Ages 6 and above by Education

单位：% (%)

指 标	Item	2015	2016	2017	2018	2019
6岁及以上人口	**Population Ages 6 and above**					
未上过学	No schooling	10.93	9.70	8.74	8.49	8.38
小学	Primary schools	34.73	34.70	34.51	32.15	32.01
初中	Junior Secondary schools	35.23	35.90	36.42	36.21	36.15
高中	Semior Secondary schools	10.66	10.90	11.21	12.40	12.62
大专	College Students	8.45	8.80	9.12	10.75	10.84
6岁及以上人口平均受教育年限 (年)	Average Years of Education for People Ages 6 and Above (years)	7.85	8.03	8.23	8.46	8.64
15岁及以上人口平均受教育年限 (年)	Average Years of Education for People Ages 15 and Above (years)	7.97	8.11	8.28	8.58	8.86
成人识字率	**Adult Literacy Rate**	**88.39**	**89.12**	**89.54**	**89.59**	**89.61**
青壮年识字率	**Young Adult Literacy Rate**	**95.93**	**96.08**	**96.32**	**97.26**	**97.35**

3-6 计划生育

Family Planning

单位：万人 (10000 persons)

指 标	Item	2015	2016	2017	2018	2019
生育政策符合率(%)	Family Planning Rates(%)	95.2	91.7	92.8	—	—
采取节育措施人数	Number of Contraception Users	604.03	579.47	574.07	512.96	483.10
避孕率(含复合使用药具)(%)	Contraception Rates(Including Using contraceptives)(%)	88.7	85.4	83.5	79.0	75.1

注：资料来源于省卫生健康委员会。

Note:Data in the table are provided from the Provincial Health Commission.

3-7 婚姻
Marriages and Divorces

指　标	Item	2015	2016	2017	2018	2019
准予登记结婚(对)	**Registered Marriages(couple)**	**492606**	**453162**	**403564**	**400272**	**361397**
#初婚(人)	First Marriages(person)	953016	866973	772711	671777	575289
再婚(人)	Remarriages(person)	32196	39351	34417	128767	147505
#女性	Female	16180	19877	17499	69920	83409
涉外婚姻(对)	**Registered Marriages with Foreigner and the Citizen of Hong Kong, Macao, Taiwan(couple)**	**393**	**385**	**427**	**450**	**350**
#国内公民(人)	Domestic Citizen(person)	393	385	427	450	
#女性	Female	293	282	275	262	
离婚人数(人)	**Divorces(person)**	**216790**	**241962**	**268950**	**303488**	**331758**
民政部门批准	Permitted by Civil Administration Department	162586	185672	208540	241246	268172
法院调判	Court Mediation and Judgment	54204	56290	60410	62242	63586

注：1.资料来源于省民政厅、省高级人民法院。2.民政部门批准离婚人数为内地居民离婚人数。

Note: 1.Data in the table are provided by Civil Affairs Department of Provincial and Higher People's Court. 2.The number of divorce approved by the Department of Civil Affairs refer to the number of divorce among the residents in China Mainland.

3-8 残疾人事业基本情况

Basic Statistics on the Work for Person with Disablities

单位：人 (person)

指 标	Item	2015	2016	2017	2018	2019
康复	**Rehabilitation**					
视力残疾康复	**Rehabilitation of Persons with Visual Disability**					
贫困白内障患者免费手术(例)	Free Surgeries for Poor Cataract Patients(case)	10158	1724	4082	297	1386
盲人定向行走训练	Blind Persons Receiving Orientation Skill Training	1810	4331		581	558
低视力者配用助视器	Persons with Low-vision Fitted with Vision-aids	3200	8476	10317	9731	4779
聋儿康复	**Rehabilitation of Children with Hearing Disability**					
年收训聋儿	Deaf Children Trained in the year	421	823	680	353	634
培训家长	Parents Trained	745	875	1178	—	634
精神病防治康复	**Prevention and Rehabilitation of Mental Illness (PRMI)**					
开展精神病防治康复工作市县数(个)	Counties Carried on the Works of Prevention and Rehabilitation of Mental Illness(unit)	83	83	83	88	88
接受治疗的精神病患者	Treatment Provided for Patients with Sever Psychiatric Diseases	16312	13240	10643	15733	20699
孤独症儿童训练	Children with Autism Trained	304	867	231	221	475
肢体残疾康复	**Rehabilitation of Persons with Physical Disability**					
肢体残疾人社区康复训练	Persons with Mobility Impairment Receiving Rehabilitation Training in Communities	1677	1665	47371	90053	84970
脑瘫儿童机构康复训练	Rehabilitation Training Institutions for Children with Cerebral Palsy	466	774	501	749	671
贫困肢体残疾儿童矫治手术	Rehabilitation of Children with Physical Disability in Poverty	209	182	67	121	121
智力残疾康复	**Rehabilitation of Persons with Intellectual Disability**					
智残儿童社区康复训练	Children with Intellectual Disability Receiving Rehabilitation Training at Community	408	1416	327	414	3213
智残儿童机构康复训练	Children with Intellectual Disability Receiving Rehabilitation Training at Institutions	1085	1492	448	650	504
辅助器具供应服务数(件)	**Provision of Assistive Devices (piece)**	**20932**	**70685**	**56804**	**89351**	**56912**
贫困残疾人假肢装配例数(例)	**Prosthesis Installed for Poor Disabled(case)**	**614**	**731**	**39265**	**770**	**10211**
社区康复协调员培训	**Workers Trained for Disabled person at Community**	**1179**	**1198**	**9442**	**6194**	**9707**
教育	**Education**					
高中阶段特殊教育	Special education in Senior High School					
机构数(个)	Number of Institutions (unit)		5	5	6	6
在校生人数（人）	Number of students in attendance (person)		309	384	718	657
普通高等院校当年录取残疾考生数（人）	The number of disabled candidates admitted by ordinary institutions of higher learning(person)		500	606	731	638

注：1.资料来源于省残联。2.2017年统计方法制度调整，“贫困白内障患者免费手术、盲人定向行走训练”整合为“复明手术、定向行走等训练”，“低视力者配用助视器”更名为“盲杖、助视器等适配服务”。3.2017年“智残儿童机构康复训练”统计口径为0—6岁智残儿童。

Note: 1. Data in the table are provided by Disabled Federation of Guizhou Province. 2. According to the Adjustment of statistical methods and systems in 2017, "Free Surgeries for Poor Cataract Patients" and " Blind Persons Receiving Orientation Skill Training" are combined into "Rehabilitation Surgery, Directional Walking and Other Training", and "Persons with Low-vision Fitted with Vision-aids" is renamed as "Tactile Sticks, Visual Aids and Other Ancillary Services". 3. The statistical caliber of "Children with Intellectual Disability Receiving Rehabilitation Training at Institutions" is 0-6 years old children with intellectual disability.

3-8 续表 Continued

单位：人 (person)

指 标	Item	2015	2016	2017	2018	2019
就业	**Employment**		**210170**	**335241**	**343664**	**331707**
城镇残疾人就业状况	Employed PWDs in Urban Areas		63924	34005	35984	34262
农村残疾人就业状况	Employed PWDs in Rural Areas		146246	301236	307680	297445
按比例就业	Employed by Quote Scheme		9800	7758	9212	8492
#城镇残疾人	Urban disabled		7535	4504	5292	4601
农村残疾人	Rural disabled		2265	3249	3920	3891
集中就业	Employed in Collective Form		16842	5745	6137	6220
#城镇残疾人	Urban disabled		13722	1548	1545	1402
农村残疾人	Rural disabled		3120	4196	4592	4818
个体及其他形式就业	Self-employed or Employed in Other Forms		16225	20669	19132	19040
#城镇残疾人	Urban disabled		6089	5022	4895	4488
农村残疾人	Rural disabled		10136	13575	14237	14552
公益性岗位安置	Employed at Public Institution		8070	1398	1645	2054
#城镇残疾人	Urban disabled		7329	767	803	787
农村残疾人	Rural disabled		741	630	842	1267
辅助性就业	Auxiliary employment		15057	3055	2986	2866
#城镇残疾人	Urban disabled		12351	692	648	589
农村残疾人	Rural disabled		2706	2363	2338	2277
从事农业种养就业	Engaged in agricultural breeding and employment		113947	202785	203914	191885
#城镇残疾人	Urban disabled		8055	6766	6948	6734
农村残疾人	Rural disabled		105892	195964	196966	185151
灵活就业	Flexible employment		30229	44973	50647	53259
#城镇残疾人	Urban disabled		8843	8664	10237	10403
农村残疾人	Rural disabled		21386	36301	40410	42856
社区就业	Community employment (new)			2069	1860	1897
#城镇残疾人	Urban disabled			1093	873	774
农村残疾人	Rural disabled			976	987	1123
居家就业	Home employment (new)			48931	48131	45994
#城镇残疾人	Urban disabled			4949	4743	4484
农村残疾人	Rural disabled			43982	43388	41510
残疾人就业服务机构(个)	Employment Service Institutions for Handicapped (unit)			81	88	88
省	Provinces	1	1	1	1	1
市、州	Prefectures、Autonomous Prefectures	9	15	9	8	8
县、市、区	County、Cities	61	66	72	79	79
盲人按摩	**Massage by Persons with Visual Disability**					
保健按摩人员培训	Massage Therapists Training	388	647	710	717	412
医疗按摩人员培训	Keep-fit Massage Training	20	60	171	169	136
扶贫	**Poverty Alleviation**					
本年度退出建档立卡贫困残疾户	Disabled Persons Overcoming Poverty		24819	58379	66526	92321
本年度退出建档立卡贫困残疾人	PWDs im Rural Areas		30661	73707	89083	114976
本年度返贫残疾人	Disabled Persons at the Local Low-income Level		4709	2458	1342	
残联组织建设	**Organization Development of the Disabled Persons' Federation**					
残联机关工作人员	Workers Working for the Disabled	2739	2766	2794	2650	2567

3-9 历年年末常住人口
Permanent Population at the Year-end Over the Years

单位：万人 (10000 persons)

年 份 Year	合 计 Total	按城镇、乡村分 Grouped by Urban and Rural		按性别分 Grouped by Sex		性别比 Sex Ratio (女=100) (female=100)	年平均人口 Annual Average Population
		城 镇 Urban	乡 村 Rural	男 Male	女 Female		
1978	2686.40	323.97	2362.43	1364.82	1321.58	103.27	2663.27
1979	2730.99	520.82	2210.17	1386.93	1344.06	103.19	2708.70
1980	2776.67	543.18	2233.49	1409.61	1367.06	103.11	2753.83
1981	2826.78	528.41	2298.37	1439.89	1386.89	103.82	2801.73
1982	2875.21	542.13	2333.08	1470.43	1404.78	104.67	2851.00
1983	2901.46	550.96	2350.50	1484.73	1416.73	104.80	2888.33
1984	2931.85	854.14	2077.71	1501.55	1430.30	104.98	2916.65
1985	2972.18	883.18	2089.00	1522.93	1449.25	105.08	2952.02
1986	3025.86	909.55	2116.31	1550.90	1474.96	105.15	2999.02
1987	3072.58	1002.93	2069.65	1576.23	1496.35	105.34	3049.22
1988	3127.27	951.23	2176.04	1599.01	1528.26	104.63	3099.93
1989	3171.00	1000.26	2170.74	1628.85	1542.15	105.62	3149.14
1990	3267.53	1083.67	2183.86	1684.53	1583.00	106.41	3219.27
1991	3314.63	1238.48	2076.15	1709.31	1605.32	106.48	3291.08
1992	3360.96	2256.05	1104.91	1735.46	1625.50	106.76	3337.80
1993	3408.69	2324.92	1083.77	1761.65	1647.04	106.96	3384.83
1994	3458.41	2371.06	1087.35	1789.32	1669.09	107.20	3433.55
1995	3508.08	2408.78	1099.30	1815.63	1692.45	107.28	3483.25
1996	3555.41	2457.33	1098.08	1840.38	1715.03	107.31	3531.75
1997	3605.81	2503.75	1102.06	1866.48	1739.33	107.31	3580.61
1998	3657.60	2539.76	1117.84	1893.29	1764.31	107.31	3631.70
1999	3710.06	2539.80	1170.26	1920.40	1789.66	107.30	3683.83
2000	3755.72	896.49	2859.23	1968.00	1787.72	110.08	3732.89
2001	3798.51	910.12	2888.39	1973.41	1825.10	108.13	3777.12
2002	3837.28	932.11	2905.17	1993.15	1844.13	108.08	3817.90
2003	3869.66	958.52	2911.14	2010.22	1859.44	108.11	3853.47
2004	3903.70	1025.89	2877.81	2022.22	1881.48	107.48	3886.68
2005	3730	1002.25	2727.75	1920.55	1809.45	106.14	3717.61
2006	3690	1013.27	2676.73	1908.85	1781.15	107.17	3710
2007	3632	1025.68	2606.32	1879.70	1752.30	107.27	3661
2008	3596	1046.79	2549.21	1868.73	1727.27	108.19	3614
2009	3537	1057.21	2479.79	1827.56	1709.44	106.91	3567
2010	3479	1176.25	2302.75	1797.43	1681.57	106.89	3508
2011	3469	1212.76	2256.24	1801.21	1667.79	108.00	3474
2012	3484.07	1268.54	2215.53	1818.64	1665.43	109.20	3476.53
2013	3502.22	1324.89	2177.33	1822.5	1679.72	108.50	3493.15
2014	3508.04	1403.57	2104.47	1817.91	1690.13	107.56	3505.13
2015	3529.50	1482.74	2046.76	1820.63	1708.87	106.54	3518.77
2016	3555.00	1569.53	1985.47	1833.45	1721.55	106.50	3542.25
2017	3580.00	1647.52	1932.48	1845.92	1734.08	106.45	3567.50
2018	3600.00	1710.72	1889.28	1859.95	1740.05	106.89	3590.00
2019	3622.95	1775.97	1846.98	1856.26	1766.69	105.07	3611.48

注：1.2000年及以后的城镇、乡村人口的划分标准按国家统计局1999年发布的《关于统计上划分城乡的规定》计算，与以前年份数据不可比。2.2005年及以后为常住半年口径。 3.2006—2009年常住总人口数据已根据第六次人口普查资料进行修订（下表同）。

Note: 1. Since 2000, standards of grouping rural and urban residents have been calculated on the basis of Statistical Partition Ordain about Urban or Rural that had been issued by National Bureau of Statistial in 1999, so the data are not comparable with the preceding years. 2. Population cablier refers to permanent population in half a year scope since 2005. 3. Data from 2006 to 2009 have been verified according to the Sixth National Population Census since 2005 (the same applies to the next table).

3-10　历年人口自然变动
Natural Change of Population Over the Years

单位：万人 (10000 persons)

年　份 Year	出生 Birth		死亡 Death		自然增长 Natural Growth	
	人数 Number of Persons	率(‰) Rate(‰)	人数 Number of Persons	率(‰) Rate(‰)	人数 Number of Persons	率(‰) Rate(‰)
1978	76.22	28.62	19.65	7.38	56.57	21.24
1979	72.84	26.89	19.23	7.10	53.61	19.79
1980	68.02	24.70	19.39	7.04	48.63	17.66
1981	66.46	23.72	21.07	7.52	45.39	16.20
1982	70.73	24.81	21.67	7.60	49.06	17.21
1983	60.11	20.81	26.46	9.16	33.65	11.65
1984	54.98	18.85	21.29	7.30	33.69	11.55
1985	59.97	20.33	17.43	5.91	42.54	14.42
1986	72.04	24.11	18.08	6.05	53.96	18.06
1987	71.77	23.69	25.87	8.54	45.90	15.15
1988	73.76	23.81	18.62	6.01	55.14	17.80
1989	67.08	21.23	21.58	6.83	45.50	14.40
1990	74.13	23.09	25.36	7.90	48.77	15.19
1991	72.96	22.42	26.39	8.11	46.57	14.31
1992	73.61	22.40	28.00	8.52	45.61	13.88
1993	74.96	22.6	28.19	8.50	46.77	14.10
1994	76.93	22.92	27.32	8.14	49.61	14.78
1995	76.14	21.86	26.47	7.60	49.67	14.26
1996	77.88	22.05	27.16	7.69	50.72	14.36
1997	79.31	22.15	27.46	7.67	51.85	14.48
1998	79.97	22.02	28.18	7.76	51.79	14.26
1999	80.75	21.92	28.29	7.68	52.46	14.24
2000	76.86	20.59	28.11	7.53	48.75	13.06
2001	70.10	18.56	27.31	7.23	42.79	11.33
2002	68.57	17.96	27.53	7.21	41.04	10.75
2003	61.31	15.91	26.47	6.87	34.84	9.04
2004	58.61	15.08	24.68	6.35	33.93	8.73
2005	54.00	14.59	25.00	7.21	29.00	7.38
2006	51.83	13.97	24.89	6.71	26.94	7.26
2007	48.62	13.28	24.16	6.60	24.46	6.68
2008	48.75	13.49	24.47	6.77	24.28	6.72
2009	48.68	13.65	23.86	6.69	24.82	6.96
2010	48.52	13.96	22.76	6.55	25.76	7.41
2011	46.24	13.31	24.07	6.93	22.17	6.38
2012	46.13	13.27	24.20	6.96	21.93	6.31
2013	45.58	13.05	24.97	7.15	20.61	5.90
2014	45.50	12.98	25.17	7.18	20.33	5.80
2015	45.74	13.00	25.34	7.20	20.40	5.80
2016	47.40	13.43	24.46	6.93	22.94	6.50
2017	50.05	13.98	24.63	6.88	25.42	7.10
2018	49.90	13.90	24.59	6.85	25.31	7.05
2019	49.30	13.65	25.10	6.95	24.20	6.70

3-11 历年户籍人口

Household Registered Population Over the Years

单位：万人 (10000 persons)

年 份 Year	年末总人口 Total Population at the Year-end	按农业非农业分 Grouped by Agriculture and Non-agriculture		占总人口比重(%) Proportion(%)	
		农 业 Agriculture	非农业 Non-agriculture	农 业 Agriculture	非农业 Non-agriculture
1978	2686.40	2380.52	305.88	88.6	11.4
1979	2730.99	2416.67	314.32	88.5	11.5
1980	2776.67	2456.37	320.30	88.5	11.5
1981	2826.78	2500.74	326.04	88.5	11.5
1982	2875.21	2544.10	331.11	88.5	11.5
1983	2901.46	2564.92	336.54	88.4	11.6
1984	2931.85	2588.11	343.74	88.3	11.7
1985	2967.91	2609.04	358.87	87.9	12.1
1986	3007.99	2643.57	364.42	87.9	12.1
1987	3051.39	2678.60	372.79	87.8	12.2
1988	3143.94	2760.47	383.47	87.8	12.2
1989	3184.05	2793.35	390.70	87.7	12.3
1990	3236.97	2840.21	396.76	87.7	12.3
1991	3271.40	2868.27	403.13	87.7	12.3
1992	3300.97	2887.95	413.02	87.5	12.5
1993	3332.30	2910.71	421.59	87.3	12.7
1994	3380.58	2927.54	453.04	86.6	13.4
1995	3419.54	2957.32	462.22	86.5	13.5
1996	3459.54	2979.85	479.69	86.1	13.9
1997	3495.50	3004.76	490.74	86.0	14.0
1998	3536.54	3032.50	504.04	85.7	14.3
1999	3582.05	3063.23	518.82	85.5	14.5
2000	3676.63	3144.98	531.65	85.5	14.5
2001	3710.20	3156.33	553.87	85.1	14.9
2002	3747.68	3175.17	572.51	84.7	15.3
2003	3786.84	3196.70	590.14	84.4	15.6
2004	3831.19	3224.62	606.57	84.2	15.8
2005	3867.73	3258.05	609.68	84.2	15.8
2006	3921.91	3295.08	626.83	84.0	16.0
2007	3985.04	3346.09	638.95	84.0	16.0
2008	4036.75	3385.66	651.09	83.9	16.1
2009	4090.78	3429.36	661.43	83.8	16.2
2010	4189.00	3512.92	676.07	83.9	16.1
2011	4238.44	3551.18	687.26	83.8	16.2
2012	4249.48	3557.14	692.34	83.7	16.3
2013	4286.15	3584.17	701.98	83.6	16.4
2014	4325.49	3616.27	709.22	83.6	16.4
2015	4395.33				
2016	4452.80				
2017	4474.94				
2018	4528.63				
2019	4571.45				

注：资料来源于省公安厅。1984年及以前为公安、统计共同使用的数据，1985年起为公安户籍人口统计口径。2015年户籍制度改革，取消农业、非农业之分。

Note: Data in the table are provided by Provincial Public Security Department. Data after 1985 in the table are obtained from the Public Security Department of Guizhou Province, while data before 1984 are used by Statistics Beaura and Public Security Department of Guizhou Province. The 2015 reform of the household registration system abolished the distinction between agriculture and non-agricultrue.

主要统计指标解释

总人口 指一定时间、一定地区范围内的有生命的个人的总和。年度统计的年末人口数指每年 12 月 31 日 24 时的人口数。

城镇人口和乡村人口 城镇人口是指居住在城镇范围内的全部常住人口；乡村人口是除上述人口以外的全部人口。

出生率(又称粗出生率) 指在一定时期内(通常为一年)一定地区的出生人数与同期内平均人数之比，用千分率表示。本资料中的出生率指年出生率，其计算公式为：

$$出生率=\frac{年出生人数}{年平均人数}\times 1000‰$$

公式中：出生人数指活产婴儿，即胎儿脱离母体时(不管怀孕月数)，有过呼吸或其他生命现象。年平均人数指年初、年底人口数的平均数，也可用年中人口数代替。

死亡率(又称粗死亡率) 指在一定时期内(通常为一年)一定地区的死亡人数与同期内平均人数之比，用千分率表示。本资料中的死亡率指年死亡率，其计算公式为：

$$死亡率=\frac{年死亡人数}{年平均人数}\times 1000‰$$

人口自然增长率 指在一定时期内(通常为一年)人口自然增加数(出生人数减死亡人数)与该时期内平均人数之比，用千分率表示。计算公式为：

$$人口自然增长率=\frac{本年出生人数-本年死亡人数}{年平均人数}\times 1000‰$$

$$=人口出生率-人口死亡率$$

Explanatory Notes on Main Statistical Indicators

Total Population refers to the total number of living individuals within a given time and area. The annual statistics on total population is taken at midnight, the 31st of December.

Urban Population and Rural Population Urban population refers to all people residing in cities and towns, while rural population refers to population other than urban population.

Birth Rate (or Crude Birth Rate) refers to the ratio of the number of births to the average population during a certain period of time (usually a year), expressed in ‰. Birth rate in the chapter refers to annual birth rate. The following formula is used:

$$\text{Birth Rato}=\frac{\text{Number of Births}}{\text{Annual Average Population}}\times 1000‰$$

Number of births in the formula refers to live births, i.e. when a baby has breathed or showed any vital phenomena regardless of the length of pregnancy.

Annual average population is the average of the number of population at the beginning of the year and that at the end of the year. Sometimes it is substituted by the mid-year population.

Death Rate(or Crude Death Rate) refers to the ratio of the number of deaths to the average population during a certain period of time (usually a year), expressed in ‰. Death rate in the chapter refers to annual death rate. The following formula is used:

$$\text{Death Rato} = \frac{\text{Number of Death}}{\text{Annual Average Population}} \times 1000‰$$

Natural Growth Rate of Population refers to the ratio of natural increase in population (number of births minus number of deaths) in a certain period of time (usually a year) to the average population of the same period, expressed in ‰. The following formula is applied:

$$\text{Natural Growth Rate of Population} = \frac{\text{Number of Births} - \text{Number of Death}}{\text{Annual Average Population}} \times 1000‰$$

$$= \text{Birth Rate} - \text{Death Rate}$$

就业人员和职工工资

Employment and Wages 4

简要说明

一、主要内容

本篇资料反映劳动经济方面的基本情况，如：经济活动人口数，就业人员数，城镇登记失业人数，就业人员工资总额，平均工资等。

二、统计范围及统计调查方法

《劳动工资统计报表制度》的调查范围为城镇地区全部法人单位；《劳动力调查制度》的调查范围为全省16岁及以上人口；《农林牧渔业统计调查制度》的调查范围为全省乡镇以下农村地区；《培训就业统计报表制度》的填报范围为全省就业服务和职业介绍机构；私营企业及个体工商业统计范围为全社会。

本篇“城镇单位”均指“城镇非私营单位”。

劳动工资统计中，城镇非私营单位采用全面调查方法，城镇私营单位采用抽样调查方法；劳动力调查采用抽样调查方法；就业统计及私营企业和个体工商业统计利用行政登记资料加工整理。

三、资料来源

1.就业基本情况及分组资料、工资总额等资料，由省统计局根据《劳动工资统计报表制度》、《劳动力调查制度》及《农林牧渔业统计调查制度》搜集资料，加工整理。

2.城镇新增就业、城镇登记失业人数，由省人力资源社会保障厅整理提供。

Brief Introduction

I. Main Contents

Data in this chapter show the basic conditions of the labour economy, such as the economically active population, number of employed persons, number of registered unemployed persons in urban areas, total wages bills of employed persons and average wages, etc.

II. Scope and Methodology of Statistics

The Reporting Form System on Labour Wage Statistics covers corporate units in all urban area. The scope of survey of The Sample Survey System on Labour Force are the population aged 16 and over of the whole province. The System of Rural Social and Economic Surveys covers all rural areas below township level in Guizhou. The Reporting Form System on Training and Employment Statistics covers all agencies and units providing employment services and job centers. The scope of statistics on private enterprises and self-employed individuals covers the whole province.

In this chapter, urban corporate units refer to non-private urban corporate units.

A complete reporting form system from lower-level statistical bureaus to higher level statistical bureaus is used in the labour wage statistics of urban non-private enterprises, and sampling methods is used in the statistics of urban private enterprises. The Sample Survey on Labour Force is conducted by using sampling methods. Statistics on employment, private enterprises and self-employed individuals are collected and compiled on basis of administrative registering records.

III. Sources of Data

(1) Data on basic conditions of employment, data by groups, total wage bills of staff and workers are collected and compiled through The Reporting Form System on Labour Wage Statistics, The Sample Survey System on Labour Force, and The System of Rural Social and Economic Surveys by Guizhou Provincial Bureau of Statistics.

(2) Data on the urban new employment conditions and on the number of registered unemployed persons in urban areas are provided by the Ministry of Human Resources and Social Security of Guizhou Province.

4-1 全社会就业人员

Number of Employed Personnels

指 标	Item	2015	2016	2017	2018	2019	2019年比2018年增长(%) Increase Rate in 2019 over 2018(%)
就业人员（万人）	**Number of Employed Persons (10000 persons)**	**1946.65**	**1983.72**	**2023.20**	**2038.50**	**2049.40**	**0.5**
按产业分	**Grouped by Three Strata of Industry**						
第一产业	Primary Industry	1161.54	1136.87	1123.83	1097.33	1074.91	-2.0
第二产业	Secondary Industry	315.38	340.41	365.99	375.49	376.07	0.2
第三产业	Tertiary Industry	469.73	506.44	533.38	565.68	598.42	5.8
按城乡分	**Grouped by Urban and Rural Areas**						
城镇	Urban Area	739.41	793.16	854.23	925.29	987.69	6.7
乡村	Rural Area	1207.24	1190.56	1168.97	1113.21	1061.71	-4.6

4-2 城镇单位就业人员及平均工资

Number of Employed Persons and Wages in Urban Units

指 标	Item	2015	2016	2017	2018	2019	2019年比2018年增长(%) Increase Rate in 2019 over 2018(%)
城镇单位就业人数（万人）	**Number of Employed Persons in Urban Units (10000 persons)**	**428.05**	**438.86**	**450.50**	**443.29**	**458.93**	3.5
非私营单位就业人数(万人)	Number of Employed Persons in Non-private Units(10000 persons)	307.47	310.48	315.22	308.54	321.08	4.1
非私营单位在岗职工人数(万人)	Total Number of Staff and Workers of Non-privately-owned unit (10000 persons)	277.62	278.57	285.46	274.96	290.39	5.6
私营单位就业人数（万人）	Number of Engaged Persons in Private Units(10000 persons)	120.58	128.38	135.28	134.75	137.85	2.3
城镇单位就业人员平均工资(元)	**Average Wage of Employed Persons in Urban Units (yuan)**	**53094**	**58398**	**62924**	**67952**	**71361**	5.0
非私营单位就业人员平均工资(元)	Average Wage of Employed Persons in Non-private Units(yuan)	59701	66279	71795	78316	83298	6.4
非私营单位在岗职工平均工资(元)	Average Wage of Staff and Workers of Non-privately-owned unit (yuan)	62591	69678	75109	82597	87970	6.5
私营单位就业人员平均工资(元)	Average Wage of Engaged Persons in Private Units(yuan)	36044	39058	41796	43582	45526	4.5

注：在岗职工包含劳务派遣人员(以下相关表同)。

Note:The working staff at work include labor dispatching personnel (the related tables in the chapter are the same).

4-3 非私营单位就业人员年末人数(2019)

Number of Employed Persons in Non-private Units at Year-end

单位：人 (person)

指　标	Item	就业人员 Number of Employed	国有单位 State-owned Units	集体单位 Collective-owned Units	其他单位 Unit of Other Type of Ownership
总　计	**Total**	**3210847**	**1601119**	**31045**	**1578683**
按企事业、机关分	**By Enterprises,Institutions and Agencies**				
企　业	Enterprises	1734114	162770	28267	1543077
事　业	Institutions	898822	861005	2759	35058
机　关	Agencies	577911	577344	19	548
按产业分	**By Three Strata of Industry**				
第一产业	Primary Industry	7120	1954	363	4803
第二产业	Secondary Industry	941510	70609	18552	852349
第三产业	Tertiary Industry	2262217	1528556	12130	721531
按国民经济行业分	**By Sector**				
农、林、牧、渔业	Farming,Forestry,Animal Husbandry and Fishery	7120	1954	363	4803
采矿业	Mining	117717	3791	744	113182
制造业	Manufacturing	295720	2175	2579	290966
电力、热力、燃气及水生产和供应业	Production and Supply of Electricity Heat, Gas and Water	94512	54046	504	39962
建筑业	Construction	433561	10597	14725	408239
批发和零售业	Wholesale and Retail Trades	111028	20348	1518	89162
批发业	Wholesale	52559	18417	753	33389
零售业	Retail Trades	58469	1931	765	55773
交通运输、仓储和邮政业	Transport,Storage and Post	131662	19923	940	110799
住宿和餐饮业	Hotels and Catering Services	27911	1764	256	25891
信息传输、软件和信息技术服务业	Information Transmission, Software and Information Technology	39940	3686	84	36170
金融业	Financial Intermediation	145226	13408	1273	130545
房地产业	Real Estate	106758	2482	1226	103050
租赁和商务服务业	Leasing and Business Services	81684	11850	2883	66951
租赁业	Leasing Services	1533	63	0	1470
商务服务业	Business Services	80151	11787	2883	65481
科学研究、技术服务业	Scientific Research and Technic Services	47983	20699	414	26870
水利、环境和公共设施管理业	Management of Water Conservancy, Environment and Public Facilities	43230	10909	251	32070
居民服务、修理和其他服务业	Services to Households,Repair and Other Services	15982	1279	447	14256
教　育	Education	538691	488793	877	49021
卫生和社会工作	Health and Social Service	249559	223613	1762	24184
卫　生	Health	241710	217887	1723	22100
社会工作	Social Service	7849	5726	39	2084
文化、体育和娱乐业	Culture,Sports and Entertainment	22815	13196	66	9553
#新闻和出版业	News Publishing Company	4862	3892	0	970
广播、电视、电影和影视录音制作业	Radio, Television, Movies and Video Recordings	4488	3012	7	1469
体　育	Sports	2544	693	53	1798
公共管理、社会保障和社会组织	Public Management, Social Securities and Social Organization	699748	696606	133	3009

4-4 非私营单位女性就业人员年末人数(2019)
Number of Employed Female in Non-private Units at the Year-end

单位：人 (person)

行 业	Sector	女性就业人员数 Number of Female Employed	国有单位 State-owned Units	集体单位 Collective-owned Units	其他单位 Unit of Other Type of Ownership
总 计	**Total**	1234919	715389	7639	511891
农、林、牧、渔业	Farming,Forestry,Animal Husbandry and Fishery	2922	623	140	2159
采矿业	Mining and Quarrying	12511	760	35	11716
制造业	Manufacturing	100546	614	937	98995
电力、热力、燃气及水生产和供应业	Production and Supply of Electricity,Heat,Gas and Water	24817	14144	145	10528
建筑业	Construction	66598	1404	1653	63541
批发和零售业	Wholesale and Retail Trades	50856	4971	532	45353
批发业	Wholesale	16792	4082	248	12462
零售业	Retail Trades	34064	889	284	32891
交通运输、仓储和邮政业	Transport,Storage and Post	36932	7611	424	28897
住宿和餐饮业	Hotels and Catering Services	17065	1037	153	15875
信息传输、软件和信息技术服务业	Information Transmission,Software and Information Technology	16164	1494	29	14641
金融业	Financial Intermediation	73762	5905	564	67293
房地产业	Real Estate	41374	1026	477	39871
租赁和商务服务业	Leasing and Commerce Services	28768	3216	540	25012
租赁业	Leasing Services	460	24	0	436
商务服务业	Commerce Services	28308	3192	540	24576
科学研究、技术服务业	Scientific Research,Technic Services	13713	6158	108	7447
水利、环境和公共设施管理业	Management of Water Conservancy, Environment and Public Facilities	22086	4866	49	17171
居民服务、修理和其他服务业	Services to Households Repair and Other Services	9031	514	154	8363
教 育	Education	298976	266301	563	32112
卫生和社会工作	Health and Social Service	167463	149447	1054	16962
卫 生	Health	162435	145819	1034	15582
社会工作	Social Service	5028	3628	20	1380
文化、体育和娱乐业	Culture,Sports and Entertainment	11085	6554	34	4497
#新闻和出版业	News Publishing Company	2235	1778	0	457
广播、电视、电影和影视录音制作业	Broadcasting,Television,Film and Video Trade	2373	1727	3	643
体 育	Sports	988	272	27	689
公共管理、社会保障和社会组织	Public Administration Social Securities and Social Organization	240250	238744	48	1458

4-5 非私营单位各行业在岗职工年末人数(2019)
Working Staff and Workers in Non-private Units at the Year-end by Sector

单位：人 (person)

指 标	Item	职工人数 Number of Staff and Workers	国有单位 State-owned Units	集体单位 Collective-owned Units	其他单位 Unit of Other Type of Ownership
总 计	**Total**	**2903908**	**1426633**	**25751**	**1451524**
按企事业、机关分	**By Enterprises,Institutions and Agencies**				
企 业	Enterprises	1592092	150908	23044	1418140
事 业	Institutions	811429	775745	2688	32996
机 关	Agencies	500387	499980	19	388
按产业分	**By Three Strata of Industry**				
第一产业	Primary Industry	6215	1676	360	4179
第二产业	Secondary Industry	865925	64288	13890	787747
第三产业	Tertiary Industry	2031768	1360669	11501	659598
按国民经济行业分	**By Sector**				
农、林、牧、渔业	Farming,Forestry,Animal Husbandry and Fishery	6215	1676	360	4179
采矿业	Mining	113180	3653	734	108793
制造业	Manufacturing	290420	1816	2516	286088
电力、热力、燃气及水生产和供应业	Production and Supply of Electricity,Heat, Gas and Water	88883	49525	502	38856
建筑业	Construction	373442	9294	10138	354010
批发和零售业	Wholesale and Retail Trades	106864	18411	1395	87058
批发业	Wholesale	49851	16562	689	32600
零售业	Retail Trades	57013	1849	706	54458
交通运输、仓储和邮政业	Transport,Storage and Post	127819	18895	912	108012
住宿和餐饮业	Hotels and Catering Services	26819	1697	255	24867
信息传输、软件和信息技术服务业	Information Transmission,Software and Information Technology	38451	2857	84	35510
金融业	Financial Intermediation	102835	13284	1245	88306
房地产业	Real Estate	102709	2101	1100	99508
租赁和商务服务业	Leasing and Business Services	78741	11247	2677	64817
租赁业	Leasing Services	1513	63	0	1450
商务服务业	Business Services	77228	11184	2677	63367
科学研究、技术服务业	Scientific Research and Technic Services	45342	19808	409	25125
水利、环境和公共设施管理业	Management of Water Conservancy, Environment and Public Facilities	40764	9647	247	30870
居民服务、修理和其他服务业	Services to Households Repair and Other Services	15494	1086	427	13981
教 育	Education	492181	444534	865	46782
卫生和社会工作	Health and Social Service	227497	202634	1696	23167
卫 生	Health	221320	198180	1658	21482
社会工作	Social Service	6177	4454	38	1685
文化、体育和娱乐业	Culture,Sports and Entertainment	21262	12339	60	8863
#新闻和出版业	News Publishing Company	4734	3815	0	919
广播、电视、电影和影视录音制作业	Radio, Television, Movies and Video Recordings	4228	2928	1	1299
体 育	Sports	2078	510	53	1515
公共管理、社会保障和社会组织	Public Managemen, Social Securities and Social Organization	604990	602129	129	2732

4-6 非私营单位在岗职工工资总额(2019)

Total Wages Bill of Working Staff and Workers in Non-private Units

单位：亿元 (100 million yuan)

指标	Item	工资总额 Total Wage Bill	国有单位 State-owned Units	集体单位 Collective-owned Units	其他单位 Unit of Other Type of Ownership
总计	**Total**	**2516.04**	**1328.07**	**15.29**	**1172.68**
按企事业、机关分	**By Enterprises,Institutions and Agencies**				
企业	Enterprises	1323.67	159.59	13.18	1150.90
事业	Institutions	752.39	728.86	2.09	21.44
机关	Agencies	439.97	439.61	0.01	0.35
按产业分	**By Three Strata of Industry**				
第一产业	Primary Industry	3.33	1.36	0.08	1.89
第二产业	Secondary Industry	681.82	67.99	7.10	606.73
第三产业	Tertiary Industry	1830.88	1258.72	8.10	564.06
按国民经济行业分	**By Sector**				
农、林、牧、渔业	Farming,Forestry,Animal Husbandry and Fishery	3.33	1.36	0.08	1.89
采矿业	Mining	80.47	3.19	0.49	76.79
制造业	Manufacturing	229.01	0.92	1.24	226.85
电力.热力.燃气及水生产和供应业	Production and Supply of Electricity,Heat,Gas and Water	103.47	59.06	0.27	44.15
建筑业	Construction	268.86	4.81	5.11	258.94
批发和零售业	Wholesale and Retail Trades	85.15	26.30	0.58	58.27
批发业	Wholesale	52.57	25.14	0.30	27.13
零售业	Retail Trades	32.58	1.16	0.29	31.14
交通运输、仓储和邮政业	Transport,Storage and Post	116.53	15.83	0.53	100.17
住宿和餐饮业	Hotels and Catering Services	12.05	0.81	0.13	11.11
信息传输、软件和信息技术服务业	Information Transmission,Software and Information Technology	40.84	3.22	0.11	37.50
金融业	Financial Intermediation	172.54	20.43	2.47	149.64
房地产业	Real Estate	67.12	1.23	0.49	65.40
租赁和商务服务业	Leasing and Business Services	49.45	7.33	1.07	41.06
租赁业	Leasing Services	0.95	0.04		0.91
商务服务业	Business Services	48.50	7.29	1.07	40.14
科学研究、技术服务业	Scientific Research and Technic Services	44.50	19.64	0.24	24.62
水利、环境和公共设施管理业	Management of Water Conservancy, Environment and Public Facilities	20.95	5.87	0.29	14.80
居民服务、修理和其他服务业	Services to Households Repair and Other Services	7.21	0.85	0.25	6.11
教育	Education	456.04	427.13	0.62	28.30
卫生和社会工作	Health and Social Service	215.01	195.52	1.22	18.27
卫生	Health	211.73	193.04	1.21	17.49
社会工作	Social Service	3.27	2.48	0.01	0.78
文化、体育和娱乐业	Culture,Sports and Entertainment	19.21	12.74	0.02	6.45
#新闻和出版业	News Publishing Company	5.16	4.16		1.00
广播.电视.电影和影视录音制作业	Radio,Television,Movies and Video Recordings	4.04	3.36	...	0.68
体育	Sports	2.35	0.43	0.02	1.90
公共管理、社会保障和社会组织	Public Management Social Securities and Social Organization	524.28	521.82	0.09	2.37

4-7 非私营单位各行业在岗职工平均工资(2019)

Average Wages of Working Staff and Workers in Non-private Units by Sector

单位：元 (yuan)

指　　标	Item	平均工资 Average Wage	国有单位 State-owned Units	集体单位 Collective-owned Units	其他单位 Unit of Other Type of Ownership
总　　计	**Total**	**87970**	**93814**	**60996**	**82619**
按企事业、机关分	**By Enterprises,Institutions and Agencies**				
企　业	Enterprises	84834	105470	58852	83001
事　业	Institutions	93669	94881	79030	66142
机　关	Agencies	88610	88608	82059	91354
按产业分	**By Three Industries**				
第一产业	Primary Industry	54450	80466	23328	46389
第二产业	Secondary Industry	80904	104770	52687	79375
第三产业	Tertiary Industry	91034	93304	72173	86654
按国民经济行业分	**By Sector**				
农、林、牧、渔业	Farming, Forestry, Animal Husbandry and Fishery	54450	80466	23328	46389
采矿业	Mining	72316	86392	77923	71797
制造业	Manufacturing	81161	55220	48952	81609
电力、热力、燃气及水生产和供应业	Production and Supply of Electricity,Heat,Gas and Water	116048	118661	52700	113524
建筑业	Construction	74654	49348	52044	76031
批发和零售业	Wholesale and Retail Trades	80950	140946	42430	68426
批发业	Wholesale	106067	150049	43472	84456
零售业	Retail Trades	58572	60792	41399	58717
交通运输、仓储和邮政业	Transport,Storage and Post	92753	84199	57273	94583
住宿和餐饮业	Hotels and Catering Services	45240	48428	51169	44962
信息传输、软件和信息技术服务业	Information Transmission,Software and Information Technology	105994	111717	133060	105466
金融业	Financial Intermediation	169177	156570	196438	170663
房地产业	Real Estate	65053	59208	44976	65394
租赁和商务服务业	Leasing and Business Services	64998	65766	43704	65693
租赁业	Leasing Services	63973	64651		63943
商务服务业	Business Services	65019	65773	43704	65734
科学研究、技术服务业	Scientific Research and Technic Services	98240	98951	58126	98336
水利、环境和公共设施管理业	Management of Water onservancy,Environment and Public Facilities	52168	61828	115567	48643
居民服务、修理和其他服务业	Services to Households Repair and Other Services	47004	78564	58249	44189
教　育	Education	93500	96892	71065	61450
卫生和社会工作	Health and Social Service	96207	98107	72986	81114
卫　生	Health	97412	99069	74054	83767
社会工作	Social Service	53444	55866	27211	47532
文化、体育和娱乐业	Culture,Sports and Entertainment	90191	102794	37879	72878
#新闻和出版业	News Publishing Company	109100	109772		106393
广播、电视、电影和影视录音制作业	Radio, Television, Movies and Video Recordings	95596	114834	17000	52313
体　育	Sports	108056	85101	36843	117511
公共管理、社会保障和社会组织	Public Management Social Securities and Social Organization	87286	87286	77550	87673

4－8 非私营单位各行业从业人员平均工资(2019)

Average Wages of Working Staff and Workers in Non-private Units by Sector

单位：元 (yuan)

指 标	Item	平均工资 Average Wage	国有单位 State-owned Units	集体单位 Collective-owned Units	其他单位 Unit of Other Type of Ownership
总 计	**Total**	**83298**	**87129**	**57020**	**79888**
按企事业、机关分	**By Enterprises,Institutions and Agencies**				
企 业	Enterprises	81802	100863	54968	80246
事 业	Institutions	87759	88738	78188	64294
机 关	Agencies	80813	80821	82059	72409
按产业分	**By Three Industries**				
第一产业	Primary Industry	50757	71295	28668	44317
第二产业	Secondary Industry	78805	98018	49535	77812
第三产业	Tertiary Industry	85249	86637	69969	82544
按国民经济行业分	**By Sector**				
农、林、牧、渔业	Farming,Forestry,Animal Husbandry and Fishery	50757	71295	28668	44317
采矿业	Mining	71133	83928	77565	70656
制造业	Manufacturing	80284	49726	48891	80789
电力、热力、燃气及水生产和供应业	Production and Supply of Electricity,Heat, Gas and Water	110790	110682	52562	111671
建筑业	Construction	72739	50953	48349	74277
批发和零售业	Wholesale and Retail Trades	79656	134814	41299	67488
批发业	Wholesale	103596	142896	42279	83108
零售业	Retail Trades	57845	59441	40321	58029
交通运输、仓储和邮政业	Transport,Storage and Post	91525	82884	56398	93405
住宿和餐饮业	Hotels and Catering Services	45082	47426	51149	44860
信息传输、软件和信息技术服务业	Information Transmission,Software and Information Technology	104948	105089	133060	104868
金融业	Financial Intermediation	132008	155488	193490	128934
房地产业	Real Estate	64267	55219	42968	64731
租赁和商务服务业	Leasing and Business Services	63973	64431	41817	64794
租赁业	Leasing Services	63559	64651		63511
商务服务业	Business Services	63981	64430	41817	64823
科学研究、技术服务业	Scientific Research and Technic Services	95520	96521	57643	95331
水利、环境和公共设施管理业	Management of Water Conservancy, Environment and Public Facilities	50574	57459	114207	47738
居民服务、修理和其他服务业	Services to Households Repair and Other Services	46821	73429	59416	44004
教 育	Education	87861	90623	70338	60367
卫生和社会工作	Health and Social Service	91883	93358	72143	79548
卫 生	Health	93292	94483	73187	83004
社会工作	Social Service	48727	50867	26769	43208
文化、体育和娱乐业	Culture,Sports and Entertainment	86338	98553	35734	69756
#新闻和出版业	News Publishing Company	107100	108167		102894
广播、电视、电影和影视录音制作业	Radio, Television, Movies and Video Recordings	92013	112955	15286	48732
体 育	Sports	94136	68825	36843	104743
公共管理、社会保障和社会组织	Public Management Social Securities and Social Organization	79535	79526	76193	81799

4-9 城乡私营企业户数和就业人员(2019)

Number of Private Enterprises and Employed Persons in Urban and Rural Areas by Sector

指标	Item	私营企业户数(户) Number of Private Enterprises (Household)	城镇 Urban Areas	乡村 Rural Areas	就业人员(人) Number of Employees (Person)	城镇 Urban Areas	乡村 Rural Areas
总计	**Total**	**635921**	**345943**	**289978**	**4039679**	**917982**	**3121697**
农、林、牧、渔业	Farming,Forestry,Animal Husbandry and Fishery	84031	32048	51983	993114	130710	862404
采矿业	Mining	5777	2528	3249	41036	13701	27335
制造业	Manufacturing	61638	28893	32745	361293	123171	238122
电力、热力、燃气及水的生产和供应业	Production and Supply of Electricity Heat Gas and Water	2333	994	1339	15481	3457	12024
建筑业	Construction	54340	30927	23413	299735	58302	241433
批发和零售业	Wholesale and Retail Trades	188558	113058	75500	976059	242184	733875
交通运输、仓储和邮政业	Transport,Storage and Post	13695	7269	6426	75594	14523	61071
住宿和餐饮业	Hotels and Catering Services	23760	11361	12399	119567	39141	80426
信息传输、软件和信息技术服务业	Information ansmission,Software and Information Technology	29075	17348	11727	161290	39946	121344
房地产业	Real Estate	17568	10435	7133	100578	21934	78644
租赁和商务服务业	Leasing and Business Services	81719	51391	30328	467867	116528	351339
居民服务、修理和其他服务业	Services to Households Repair and Other Services	26240	14217	12023	139323	38557	100766
卫生和社会工作	Health and Social Service	1981	999	982	19821	7935	11886
文化、体育和娱乐业	Culture,Sports and Entertainment	11783	6398	5385	67110	19155	47955
其他行业	Others	33423	18077	15346	201811	48738	153073

注：资料来源于省市场监管局(下表同)。

Note: Data in the table are obtained from Provincial Market Supervision Bureau (the same applies to the next table).

4-10 城乡个体工商户数和就业人员(2019)

Number of Household and Self-Employed Individuals in Urban and Rural Areas

指标	Item	个体工商户数(户) Number of individual industrial and commercial households(Household)	城镇 Urban Areas	乡村 Rural Areas	就业人员(人) Number of Employed (Person)	城镇 Urban Areas	乡村 Rural Areas
总计	**Total**	**2243923**	**1287325**	**956598**	**4214373**	**2582241**	**1632132**
农、林、牧、渔业	Farming,Forestry, Animal Husbandry and Fishery	84751	44968	39783	155791	79221	76570
采矿业	Mining	2022	197	1825	8063	705	7358
制造业	Manufacturing	97581	38445	59136	280192	149445	130747
电力、热力、燃气及水的生产和供应业	Production and Supply of Electricity Heat Gas and Water	660	217	443	1375	400	975
建筑业	Construction	9238	5817	3421	29868	21407	8461
批发和零售业	Wholesale and Retail Trades	1339707	743659	596048	2123290	1225972	897318
交通运输、仓储和邮政业	Transport,Storage and Post	29563	23464	6099	97499	88523	8976
住宿和餐饮业	Hotels and Catering Services	396450	256779	139671	890516	614922	275594
信息传输、软件和信息技术服务业	Information Transmission, Software and Information Technology	12635	5331	7304	21508	11017	10491
房地产业	Real Estate	634	481	153	1823	1456	367
租赁和商务服务业	Leasing and Business Services	28324	17182	11142	59717	38700	21017
居民服务、修理和其他服务业	Services to Households Repair and Other Services	215041	135790	79251	460114	305455	154659
卫生和社会工作	Health and Social Service	4091	2644	1447	11263	7178	4085
文化、体育和娱乐业	Culture,Sports and Entertainment	12411	7121	5290	49392	25650	23742
其他行业	Others	10815	5230	5585	23962	12190	11772

4-11 城镇新就业人数和失业人数

Number of Newly Employed Persons and Unemployed Persons in Urban Areas

单位：万人 (10000 persons)

指 标	Item	2015	2016	2017	2018	2019
新就业人数总计	Total Incremental Employed Personnels	79.71	82.93	80.58	82.69	81.25
#新增就业人数	Number of Newly Incremental employed persons	72.68	75.78	76.93	77.71	78.49
城镇登记失业人数	Number of Registered Unemployed Persons in Urban Areas	14.49	14.78	14.90	15.06	15.33
城镇登记失业率(%)	Registered Unemployment Rate in Urban Areas(%)	3.29	3.24	3.23	3.16	3.11

注：资料来源于省人力资源社会保障厅(以下相关表同)。

Note: Data in the table are obtained from Provincial Department of Human Resources and Social Security (the related tables in the chapter are the same).

4-12 下岗失业人员享受再就业优惠政策情况

Statistics of Re-employment Preferential Policies for Laid-off Workers

单位：人 (person)

指 标	Item	2015	2016	2017	2018	2019
下岗失业人员实现再就业	Laid-off Workers	145504	139941	143872	145381	146589
#就业困难对象实现就业	Residents Experiencing Employment Difficulty	72836	75446	78247	77881	79276
消除零就业家庭(户)	Number of Househoulds rased Zero-employment Families (househould)	145	192	199	58	18
促进零就业家庭成员就业	Promoting Zero-employment Families Employed	189	271	216	87	18
从事公益性岗位人数	Number of Persons Engaged in Public-service Jobs	76252	67509	68546	60182	63133
享受职业培训补贴人数	Number of Persons Receiving Professional Training Subsidies	88815	181485	209226	429938	612449
享受职业介绍补贴人数	Number of Persons Receiving Job Services Subsidies	4720	136	—	—	—
享受技能鉴定补贴人数	Number of Persons Receiving Skill Identification Subsidies	42764	53889	52791	62888	60176
享受社会保险补贴人数	Number of Persons Receiving Social Insurance Subsidies	63520	70794	70316	58431	50321
使用就业再就业资金(万元)	Using Employment and Re-employment Fund(10000 yuan)	182949	207989	186839	220345	273009
#社会保险补贴	Social Insurance Subsidies	38831	44494	44203	48620	48790
岗位补贴	Post Subsidies	77694	93219	87842	85588	76155
职业培训补贴	Professional Training	21459	31455	36087	59814	65640
职业介绍补贴	Job Services	265	4	—	—	—
扶持公共就业服务	Supporting Public Employment Service	4624	2919	—	—	—

4-13 职业技能鉴定

Occupation Skill Appraisal

单位：人 (person)

指 标	Item	2015	2016	2017	2018	2019
参加职业技能鉴定	Number of Persons Joining in Occupation Skill Appraisal	190104	203329	221508	195109	152025
获取证书人数	Number of Persons With Qualification Certificates	164900	179025	193698	175326	136074
#高级技工	Advanced Mechanic	18891	27595	27548	27125	20943
#技 师	Technician	996	736	1243	799	969
#高级技师	Advanced Technician	247	322	345	312	302

4–14 历年就业人员

Employed Persons Over the Years

单位：万人 (10000 persons)

年份 Year	就业人员 Total Employed Persons	第一产业 Primary Industry	第二产业 Secondary Industry	第三产业 Tertiary Industry
1978	1053.67	872.89	108.26	72.52
1979	1060.62	873.88	105.63	81.11
1980	1109.63	919.69	102.01	87.93
1981	1152.95	954.55	102.64	95.76
1982	1207.06	989.78	109.53	107.75
1983	1234.18	1014.15	109.99	110.04
1984	1285.32	1037.71	122.12	125.49
1985	1335.17	1018.38	185.98	130.81
1986	1383.17	1053.26	197.09	132.82
1987	1435.85	1115.35	180.53	139.97
1988	1501.32	1172.51	185.80	143.01
1989	1570.84	1228.64	163.19	179.01
1990	1651.75	1292.30	169.10	190.35
1991	1701.47	1329.56	177.72	194.19
1992	1739.03	1359.00	173.35	206.68
1993	1779.01	1374.00	171.00	234.01
1994	1828.30	1365.00	181.90	281.40
1995	1812.20	1312.80	268.80	230.60
1996	1783.20	1235.60	278.50	269.10
1997	1796.70	1251.10	256.60	289.00
1998	1844.43	1284.72	251.57	308.14
1999	1832.50	1299.90	201.40	331.20
2000	1866.28	1305.28	221.80	339.20
2001	2068.01	1692.33	133.88	241.80
2002	2106.14	1698.39	108.89	298.86
2003	2145.00	1671.20	120.49	353.31
2004	2186.00	1672.29	124.60	389.11
2005	1944.29	1497.26	164.00	283.04
2006	1953.24	1487.40	174.17	291.67
2007	1872.64	1388.02	172.31	312.31
2008	1867.20	1350.32	180.73	336.15
2009	1841.92	1299.29	197.60	345.03
2010	1770.90	1209.55	203.52	357.82
2011	1792.80	1194.39	215.86	382.55
2012	1825.82	1189.04	238.10	398.68
2013	1864.21	1179.76	264.32	420.13
2014	1909.69	1171.02	291.42	447.25
2015	1946.65	1161.54	315.38	469.73
2016	1983.72	1136.87	340.41	506.44
2017	2023.20	1123.83	365.99	533.38
2018	2038.50	1097.33	375.49	565.68
2019	2049.40	1074.91	376.07	598.42

注：2010年数据是根据第六次人口普查长表数据推算，2005—2009年数据是根据第六次人口普查结果采用趋势离差法进行修订，2011年及以后按同口径进行推算。

Note:Data of employees were estimated according to the 6th National Population Census in 2010,From 2005 to 2009, according to the result of the first National Population Census, the total number of employees were revised by the trend deviation method, and the same to 2011 and after.

4−15 历年非私营单位在岗职工人数

Number of Employed persons in Non-private Units Over the Years

单位：万人 (10000 persons)

年份 Year	合计 Total	国有单位 State-owned Units	集体单位 Collective-owned Units	其他单位 Units of Other Types of Owership
1978	171.19	137.66	33.53	
1979	175.56	142.32	33.24	
1980	178.18	146.14	32.04	
1981	185.73	153.50	32.23	
1982	191.03	158.08	32.95	
1983	193.33	160.54	32.79	
1984	197.13	159.53	37.60	
1985	202.33	162.11	40.03	0.19
1986	206.69	167.81	38.78	0.10
1987	211.92	172.58	38.88	0.46
1988	214.43	176.32	37.56	0.55
1989	216.70	180.10	35.90	0.70
1990	225.48	185.35	39.19	0.94
1991	231.88	190.45	40.49	0.94
1992	235.80	193.61	40.94	1.25
1993	233.11	192.83	38.35	1.93
1994	230.88	194.47	34.87	1.54
1995	226.55	193.36	29.63	3.56
1996	231.64	196.60	30.45	4.59
1997	232.80	196.08	31.33	5.39
1998	207.01	167.14	23.98	15.89
1999	197.80	156.86	21.03	19.91
2000	193.96	153.55	19.00	21.41
2001	189.18	148.87	15.73	24.58
2002	188.47	146.96	14.39	27.12
2003	188.70	141.75	13.71	33.24
2004	192.67	139.57	12.77	40.33
2005	202.02	140.50	9.81	51.71
2006	201.87	137.86	8.86	55.15
2007	207.53	141.48	8.10	57.95
2008	199.76	140.97	7.42	51.37
2009	206.44	141.79	6.69	57.96
2010	210.67	146.81	6.41	57.45
2011	225.91	158.26	7.17	60.47
2012	249.67	161.19	6.16	82.32
2013	273.27	152.41	5.49	115.37
2014	278.63	153.30	5.27	120.07
2015	277.62	152.36	4.62	120.64
2016	278.57	154.79	4.15	119.63
2017	285.46	152.10	4.02	129.34
2018	274.96	149.72	3.61	121.64
2019	290.39	142.66	2.58	145.15

4-16 历年非私营单位在岗职工平均工资

Average Wages of Employed persons in Non-private Units Over the Years

单位：元 (yuan)

年 份 Year	在岗职工平均工资 Average Wages of Staff and Workers	国有单位 State-owned Units	集体单位 Collective-owned Units	其他单位 Units of Other Types of Owership
1978	616	642	450	
1979	654	692	448	
1980	755	797	502	
1981	774	804	535	
1982	783	815	562	
1983	801	830	608	
1984	913	949	708	
1985	1066	1132	787	
1986	1216	1297	859	1236
1987	1319	1395	961	1204
1988	1531	1627	1072	1389
1989	1676	1777	1158	1647
1990	1947	2070	1347	2281
1991	2090	2214	1489	2527
1992	2406	2543	1717	3286
1993	2823	2958	2104	3375
1994	3870	4085	2618	4475
1995	4475	4672	3061	5369
1996	4917	5125	3456	5613
1997	5206	5434	3556	6461
1998	5775	5819	4426	7289
1999	6595	6695	5008	7456
2000	7453	7594	5444	8325
2001	8991	9308	6218	8831
2002	9810	10150	6566	9680
2003	11037	11390	7504	10975
2004	12431	12870	8630	12103
2005	14344	14681	10506	14161
2006	16815	17638	12873	15365
2007	20668	22106	16893	17668
2008	24602	25874	20914	21659
2009	28245	29956	22167	24772
2010	31458	32718	24703	29006
2011	37331	38914	31601	33851
2012	42733	45825	40420	36816
2013	49087	52327	50545	44819
2014	54685	56918	59458	51627
2015	62591	69068	69106	54087
2016	69678	77585	75197	59231
2017	75109	84470	84410	63644
2018	82597	90529	91710	72525
2019	87970	93814	60996	82619

主要统计指标解释

就业人员 指在16周岁及以上，从事一定社会劳动并取得劳动报酬或经营收入的人员。这一指标反映了一定时期内全部劳动力资源的实际利用情况，是研究我国基本国情国力的重要指标。

单位就业人员 指在各级国家机关、政党机关、社会团体及企业、事业单位中工作，取得工资或其他形式的劳动报酬的全部人员。包括在岗职工、再就业的离退休人员、民办教师以及在各单位中工作的外方人员和港澳台方人员、兼职人员、借用的外单位人员和第二职业者。不包括离开本单位仍保留劳动关系的职工。各单位的就业人员反映了各单位实际参加生产或工作的全部劳动力。

在岗职工 指在本单位工作并由单位支付工资的人员，以及有工作岗位，但由于学习、病伤产假等原因暂未工作，仍由单位支付工资的人员。

国有单位职工指在国有经济单位及其附属机构工作，并由其支付工资的各类人员。

城镇集体单位职工指在城镇集体经济单位及其管理部门工作，并由其支付工资的各类人员。

其他单位职工指在联营经济、股份制经济、外商投资经济、港、澳、台投资经济单位工作，并由其支付工资的各类人员。

工资总额 指各单位在一定时期内直接支付给本单位全部就业人员的劳动报酬总额。工资总额的计算原则应以直接支付给就业人员的全部劳动报酬为根据。各单位支付给就业人员的劳动报酬以及其他根据有关规定支付的工资，不论是计入成本的还是不计入成本的，不论是按国家规定列入计征奖金税项目的，还是未列入计征奖金税项目的，不论是以货币形式支付的还是以实物形式支付的，均包括在工资总额内。

平均工资 指企业、事业、机关单位的就业人员在一定时期内平均每人所得的货币工资额。它表明一定时期职工工资收入的高低程度，是反映就业人员工资水平的主要指标。计算公式为：

$$平均工资=\frac{报告期实际支付的全部就业人员工资总额}{报告期全部就业人员平均人数}$$

城镇登记失业人员 在一定的劳动年龄内(16 周岁至退休年龄)，有劳动能力，无业而要求就业，并在当地劳动保障部门进行失业登记的人员。

城镇登记失业率 城镇登记失业人员与城镇单位就业人员(扣除使用的农村劳动力、聘用的离退休人员、港澳台及外方人员)、城镇单位中的不在岗职工、城镇私营业主、个体户主、城镇私营企业和个体就业人员、城镇登记失业人员之和的比。计算公式为：

$$城镇登记失业率=\frac{城镇登记失业人数}{\begin{array}{l}(城镇单位就业人员-使用的农村劳动力-聘用的离退休人员-聘用的港澳台\\及外方人员)+不在岗职工+城镇私营业主+城镇个体户主+城镇私营企业\\及个体就业人员+城镇登记失业人数\end{array}}\times100\%$$

Explanatory Notes on Main Statistical Indicators

Employed Persons refer to persons aged 16 and over who are engaged in social working and receive remuneration payment or earn business income. This indicator reflects the actual utilization of total labour force during a certain period of time and is often used for the research on China's economic situation and national power.

Persons Employed In Various Units refer to all the persons working in government agencies of various levels, political and party organizations, social organizations, enterprises and institutions, and receiving wages or other forms of payment. They include fully-employed staff and workers, re-employed retirees, teachers in the schools run by the local people, foreigners and Chinese compatriots from Hong Kong, Macao, and Taiwan working in various units, part-time employees, employees of other units working temporarily at current posts, and employees holding the second job, but exclude staff and workers who have left their working units while keeping their labour contract (employment relation) unchanged. This indicator reflects the total number of laborers actually engaged in production or other operations in various units.

Employed Staff and Workers refer to persons who work in, and receive wages from their working units, including persons who have their work posts but are temporarily absent from work for reasons of study or on sick, injury or maternal leave and still receive wages from their working units.

Staff and Workers in State-Owned Unit refer to the person who work in the state-owned economic units and their subsidiary bodies, and all kinds of personnel to pay wages.

Staff and Workers of Collective Owned Units in Urban Areas refers to the person who work in collective owned units in urban areas and their management department and receive payment therefrom

Staff and Workers in Units of Other types of Ownership refers to the joint venture, the joint stock economy, foreign investment in the economy, Hong Kong, Macao, Taiwan investment economic units, and by the payment of all kinds of personnel.

Total Wage Bill refers to the total remuneration payment to employed persons in various units during a certain period of time. The calculation of total wage bill is based on the total remuneration payment to employed persons . Therefore, all the wages and salaries and other payments to employed persons are included in the total wage bill regardless of sources, reckoning the cost of production or not, category, listing as items of premium taxation or not, and forms, paying in cash or in kind.

Average Wage refers to the average wage in money terms per person during a certain period of time for employed persons in enterprises, institutions, and government agencies, which reflects the general level of wage income during a certain period of time and is calculated as follows:

$$\text{Average Wage} = \frac{\text{Total Wage Bill of Employed Personsat Reference Time}}{\text{Average Number of Persons Employed at Reference Time}}$$

Registered Unemployed Persons in Urban Areas refer to the persons at certain working ages (16 years old to retirement age), who are capable of working, unemployed and willing to work, and have been registered at the local employment service agencies to apply for a job.

Registered Unemployment Rate in Urban Areas refers to the ratio of the number of the registered unemployed persons to the sum of the number of persons employed in various units (minus the employed rural labour force, re-employed retirees, and Hong Kong, Macao, Taiwan or foreign employees), laid-off staff and workers in urban units, owners of private enterprises in urban areas, owners of self-employed individuals in urban areas, employees of private enterprises in urban areas, employee of self-employed individuals in urban areas, and the registered unemployed persons in urban areas. The formula is as follows:

$$\text{Registered unemployment rete in urban areas} = \frac{\text{number of registered urban unemployed persons}}{\begin{array}{l}\text{(number of persons employed in urban units} - \text{employed rural labour forcere} - \text{employed} \\ \text{retirees} - \text{Hong Kong, Macan, Taiwan of foreign employees) } + \text{laid-off staff and workers} + \\ \text{owners of urban private enterprises} + \text{owners of urban self-employed individuals} + \text{employ-} \\ \text{ees of urban private enterprises} + \text{employees of urban self-employed individuals} + \text{regis-} \\ \text{tered unemployed persons in urban areas}\end{array}} \times 100\%$$

固定资产投资

Investment in Fixed Assets 5

简 要 说 明

一、主要内容

本篇资料通过对一定时期建造和购置固定资产活动的数量方面的描述，反映报告期内固定资产投资的规模、速度、结构和比例关系，以及固定资产投资的资金来源和投资效果等。

二、统计口径

固定资产投资统计口径为全省计划总投资500万元及以上的固定资产项目投资和房地产开发项目投资。房地产开发企业统计范围包括全省纳入基本单位名录的所有房地产开发企业。

三、资料来源

本篇资料由省统计局提供。

Brief Introduction

I. Main Contents

Statistics in this chapter describe activities on the construction and purchase of fixed assets of the whole country during a given period of time, and reflect the size, growth, structure, ratio, financing and results of the investment in fixed assets during the reference period.

II. Scope of Statistics

The total investment in fixed assets refers to fixed asset project investment and real estate development project investment with total planned investment of 5 million yuan or above. The statistics scope of real estate evelopment enterprises are the whole real estate development enterprises in Guizhou Province which are included in the basic unit directory.

III. Sources of Data

Data in this chapter are provided by Guizhou Provincial Bureau of Statistics.

5-1 固定资产投资增速
Growth in Fixed Assets Investment

单位：% %

指 标	Item	2017	2018	2019
固定资产投资额	Investment in Fixed Assets	**20.1**	**15.8**	**1.0**
按产业分	Grouped Strata of Industry			
第一产业	Primary Industry	29.9	29.0	2.8
第二产业	Secondary Industry	5.8	13.2	32.2
第三产业	Tertiary Industry	23.3	15.6	-3.8
#基础设施投资	Infrastructure Investment	25.5	15.8	-10.5
#铁路投资	Railway Investment	-34.6	8.2	-17.6
公路投资	Highway Investment	13.2	7.1	-16.1
工业投资	Industry Investment	5.2	13.1	32.6
房地产开发投资	Investment in Real Estate Development	2.4	6.7	27.3
按构成分	Grouped by Structure			
#建筑工程	Construction	22.9	15.5	-1.2
安装工程	Installation	5.9	2.0	-26.3
设备工器具购置	Purchase of Equipment	6.8	24.3	4.0
本年资金来源小计	Sources of Funds This Year	19.1	4.4	-7.0
#国家预算资金	State Budget	12.8	0.6	-30.9
国内贷款	Domestic Loans	24.0	-0.5	-28.2
自筹资金	Self-raising Funds	13.7	-0.8	0.2
利用外资	Foreign Investment	-11.6	-45.2	9.7

注：本表统计口径为计划总投资500万元及以上的固定资产项目投资和房地产开发项目投资（以下表同）。

Note: The statistical caliber of this table is total planned investment of 5 million yuan and above in the fixed assets investment projects and investment estate development projects (the same as in the following tables).

5-2 按行业分固定资产投资增速

Growth in Fixed Assets Investment by Sector

单位：% %

指 标	Item	2017	2018	2019
固定资产投资	Investment in Fixed Assets(100 million yuan)	**20.1**	**15.8**	**1.0**
农、林、牧、渔业	Farming, Forestry, Animal Husbandry and Fishery	36.8	29.8	2.2
采矿业	Mining	-7.6	11.3	58.0
#煤炭开采和洗选业	Mining and Washing of Coal	-8.7	17.3	51.3
制造业	Manufacturing	10.8	14.6	19.3
#农副食品加工业	Processing of Food from Agricultural Products	26.6	33.6	25.6
食品制造业	Manufacture of Foods	20.2	33.2	21.2
酒、饮料和精制茶制造业	Manufacture of Liquor, Beverages and Refined Tea	-9.9	8.2	23.0
烟草制品业	Manufacture of Tobacco	220.1	9.9	-21.0
石油加工、炼焦和核燃料加工业	Processing of Petroleum, Coking, Processing of Nuclear Fuel	4.7	-10.5	-5.1
化学原料和化学制品制造业	Manufacture of Raw Chemical Materials and Chemical Products	-9.1	-3.5	21.3
医药制造业	Manufacture of Medicines	14.4	14.6	24.7
非金属矿物制品业	Manufacture of Non-metallic Mineral Products	-9.7	0.7	0.4
黑色金属冶炼和压延加工业	Smelting and Pressing of Ferrous Metals	7.4	-6.8	2.7
有色金属冶炼和压延加工业	Smelting and Pressing of Non-ferrous Metals	11.6	9.1	4.8
汽车制造业	Manufacture of Automobiles	48.0	16.6	35.5
电气机械和器材制造业	Manufacture of Electrical Machinery and Apparatus	26.7	73.8	-6.0
计算机、通信和其他电子设备制造业	Manufacture of Computer,Communication and Other Electronic Equipment	130.6	31.5	30.0
电力、热力、燃气及水生产和供应业	Production and Supply of Electricity, Hear, Gas and Water	1.8	9.9	51.9
#电力、热力生产和供应业	Production and Supply of Electric Power and Heat Power	-0.4	9.3	22.8
建筑业	Construction	100.3	7.9	-13.1
交通运输、仓储和邮政业	Transport, Storage and Post	7.7	6.0	-11.7
#铁路运输业	Railway Transport	-34.6	8.2	-17.6
道路运输业	Road Transport	11.3	9.9	-11.5
仓储业	Storage	80.4	-15.8	-3.8
信息传输.软件和信息技术服务业	Information Transmission, Software and Information Technology	69.4	49.7	5.3
#电信、广播电视和卫星传输服务业	Telecommunication Radio and Television and Satellite Transmission Services	45.0	38.5	4.6
批发和零售业	Wholesale and Retail Trades	46.7	24.5	-14.1
住宿和餐饮业	Hotels and Catering Services	52.4	29.7	-6.0
金融业	Financial Intermediation	41.4	15.9	4.1
房地产业	Real Estate	3.6	10.3	8.3
租赁和商务服务业	Leasing and Business Services	55.0	39.8	16.5
科学研究和技术服务业	Scientific Research and Technical Service	40.3	18.0	15.9
水利、环境和公共设施管理业	Management of Water Conservancy, Environment and Public Facilities	44.5	20.5	-17.9
#水利管理业	Management of Water Conservancy	53.7	47.4	-3.1
居民服务、修理和其他服务业	Services to Households, Repair and Other Services	33.1	14.1	-7.6
教 育	Education	49.4	35.9	1.5
卫生和社会工作	Health and Social Service	79.1	38.9	1.7
#卫 生	Health	56.8	44.0	2.6
文化、体育和娱乐业	Culture, Sports and Entertainment	59.9	34.0	-4.9
公共管理、社会保障和社会组织	Public Management, Social security and Social Organization	-2.3	15.1	3.6

5-3 房地产开发企业基本情况(2019)

单位：亿元

指 标	Item	总 计 Total
企业个数(个)	**Number of Enterprises(unit)**	**2763**
年末从业人员总计(人)	**Number of Employed Persons at the Year-end (person)**	**88836**
本年实际到位资金（资金来源小计）	**Actual Funds This Year (Source of Funds)**	**2939.41**
#国内贷款	Domestic Loans	101.44
自筹资金	Self-raising Fund	1084.77
其他资金来源	Others	123.93
土地购置费	Land Acquisition Costs	548.75
待开发土地面积(万平方米)	Land Space Pending Development (10000 sq.m)	1892.49
本年土地购置面积(万平方米)	Land Space Purchased This Year(10000 sq.m)	534.26
房屋施工面积(万平方米)	Floor Space of Buildings Under Construction(10000 sq.m)	27775.07
本年房屋竣工面积(万平方米)	Floor Space of Buildings Completed This Year (10000 sq.m)	954.85
房屋建筑面积竣工率(%)	Rate of Floor Space of Buildings Completed(%)	3.44
新开工房屋面积(万平方米)	**Floor Space Started This Year(10000 sq.m)**	**7239.89**
住 宅	Residential Buildings	5235.85
办公楼	Office Buildings	122.33
商业营业用房	Houses for Business Use	774.32
其 他	Others	1107.38

Basic Conditions of Real Estate Development Enterprises

(100 million yuan)

内资企业 Domestic Funded	#国有企业 State-owned Enterprises	#私营有限责任公司 Private Limited Liability Company	#私营股份有限公司 Private Share-holding Corporations Limited	港澳台商投资企业 Enterprises with Funds from HongKong, Macao and TaiWan	外商投资企业 Foreign Funded Enterprises
2727	**23**	**1328**	**59**	**24**	**12**
87595	**328**	**36382**	**1410**	**1075**	**166**
2881.67	**19.86**	**1171.03**	**18.04**	**45.81**	**11.94**
101.32	2.41	34.02	0.34	0.05	0.07
1070.43	1.28	447.97	6.63	10.66	3.68
114.60	0.29	49.59	0.30	7.91	1.42
546.92	1.45	176.27	2.48	0.66	1.17
1892.49	10.74	1099.12	14.83		
534.26		216.32			
27319.31	172.51	12112.20	423.77	275.77	179.99
954.85		403.51	35.36		
3.50		3.33	8.34		
7135.23	**40.06**	**3369.31**	**100.14**	**74.25**	**30.41**
5144.36	30.05	2400.99	70.41	68.97	22.52
122.33	2.80	30.41	1.62		
770.92	2.79	381.90	11.57	0.49	2.92
1097.62	4.42	556.01	16.54	4.79	4.97

5-4 房地产开发投资主要指标
Main Indicator on Real Estate Development

指 标	Item	2015	2016	2017	2018	2019	2019年比2018年增长(%) Increase Rate in 2019over 2018(%)
本年土地购置面积(万平方米)	**Land Space Purchased This Year (10000 sq.m)**	**601.20**	**317.06**	**438.87**	**596.56**	**534.26**	**-10.4**
本年完成投资(亿元)	**Investment Completed This Year (100 million yuan)**	**2205.09**	**2148.96**	**2201.00**	**—**	**—**	**27.3**
#住 宅	Residential Buildings	1327.77	1243.60	1365.33	—	—	33.4
本年实际到位资金(资金来源小计)(亿元)	**Actual Funds This Year (Source of Funds)(100 million yuan)**	**2248.27**	**2179.27**	**2296.50**	**2662.13**	**2939.41**	**10.4**
#国内贷款	Domestic Loans	220.30	201.46	149.60	128.31	101.44	-20.9
自筹资金	Self-raising Funds	898.35	834.77	779.40	823.45	1084.77	31.7
房屋建筑面积(万平方米)	**Floor Space of Buildings (10000 sq.m)**						
房屋施工面积	Floor Space under Construction	20878	20352	20385	21953	27775	26.5
#本年新开工面积	Floor Space Started This Year	4206	3468	3311	5689	7240	27.3
#住 宅	Residential Buildings	13593	12847	12790	13985	18427	31.8
本年房屋竣工面积	Floor Space Completed	2583	1901	1172	1280	955	-25.4
#住 宅	Residential Buildings	1927	1283	785	842	634	-24.6

注：根据《国家统计局关于印发2016年统计年报和2017年定期统计报表制度主要修订内容的通知》（国统字〔2016〕125号），2017年起"本年资金来源小计"改为"本年实际到位资金"（下表同）。

Note:According to the notice of the National Bureau of Statistics on Major Amendments to the Issuance of the 2016 Annual Statistical Report and the 2017 Periodic Statistical Statement System (guo tong zi [2016] no. 125), "Source of Funds This Year" has changed into "Actual Funds This Year" since 2017 (the same as in the following tables).

5-5 房地产开发企业商品房销售面积(2019)
Floor Space of Commercialized Buildings Sold of Enterprises for Real Estate Development

单位：万平方米 (10000 sq.m)

指　标	Item	本年商品房销售面积 Floor Space of Commercialized Buildings Sold This Year	#住宅 Residential Buildings
总计	**Total**	**5323.31**	**4612.13**
现房	Existing House	471.80	292.77
期房	Forward House	4851.51	4319.36
按登记注册类型分	**Grouped by status of Registration**		
#内资企业	Domestic Funded	5231.85	4528.01
#国有企业	State-owned Enterprises	34.95	34.22
其他有限责任公司	Other Limited Liability Corporations	2451.45	2070.27
股份有限公司	Share-holding Corporations Ltd.	70.12	63.96
私营独资企业	Private-funded Enterprises	9.94	9.84
私营有限责任公司	Private Limited Liability Corporations	2362.97	2083.04
私营股份有限公司	Private Share-holding Corporations Ltd.	59.91	45.96
港澳台商投资企业	Enterprises with Funds from Hong Kong,Macao and Taiwan	68.38	65.33
#与港澳台商合资经营企业	Joint-venture Enterprises	37.97	37.76
港澳台商独资经营企业	Enterprises with Sole Fund	30.40	27.57
外商投资企业	Foreign Funded Enterprises	23.09	18.79

5-6 房地产开发企业商品房销售额(2019)
Total Sale of Commercialized Buildings Sold of Enterprises for Real Estate Development

单位：亿元 (100 million yuan)

指　标	Item	本年商品房销售额 Total Sale of Commercialized Buildings Sold This Year	#住宅 Residential Buildings
总计	**Total**	**3183.57**	**2527.41**
现房	Existing House	327.93	118.29
期房	Forward House	2855.64	2409.11
按登记注册类型分	**Grouped by status of Registration**		
#内资企业	Domestic Funded	3094.82	2444.59
#国有企业	State-owned Enterprises	18.58	17.53
其他有限责任公司	Other Limited Liability Corporations	1704.44	1302.53
股份有限公司	Share-holding Corporations Ltd.	33.80	27.03
私营独资企业	Private-funded Enterprises	4.07	3.92
私营有限责任公司	Private Limited Liability Corporations	1138.47	922.29
私营股份有限公司	Private Share-holding Corporations Ltd.	27.50	18.14
港澳台商投资企业	Enterprises with Funds from Hong Kong, Macao and Taiwan	75.62	72.23
#与港澳台商合资经营企业	Joint-venture Enterprises	40.26	39.64
港澳台商独资经营企业	Enterprises with Sole Fund	35.36	32.59
外商投资企业	Foreign Funded Enterprises	13.13	10.59

主要统计指标解释

固定资产投资 是以货币形式表现的在一定时期内建造和购置固定资产的工作量以及与此有关的费用的总称。该指标是反映固定资产投资规模、结构和发展速度的综合性指标,又是观察工程进度和考核投资效果的重要依据。

房地产开发投资 指各种登记注册类型的房地产开发公司、商品房建设公司及其他房地产开发法人单位和附属于其他法人单位实际从事房地产开发或经营活动的单位统一开发的包括统代建、拆迁还建的住宅、厂房、仓库、饭店、宾馆、度假村、写字楼、办公楼等房屋建筑物和配套的服务设施，土地开发工程（如道路、给水、排水、供电、供热、通讯、平整场地等基础设施工程）的投资；不包括单纯的土地开发和交易活动。

固定资产投资的资金来源 根据固定资产投资的资金来源不同，分为国家预算资金、国内贷款、利用外资、自筹资金和其他资金。

（1）国家预算资金 指各级政府用于固定资产投资的财政资金。国家预算包括一般预算、政府性基金预算、国有资本经营预算和社保基金预算。各类预算中用于固定资产投资的资金全部作为国家预算资金填报，其中一般预算中用于固定资产投资的部分包括基建投资、车购税、灾后恢复重建基金和其他财政投资。各级政府债券也应归入国家预算资金。

（2）国内贷款 指报告期固定资产投资项目单位向银行及非银行金融机构借入用于固定资产投资的各种国内借款，包括银行利用自有资金及吸收存款发放的贷款、上级主管部门拨入的国内贷款、国家专项贷款（包括煤代油贷款、劳改煤矿专项贷款等），地方财政专项资金安排的贷款、国内储备贷款、周转贷款等。

（3）利用外资 指报告期收到的境外（包括外国及港澳台地区）资金(包括设备、材料、技术在内)。包括对外借款(外国政府贷款、国际金融组织贷款、出口信贷、外国银行商业贷款、对外发行债券和股票)、外商直接投资、外商其他投资(包括补偿贸易、加工装配由外商提供的设备价款、国际租赁，外商投资收益的再投资资金)。不包括我国自有外汇资金(国家外汇、地方外汇、留成外汇、调济外汇和中国境内银行自有资金发放的外汇贷款等)。各类外资按报告期的外汇牌价（中间价）折成人民币计算。

（4）自筹资金 指在报告期内筹集的用于项目建设和购置的资金。包括自有资金、股东投入资金和借入资金，但不包括各类财政性资金、从各类金融机构借入资金和国外资金。

（5）其他资金来源 指在报告期收到的除以上各种资金之外的用于固定资产投资的资金。

固定资产投资按国民经济行业分 根据建设项目建成投产后的主要产品种类或主要用途及社会经济活动种类来填报，不根据项目单位本身的行业类别来划分。一般情况下，一个建设项目或一个企业、事业单位只能属于一种国民经济行业。

固定资产投资按隶属关系分 是按照建设单位或企业、事业、行政单位的主管上级机关确定的。

（1）中央 是由中共中央、人大常委会和国务院各部、委、局、总公司以及直属机构直接领导的建设项目和企业、事业、行政单位。这些单位的固定资产投资计划由国务院各部门直接编制和下达，统一组织或委托下级实施。

（2）地方 是由省（自治区、直辖市）、地区（州、盟、省辖市）、县（旗、县级市）三级政府及业务主管部门直接领导和管理的建设项目、企业、事业、行政单位。地方项目还包括不隶属以上各级政府及主管部门的建设项目和企业、事业单位，如外商投资企业和无主管部门的企业等。

固定资产投资按构成分 固定资产投资活动按其工作内容和实现方式分为建筑安装工程，设备、工具、器具购置，其他费用三个部分。

（1）建筑安装工程(建筑安装工作量)：指各种房屋、建筑物的建造工程和各种设备、装置的安装工程。包括各种房屋建造工程；各种用途设备基础和各种工业窑炉的砌筑工程及金属结构工程；为施工而进行的各种准备工作和临时工程以及完工后的清理工作等；铁路、道路的铺设，矿井的开凿及石油管道的架设等；水利工程；防空地下建筑等特殊工程；列入房屋工程预算内的暖气、卫生、通风、照明、煤气等设备的价值及装设油饰工程；列入建筑工程预算内的各种管道(蒸汽、压缩空气、石油、给排水等管道)、电力、电讯电缆导线等的敷设工程；以及各种机械设备的安装工程；为测定安装工程质量，对设备进行的试运工作；房地产开发单位进行的商品房屋开发建设工程、土地开发工程。

在建筑安装工程中，不包括被安装设备本身的价值。

(2) 设备、工具、器具购置：指报告期内购置或自制的，达到固定资产标准的设备、工具、器具的价值。新建单位及扩建单位的新建车间，按照设计或计划要求购置或自制的全部设备、工具、器具，不论是否达到固定资产标准均计入"设备、工具、器具购置"中。

(3) 其他费用：指在固定资产建造和购置过程中发生的，除建筑安装工程和设备、工器具购置投资完成额以外的应当分摊计入固定资产投资的费用，不指经营中财务上的其他费用。

房屋施工面积　指报告期内施工的全部房屋建筑面积。包括本期新开工的房屋建筑面积、上期跨入本期继续施工的房屋建筑面积、上期停缓建在本期恢复施工的房屋建筑面积、本期竣工的房屋建筑面积以及本期施工后又停缓建的房屋建筑面积。多层建筑应填各层建筑面积之和。

房屋竣工面积　指报告期内房屋建筑按照设计要求已全部完工，达到住人和使用条件，经验收鉴定合格或达到竣工验收标准，可正式移交使用的各栋房屋建筑面积的总和。

竣工面积以房屋单位工程（栋）为核算对象，在整栋房屋符合竣工条件后按其全部建筑面积一次性计算，而不是按各栋施工房屋中已完成的部分或层次分割计算。

计算房屋竣工面积，要求严格执行房屋竣工验收标准。民用建筑一般应按设计要求在土建工程和房屋本身附属的水、电、卫（包括设计中有的煤气、暖气）工程已经完工，通风、电梯等设备已经安装完毕，做到水通、灯亮，经验收鉴定合格，并正式交付给使用单位后，才能计算竣工面积。工业及科研等生产性房屋建筑一般应按设计要求在土建工程（包括水、暖、电、卫、通风）及属于房屋组成部分的生活间、操作间等已经完成（不包括安装设备的基础工程），可以进行工艺设备和管线安装时，方可计算房屋竣工面积。

商品房销售面积　指报告期内出售商品房屋的合同总面积(即双方签署的正式买卖合同中所确定的建筑面积)。由现房销售建筑面积和期房销售建筑面积两部分组成。

商品房销售额　指报告期内出售商品房屋的合同总价款(即双方签署的正式买卖合同中所确定的合同总价)。该指标与商品房销售面积同口径，由现房销售额和期房销售额两部分组成。

Explanatory Notes on Main Statistical Indicators

Total Investment in Fixed Assets in the Whole Country refers to the volume of activities in construction and purchases of fixed assets of the whole province and related fees, expressed in monetary terms during the reference period. It is a comprehensive indicator which shows the size, structure and growth of the investment in fixed assets, providing a basis for observing the progress of construction projects and evaluating results of investment. Total investment in fixed assets in the whole province includes investment in fixed assets , investment in real estate development and rural household investment. Total investment in fixed assets in the whole province includes, by type of ownership, the investment by State-owned units, collective-owned units, individuals, joint ownership units, share-holding units, as well as investments by entrepreneurs from foreign investors and from Hong Kong, Macao and Taiwan, and by other units.

Investment in Real Estate Development refers to investment by real estate development companies, commercialized buildings construction companies and other real estate development legal entities and units attached to other legal entities that are actually engaged in real estate development or business activities, including houses built by the general agent, housing of demolition and reconstruction, factories, warehouses, restaurants, hotels, resorts, office buildings, office buildings and other buildings and supporting services, and land development projects, such as roads, water supply, water drainage, power supply, heating supply, telecommunications, land leveling and other infrastructural projects. It does not include activities in pure land transactions.

Sources of Funds for Investment in Fixed Assets are categorized as funds from the State budget, domestic loans, bonds , foreign investment, self-raised funds, and others, depending on the sources of investment.

(1) **Fund from the State budget**: the financial funds of all levels of government that is using for investment in fixed assets are budget funds.State budget consists of general budget, government fund budget, operation budget of state-owned assets and social security fund budget. Funds for investment in fixed assets from various budgets are reported as fund from the state budget, of which, the general budget utilized on fixed assets investment includes investment on infrastructure construction, vehicle purchase tax, post-disaster restoration and reconstruction funds and other financial investment. Government bonds at all levels should also be included.

(2) Domestic loans refer to loans of various forms borrowed by investing units from banks and non-bank financial institutions during the reference period for the purpose of investment in fixed assets, including loans issued by banks from their self-owned funds and deposit, loans appropriated by higher authorities, special loans by government(Including loan for substituting petroleum with coal, special loans for reform-though-labour coal mines), loans arranged by local government from special funds, domestic reserve loan, and revolving loan, etc.

(3) Foreign investment refers to foreign overseas (including foreign countries ,Hong Kong, Macao and Taiwan) funds received during the reference period (covering equipment, materials and technology), including foreign borrowings (loans from foreign governments and international financial institutions, export credit, commercial loans from foreign banks, issue of bonds and stocks overseas), foreign direct investment and other foreign investments(including funds from foreign direct investment income that are reinvested in fixed assets domestically). Excluded from this category is capital in foreign exchanges owned by China (foreign exchanges owned by the central and local governments, foreign exchanges retained by enterprises, foreign exchanges by enterprises through the regulating mechanism, loans in foreign exchanges issued by the Bank of China with its own fund, etc.). In calculating the utilization of foreign capital, foreign currencies are converted into Chinese Renminbi applying the exchange rate (central parity rate) at the end of the reference period.

(4) Self-raised funds refer to funds for investment in fixed assets received during the reference period by investing units, including investment in fixed assets using own funds of various enterprises and institutions or funds raised from other units other than financial funds, funds borrowed from financial institutions and overseas funds.

(5) Others refer to funds for investment in fixed assets received from sources other than those listed above,funds raised from individuals and through donations, and funds transferred from other units.

Investment in Fixed Assets by Sector refer to the classification of construction projects by sector is determined by the major products or the purpose of the projects when they are put into production or use, and by the nature of their social economic activities. In general, one project or one enterprise or institution can only be classified into one sector.

Investment in Fixed Assets by Jurisdiction of Management refers to the classification of investment by the competent authorities under which investment is made by construction units, enterprises, institutions or administrative units.

(1) **Central investment** refers to the investment in projects or by enterprises, institutions or administrative units which are under the direct leadership and management of the State Council and of the national commissions, ministries, agencies and State-owned large corporations. Various ministries and departments of the State Council prepare and implement plans through unified organization or

lower-level commissions.

(2) Local investment refers to the investment in projects or by enterprises, institutions or administrative units which are under the direct leadership and management of competent departments and governments at the level of province (autonomous regions and municipalities directly under the Central Government), prefecture（prefectures, cities and leagues） and county (districts, cities and banners). Also included are projects by foreign-invested enterprises and enterprises without competent managing authorities.

Investment in Fixed Assets by Structure By their contents and the mode of implementation, investment activities are classified into 3 categories, i.e. construction and installation, purchase of equipment and instrument, and other expenses.

(1) **Construction and installation (work volume of construction and installation)**: refers to the construction of houses and buildings and the installation of various kinds of equipment and instruments, including construction of houses, equipment foundations, industrial kilns and stoves, and metal structure work, preparation works and temporary works for project construction, and clearing up works after project construction, pavement of railways and roads, drilling of mines and putting up of oil pipes, construction of water conservancy, construction of underground air-raid shelters and construction of other special projects, value of heating, sanitation, ventilation, lighting and gas equipment and the installation of oil decoration works that are covered by the budget of housing projects, laying out of various pipelines (for steam, compressed air, petroleum, tap water and sewage) and wiring and cabling for electric power and for communications, installation of various machinery and equipment, testing operation for the quality of installation projects, and commercial housing development and construction projects, land development projects conducted by real estate developers.

The value of equipment installed itself is not included in the value of installation projects.

(2) Purchase of equipment and instruments: refers to the total value of equipment, tools, and instruments purchased or self-produced which come up to the cut-off point for fixed assets by the construction units or investing enterprises or institutions. Equipment, tools and instruments purchased or self-produced for new workshops by newly established or expanded units are categorized as "purchase of equipment and instruments" no matter whether they come up to the cut-off point for fixed assets.

(3) Other expenses: refer to expenses arising during the construction or purchase of fixed assets other than those those expenses on construction, installation and purchase of equipment and instruments. Other financial expenses arising in operation are not included.

Floor Space of Buildings under Construction refers to the total floor space area of all the buildings in the reference period, It includes buildings started in the year, continued from the previous year, suspended in earlier years but restarted in the year, completed in the year, and started in the year but suspended in the year as well. The floor space of a multi-storied building should be the sum of floor space of all the stories.

Floor Space of Buildings Completed refers to the total floor space area of the buildings completed in the reference period, which meet the requirements as designed, reach the criteria set for people to live in or use, have passed the acceptance checks, and are ready for delivery or use.

The accounting object of the completion of the area is unit of housing project (building), the entire houses meet the completed conditions, in accordance with all construction area to disposable calculated, rather than divisional calculated in accordance with the construction of the building house which finished part or hierarchical.

In calculating the size of houses completed this year is demanded strictly enforced housing completion and acceptance criteria. Civil construction should generally be in accordance with the design requirements of civil works and the house itself attached water, electricity, health (including the design of some gas, heating) project has been completed, Ventilation, elevators and other equipment has been installed, to water and lights, through acceptance accreditation, and formally delivered to the use of the unit, in order to calculate the completion of the area. Industry and research and other production of housing construction general design requirements should be in the civil works (including water, heating, electricity, health, ventilation) and are an integral part of life, housing, the operating room, etc. which have been completed (not including the installation of foundation engineering equipment), process equipment and piping can be installed, then we can calculate the area of housing construction this year.

Housing construction area completion rate refers to the rate of total gross floor area of completed housing area accounted for housing construction area during the reference period.

Area of Commercialized Housing Sold refers to total contracted area of commercialized housing (i.e. area of floor space as designated in the formal contracts signed by both sides) during the reference time. It constitutes floor space of completed housing and floor space of future housing.

Value of Commercialized Housing Sold refers to the total contracted value (i.e. value of sales/purchase for selling/purchase of commercialized housing as designated in the contract signed by both sides) during the reference time. This indicator has the same coverage as the area of commercialized housing sold, which constitutes floor space of completed housing and floor space of housing yet to be completed.

对外经济贸易

Foreign Trade and Economic Cooperation

6

简要说明

一、主要内容

本篇资料综合反映全省对外贸易、利用外资、对外直接投资、对外经济合作等情况。

对外贸易主要内容包括：进出口总额、按地区分进出口商品总额、进出口商品分类等项目。

利用外资主要内容包括：外商直接投资和外商其他投资，外商投资企业登记注册情况。

二、统计范围

对外贸易统计范围：按照联合国的国际贸易统计制定，即凡能引起中华人民共和国关境内物质资源存量增加或减少的进出口货物，除制度另有规定者外，均列入该项统计。调查方法为全面调查。

利用外资统计范围：凡经工商行政管理机关核准登记，在贵州省所有利用外资的单位和部门，经批准设立的中外合资经营企业、合作经营企业、外资企业、外商投资股份制企业、合作开发项目等具有法人资格的独立核算企业(包括港澳台地区投资企业)，在贵州省从事经营活动的外国及港澳台地区企业及外国公司在贵州省境内设立的分支机构。

对外直接投资统计范围：包括境内投资主体通过直接投资在境外设立的各类公司型企业和非公司型企业。

三、资料来源

对外贸易统计资料来源于贵阳海关。

利用外资统计资料来源于省发展改革委、省商务厅。

对外直接投资资料来源于省商务厅。

Brief Introduction

I. Main Contents

Data in this chapter comprehensive reflected the province situation of foreign trade, utilization of foreign capital, overseas direct investment and overseas economic cooperation etc.

Data on foreign trade include: total value of imports and exports, total value of imports and exports of goods by region, imports and exports of goods classification etc.

Utilization of foreign capitals includes: foreign direct investments and other foreign investments, and the basic condition of registration of foreign funded enterprises.

II. Statistics Coverage

The scope of foreign trade statistics are designed according to United Nations' principles on international trade statistics, that is: all imports or exports that will lead to stock changes of material resources with the territory of People's Republic of China; excluding goods by escape clause. The survey method is overall statistical survey.

The utilization of foreign capitals' statistics cover all the units and departments which have utilized foreign capitals, all the Sino-foreign joint ventures, Sino-foreign cooperative enterprises, ventures exclusively with foreign investment, foreign-funded stock companies, Sino-foreign cooperative development projects (including the enterprises funded by the entrepreneurs from Hong Kong, Macao and Taiwan) with independent accounting system and legal person status, and all foreign enterprises or enterprises funded by the entrepreneurs from Hong Kong, Macao and Taiwan which are engaged in business activities, and branches of foreign companies which have been approved to be set up within the boundaries of Guizhou Province after verification and registration through administrative authorities for industry and commerce.

The overseas direct investment statistics cover all types of overseas corporate and non-corporate enterprises by direct investment of domestic investors.

III. Sources of Data

Data on foreign trade are from Guiyang Customs.

Data on utilization of foreign capitals are from Provincial Development & Reform Commission and the Department of Commerce.

Data on overseas direct investment are from the Provincial Department of Commerce.

6-1 进出口总额
Total Value of Imports and Exports

指　标	Item	2015	2016	2017	2018	2019	2019年比2018年增长(%) Increase Rate in 2019 over 2018(%)
进出口总额(万元)	**Total Value of Imports and Exports(RMB 10000 yuan)**	**7612878**	**3756311**	**5512842**	**5028661**	**4531977**	**-9.9**
出口总额	Total Exports	6185585	3124923	3912875	3385298	3271468	-3.4
进口总额	Total Imports	1427293	631387	1599967	1643363	1260509	-23.3
进出口差额	Balance	4758292	2493536	2312908	1741935	2010959	15.4
进出口总额(万美元)	**Total Value of Imports and Exports(USD 10000)**	**1222142**	**569962**	**816231**	**763133**	**656817**	**-13.9**
出口总额	Total Exports	994862	474279	579371	513725	474028	-7.7
进口总额	Total Imports	227279	95682	236860	249409	182789	-26.7
进出口差额	Balance	767583	378597	342511	264316	291239	10.2

注：资料来源于贵阳海关(以下相关表同)。

Note: Data in the table are obtained from Guiyang Customs(the same applies to the relative tables below) .

6-2 按地区分的进口商品总额
Total Value of Imports by Region

单位：万美元　　(USD 10000)

地　区	Region	2015	2016	2017	2018	2019
总　计	**Total**	**227279**	**95682**	**236860**	**249409**	**182789**
亚　洲	Asia	148007	50682	174828	194796	127298
非　洲	Africa	8191	6491	15287	9746	12764
欧　洲	Europe	11584	6781	13463	11421	10292
拉丁美洲	Latin America	13533	5308	6850	1863	2741
北 美 洲	North America	35016	15084	8999	13028	10025
大 洋 洲	Oceanic	10939	11336	17430	18554	19667
其　他	Others	9		2		1

6-3 海关出口商品分类

单位：万美元

指 标	Item
总 计	**Total**
#活动物；动物产品	Live Animals; Animal Products
植物产品	Vegetable Products
动、植物油、脂及其分解产品；精制的食用油脂；动、植物蜡	Animal or Vegetable Fats and Oils and their Cleavage Products; Prepared Edible Fats; Animal or Vegetable Waxes
食品；饮料、酒及醋；烟草及烟草代用品的制品	Prepared Foodstuffs; Beverages, Spirits And Vinegar; Tobacco and Manufactured Tobacco Substitutes
矿产品	Mineral Products
化学工业及其相关工业的产品	Products of the Chemical or Industries Allied
塑料及其产品；橡胶及其制品	Plastics and Articles Thereof Rubber and Articles Thereof
生皮、皮革、毛皮及其制品；鞍具及挽具；旅行用品、手提包及类似品；动物肠线(蚕胶丝除外)制品	Raw Hides and Skins, Leather, Fur Skins and Articles Thereof; Saddlery and Harness; Travel Goods, Handbags and Similar Containers; Articles of Animal Gut (Other Than Silk-Worm Gut)
木及木制品；木炭；软木及软木制品；稻草、秸秆、针茅或其他编结材料制品；篮筐及柳条编结品	Wood and Articles of Wood; Wood Charcoal; Cork and Articles of Cork; Manufactures of Straw, of Esparto or of Other Plaiting Materials; Basket Ware and Wickerwork
木浆及其他纤维状纤维素浆；纸及纸板的废碎品；纸、纸板及其制品	Pulp of Wood or of Other Fibrous Cellulosic Material; Waste and Scrap of Paper or Paperboard; Paper and Paperboard and Articles Thereof
纺织原料及纺织制品	Textiles and Textile Articles
鞋、帽、伞、杖、鞭及其零件；已加工的羽毛及其制品；人造花；人发制品	Footwear, Headgear, Umbrellas, Sun Umbrellas, Walking-Sticks, Seat-Sticks, Whips, Riding-Crops and Parts Thereof; Prepared Feathers and Articles Made Therewith; Artificial Flowers; Articles of Human Hair
石料、石膏、水泥、石棉、云母及类似材料的制品；陶瓷产品；玻璃及其制品	Articles of Stone, Plaster, Cement, Asbestos, Mica or Similar Materials; Ceramic Products; Glass and Glassware
天然或养殖珍珠、宝石或半宝石、贵金属、包贵金属及其制品；仿首饰；硬币	Natural or Cultured Pearls, Precious or Semi-Precious Stones, Precious Metals, Metals Clad With Precious Metal and Stones, Precious Metals, Metals Clad With Metal and Articles Thereof; Imitation Jewellery; Coin
贱金属及其制品	Base Metals and Articles of Base Metal
机器、机械器具、电气设备机器及其零件、录音机及放声机、电视图象、声音的录制和重放设备及其零件、附件	Machinery and Mechanical Appliances; Electrical Equipment; Parts Thereof; Sound Recorders and Reproducers, Television Image and Sound Recorders and Reproducers; and Parts and Accessories of Recorders and Reproducers; and Parts and Accessories of Such Articles
车辆、航空器、船舶及有关运输设备	Vehicles, Aircraft, Vessels and Associated Transport Equipment
光学、照相、电影、计量、检验、医疗或外科用仪器及设备、精密仪器及设备；钟表；乐器及上述物品的零件、附件	Optical, Photographic, Cinematographic, Measuring, Checking, Precision, Medical or Surgical Instruments and Apparatus; Clocks and Watches; Musical Instruments; Parts and Accessories Thereof
杂项制品	Miscellaneous Manrfactured Articles
艺术品、收藏品及古物	Works of Art, Collectors' Pieces and Antiques

Value of Exports Commodities by Category

(USD 10000)

2015	2016	2017	2018	2019	2019年比 2018年增长(%) Increase Rate in 2019 over 2018(%)
994862	**474279**	**579371**	**513725**	**474028**	**-7.7**
163	161	163	152	163	7.4
3249	4394	8241	4425	6110	38.1
112	316	93	109	216	99.3
29815	43108	45844	55674	59378	6.7
17680	12487	13270	14376	9334	-35.1
158556	113375	98803	101919	93555	-8.2
64957	33230	26593	23505	21854	-7.0
31560	5733	4692	5038	6863	36.2
3881	1066	1273	734	1161	58.3
22546	4906	2293	1754	1807	3.0
94856	23941	8863	11950	13085	9.5
39336	9701	5680	3917	6527	66.6
67739	14521	10472	4213	4370	3.7
17043	2200	399	749	685	-8.6
84636	33062	29288	27939	22444	-19.7
227919	141550	291301	224618	155618	-31.1
12738	8149	4986	4172	4162	-0.2
11059	3802	5778	17439	50754	191.0
106072	18415	21278	9583	15721	64.1
939	141	30	34	76	122.5

6－4 按国别（地区）分的进出口总额

Imports and Exports by Countries or Regions

单位：万美元 (USD 10000)

国别（地区）	Country (Region)	进出口总额 Total Imports and Exports		进口 Imports		出口 Exports	
		2019	2018	2019	2018	2019	2018
进出口贸易总额	**Total Import-Export Value**	**656817**	**763133**	**182789**	**249409**	**474028**	**513725**
亚洲	Asia	426193	540663	127298	194796	298895	345867
#香港	Hong Kong	162858	198456	1319	2111	161539	196344
印度	India	10151	22926	158	289	9994	22638
印度尼西亚	Indonesia	11589	16535	822	161	10767	16374
澳门	Macau	3646	1752			3645	1752
马来西亚	Malaysia	12188	6332	2686	2618	9501	3714
巴基斯坦	Pakistan	5502	13505			5502	13504
菲律宾	Philippines	7159	8028	652	1200	6507	6828
沙特阿拉伯	Saudi Arabia	5028	8758	2937	7146	2091	1612
新加坡	Singapore	6069	11359	594	6121	5475	5238
韩国	South Korea	18588	31657	7151	22438	11437	9219
泰国	Thailand	24842	24994	10808	12269	14034	12725
阿拉伯联合酋长国	UAE	10222	9813	5798	5397	4424	4416
越南	Vietnam	13623	14653	740	1276	12883	13377
台湾	Taiwan	63189	63817	60101	60481	3088	3336
非洲	Africa	27583	30376	12764	9746	14819	20630
#南非	South Africa	11983	10352	7087	5238	4897	5114
欧洲	Europe	81049	66122	10292	11421	70757	54700
#比利时	Belgium	6635	5952	687	191	5948	5761
英国	UK	6989	4861	1291	1551	5698	3310
德国	Germany	8168	8564	3397	3845	4772	4719
法国	France	9719	6842	1456	1024	8263	5818
俄罗斯	Russia	6380	8103	765	1499	5615	6604
拉丁美洲	Latin America	27308	26377	2741	1863	24567	24515
#巴西	Brazil	7404	3664	1511	59	5893	3606
墨西哥	Mexico	5150	5957	1084	1579	4066	4378
北美洲	North America	44860	50810	10025	13028	34835	37781
#加拿大	Canada	5838	9035	136	5688	4478	3348
美国	USA	39022	41774	8665	7341	30358	34434
大洋洲	Oceania	49821	48785	19667	18554	30154	30231
#澳大利亚	Australia	37339	34675	19612	17738	17728	16938
新西兰	New Zealand	11375	12778	55	8	11320	12770
东盟组织	Asean	80672	88772	16441	23700	64231	65073
欧盟组织	European Union	61134	54796	9147	9805	51987	44991

6-5 海关进口商品分类

Value of Import Commodities by category

单位：万美元 (USD 10000)

指 标	Item	2015	2016	2017	2018	2019
总 计	**Total**	**227279**	**95682**	**236860**	**249409**	**182789**
#活动物产品	Live Animals; Animal Products		758	946	3496	752
植物产品	Vegetable Products	7206	582	336	50	414
动、植物油、脂及分解品；精制的食用油脂；动、植物蜡	Animal or Vegetable Fats and Oils and their Cleavage Products; Prepared Edible Fats; Animal or Vegetable Waxes		7			40
食品；饮料、酒及醋；烟草及烟草代用品的制品	Prepared Foodstuffs; Beverages,Spirits And Vinegar;Tobacco and Manufactured Tobacco Substitutes	195	165	115	29	82
矿产品	Mineral Products	43468	35148	57761	42784	43447
化学工业及其相关工业的产品	Products of The Chemical or Industries Allied	1588	1475	586	805	438
塑料及其产品；橡胶及其产品	Plastics and Articles Thereof Rubber and Articles Thereof	11435	11326	12504	14052	11110
生皮、皮革、毛皮及其制品；鞍具及挽具；旅行用品、手提包及类似品；动物肠线(蚕胶丝除外)制品	Raw Hides and Skins, Leather, Fur Skins and Articles Thereof; Saddlery and Harness; Travel Goods, Handbags and Similar Containers; Articles of Animal Gut (Other Than Silk-Worm Gut)	52	28	4	1	1
木及木制品；木炭；软木及软木制品；稻草、秸秆、针茅或其他缠结材料制品；篮筐及柳条编结品	Wood and Articles of Wood; Wood Charcoal; Cork and Articles of Cork; Manufactures of Straw, of Esparto or of Other Plaiting aterials; Basket Ware and Wickerwork	8	163	453	65	804
木浆及其他纤维状纤维素浆；纸及纸板的废碎品；纸、纸板及其制品	Pulp of Wood or of Other Fibrous Cellulosic Material; Waste and Scrap of Paper or perboard; Paper and Paperboard and Articles Thereof	275	153	26	213	30
纺织原料及纺织制品	Textiles and Textile Articles	108	488	160	96	220
鞋、帽、伞、杖、鞭及其零件；已加工的羽毛及其制品；人造花；人发制品	Footwear, Headgear, Umbrellas, Sun Umbrellas, Walking-Sticks, Seat-Sticks, Whips, Riding-Crops and Parts Thereof; Prepared Feathers and Articles Made Therewith; Artificial Flowers; Articles of Human Hair	4	13	8	2	1

6-5 续表 continued

单位：万美元 (USD 10000)

指　标	Item	2015	2016	2017	2018	2019
石料、石膏、水泥、石棉、云母及类似材料的制品；陶瓷产品；玻璃及其制品	Articles of Stone, Plaster, Cement, Asbestos, Mica or Similar Materials; Ceramic Products; Glass and Glassware	61	38	819	1097	47
天然或养殖珍珠、宝石或半宝石、贵金属、包贵金属及其制品；仿首饰；硬币	Natural or Cultured Pearls, Precious or Semi-Precious Stones, Precious Metals, Metals Clad With Precious Metal and Stones, Precious Metals, Metals Clad With Precious Metal and Articles Thereof; Imitation Jewellery; Coin	9616	82	60	209	260
贱金属及其制品	Base Metals and Articles of Base Metal	1830	3010	3853	5916	6746
机器、机械器具、电气设备及其零件；录音机及放声机、电视图象、声音的录制和重放设备及其零件、附件	Machinery and Mechanical Appliances; Electrical Equipment; Parts Thereof; Sound Recorders and Reproducers, Television Image and Sound Recorders and Reproducers; and Parts and Accessories of Recorders and Reproducers; and Parts and Accessories of Such Articles	136879	36910	147891	152610	96058
车辆、航空器、船舶及有关运输设备	Vehicles, Aircraft, Vessels And Associated Transport Equipment	7306	293	191	3534	771
光学、照相、电影、计量、检验、医疗或外科用仪器及设备、精密仪品及设备；钟表；乐器；上述物品的零件、附件	Optical, Photographic, Cinematographic, Measuring, Checking, Precision, Medical or Surgical Instruments and Apparatus; Clocks And Watches; Musical Instruments; Parts and Accessories Thereof	7192	4915	11067	24173	19104
杂项制品	Miscellaneous Manufactured Articles	51	121	81	279	1108
艺术品、收藏品及古物	Works of Art, Collectors' Pieces and Antiques	4	9			

6-6 利用外资

Foreign Capital Absorbed

指 标	Item	2015	2016	2017	2018	2019
项目数(个)	**Number of Projects(unit)**	**75**	**79**	**80**	**123**	**91**
#外商直接投资	Direct Foreign Investment	74	79	80	123	91
合资企业	Joint Venture	30	38	31	67	45
合作经营企业	Contractual Joint Venture	2	6	2	4	2
独资企业	Solely-foreign Enterprise	42	34	47	52	43
外商投资股份制	FDI Sharholding Inc.		1			
合伙企业						1
签订合同金额(万美元)	**Contracted Foreign Capital (USD 10000)**	**166185**	**234413**	**240801**	**410791**	**265108**
#外商直接投资	Direct Foreign Investment	166185	234413	240801	410791	265108
合资企业	Joint Venture	45483	63632	14175	141941	84684
合作经营企业	Contractual Joint Venture	4563	21299	714	123655	90
独资企业	Solely-foreign Enterprise	116139	127635	225202	144964	173639
外商投资股份制	FDI Sharholding Inc.		21847		231	-481
合伙企业						7176
实际使用外资额(万美元)	**Foreign Capital Actually Absorbed (USD 10000)**	**32565**	**83065**	**45015**	**60845**	**67887**
#外商直接投资	Direct Foreign Investment	32565	83065	45015	60845	67887
合资企业	Joint Venture	3050	7414	7178	13953	9505
合作经营企业	Contractual Joint Venture	1304			1460	2604
独资企业	Solely-foreign Enterprise	28211	53630	37704	45432	55705
外商投资股份制	FDI Sharholding Inc.		22021			
合伙企业				133		73
外商投资企业基本情况	**Registered Foreign-funded Enterprise**					
期末实有外商投资法人企业(户)	Number of Foreign-funded Enterprises at the year-end(unit)	662	634	746	852	
#本年登记户数(户)	Number of Registered Enterprises at the year-end(unit)	71	77	115	121	
期末投资总额(万美元)	Total Investment(USD 10000)	1814688.52	2371930	3074411	4463920	
期末注册资本(万美元)	Registered Capital(USD 10000)	1018034.14	1312175	1740058	2466047	
#外 方	Capital from Foreign Partners	829751.6	1000054	1420499	2060083	

注：1.资料来源于省商务厅。2.实际利用外资统计口径为直接利用外资、外商投资企业投注差外债实际到位资金和外商投资企业境内投资实际到位资金三部分，2019年起我省实际使用外资金额统计口径为外商直接投资。(以下相关表同)

Note:1.Data in this table come from Provincial Department of Commerce; 2.The actual utilization of foreign capital includes three parts: direct utilization of foreign capital, investment deficit of foreign-funded enterprises and actual investment of foreign-funded enterprises in China. The actual amount of foreign capital used in our province from 2019 onwards is counted as foreign direct investment (the relative tables in this chapterare the same).

6-7 外商直接投资按行业分项目个数

Number of Projects for Contracted Foreign Direct Investment by Sector

单位：个　　(unit)

行　业	Sector	2015	2016	2017	2018	2019
总　计	**Total**	**75**	**79**	**80**	**123**	**91**
农、林、牧、渔业	Farming,Forestry,Animal Husbandry and Fishery	8	15	12	13	7
采矿业	Mining	1	1		4	
制造业	Manufacturing	21	24	17	23	16
电力、热力、燃气及水生产和供应业	Production and Supply of Electricity, Gas and Water	3	5	9	2	2
建筑业	Construction	2		6	1	2
交通运输、仓储和邮政业	Transport, Storage and Post	1	3	2	1	4
信息传输、软件和信息服务业	Information Transmission, Software and Information Technology	3	4	5	9	1
批发和零售业	Wholesale and Retail Trades	9	3	7	17	14
住宿和餐饮业	Hotels and Catering Services	1	2	1	9	3
金融业	Financial Intermediation	1			2	2
房地产业	Real Estate	3	1	4	11	4
租赁和商务服务业	Leasing and Business Services	6	14	7	17	18
科学研究和技术服务业	Scientific Research and Technical Service	6	1	2	9	9
水利、环境和公共设施管理业	Management of Water Conservancy, Environment and Public Facilities	4	4	5		1
居民服务、修理和其他服务业	Services to Households, Repair and Other Services	3	1		3	3
文化、体育和娱乐业	Culture, Sports and Entertainment	2		1		1
教育	Education		1		2	1
卫生和社会工作	Health and social work					3
公共管理、社会保障和社会组织	Public Management, Social security and Social Organization	1		2		

6-8 按行业分外商直接投资协议金额

Agreement Value of Foreign Direct Investment by Sector

单位：万美元　　(USD 10000)

行　业	Sector	2015	2016	2017	2018	2019
总　计	**Total**	**180080**	**277271**	**310230**	**410791**	**265108**
农、林、牧、渔业	Farming,Forestry,Animal Husbandry and Fishery	7127	69577	32090	25123	21323
采矿业	Mining	781	4476	316	2549	
制造业	Manufacturing	51763	118902	45667	41367	15011
电力、热力、燃气及水的生产和供应业	Production and Supply of Electricity, Gas and Water	25612	12885	13740	5967	-2848
建筑业	Construction	2633		31986	19	10480
交通运输、仓储和邮政业	Transport, Storage and Post	3656	11553	2367	47	8765
信息传输、软件和信息技术服务业	Information Transmission, Software and Information Technology Services	5779	3644	22520	76958	202
批发和零售业	Wholesale and Retail Trades	4960	52	5069	2290	1786
住宿和餐饮业	Hotels and Catering Services	1	13	2	3102	44
金融业	Financial Intermediation	5586			18543	13050
房地产业	Real Estate	2426	1094	27629	171390	6278
租赁和商务服务业	Leasing and Business Services	215	44364	127304	14647	56610
科学研究和技术服务业	Scientific Research and Technical Service	31026	41	1093	32800	3362
水利、环境和公共设施管理业	Management of Water Conservancy, Environment and Public Facilities	8028	10343	260		
居民服务、修理和其他服务业	Services to Households, Repair and Other Services	30015	304		15513	45006
文化、体育和娱乐业	Culture, Sports and Entertainment	362		58		70
教育	Educaiton		23		76	7534
公共管理、社会保障和社会组织	Public Management, Social security and Social	110		129		
卫生和社会工作	Health and social work				400	78435

6-9 按行业分外商实际直接投资额

Actually Used Amount of Foreign Direct Investment by Sector

单位：万美元 (USD 10000)

指　标	Item	2015	2016	2017	2018	2019
总　计	**Total**	**41941**	**96739**	**82439**	**60845**	**67887**
农、林、牧、渔业	Farming, Forestry, Animal Husbandry and Fishery	1967	308	1298	30	4719
采矿业	Mining	784	845	4476	289	140
制造业	Manufacturing	11504	34059	12017	3706	2590
电力、热力、燃气及水的生产和供应业	Production and Supply of Electricity, Gas and Water	6501	18870	15666	12792	9228
建筑业	Construction			4364		
交通运输、仓储和邮政业	Transport, Storage and Post	980	8991	15165		2029
信息传输、软件和信息技术服务业	Information Transmission, Software and Information Technology		1232	8738	16820	35527
批发和零售业	Wholesale and Retail Trades	1149	1929		851	382
住宿和餐饮业	Hotels and Catering Services	5	3	10		
金融业	Financial Intermediation	16346		2654	11550	5106
房地产业	Real Estate	2101	302	161	3074	5260
租赁和商务服务业	Leasing and Business Services	427	24649	4861	896	53
科学研究和技术服务业	Scientific Research and Technical Service		4955	10983	10837	1048
水利、环境和公共设施管理业	Management of Water Conservancy, Environment and Public Facilities	173	572	1906		384
居民服务、修理和其他服务业	Services to Households, Repair and Other Services	4	24			
教育	Education					
卫生和社会工作	Health and social work					517
文化、体育和娱乐业	Culture, Sports and Entertainment			140		904

6-10 对外经济合作

Economic Cooperation with Foreign Countries or Regions

指　标	Item	2015	2016	2017	2018	2019
境外经济合作	**Economic Cooperation with Foreign Countries or Territories**					
签订合同项目(个)	Number of Contracts(unit)	36	55	35	35	
#对外承包工程	Contracted Projects	36	55	35	35	
签订合同金额(万美元)	Contracted Value (USD 10000)	57608	59614	32508	57077	
#对外承包工程	Contracted Projects	57608	59614	32508	57077	
实际营业额(万美元)	Actual Turnover (USD 10000)	80904	97179	110017	120795	
#对外承包工程	Contracted Projects	67756	68133	86132	100185	
年末在外人员(人)	Persons Abroad by the End of Year (person)	4920	2068	2774	3297	
#对外承包工程	Contracted Projects	4920	2068	2774	3289	
省外经济合作	**Economic Cooperation with Other Provinces**					
引进省外项目(个)	Number of Contracted Projects (unit)	4322	4545	6381	7317	5210
引进省外资金(亿元)	Contracted Value (100 million yuan)	7213.5	8086	8806	10129	5000

注：表中数据不含铝镁设计院及国内国际标的项目。

Note: Data in the table don't contain bidding projects of the Magnesium and Design Institute and the domestic and international.

6-11 历年进出口总额、实际利用外资

Total Value of Imports and Exports and Total Amount of Foreign Investment Actually Utilized

年份 Year	进出口总额(万美元) Total Value of Imports and Exports (USD 10000)	#出口额 Exports	实际利用外资额(万美元) Total Amount of Foreign Investment Actually Utilized (USD 10000)	#国外贷款 Foreign Loans	#外商直接投资 Foreign Direct Investments
1978	1645	285			
1979	2111	703			
1980	2797	1641			
1981	4782	3617			
1982	5455	4522			
1983	5238	4186			
1984	6997	4548	61	61	
1985	8720	4010	286	12	148
1986	8605	6361	1276	38	74
1987	12488	9296	376	127	101
1988	15527	11586	1408	425	440
1989	18681	13322	2102	826	747
1990	21802	15358	2983	1925	463
1991	24614	18958	2845	1436	1034
1992	33907	22424	3574	1595	1979
1993	36470	24491	4922	628	4294
1994	53595	37346	8363	2000	6363
1995	68144	43023	9637	3934	5703
1996	64240	43554	10628	7490	3138
1997	67660	48239	13834	8857	4977
1998	62243	38794	18100	13565	4535
1999	54763	35780	19532	15442	4090
2000	66002	42060	19545	17044	2501
2001	64978	42170	14010	11181	2829
2002	69141	44181	9383	5684	3700
2003	98477	58834	13191	7565	5626
2004	151442	86709	13932	7399	6533
2005	140425	85925	19568	8800	10768
2006	161745	103874	18413	9029	9384
2007	227285	146513	15333	2682	12651
2008	337037	190084	17379	2475	14904
2009	230732	135856	18027	4663	13364
2010	314680	192018	34026	4480	29546
2011	488758	298509	71674	4353	51541
2012	663156	495223	109805	5223	49116
2013	829009	688598	157415	4853	57673
2014	1077133	939726	213053	6524	46565
2015	1222142	994862	262747	10324	41941
2016	569962	474279	363331	41700	96739
2017	816231	579371	430032	40970	82439
2018	763133	513725	474403	25820	60845
2019	656817	474028	67887		

注：1.进出口总额1997年及以前数据来源于原省对外贸易经济合作厅，1998年起数据来源于贵阳海关。2.本表实际利用外资额数据来源于省发展改革委、省商务厅。实际利用外资额=省商务厅数据+发改革委国外贷款。2019年仅为商务厅数据。

Note:1.The total amount of import and export were obtained from the former provincial department of foreign trade and economic cooperation in 1997 and before, while after 1998 they were obtained from Guiyang Customs. 2. In this table, data of foreign capital actually utilized are obtained from Provincial Development and Reform Commission and Department of Commerce. Foreign capital actually utilized consists of data from Provincial Department of Commerce and overseas goods payment of Development and Reform Commission. Department of Commerce and overseas goods payment of Development and Reform Commission,while in 2019 it only includes date from Department of commerce.

主要统计指标解释

进出口总额 指实际进出我国国境并引起我国物质资源存量增加或者减少的货物金额。包括我国境内法人和其他组织、个人进出口的一般贸易、易货贸易、加工贸易、补偿贸易、保税区和保税仓库进出境货物、国际援助物资或捐赠品。我国规定出口货物按离岸价格统计，进口货物按到岸价格统计。

外商直接投资 指外国企业和经济组织或个人（包括华侨、港澳台胞以及我国在境外注册的企业）按我国有关政策、法规，用现汇、实物、技术等在我国境内开办外商独资企业、与我国境内的企业或经济组织共同举办中外合资经营企业、合作经营企业或合作开发资源的投资（包括外商投资收益的再投资），以及经政府有关部门批准的项目投资总额内企业从境外借入的资金。

对外承包工程 指各对外承包公司以招标议标承包方式承揽的下列业务：(1)承包国外工程建设项目；(2)承包我国对外经援项目；(3)承包我国驻外机构的工程建设项目；(4)承包我国境内利用外资进行建设的工程项目；(5)与外国承包公司合营或联合承包工程项目时我国公司分包部分；(6)对外承包兼营的房屋开发业务。对外承包工程的营业额是以货币表现的本期内完成的对外承包工程的工作量，包括以前年度签订的合同和本年度新签订的合同在报告期内完成的工作量。

Explanatory Notes on Main Statistical Indicators

Total imports and exports refers to the actual cause of out of our borders and the stock of material resources to increase or decrease the amount of goods, including my own country legal persons and other organizations, individuals, import and export of general trade, barter trade, processing trade, compensation trade, bonded and bonded warehouse entry and exit of goods, international aid or donations. China provides export goods at FOB, CIF value of imported goods according to statistics.

Foreign Direct Investment refers to the investments inside China by foreign enterprises and economic organizations or individuals (including overseas Chinese, compatriots from Hong Kong, Macao and Taiwan, and Chinese enterprises registered abroad), following the relevant policies and laws of China, for the establishment of ventures exclusively with foreign own investment, Sino-foreign joint ventures and cooperative enterprises or for co-operative exploration of resources with enterprises or economic organizations in China. It includes the re- investment of the foreign entrepreneurs with the profits gained from the investment and the funds that enterprises borrow from abroad in the total investment of projects which are approved by the relevant department of the government.

Overseas Contracted Project refers to projects undertaken by Chinese contractors (project contracting companies) through bidding process. They include: (1) overseas civil engineering construction projects financed by foreign investors; (2) overseas projects financed by the Chinese government through its foreign aid programs; (3) construction projects of Chinese diplomatic missions, trade offices and other institutions stationed abroad; (4) construction projects in China financed by foreign investment; (5) sub-contracted projects to be taken by Chinese contractors through a joint umbrella project with foreign contractor(s); (6) housing development projects. The business income from international contracted projects is the work volume of contracted projects completed during the reference period, expressed in monetary terms, including completed work on projects signed in previous years.

能 源

Energy 7

简 要 说 明

一、主要内容

本篇资料主要包括能源生产、消费及品种构成，能源生产和消费弹性系数，综合能源平衡表和主要能源品种的单项平衡表，分行业、分主要能源品种的消费量，能源加工转换效率及生活用能源消费量等。

二、统计范围、统计口径和计算方法

本篇资料的统计范围为全社会。

1.一次能源生产量与能源产品产量统计数字一致。

2.能源生产与消费弹性系数分别以能源生产、消费增长速度与地区生产总值增长速度相比求得。

3.综合能源平衡表中，电力折算标准煤系数按平均发电煤耗计算。

4.效率表中，规模以上工业能源消费量电力折算标准煤系数采用当量值计算，每千瓦小时折 0.1229 千克标准煤。

5.GDP 按可比价格计算。

三、资料来源

本篇资料由省统计局根据《贵州省能源统计报表制度》加工整理。

Brief Introduction

I. Main Contents

Data in this chapter cover mainly energy production, consumption, and composition; elasticity ratio of energy production and consumption; overall balance sheet of energy and balance sheets by different types of energy; consumption of energy by sector and by types of energy; efficiency of energy processing and conversion; and the consumption of energy for non-production uses.

II. The Scope, Notes on Coverage and Compilation of Data

The scope of data in this chapter is the whole province.

(1) The data on production of primary energy are the same as the corresponding data on output of energy products.

(2) The elasticity ratio of energy production is calculated as the quotient of the growth rate of energy production divided by the growth rate of GDP; and the elasticity ratio of energy consumption is calculated as the quotient of the growth rate of energy consumption divided by the growth rate of GDP.

(3) In the energy balance sheet, the coefficient for conversion of electric power into the standard coal equivalent is calculated according to the average consumption of coal for generating electricity.

(4) In the table on the efficiency of energy conversion, Above scale industrial energy consumption electric power conversion standard coal coefficient calculated by the equivalent value. One kilowatt is equal to 0.1229 kg SCE.

(5) Gross domestic product are calculated at constant prices.

III. Sources of Data

Data in this chapter are collected and compiled by Guizhou Provincial Bureau of Statistics in accordance with the Guizhou Provincial energy statistics report system.

7-1 能源生产、消费总量及构成

Total Production and Consumption of Energy and Its Composition

单位：万吨标准煤 (10000 tons of SCE)

指 标	Item	2015	2016	2017	2018	2019
绝对数	**Absolute Figure**					
一次能源生产量	Total Production of Primary Energy	14322.94	13790.62	12887.71	12186.03	11630.38
#原 煤	Coal	11623.06	11298.00	10349.22	9497.72	8895.09
水 电	Hydro-power	2659.19	2421.49	2452.50	2610.84	2644.37
终端能源消费量	Final Consumption of Energy	8499.38	8831.27	9379.50	9656.73	10074.14
#原 煤	Coal	3180.23	3300.53	3448.10	3060.83	3112.61
天然气	Natural Gas	145.50	154.48	176.32	379.60	425.03
电 力	Electricity	3303.30	3511.75	3965.59	4200.53	4438.77
构成(%)	**Composition(%)**					
一次能源生产量	Total Production of Primary Energy	100.0	100.0	100.0	100.0	100.0
#原 煤	Coal	81.1	81.9	80.3	77.9	76.5
水 电	Hydro-power	18.6	17.6	19.0	21.4	22.7
终端能源消费量	Final Consumption of Energy	100.0	100.0	100.0	100.0	100.0
#原 煤	Coal	37.4	37.4	36.8	31.7	30.9
天然气	Natural Gas	1.7	1.7	1.9	3.9	4.2
电 力	Electricity	38.9	39.8	42.3	43.5	44.1

注：1.电力按等价热值折算。2.本表数据根据第四次经济普查资料进行修订(以下各表同)。

Note: 1.Electric power is converted on the basic of equal caloric value. 2.The data in this table are revised according to the fourth economic census (the same as in the following tables).

7-2 综合能源平衡表
Overall Energy Balance Sheet

单位：万吨标准煤 (10000 tons of SCE)

指 标	Item	2015	2016	2017	2018	2019
可供消费的能源总量	**Total Energy Available for Consumption**	**9665.08**	**9937.82**	**9855.32**	**10120.77**	**10332.86**
一次能源生产量	Primary Energy Output	14322.94	13790.62	12887.71	12186.03	11630.38
省外调入	Inflow from Other Provinces	1613.88	1707.42	2210.29	2772.82	3037.56
调出省外	Outflow from Guizhou Province	6459.70	6296.79	5145.69	4670.79	4464.43
年初年末库存差额	Stock Changes in the Year	187.95	732.09	-101.36	-164.92	129.35
能源消费总量	**Total Energy Consumption**	**9344.21**	**9605.80**	**9845.60**	**10035.92**	**10423.27**
农、林、牧、渔、水利业	Farming, Forestry, Animal Husbandry, Fishery and Water Conservancy	158.76	178.90	181.63	207.51	214.76
工 业	Industry	5234.04	5306.03	5113.74	4968.43	5143.80
建筑业	Construction	129.27	161.07	184.25	186.59	193.74
交通运输、仓储和邮政业	Transport,Storage and Post	694.54	739.98	785.03	849.84	907.64
批发、零售业和住宿、餐饮业	Wholesale and Retail Trades, Hotels and Catering Services	982.56	818.36	975.71	966.70	972.62
其 他	Others Sectors	933.31	1097.19	1164.23	1353.49	1320.33
生活消费	Household Consumption	1211.82	1303.63	1441.10	1503.35	1670.37
终端消费	End-use Consumption	8499.38	8831.27	9377.50	9656.73	10074.14
#工 业	Industry	4389.14	4532.14	4645.56	4589.22	4794.68
加工转换损失量	Losses During the Process of Energy Conversion	515.14	479.08	201.49	50.27	88.80
#炼 焦	Coking	79.31	72.85	54.16	49.28	30.47
损失量	Energy Losses	329.70	295.45	266.62	328.93	260.33
平衡差额	**Balance**	**320.86**	**332.02**	**9.72**	**84.85**	**-90.41**

7–3 煤炭平衡表
Coal Balance Sheet

单位：万吨 (10000 tons)

指 标	Item	2015	2016	2017	2018	2019
可供量	**Total Energy Available for Consumption**	**13419.75**	**14147.11**	**13647.56**	**12119.18**	**12086.03**
生产量	Output	17204.99	16850.64	16343.8	14335.01	13167.94
调出省外	Outflow from Guizhou Province	4414.08	4207.05	3327.41	2947.15	2346.51
年初年末库存差额	Stock Changes in the Year	307.61	1115.65	-131.6	-247.63	105.73
消费量	**Total Energy Consumption**	**12956.77**	**13642.75**	**13634.10**	**12008.03**	**12204.16**
农、林、牧、渔、水利业	Farming,Forestry,Animal Husbandry,Fishery and Water Conservancy	162.60	195.47	130.00	200.44	183.67
工 业	Industry	10517.58	10539.74	11189.66	9751.90	10168.08
建筑业	Construction	29.50	35.00	24.94	6.49	3.80
交通运输、仓储和邮政业	Transport,Storage and Post	9.19	8.00	1.00	1.28	1.50
批发、零售业和住宿、餐饮业	Wholesale and Retail Trades,Hotels and Catering Services	958.28	1189.98	966.31	850.01	788.34
其 他	Others Sectors	642.00	904.68	719.95	650.50	564.77
生活消费	Household Consumption	637.61	769.89	602.23	547.42	494.00
终端消费	End-use Consumption	4789.79	5690.38	4679.42	4470.84	4377.96
#工 业	Industry	2350.61	2587.36	2234.99	2214.71	2341.87
中间消费(用于加工转换)	Intermediate Consumption (Consumed in Conversion)	8166.98	7952.38	8954.68	7537.20	7826.21
#发 电	Power Generation	5521.89	6021.16	7246.78	6483.53	6839.91
炼 焦	Coking	1016.59	880.98	710.36	554.83	531.38
平衡差额	**Balance**	**462.98**	**504.36**	**13.46**	**111.14**	**-118.14**

7–4 电力平衡表

Electricity Balance Sheet

单位：亿千瓦小时 (100 million kwh)

指 标	Item	2015	2016	2017	2018	2019
可供量	**Total Energy Available for Consumption**	**1174.21**	**1241.77**	**1384.89**	**1482.12**	**1540.68**
生产量	Output	1930.62	1955.05	2012.23	2117.03	2256.61
水电、风电、太阳能发电等	Hydropower, wind power, solar power, etc.	859.47	789.80	802.52	854.31	867.00
火 电	Thermal Power	1071.15	1165.25	1209.70	1262.72	1389.61
调出省外	Outflow from Guizhou Province	756.41	713.29	627.34	634.99	717.75
消费量	**Total Energy Consumption**	**1174.21**	**1241.77**	**1384.90**	**1482.12**	**1540.68**
农、林、牧、渔、水利业	Farming, Forestry,Animal Husbandry,Fishery and Water Conservancy	5.24	7.07	7.69	7.11	10.90
工 业	Industry	851.16	874.76	935.21	983.61	982.07
建筑业	Construction	19.11	24.05	33.14	33.58	34.93
交通运输、仓储和邮政业	Transport,Storage and Post	23.86	25.99	31.97	35.39	36.78
批发、零售业和住宿、餐饮业	Wholesale and Retail Trades, Hotels and Catering Services	28.19	20.94	39.70	42.86	46.26
其 他	Others Sectors	49.11	71.07	75.49	95.09	90.35
生活消费	Household Consumption	197.54	217.91	261.71	284.48	339.40
终端消费	End-use Consumption	1067.65	1145.40	1297.65	1374.49	1455.32
#工 业	Industry	744.60	778.39	847.96	875.98	896.71
输配损失量	Losses in Transmission	106.56	96.37	87.24	107.63	85.35

7-5 分行业能源消费总量

Total Consumption of Energy by Sector

单位：万吨标准煤 (10000 tons of SCE)

行 业	Sector	2015	2016	2017	2018	2019
工业	**Industrial**	**5234.04**	**5306.03**	**5113.74**	**4968.43**	**5143.80**
采矿业	Mining and Quarrying	862.72	814.66	515.67	469.10	542.97
#煤炭开采和洗选业	Mining and Washing of Coal	768.64	778.51	479.77	347.54	426.88
黑色金属矿采选业	Mining and Processing of Ferrous Metal Ores	6.77	8.97	10.69	15.84	19.05
有色金属矿采选业	Mining and Processing of Non-Ferrous Metal Ores	12.52	2.37	1.65	16.30	17.46
非金属矿采选业	Mining and Processing of Nonmetal Ores	40.84	24.81	21.38	39.56	35.60
制造业	Manufacturing	3838.03	3518.33	3463.63	3841.21	3929.16
#农副食品加工业	Processing of Food from Agricultural Products	30.20	16.36	18.41	36.58	36.62
食品制造业	Manufacture of Foods	53.25	11.13	10.90	12.90	15.43
酒、饮料和精制茶制造业	Manufacture of Liquor, Beverages and Refined Tea	44.68	43.69	45.45	32.36	32.82
烟草制品业	Manufacture of Tobacco	7.91	5.85	5.68	9.00	10.30
纺织业	Manufacture of Textile	4.62	3.30	2.29	5.49	5.39
纺织服装、服饰业	Manufacture of Textile Wearing Apparel and Accessories	2.84	1.89	1.91	2.47	2.10
皮革、毛皮、羽毛及其制品和制鞋业	Manufacture of Leather,Furs,Feather and Related Products and Footwear	1.10	2.40	2.97	2.12	2.04
木材加工和木、竹、藤、棕、草制品业	Processing of Timber,Manufacture of Wood, Bamboo, Rattan,Palm and Straw Products	14.87	8.14	7.03	13.01	14.19
家具制造业	Manufacture of Furniture	5.90	1.44	1.43	6.91	5.89
造纸和纸制品业	Manufacture of Paper and Paper Products	15.34	16.30	17.59	16.31	15.93
印刷业和记录媒介复制业	Printing and Reproduction of Recording Media	5.85	1.61	2.13	3.11	3.17
文教、工美、体育和娱乐用品制造业	Manufacture of Articles for Culture, Education,Arts and Crafts,Sports and Entertainment Activities	0.81	2.08	1.77	2.56	2.78

7-5 续表 continued

单位：万吨标准煤 (10000 tons of SCE)

行 业	Sector	2015	2016	2017	2018	2019
石油加工、炼焦和核燃料加工业	Processing of Petroleum,Coking and Processing of Nuclear Fuel	201.75	128.14	117.77	66.47	43.50
化学原料和化学制品制造业	Manufacture of Raw Chemical Materials and Chemical Products	922.40	810.19	696.05	708.04	708.70
医药制造业	Manufacture of Medicines	20.51	14.91	15.26	17.81	18.00
化学纤维制造业	Manufacture of Chemical Fiber	15.03	0.43	0.82	1.90	1.46
橡胶和塑料制品业	Manufacture of Rubber and Plastics Products	32.07	33.03	34.75	37.59	36.68
非金属矿物制品业	Manufacture of Non-metallic Mineral Products	823.43	1049.37	1195.98	1181.76	1238.19
黑色金属冶炼和压延加工业	Smelting and Pressing of Ferrous Metals	825.40	725.38	559.05	532.41	467.74
有色金属冶炼和压延加工业	Smelting and Pressing of Non-ferrous Metals	569.77	560.11	642.04	951.92	1050.44
金属制品业	Manufacture of Metal Products	102.74	16.72	19.44	78.27	96.72
通用设备制造业	Manufacture of General Purpose Machinery	26.45	4.33	6.11	26.20	21.34
专用设备制造业	Manufacture of Special Purpose Machinery	3.83	7.14	4.48	7.45	8.27
汽车制造业	Manufacture of Automobiles	19.02	15.42	11.02	6.46	6.06
铁路、船舶、航空航天和其他运输设备制造业	Manufacture of Railway, Ship, Aerospace and Other Transportation Equipments	3.70	9.91	9.00	10.34	10.80
电气机械和器材制造业	Manufacture of Electrical Machinery and Apparatus	15.74	10.27	16.34	13.65	16.44
计算机、通信和其他电子设备制造业	Manufacture of Computers,Communication and Other Electronic Equipment	8.95	4.87	6.67	8.13	7.40
仪器仪表制造业	Manufacture of Measuring Instruments and Machinery	1.16	0.43	0.55	3.59	2.04
其他制造业	Others Manufacture	47.60	6.88	6.36	25.17	28.35
废弃资源综合利用业	Utilization of Waste Resources	11.11	4.41	4.01	11.38	11.68
金属制品、机械和设备修理业	Repair Service of Metal products, Machinery and Equipment	0.01	2.19	0.37	9.84	8.67
电力、热力、燃气及水生产和供应业	Electric Power, Heat, Gas and Water Production and Supply	533.29	973.03	1134.44	658.12	671.67
电力、热力生产和供应业	Production and Supply of Electric Power and Heat Power	503.56	945.72	1117.27	625.57	633.45
燃气生产和供应业	Production and Supply of Gas	9.58	14.30	1.38	3.80	2.95
水的生产和供应业	Production and Supply of Water	20.15	13.02	15.78	28.74	35.26
建筑业	**Construction**	**129.26**	**161.07**	**184.27**	**186.60**	**193.74**
交通运输、仓储及邮政	**Transport,Storage and Post**	**694.54**	**739.98**	**785.03**	**849.84**	**907.64**
批发、零售业和住宿、餐饮业	**Wholesale,Retail Trade and Hotel, Restaurants**	**982.56**	**818.36**	**975.71**	**966.70**	**972.62**
其他行业	**Others**	**933.31**	**1097.19**	**1164.23**	**1353.49**	**1320.33**
生活消费	**Residential Consumption**	**1211.82**	**1303.63**	**1441.10**	**1503.35**	**1670.37**

7-6 能源生产消费弹性系数

Elasticity Ratio of Energy Production and Consumption

指 标	Item	2015	2016	2017	2018	2019
地区生产总值比上年增长(%)	Growth Rate of Gross Domestic Product(GDP) over Preceding Year	10.7	10.5	10.2	9.1	8.3
能源生产比上年增长(%)	Growth Rate of Energy Production over Preceding Year	-2.3	-3.7	-6.6	-5.5	-4.6
能源消费总量比上年增长(%)	Growth Rate of Energy Consumption over Preceding Year	2.5	2.8	2.5	1.9	3.9
电力生产比上年增长(%)	Growth Rate of Electricity Production over Preceding Year	10.5	1.3	2.9	5.2	6.3
电力消费比上年增长(%)	Growth Rate of Electricity Consumption over Preceding Year	0.0	5.8	11.5	7.0	4.0
能源生产弹性系数	Elasticity Ratio of Energy Production	…	…	…	…	…
能源消费弹性系数	Elasticity Ratio of Energy Consumption	0.23	0.27	0.25	0.21	0.47
电力生产弹性系数	Elasticity Ratio of Electricity Production	0.98	0.12	0.28	0.57	0.76
电力消费弹性系数	Elasticity Ratio of Electricity Consumption	…	0.55	1.13	0.77	0.48

注：地区生产总值增长速度按可比价格计算。

Note: The growth rates of GDP are calculated at comparable prices.

7-7 生活能源消费量

Energy Consumption for Households

能源品种	Item	2015	2016	2017	2018	2019
生活能源消费量（万吨标准煤）	**Energy Consumption for Households (10000 tons of SCE)**	**1211.82**	**1303.63**	**1441.10**	**1503.35**	**1670.37**
煤炭(万吨)	Coal (10000 tons)	637.61	651.39	602.23	547.42	494.00
煤油(万吨)	Kerosene (10000 tons)	…	…	…	…	…
液化石油气(万吨)	Liquefied Petroleum Gas (10000 tons)	11.00	13.06	15.09	15.20	16.94
天然气(亿立方米)	Natural Gas(100 million cu.m)	3.70	4.89	6.83	8.95	9.78
煤气(亿立方米)	Coal Gas (100 million cu.m)	2.94	4.76	2.75	…	…
电力(亿千瓦小时)	Electricity (100 million kwh)	197.54	217.91	261.71	284.48	339.40

7-8 人均生活能源消费量
Annual Average per Capita Energy Consumption of Households

指 标	Item	2015	2016	2017	2018	2019
平均每人生活消费能源（千克标准煤/人）	**Average per Capita Energy Consumption of Households (kg of SCE/person)**	**343.34**	**366.70**	**402.54**	**417.60**	**461.05**
煤炭(千克)	Coal(kg)	180.65	183.23	168.22	152.06	136.35
电力(千瓦小时)	Electricity(kwh)	559.68	612.97	731.03	790.22	936.81
液化石油气(千克)	Liquefied Petroleum Gas(kg)	3.12	3.67	4.22	4.22	4.67
煤气(立方米)	Coal Gas(cu.m)	8.33	13.39	7.68	…	…

7-9 能源利用效率
Using Efficiency of Energy

指 标	Item	2015	2016	2017	2018	2019
每万元地区生产总值能源消费量（吨标准煤/万元）(可比价)	**Energy Consumption Per Unit of GDP (ton of SCE/10000 yuan) (at comparable prices)**	**0.887**	**0.825**	**0.767**	**0.717**	**0.688**
每万元地区生产总值能耗上升或下降(%)	**Energy Consumption Rise or Fall Per Unit of GDP(%)**	**-7.46**	**-6.98**	**-6.95**	**-6.55**	**-4.06**
每万元地区生产总值电力消费量（千瓦小时/万元）	**Electricity Consumption Per Unit of GDP(kwh/10000 yuan)**	**1416**	**1070**	**1079**	**1058**	**1017**
每万元地区生产总值煤炭消费量（吨/万元）	**Coal Consumption Per Unit of GDP (ton/10000 yuan)**	**1.23**	**1.16**	**1.01**	**0.82**	**0.73**
能源消费总量(万吨标准煤)	Total Energy Consumption (10000 tons of SCE)	9344.21	9605.80	9845.60	10035.92	10423.27
每吨能源生产的地区生产总值(万元/吨标准煤)	GDP Produced by Per Unit of Energy (10000 yuan/ton of SCE)	1.13	1.21	1.30	1.40	1.45
规模以上工业能源消费量(万吨标准煤)	Energy Consumption of Industry above Designated Size (10000 tons of SCE)	5336.37	5536.65	5453.39	5520.64	5812.18
规模以上工业万元增加值能耗上升或下降(%)	Million yuan added value Energy Consumption Rise or Fall of Industry above Designated Size (%)	-10.84	-6.1	-8.53	-5.87	-3.4

注：地区生产总值按2015年可比价格计算。

Note: GDP is calculated at comparable prices of 2015.

7-10 平均每天能源消费量

Average Daily Energy Consumption by Type of Energy

能源品种	Item	2015	2016	2017	2018	2019
合计（万吨标准煤）	Total (10000 tons of SCE)	25.601	26.317	26.974	27.496	28.557
煤炭（万吨）	Coal (10000 tons)	35.498	37.377	37.354	32.899	33.436
焦炭（万吨）	Coke (10000 tons)	0.850	0.694	0.589	0.574	0.613
燃料油（万吨）	Fuel Oil (10000 tons)	0.001	0.001	0.001	0.001	0.000
汽油（万吨）	Gasoline (10000 tons)	0.805	0.942	1.042	1.200	1.276
煤油（万吨）	Kerosene (10000 tons)	0.086	0.106	0.133	0.155	0.162
柴油（万吨）	Diesel Oil (10000 tons)	1.244	1.345	1.318	1.565	1.598
天然气（亿立方米）	Natural Gas(100million cu.m)	0.036	0.047	0.049	0.082	0.098
电力（亿千瓦小时）	Electricity (100million kwh)	3.217	3.402	3.794	4.061	4.221

7-11 规模以上工业企业水消费

Water Consumption of Scale Industry

单位：万立方米 (10000 cu.m)

行　业	Sector	2015	2016	2017	2018	2019
取水总量	**the Total Amount of Water**	**111203.21**	**121707.62**	**136952.80**	**156977.83**	**174785.49**
#地表水	Suface Water	91924.22	100903.64	113705.10	131238.37	150005.95
地下水	Groundwater	5704.54	5343.22	6568.10	8354.49	6733.58
自来水	Tap Water	10427.12	12080.22	12736.20	13701.97	13942.95
中水	Reclaimed Water	574.95	413.76	446.80	429.24	421.56
其他水	Other Water	575.37	742.84	1384.80	652.99	636.45
重复用水	Repeated Water	878885.84	845310.87	889801.10	992742.45	1009750.53
工业企业污水排放量	Discharge of Industrial Sewage	42528.14	48312.50	55069.70	66651.65	77587.82

7-12 发电装机容量

Installed Capacity of Power Generation

单位：万千瓦 (kilowatts)

能源品种	Item	2015	2016	2017	2018	2019
发电装机容量	Installed Capacity of Power Generation	4837	5272	5565	5754	6599
火电	Thermal Power	2684	3014	3160	3263	3410
水电	Hydropower	1828	1850	1880	1927	2223
风电	Wind Power	323	362	369	386	457
太阳能发电	Solar Power	3	46	155	178	510

注：本表统计口径为6000千瓦及以上电厂期末设备容量。

Note: The statistical calibre of this table is the terminal equipment capacity of power plants of 6000 kw and above.

主要统计指标解释

能源生产总量 指一定时期内全省一次能源生产量的总和。一次能源生产量包括原煤、原油、天然气、水电、核能及其他动力能(如风能、地热能等)发电量，不包括低热值燃料生产量、生物质能、太阳能等的利用和由一次能源加工转换而成的二次能源产量。

能源消费总量 指一定时期内全省各行业和居民生活消费的各种能源的消费总量指标。能源消费总量分为终端能源消费量、能源加工转换损失量和损失量三部分。

终端能源消费量：指一定时期内全省各行业和居民生活消费的各种能源在扣除了用于加工转换二次能源消费量和损失量以后的数量。

能源加工转换损失量：指一定时期内全省投入加工转换的各种能源数量之和与产出各种能源产品之和的差额，是观察能源在加工转换过程中损失量变化的指标。

能源损失量：指一定时期内能源在输送、分配、储存过程中发生的损失和由客观原因造成的各种损失量，不包括各种气体能源放空、放散量。

能源生产弹性系数 是能源生产量的增长与国民经济增长速度之间的比值。计算公式为：

能源生产弹性系数=能源生产总量年平均增长速度/地区生产总值年平均增长速度

电力生产弹性系数 是电力生产量的增长与国民经济增长速度之间的比值。计算公式为：

电力生产弹性系数=电力生产量年平均增长速度/地区生产总值年平均增长速度

能源消费弹性系数 是能源消费增长速度与国民经济增长速度之间的比值。计算公式为：

能源消费弹性系数=能源消费量年平均增长速度/地区生产总值年平均增长速度

电力消费弹性系数 是电力消费增长速度与国民经济增长速度之间的比值。计算公式为：

电力消费弹性系数=电力消费量年平均增长速度/地区生产总值年平均增长速度

单位地区生产总值能源消耗量 指一定时期内，每生产一个计量单位的地区生产总值所消耗的能源。计算公式为：

每万元地区生产总值能源消耗量=能源消费总量/地区生产总值

单位地区生产总值电力消耗量 指一定时期内，每生产一个计量单位的地区生产总值所消耗的电力。计算公式为：

每万元地区生产总值电力消耗量=全社会用电量/地区生产总值

Explanatory Notes on Main Statistical Indicators

Total Energy Production refers to the total production of primary energy by all energy producing enterprises in the country in a given period of time. The production of primary energy includes that of coal, crude oil, natural gas, hydro-power and electricity generated by nuclear energy and other means such as wind power and geothermal power. However, it excludes the production of fuels of low calorific value, bio-energy, solar energy and the secondary energy converted from the primary energy.

Total Energy Consumption refers to the total energy consumption indexes of various industries and residents in our province in a given period of time. Total energy consumption can be divided into three parts: end-use energy consumption; loss during the process of energy conversion; and energy loss.

End-use Energy Consumption refers to the total energy consumption by material production sectors, non material production sectors and households in the country(region) in a given period of time, but excludes the consumption during the conversion of primary energy into the secondary energy and the loss in the process of energy conversion.

Loss During the Process of Energy Conversion refers to the total input of various kinds of energy for conversion, minus the total output of various kinds of energy in the country in a given period of time. It is an indicator to show the loss that occurs during the process of energy conversion.

Energy Loss refers to the total of the loss of energy during the course of energy transport, distribution and storage and the loss caused by any objective reason in a given period of time. The loss of various kinds of gas due to gas discharges and stocktaking is excluded.

Elasticity Ratio of Energy Production is an indicator to show the relationship between the growth rate of energy production and the growth rate of the national economy. The formula is:

$$\text{Elasticity Ratio of Energy Production} = \frac{\text{Average Annual Growth Rate of Energy Production}}{\text{Average Annual Growth Rate of National Economy}}$$

Elasticity Ratio of Electricity Production is an indicator to show the relationship between the growth rate of electricity production and the growth rate of the national economy. Its formula is:

$$\text{Elasticity Ratio of Electricity Production} = \frac{\text{Average Annual Growth Rate of Electricity Production}}{\text{Average Annual Growth Rate of National Economy}}$$

Elasticity Ratio of Energy Consumption is an indicator to show the relationship between the growth rate of energy consumption and the growth rate of the national economy. The formula is:

$$\text{Elasticity Ratio of Energy Consumption} = \frac{\text{Average Annual Growth Rate of Energy Consumption}}{\text{Average Annual Growth Rate of National Economy}}$$

Elasticity Ratio of Electricity Consumption is an indicator to show the relationship between the growth rate of electricity consumption and the growth rate of the national economy. The formula is:

$$\text{Elasticity Ratio of Electricity Consumption} = \frac{\text{Average Annual Growth Rate of Electricity Consumption}}{\text{Average Annual Growth Rate of National Economy}}$$

Energy Consumption per Unit of GDP (ton of SCE/10000 yuan) refers to the energy consumption per unit of Gross Domestic Product in a country or the Gross Regional Product in a region in the same reference period. The formula is:

$$\text{Energy Consumption per Unit of GDP} = \frac{\text{Total Energy Consumption}}{\text{Gross Domestic Product}}$$

Electricity Consumption per Unit of GDP (KWh/10000 yuan) refers to the electricity consumption per unit of Gross Domestic Product in a country or the Gross Regional Product in a region in the same reference period. The formula is:

$$\text{Electricity Consumption per Unit of GDP} = \frac{\text{Total Electricity Consumption}}{\text{Gross Domestic Product}}$$

财政税收

8 Government Finance and Taxation

简要说明

一、主要内容

本篇反映全省财政收支状况、税收情况。

一般公共预算收支是指政府凭借国家政治权力，以社会管理者身份筹集以税收为主体的财政收入，用于保障和改善民生、维持国家机构正常运转、保障国家安全等方面的各项收支。

二、统计口径

2007 年起财政收支科目实施了较大改革，特别是财政支出项目口径变化很大，与以前年度数据不可比。从 2011 年开始，预算外资金全部纳入预算内管理。

三、资料来源

财政资料来源于省财政厅，税收资料来源于国家税务总局贵州省税务局。

Brief Introduction

I. Main Contents

Data in this chapter shows the government revenue and expenditure situation, as well as the tax collection.

The General Public Budget Revenue and Expenditure refers to the revenues and expenditures mainly in a form of taxes collected by the government as the administration of the society using its state political power for the purposes of assuring and improving the people’s life, maintaining the regular operation of the government, and defending the national security.

II. Scope of Data

Compared with the previous years, the classifications of revenue and expenditure accounts have been adjusted largely in 2007. Therefore, the data on the state revenue and expenditure and the data on general public budget revenue and expenditure after 2007 are not comparable with the data of earlier years. Starting from 2011, the extra-budgetary funds is included in the budgetary management.

Ⅲ. Sources of Data

Data on finance are from Provincial Finance of Bureau.

Data on tax are from Guizhou Provincial Tax Service, State Taxation Administration.

8-1 财政收入
Financial Revenue

单位：亿元 (100 million yuan)

指 标	Item	2015	2016	2017	2018	2019	2019年比2018年增长(%) Increase Rate in 2019 over 2018(%)
财政总收入	**Total Government Revenue**	**2291.82**	**2409.35**	**2648.31**	**2973.36**	**3051.52**	**2.6**
#一般公共预算收入	General Public Budget Revenue	1503.38	1561.34	1613.84	1726.85	1767.47	2.4
#增值税(含改征增值税)	Value Added Tax	120.47	256.28	417.73	486.39	474.21	-2.5
营业税	Business Tax	353.08	179.92				
企业所得税	Corporate Income Tax	127.35	127.12	146.67	184.46	215.41	16.8
个人所得税	Individual Income Tax	33.27	35.08	48.55	69.31	40.32	-41.8
资源税	Resource Tax	24.67	23.15	30.77	32.60	34.00	4.3
城市维护建设税	City Maintenance and Construction Tax	59.80	61.92	67.26	85.53	82.79	-3.2
房产税	House Property Tax	29.48	30.51	38.61	35.36	36.88	4.3
契 税	Deed Tax	73.40	91.92	89.29	96.11	103.66	7.9
土地增值税	Land Appreciation Tax	86.57	95.01	108.66	98.34	89.23	-9.3
国有资本经营收入	Operation Income from Government Capital	15.80	43.12	25.32	18.28	85.75	369.1
罚没收入	Penalty Receipts	32.60	38.85	50.00	48.32	66.32	37.3
行政事业性收费	Charge of Administrative and Institutional Units	75.72	72.48	73.81	73.12	80.95	10.7
专项收入	Special Program Receipts	96.34	88.45	91.25	125.22	123.87	-1.1

注：1.资料来源于省财政厅(以下相关表同)。2.2017年财务制度改革，增值税和营业税合并统计。

Note: 1.Data in the table are provided by the Provincial Finance Bureau(the relative tables in this chapter are the same). 2.According to new financial system in 2017, the value-added tax and business tax are combined to count.

8-2 财政支出
Financial Expenditure

单位：亿元 (100 million yuan)

指 标	Item	2015	2016	2017	2018	2019	2019年比2018年增长(%) Increase Rate in 2019 over 2018(%)
一般公共预算支出	**General Public Budget Expenditure**	**3939.50**	**4262.36**	**4612.52**	**5029.68**	**5948.74**	**18.3**
#一般公共服务	General Public Services	428.61	446.11	464.83	496.47	573.06	15.4
国 防	National Defense	5.09	4.55	4.40	4.12	3.25	-21.2
公共安全	Public Security	215.95	249.96	268.09	282.70	280.06	-0.9
教 育	Education	772.91	843.54	901.96	985.95	1067.62	8.3
科学技术	Science and Technology	58.68	69.30	87.72	102.88	114.13	10.9
文化体育与传媒	Culture, Sport and Media	61.20	67.34	64.73	60.80	68.76	13.1
社会保障和就业	Social Safety Net and Employment Effort	340.33	367.23	498.74	537.71	589.03	9.5
医疗卫生与计划生育	Medical and Health Care,and Family Planning	360.80	392.51	436.21	481.80	534.78	11.0
节能环保	Energy Saving and Environment Protection	96.49	127.09	125.39	134.38	188.53	40.3
城乡社区	Urban and Rural Community Affairs	127.71	131.91	198.82	246.21	439.93	78.7
农林水	Farming, Forestry and Water Conservancy	534.26	629.38	612.05	664.84	998.90	50.2
交通运输	Transportation	392.25	289.97	336.91	381.49	347.79	-8.8

8-3 分级一般公共预算收入(2019)

General Public Budget Revenue by Level

单位：亿元 (100 million yuan)

指 标	Item	总 计 Total	省 级 Province	地 级 Prefecture	县 级 County	乡镇级 Villages and Towns
一般公共预算收入	**General Public Budget Revenue**	**1767.47**	**449.39**	**361.58**	**838.67**	**117.83**
税收收入	**Tax Revenue**					
#增值税	Value Added Tax	474.21	109.04	113.70	209.61	41.87
企业所得税	Corporate Income Tax	215.41	111.01	33.49	62.49	8.41
个人所得税	Individual Income Tax	40.32	8.07	9.54	19.33	3.39
资源税	Resource Tax	34.00	11.35	4.82	10.67	7.16
城市维护建设税	City Maintenance and Construction Tax	82.79	0.02	29.25	47.77	5.75
房产税	House Property Tax	36.88		0.29	32.74	3.85
契 税	Deed Tax	103.66		24.82	69.08	9.76
土地增值税	Land Appreciation Tax	89.23		5.88	76.20	7.15
非税收入	**Non-tax Revenue**					
#专项收入	Special Program Receipts	123.87	37.17	39.34	44.92	2.44
行政事业性收费	Charge of Administrative and Institutional Units	80.95	18.47	21.13	39.28	2.07
罚没收入	Penalty Receipts	66.32	9.42	23.76	32.26	0.88
国有资本经营收入	Operation Income of State-owned Assets	85.75	66.76	0.39	17.84	0.75

8-4 分级一般公共预算支出(2019)

General Public Budget Expenditure by Level

单位：亿元 (100 million yuan)

指 标	Item	总 计 Total	省 级 Province	地 级 Prefecture	县 级 County	乡镇级 Villages and Towns
一般公共预算支出	**General Public Budget Expenditure**	**5948.74**	**1423.58**	**813.65**	**3347.25**	**364.26**
#一般公共服务	General Public Services	573.06	50.61	78.99	329.71	113.74
国 防	National Defense	3.25	0.71	1.42	1.09	0.02
公共安全	Public Security	280.06	56.50	85.12	136.12	2.32
教 育	Education	1067.62	128.44	100.71	815.69	22.78
科学技术	Science and Technology	114.13	17.84	9.33	82.79	4.17
文化体育与传媒	Culture, Sport and Media	68.76	19.38	16.41	28.68	4.29
社会保障和就业	Social Safety Net and Employment Effort	589.03	136.23	101.54	330.56	20.71
医疗卫生与计划生育	Health Care and Family Plaming	534.78	35.61	215.16	267.92	16.10
节能环保	Energy Saving ang Environment Protection	188.53	16.39	28.81	133.59	9.74
城乡社区事务	Urban and Rural Community Affairs	439.93	3.43	40.53	371.44	24.53
农林水事务	Farming, Forestry and Water Conservancy	998.90	474.15	36.17	363.37	125.21
交通运输	Transportation	347.79	253.92	13.85	77.69	2.33

8-5 历年财政收支
Financial Revenue and Expenditure Over the Years

单位：亿元 (100 million yuan)

年份 Year	财政总收入 Total Financial Revenue		一般公共预算收入 General Public Badget Revenue		一般公共预算支出 General Public Badget Expenditure	
	绝对数 Absolute Numbers	比上年增长(%) Growth Rates(%)	绝对数 Absolute Numbers	比上年增长(%) Growth Rates(%)	绝对数 Absolute Numbers	比上年增长(%) Growth Rates(%)
1978	14.20	48.2	6.26	157.6	12.30	39.9
1979	14.26	0.4	6.54	4.5	13.30	8.1
1980	13.23	-7.2	6.69	2.3	12.66	-4.8
1981	13.74	3.9	6.32	-5.5	13.28	4.9
1982	16.00	16.4	7.70	21.8	15.11	13.8
1983	18.26	14.1	9.56	24.2	16.38	8.4
1984	21.81	19.4	11.81	23.5	22.28	36.0
1985	26.71	22.5	15.17	28.5	24.55	10.2
1986	31.38	17.5	17.01	12.1	30.43	24.0
1987	36.80	17.3	21.37	25.6	31.43	3.3
1988	39.55	7.5	25.96	21.5	36.14	15.0
1989	45.37	14.7	32.14	23.8	45.89	27.0
1990	49.36	8.8	35.37	10.0	47.87	4.3
1991	55.71	12.9	42.80	21.0	53.42	11.6
1992	60.98	9.5	47.28	10.5	60.63	13.5
1993	68.43	12.2	56.50	19.5	67.39	11.1
1994	77.30	13.0	31.24	-44.7	74.23	10.1
1995	87.40	13.1	38.80	24.2	85.33	15.0
1996	103.92	18.9	49.46	27.5	99.58	16.7
1997	116.19	11.8	57.90	17.1	113.79	14.3
1998	136.31	17.3	65.34	12.8	133.09	17.0
1999	133.75	-1.9	74.26	13.7	170.72	28.3
2000	153.04	14.4	85.23	14.8	201.57	18.1
2001	177.04	15.7	99.75	17.0	275.20	36.5
2002	203.03	14.7	108.28	8.6	316.67	15.1
2003	236.64	16.6	124.56	15.0	332.35	5.0
2004	296.48	25.3	149.29	19.9	418.42	25.9
2005	366.16	23.5	182.50	22.2	520.73	24.5
2006	448.88	22.6	226.82	24.3	610.64	17.3
2007	556.98	24.1	285.14	25.7	795.40	30.3
2008	674.58	21.1	349.55	22.6	1055.39	32.7
2009	779.59	15.6	416.48	19.1	1372.27	30.0
2010	969.57	24.4	533.73	28.2	1631.48	18.9
2011	1329.99	37.2	773.08	44.8	2249.40	37.9
2012	1644.48	23.6	1014.05	31.2	2755.68	22.5
2013	1918.23	16.7	1206.41	19.0	3082.66	11.9
2014	2130.90	11.1	1366.67	13.3	3542.80	14.9
2015	2291.82	7.6	1503.38	10.0	3939.50	11.2
2016	2409.35	5.1	1561.34	8.1	4262.36	7.9
2017	2648.31	9.9	1613.84	7.2	4612.52	8.2
2018	2973.36	12.3	1726.85	7.0	5029.68	9.0
2019	3051.52	2.6	1767.47	2.4	5948.74	18.3

8-6 税收收入(按税种分)

Tax Revenue (by Tax Category)

单位：亿元 (100 million yuan)

指　标	Item	2018	2019
总　计	**Total**	**2510.20**	**2484.42**
国内增值税	Domestic Value-added Tax	971.58	949.45
国内消费税	Domestic Consumption Tax	302.80	355.77
车辆购置税	Vehicle Purchasing Tax	83.32	76.75
企业所得税	Corporate Income Tax	451.23	527.91
个人所得税	Individual Income Tax	173.27	100.80
土地增值税	Land Appreciation Tax	98.34	89.23
城镇土地使用税	Urban Land Use Tax	36.49	31.75
城市维护建设税	Maintenance and Construction Tax	85.47	82.78
印花税	Stamp Tax	18.10	17.24
房产税	House Property Tax	35.36	36.88
契税	Deed Tax	96.11	103.66
资源税	Resource Tax	32.60	34.00
车船税	Vehicle and Vessel Tax	13.71	15.07
环境保护税	Environmental Protection Tax	4.57	6.35
烟叶税	Tobacco Tax	11.90	12.73
耕地占用税	Cultivated Land Use Tax	93.14	44.71
其他税收	Other Tax	2.22	-0.65

注：2018年国地税合并，统计方法制度随之改革，本表按现行统计方法制度表设制（以下表同）。

Note: In 2018, the national Taxation Bureau and local taxation bureau were merged, and the statistical method system was reformed accordingly. This table is based on the current statistical method (the same as the following table).

8-7 税收收入(按企业类型分)

Taxation Revenue (by Business Entities)

单位：亿元 (100 million yuan)

指　标	Item	2018	2019
总　计	**Total**	**2510.20**	**2484.42**
内资企业	Domestic Enterprises	2270.04	2259.97
国有企业	State-owned Enterprises	239.05	181.81
集体企业	Collective-owned Enterprises	14.77	15.62
股份合作企业	Cooperative Enterprises	15.77	20.27
联营企业	Joint Ownership Enterprises	0.62	0.37
股份公司	Joint-stock Company	1761.73	1834.57
私营企业	Private Enterprises	162.74	163.31
其它企业	Other Enterprises	75.36	44.03
港澳台投资企业	Enterprises Invested from Hong Kong, Macao and Taiwan	27.44	22.05
外商投资企业	Foreign-invested Enterprises	34.93	37.99
个体经营	Self-employed Individuals	177.79	164.41

8-8 税收收入(按产业分)

Tax Revenue (by Industry)

单位：亿元 (100 million yuan)

指 标	Item	2018	2019
税收收入合计	**Total Tax Revenue**	**2510.20**	**2484.42**
第一产业	Primary Industry	5.61	2.67
第二产业	Secondary Industry	1074.06	1051.94
采矿业	Mining	123.51	115.35
制造业	Manufacturing	588.76	616.90
电力、燃气及水的生产和供应业	Production and supply of Electricity, Gas and Water	75.00	72.46
建筑业	Construction	286.79	247.23
第三产业	Tertiary Industry	1430.53	1429.81
批发和零售业	Wholesale and Retail Trades	431.76	507.88
交通运输、仓储及邮政业	Transport, Storage and Post	31.88	30.93
住宿和餐饮业	Hotel and Catering Services	9.20	8.23
信息传输、计算机服务和软件业	Information Transmission, Computer Services and Software	19.70	24.09
金融业	Finance	193.91	238.07
房地产业	Real Estate	284.78	353.23
租赁和商务服务业	Leasing and Business Services	191.54	95.46
科学研究和技术服务业	Scientific Research and Technical Services	22.43	22.23
水利、环境和公共设施管理业	Water Conservancy, Environment and Public Utilities Management	12.95	7.99
居民服务、修理和其他服务业	Services to Households and Other Services	38.91	25.39
教 育	Education	7.75	5.41
卫生和社会工作	Health and Social Works	9.35	5.99
文化、体育和娱乐业	Culture, Sports and Entertainment	7.14	5.92
公共管理和社会组织	Public Management and Social Organization	95.03	30.98
其他行业	Others	74.20	68.01

主要统计指标解释

一般公共预算收入 指政府为履行职能,按国家法律法规规定收取的纳入预算内管理的各项税收及非税收入总和。1994年我国实行分税制改革后,一般公共预算收入划分为中央固定收入、地方固定收入、中央与地方共享收入三部分。其中,地方一般公共预算收入(习惯上称地方财政收入)由地方固定收入和中央与地方共享收入地方分成部分组成,具体又可分为税收收入和非税收入两类。

一般公共预算支出 指地方政府为履行职能需要,通过预算内资金安排的用于维持政权运转及支持各项社会事业发展等方面的支出。主要包括:

(1)一般公共服务:指政府提供基本公共管理与服务的支出,包括人大事务、政协事务、政府办公厅(室)及相关机构事务、发展与改革事务、统计信息事务、财政事务、税收事务、审计事务、海关事务、人力资源事务、纪检监察事务、人口与计划生育事务、商贸事务、知识产权事务、工商行政管理事务、国土资源事务、海洋管理事务、测绘事务、地震事务、气象事务、民族事务、宗教事务、港澳台侨事务、档案事务、共产党事务、民主党派事务及工商联事务、群众团体事务、彩票事务等。

(2)国防:指政府用于国防方面的支出,包括用于现役部队、预备役部队、民兵、国防科研事业、专项工程、国防动员等方面的支出。

(3)公共安全:指政府维护社会公共安全方面的支出,包括武装警察、公安、国家安全、检察、法院、司法行政、监狱、劳教、国家保密、缉私警察等。

(4)教育:指政府教育事务支出,包括教育行政管理、学前教育、小学教育、初中教育、普通高中教育、普通高等教育、初等职业教育、中专教育、技校教育、职业高中教育、高等职业教育、广播电视教育、留学生教育、特殊教育、干部继续教育、教育机关服务等。

(5)科学技术:指用于科学技术方面的支出,包括科学技术管理事务、基础研究、应用研究、技术研究与开发、科技条件与服务、社会科学、科学技术普及、科技交流与合作等。

(6)文化教育与传媒:指政府在文化、文物、体育、广播影视、新闻出版等方面的支出。

(7)社会保障和就业:指政府在社会保障与就业方面的支出,包括社会保障和就业管理事务、民政管理事务、财政对社会保险基金的补助、补充全国社会保障基金、行政事业单位离退休、企业改革补助、就业补助、抚恤、退役安置、社会福利、残疾人事业、城市居民最低生活保障、其他城镇社会救济、农村社会救济、自然灾害生活救助、红十字事务等。

(8)医疗卫生:指政府医疗卫生方面的支出,包括医疗卫生管理事务支出、医疗服务支出、医疗保障支出、疾病预防控制支出、卫生监督支出、妇幼保健支出、农村卫生支出等。

(9)城乡社区事务:指政府城乡社区事务支出,包括城乡社区管理事务支出、城乡社区规划与管理支出、城乡社区公共设施支出、城乡社区住宅支出、城乡社区环境卫生支出、建设市场管理与监督支出等。

(10)农林水事务:指政府农林水事务支出,包括农业支出、林业支出、水利支出、扶贫支出、农业综合开发支出等。

(11)交通运输:指政府交通运输和邮政业方面的支出,包括公路运输支出、水路运输支出、铁路运输支出、民用航空运输支出、邮政业支出等。

Explanatory Notes on Main Statistical Indicators

General Public Finance Budget Revenue refer to the sum of various tax and non-tax revenue which is charged into the budget management according to the national laws and regulations for the government to fulfill its functions. After the implementation of the tax reform in our country in 1994, General public revenue divided into the central fixed income, local fixed-income, central and local revenue sharing three parts. Among them, the local General public revenue (customarily known as local revenues) consists of Local fixed income and revenue sharing between central and local areas into parts, Specifically, it can be divided into tax revenues and non-tax revenue categories.

General Public Finance Budget Expenditure refers to local governments in order to fulfill functional needs, through budgetary funding arrangements for the operation and maintenance of the regime to support the development of social undertakings and other spending. It includes the following main items:

(1) Expenditure for general public services: It refers to the spending on the basic public management and services which provided by governments, including the expense on affairs of People's Congress, affairs of People's Political Consultative Conference, affairs of government general office and relative institutions, affairs of development and reform, affairs of statistics, affairs of finance, affairs of taxation, affairs of audit, affairs of customs, affairs of human resources and social security, affairs of discipline inspection and supervision, affairs of population and family planning, affairs of commerce and trade, affairs of intellectual property, affairs of administration for industry and commerce, affairs of land and resources, affairs of oceanic administration, affairs of surveying and mapping, affairs of earthquake, ethnic affairs, religious affairs, affairs of Hong Kong, Macao, Taiwan, and Overseas Chinese, affairs of archives administration, affairs of Chinese Communist Party, affairs of democratic parties and federation of industry and commerce, affairs of mass organization, and affairs of lottery, etc.

(2) Expenditure for national defence: It refers to the spending of government on national defence, including the expense on active force, reserve force, militia, scientific research on national defence, special projects, mobilization of national defence, etc.

(3) Expenditure for public security: It refers to the spending of government on maintaining social and public security, including the expense on armed police force, public security, state security, prosecution, courts, justice, prison, labour education and rehabilitation, protection of state secrecy, anti-smuggling police, etc.

(4) Expenditure for education: It refers to the spending of government on education, including the expense on the administration of education, pre-primary education, primary education, secondary education, high school education, regular higher education, primary vocational education, secondary vocational education, technical school education, vocational high school education and higher vocational education, radio and television education, student abroad education, special education, on the job training of cadres, education authorities services, etc.

(5) Expenditure for science and technology: It refers to the spending of government on science and technology (S&T), including the expense on the administration of S&T, basic research, applied research, research and development, conditions and services of S&T, popularization of social science, science and technology, exchanges and cooperation of S&T, etc.

(6) Expenditure for culture, sport and media: It refers to the spending of government on culture, cultural heritage, sports, radio, film, television, press and publication, etc.

(7) Expenditure for social safety net and employment effort: It refers to the spending of government on social safety net and employment, including the expense on administration of social safety net and employment, civil affairs, budgetary subsidy on the social insurance funds, subsidy on National Social Security Fund, retirees of administrative units and institutions, subsidy on enterprise reform, subsidy on employment effort, pension, placement of ex-serviceman, social welfare, the handicapped undertakings, the system of cost of living allowances for urban residents, other urban social relief, rural social relief, living relief of natural disasters, affairs of Red Cross Society, etc.

(8) Expenditure for medical and health care: It refers to the spending of government on medical and health care, including the expense on administration of medical and health care, medical services, health care, disease prevention and control, health inspection and supervision, women and children's health, rural health care, etc.

(9) Expenditure for urban and rural community affairs: It refers to the spending of government on urban and rural community affairs, including the expense on administration of urban and rural community, planning and management of urban and rural community, public facilities of urban and rural community, housing of urban and rural community, sanitation of urban and rural community, management and supervision on the construction market, etc.

(10) Expenditure for agriculture, forestry and water conservancy: It refers to the spending of government on agriculture, forestry and water conservancy, including the expense on agriculture, forestry, water conservancy, poverty alleviation, comprehensive agricultural development, etc.

(11) Expenditure for transportation: It refers to the spending of government on transportation and postal services, including the expense on road transportation, waterway transportation, railway transportation, civil aviation transportation, and postal services.

价格指数

Price Indices 9

简 要 说 明

一、主要内容

本篇资料主要反映生产、流通、消费与投资等环节的价格变动趋势和变动幅度。包括居民消费价格指数、商品零售价格指数、工业生产者出厂价格指数、工业生产者购进价格指数、农业生产资料价格指数、固定资产投资价格指数等。

二、统计范围及调查方法

1. 居民消费、商品零售价格指数：编制居民消费、商品零售价格指数的资料采用抽样调查和重点调查相结合的方法取得。

目前，居民消费价格调查按用途划分为8大类，262个基本分类，各调查市县每月调查600种以上的规格品价格；商品零售价格按用途划分为16个大类，229个基本分类，各地每月调查500种以上的规格品价格。

2. 工业生产者出厂价格指数：工业生产者出厂价格是工业品第一次出售时的出厂价格。该调查采用重点调查与典型调查相结合的调查方法。重点调查对象为年主营业务收入2000万元及以上的工业法人企业，典型调查对象为年主营业务收入2000万元以下的工业法人企业。

目前《工业生产者出厂价格调查目录》包括11000多种产品，并将其划分为1702个基本分类；《工业生产者购进价格调查目录》包括6000多种产品，并划分为900多个基本分类。

3. 固定资产投资价格指数：固定资产投资价格调查采用重点调查与典型调查相结合的方法。固定资产投资价格调查所涉及的价格是构成固定资产投资额实体的实际购进价格或结算价格。调查内容包括构成当年建筑工程实体的钢材、木材、水泥、地方材料(如砖、瓦、灰、沙、石等)、化工材料(如油漆等)等主要建筑材料价格；作为劳动投入的劳动力价格（单位工资）和建筑机械使用费用；设备工器具购置和其他费用投资价格。

三、资料来源

本篇资料由国家统计局贵州调查总队依据国家统计局统一制定的价格统计调查制度从基层采集原始数据加工整理后提供。

Brief Introduction

I. Main Contents

Data on price indices in this chapter show the changing trends and the change rates in the prices of production, trade, consumption and investment, including mainly consumer price indices, retail price indices, producer price indices for industrial products, purchasing price indices for industrial producers, producer price indices for farm products, and price indices for investment in fixed assets.

II. Statistical Coverage and Survey Methods

1. Consumer Price Indices and Retail Price Indices: Data for compilation of the consumer price indices and the retail price indices in China are collected through a combination of sample surveys and surveys of key units.

At present, data are collected on over 600 specifications each month under 262 basic headings in 8 categories in the consumer price surveys. For the retail price surveys, data are collected on more than 500 specifications each month under 229 basic headings in 16 categories.

2. Producer Price Indices for Industrial Products: Producer prices for industrial products refer to the ex-factory price of manufactured goods when they are first sold. The survey program is a combined use of the key units' survey and typical units' survey methods. Key units refer to those industrial enterprises with annual revenue from the primary activities at and above 20 million yuan. Typical units refer to the industrial enterprises with annual revenue from the primary activities below 20 million yuan.

The survey catalog of Producer Prices for Industrial Products includes over 11,000 goods, and they are divided into 1702 basic classification; survey catalog of Purchasing Price for Industrial Producers includes over 6000 goods, and they are divided into over 900 basic classifications.

3. Price Indices for Investment in Fixed Assets: Data on prices of investment in fixed assets are collected by a program involving the combined use of surveys on key units and surveys on typical units. The prices collected in the surveys of investment in fixed assets are the actual purchasing prices or settlement prices of entities of investment in fixed assets. The survey content includes the prices of main construction materials that constitute the architectural engineering entity in the year, such as steel, timber, cement, local construction materials (such as brick, tile, calcareous ashes, sand, stone, etc.), chemical materials (such as oil paint, etc.), the price of labor force as input (wages), prices for renting of building machinery and equipment, the purchasing price of equipment, tools and instruments and the prices of others investments.

III. Sources of Data

Data in this chapter are provided by the Guizhou survey team of National Bureau of Statistics after collecting raw data from the grass-roots level and processing according to the price survey system formulated by the NBS.

9-1 居民消费价格分类指数
Consumer Price Indices by Category

(上年=100) (preceding year=100)

指　标	Item	2016	2017	2018	2019
居民消费价格总指数	**General Consumer Price Index**	**101.4**	**100.9**	**101.8**	**102.4**
非食品烟酒价格指数	Non-Food Price Index	100.4	101.3	102.2	100.6
服务价格指数	Services Price Index	101.4	101.5	102.7	101.3
消费品价格指数	**Consumer Goods Price Index**	**101.3**	**100.6**	**101.3**	**103.0**
非食品价格指数	Non-Food Price Index	100.5	101.4	102.1	100.9
食品烟酒	Food and	103.6	100.0	100.7	106.4
食品	Food	104.5	99.2	100.3	108.3
粮食	Grain	100.9	101.1	101.6	99.8
薯类	Tubers	108.5	101.0	105.0	104.1
豆类	Beans	100.9	100.0	99.8	100.6
食用油	Edible Oil and Fats	106.7	96.1	95.1	106.1
菜	Vegetables	106.4	97.9	103.7	102.1
畜肉类	Livetock for Slaughtering	112.0	95.6	94.7	122.7
禽肉类	Meat	98.7	99.6	106.2	107.4
水产品	Aqustic Products	101.8	101.7	102.7	100.4
蛋类	Eggs	97.7	97.4	109.0	105.0
奶类	Milk	100.1	99.5	102.1	100.0
干鲜瓜果类	Dried and Fresh Melons and Fruits	99.0	108.5	102.8	111.2
糖果糕点类	Candy and Cake	100.6	100.8	101.9	100.0
调味品	Flavoring	101.2	102.5	101.1	100.4
其他食品类	Other Foods	99.5	100.6	101.2	102.1
茶及饮料	Tea and Beverages	100.1	100.4	100.6	100.9
烟酒	Tobacco and Liquor	100.8	99.9	100.7	100.4
烟草	Tobacco	101.7	100.0	100.0	100.0
酒类	Liquor	98.8	99.6	102.4	101.2
白酒	Distilled Spirit	98.0	99.6	103.2	101.9
啤酒	Beer	100.6	98.9	100.4	97.8
在外餐饮	Dining Out	102.5	102.5	102.0	103.9

注：2016年价格统计制度改革，调整部分调查项目和统计口径，2016年数与往年数据不可比(下表同)。

Note: Due to the residents of the consumer price statistics system reform in 2016, some survey items and statistical caliber have been adjusted, so the data of 2016 and those of previous years are not comparable (the same applies to the table following).

9-1 续表1 continued

(上年=100) (preceding year=100)

指 标	Item	2016	2017	2018	2019
衣着	Clothing	99.6	100.1	100.9	100.2
服装	Garments	99.8	100.3	101.2	100.1
服装材料	Clothing Material	101.6	102.5	105.1	103.1
其他衣着及配件	Other Clothing and Accessories	100.5	100.4	100.4	100.2
衣着加工服务费	Clothing Manufacturing Servies	102.3	101.3	102.1	105.2
鞋类	Footwear	98.8	99.6	100.0	99.9
居住	Residence	100.8	101.5	102.9	101.1
租赁房房租	Renting	101.3	101.8	104.6	101.7
住房保养维修及管理	Housing Maintenance and Management	100.4	101.3	101.9	101.4
水电燃料	Water,Electricity and Fuels	100.5	100.8	101.4	100.8
自有住房	Privats Housing	101.0	101.9	103.6	101.1
生活用品及服务	Daily Supplies and Services	99.9	101.0	100.9	100.1
家具及室内装饰品	Furniture and Interior Decorations	99.5	102.3	101.2	99.4
家用器具	Household Appliances	98.8	101.4	100.5	98.8
家用纺织品	Home Textiles	99.9	100.1	100.3	99.6
家庭日用杂品	Daily Use Houshold Articles	100.4	100.4	100.9	100.7
个人护理用品	Personal Care Products	100.4	100.5	100.9	100.5
家庭服务	Household Services	101.5	102.6	103.1	103.6
交通和通信	Transportation and Communication	98.7	101.9	102.1	98.5
交通	Transportation	98.8	103.7	104.0	98.1
交通工具	Transportation Facility	98.5	99.2	99.0	96.8
交通工具用燃料	Fuels	95.4	111.4	112.6	94.2
交通工具使用和维修	Fees for Vehicles Use and Maintenance	100.7	100.8	101.0	101.3
交通费	Incity Traffic Fare	102.4	100.6	99.3	103.2
通信	Communication	98.6	99.5	99.4	99.2
通信工具	Communication Facility	94.2	97.3	98.0	95.9
通信服务	Communication Service	100.0	100.0	99.6	100.1
邮递服务	Post Service	98.7	100.2	100.4	100.0

9-1 续表2 continued

(上年=100) (preceding year=100)

指 标	Item	2016	2017	2018	2019
教育文化和娱乐	Recreation, Education and Culture Articles	101.3	101.3	103.4	100.6
教育	Education	101.9	102.3	101.7	102.4
教育用品	Teaching Materials and Refernce Books	100.2	100.9	102.5	101.6
教育服务	Education Services	101.9	102.4	101.7	102.5
文化娱乐	Culture and Recreational Articles	100.7	100.2	105.4	98.5
文娱耐用消费品	Entertainment Durable Consumer Goods	97.0	99.4	99.0	97.7
其他文娱用品	Other Recreational Items	100.3	99.9	101.4	101.9
文化娱乐服务	Culture and Recreational Articles Services	101.7	100.6	100.0	99.7
旅游	Touring and Outing	102.8	100.6	115.9	96.8
医疗保健	Health Care	101.5	101.8	102.0	102.9
药品及医疗器具	Medicine and Medical Instrument	100.7	101.8	103.2	103.7
中药	Traditional Chinese Medicine	101.0	101.8	102.0	103.1
西药	Western Medicine	100.8	101.8	104.3	105.0
滋补保健品	Health Care Appliances and Articles	100.1	103.4	102.7	100.9
医疗卫生器具	Medical Instrument	99.7	100.7	101.2	101.1
保健器具	Health Care Appliances	100.2	100.2	100.2	101.1
医疗服务	Health Care Services	102.1	101.8	101.1	102.4
综合医疗类	Comprehensive Medical	105.5	103.1	101.9	105.9
诊断类	Diagnostic	99.8	100.4	100.7	101.1
治疗类	Treatment	104.2	106.1	101.4	101.2
康复类	Rehabilitation	99.9	100.0	100.1	102.5
中医医疗服务类	Traditional Chinese Medicine Services	105.3	101.2	101.3	102.8
其他医疗服务	Other Medical Services	107.2	101.9	100.8	100.3
其他用品和服务	Other Articles and Services	101.0	101.0	100.6	101.9
其他用品类	Other Articles	101.7	100.9	99.7	102.7
首饰手表	Jewelry and Watch	104.8	101.8	98.8	105.4
其他杂项用品	Other Articles	99.4	100.2	100.5	100.6
其他服务类	Other Services	100.5	101.2	101.4	101.2
旅馆住宿	Hotel Accommodation	97.6	99.1	104.9	96.8
美容美发洗浴	Beauty Salons and Bathing	101.9	103.9	101.4	101.6
养老服务	Services for the Aged	100.2	100.7	101.9	103.2
金融保险	Financial Insurance	100.5	100.2	100.7	102.0
其他服务类	Other Services	100.5	99.9	99.2	102.3

9-2 商品零售价格分类指数

Retail Price Indices by Category

(上年=100) (preceding year=100)

指　　标	Item	2016	2017	2018	2019
商品零售价格指数	**Retail Price Index**	**100.2**	**100.9**	**101.8**	**101.7**
食品	Food	104.2	99.8	100.8	107.5
粮食	Grain	101.1	100.7	101.6	99.9
薯类	Tubers	109.9	99.9	104.0	103.1
豆类	Beans	101.2	100.4	100.3	101.3
食用油	Edible Oil and Fats	105.6	97.1	95.9	104.7
菜	Vegetables	107.3	97.7	103.5	101.5
畜肉类	Livetock for Slaughtering	111.5	95.2	95.0	123.4
禽肉类	Meat	100.2	100.6	105.4	107.5
水产品	Aqustic Products	102.6	102.6	102.6	101.0
蛋类	Eggs	97.7	97.5	109.7	104.9
奶类	Milk	99.7	99.1	102.7	100.0
干鲜瓜果类	Dried and Fresh Melons and Fruits	98.5	107.3	102.2	111.0
糖果糕点类	Candy and Cake	100.9	101.1	102.4	100.2
调味品	Flavoring	101.7	103.1	101.6	100.9
其他食品类	Other Foods	99.5	100.8	101.8	102.2
在外餐饮	Dining Out	102.3	103.0	102.2	103.6
饮料、烟酒	Beverages,Tobacco and Liquor	100.5	100.0	101.0	100.6
服装、鞋帽	Garments,Shoes and Hats	99.8	100.4	100.7	100.2
纺织品	Textiles	99.9	100.7	100.6	99.3
家用电器及音像器材	Household Appliances, Music and Video Equipment	98.2	101.1	99.7	97.9
文化办公用品	Cultural and Office Appliances	98.9	99.7	100.7	99.7
日用品	Articles for Daily Use	100.0	100.2	100.9	100.5
体育娱乐用品	Sports and Recreation Articles	100.3	99.7	100.6	100.5
交通、通信用品	Transportation and Communication Appliances	97.6	98.8	100.7	99.2
家具	Furniture	100.0	102.8	101.2	99.4
化妆品	Cosmetics	100.6	100.3	101.6	101.3
金银饰品	Gold,Silver and Jewelry	106.6	102.1	98.2	106.8
中西药品及医疗保健用品	Traditional Chinese and Western Medicines and Health Care Articles	101.5	101.8	103.4	104.6
书报杂志及电子出版物	Books, Newspapers, Magazines and Electronic Publications	99.9	100.7	103.4	104.3
燃料	Fuels	96.1	107.6	109.7	96.7
建筑材料及五金电料	Building Materials and Hardware	99.8	101.6	101.3	100.6

9-3 工业生产者出厂价格分类指数

Producer Price Indices for Industrial Products by Category

(上年=100) (preceding year =100)

指 标	Item	2015	2016	2017	2018	2019
工业生产者出厂价格指数	**Producer Price Indices for Industrial Products**	**96.1**	**97.9**	**107.2**	**101.8**	**99.8**
按轻、重工业分	**Grouped by Light or Heavy Industries**					
轻工业	Light Industry	101.1	100.8	101.2	102.0	101.1
重工业	Heavy Industry	95.0	97.1	109.1	101.8	99.4
按用途分	**Grouped by Use**					
生产资料	Means of Production	94.8	97.1	109.6	101.9	99.2
采掘工业	Mining & Quarrying Industry	96.4	98.4	109.6	103.0	106.3
原材料工业	Raw Materials Industry	95.0	96.9	111.6	100.4	99.5
加工工业	Processing Industry	94.2	97.2	107.2	103.7	98.0
生活资料	Consumer Goods	100.9	100.5	100.4	101.6	101.4
食品类	Food	101.3	100.7	100.3	101.8	101.8
衣着类	Clothing	100.5	99.6	100.8	100.9	98.1
一般日用品	Articles for Daily Use	103.8	98.0	101.5	101.2	99.5
耐用消费品	Durable Consumer Goods	94.2	100.1	100.9	99.6	99.4
按工业大类行业分	**Grouped by Sector**					
#煤炭开采和洗选业	Mining and Washing of Coal	91.0	98.4	130.2	100.1	100.2
有色金属矿采选业	Mining and Processing of Non-Ferrous Metal Ores	99.5	96.0	108.1	100.9	96.6
非金属矿采选业	Mining and Processing of Nonmetal Ores	95.8	98.2	98.5	103.8	107.9
农副食品加工业	Processing of Food from Agricultural Products	103.3	99.1	102.5	100.2	101.4
食品制造业	Processing of Foods	100.5	101.9	102.2	101.1	99.9
饮料制造业	Manufacture of Beverages	103.0	102.2	100.5	103.9	101.4
烟草制品业	Manufacture of Tobacco	100.1	100.0	100.0	100.6	102.3
纺织业	Manufacture of Textile	100.0	100.0	100.0	100.0	103.8
纺织服装、鞋、帽制造业	Manufacture of Textile Wearing Apparel,Footware and Caps	100.3	99.5	99.7	102.3	99.8
皮革、毛皮、羽毛（绒）及其制品业	Manufacture of Leather, Fur, Feather and Related Products	100.5	99.6	102.2	99.2	96.0

注：工业大类行业按国民经济行业分类(GB/T4754—2011)划分。

Note: Industrial sectors are classified by Sector of the National Economy (GB/T4754-2011) .

9-3 续表 Continued

(上年=100) (preceding year=100)

指 标	Item	2015	2016	2017	2018	2019
木材加工及木、竹、藤、棕、草制品业	Processing of Timber,Manufacture of Wood, Bamboo,Rattan,Palm and Straw Products	106.6	99.6	99.1	99.6	101.8
家具制造业	Manufacture of Furniture	100.0	100.0	102.9	113.2	91.7
造纸及纸制品业	Manufacture of Paper and Paper Products	100.8	99.4	111.2	114.5	95.8
印刷业和记录媒介的复制	Printing,Reproduction of Recording Media	101.6	99.5	100.2	100.3	98.5
文教体育用品制造业	Manufacture of Articles For Culture,Education and Sport Activities	91.3	98.7	100.0	99.3	100.0
石油加工、炼焦及核燃料加工业	Processing of Petroleum,Coking,Processing of Nuclear Fuel	87.1	105.3	149.3	107.9	100.5
化学原料及化学制品制造业	Manufacture of Raw Chemical Materials and Chemical Products	98.5	94.9	100.1	103.2	98.2
医药制造业	Manufacture of Medicines	99.5	98.7	98.8	100.9	102.7
橡胶制品业	Manufacture of Rubber	99.4	97.2	107.9	101.8	97.3
非金属矿物制品业	Manufacture of Non-metallic Mineral Products	90.9	98.4	111.9	109.0	95.8
黑色金属冶炼及压延加工业	Smelting and Pressing of Ferrous Metals	87.2	93.5	118.8	102.4	94.4
有色金属冶炼及压延加工业	Smelting and Pressing of Non-ferrous Metals	93.7	104.1	115.3	102.9	101.6
金属制品业	Manufacture of Metal Products	96.4	101.2	107.7	104.5	102.2
通用设备制造业	Manufacture of General Purpose Machinery	99.0	98.2	98.2	103.7	101.9
专用设备制造业	Manufacture of Special Purpose Machinery	100.7	99.9	100.5	102.0	101.6
交通运输设备制造业	Manufacture of Transport Equipment	100.0	99.8	100.2	100.2	101.1
电气机械及器材制造业	Manufacture of Electrical Machinery and Equipment	94.0	102.1	102.9	101.4	100.1
通信设备、计算机及其他电子设备制造业	Manufacture of Communication Equipment, Computers and Other Electronic Equipment	98.5	99.8	100.0	99.4	98.9
仪器仪表及文化、办公用机械制造业	Manufacture of Measuring Instruments and Machinery for Cultural Activity and Office Work	100.1	99.8	100.3	101.3	101.1
电力、热力的生产和供应业	Production and Supply of Electric Power and Heat Power	97.1	93.4	96.5	99.5	99.5
燃气生产和供应业	Production and Supply of Gas	107.4	94.2	99.6	104.7	100.7
水的生产和供应业	Production and Supply of Water	100.9	103.2	100.9	104.6	100.1

9-4 工业生产者购进价格指数

Purchasing Price Index for Industrial Producers

(上年=100) (preceding year =100)

指 标	Item	2015	2016	2017	2018	2019
工业生产者购进价格指数	**Purchasing Price Indices for Industrial Producers**	**97.5**	**98.5**	**109.7**	**103.4**	**99.4**
燃料、动力类	Fuel and Power	98.0	98.0	115.9	103.0	99.8
黑色金属材料类	Ferrous Metals	88.5	97.7	106.1	101.7	101.6
#钢 材	Rolled-steel	90.5	98.6	107.7	105.3	101.5
有色金属材料和电线类	Nonferrous Metals	94.7	101.6	126.3	101.7	97.2
化工原料类	Raw Chemical Materials	98.9	97.6	107.2	108.2	97.4
木材及纸浆类	Timber and Paper Pulp	98.7	97.1	103.3	100.6	98.2
建筑材料及非金属矿类	Building Materials and Nonmetal Minerals Processing	94.7	97.1	107.0	108.0	97.8
其他工业原材料及半成品类	Other Industrial Raw Materials and Semi-products	100.1	99.7	102.6	101.8	100.3
农副产品类	Agricultural Products	102.4	98.7	99.3	100.2	101.0
纺织原料类	Textile Materials	101.7	99.5	100.4	99.6	98.7

9-5 农业生产资料价格分类指数

Price Indices for Means of Agricultural Production by Category

(上年=100) (preceding year =100)

指 标	Item	2016	2017	2018	2019
农业生产资料价格指数	**Price Indices for Means of Agricultural Production**	**103.0**	**98.8**	**98.8**	**103.2**
农用手工工具	Farm Handtools	99.7	98.4	102.7	102.9
饲料	Forage	99.0	98.5	100.2	102.7
仔畜幼禽及产品畜	Commodity Animals	125.1	93.8	86.0	108.4
半机械化农具	Semi-mechanized Farm Tools	100.2	104.7	100.6	100.1
机械化农具	Mechanized Farm Machinery	99.4	99.5	100.1	99.8
化学肥料	Chemical Fertilizer	99.4	99.3	103.9	103.9
农药及农药器械	Pesticide & Its Appliances	98.5	100.3	100.2	100.5
化学农药	Chemical Pesticide	98.5	100.5	100.1	100.6
农药器械	Appliances for Pesticide	98.2	99.3	100.2	100.0
农机用油	Oil for Farm Machinery	97.7	106.2	107.6	98.3
其他农用生产资料	Others Means of Agricultural Production	99.3	99.7	99.4	99.9
农业生产服务	Service for Agricultural Production	104.7	104.0	100.2	103.3

注：2016年农业生产资料价格统计制度改革，调整部分调查项目和统计口径，2016年数与往年数据不可比。

Note: Due to the residents of the agricultural production price statistics system reform in 2016, some survey items and statistical caliber have been adjusted, so the data of 2016 and those of previous years are not comparable.

9-6 固定资产投资和房地产销售价格指数

Price Indices for Investment in Fixed Assets and Real Estate

(上年=100) (preceding year =100)

指　　标	Item	2015	2016	2017	2018	2019
固定资产投资价格指数	**Price Indices for Investment in Fixed Assets**	**98.4**	**98.6**	**106.1**	**105.2**	**102.3**
建筑安装工程	Price Indices of Construction and Installation	98.1	98.3	107.3	106.0	102.0
人工费	Labor Costs	106.5	107.0	103.9	104.7	103.9
材料费	Materials Costs	94.4	93.0	110.6	107.5	101.2
钢　材	Rolled Steel	90.3	90.4	118.9	108.8	100.8
木　材	Timber	103.8	102.1	108.3	105.2	101.4
水　泥	Cement	93.7	90.9	107.2	110.5	99.8
电　料	Electrical Materials	100.7	98.2	103.8	102.2	101.0
化工材料	Raw Chemical Materials	91.2	96.2	102.6	106.1	99.9
地方建筑材料	Local Building Materials	100.6	96.8	107.2	104.9	
其他材料	Others	100.9	100.3	105.1	104.3	
机械使用费	Costs for Using Machine	102.0	102.2	101.9	102.3	102.4
设备、工器具购置	Purchase of Equipment, Tools and Instruments	99.5	99.2	100.7	101.7	100.4
其他费用	Others	99.4	100.9	100.7	101.1	104.5
新建商品住宅价格指数（12月末）（贵阳市）	Price Indices of New Commodity Residential Housings(Guiyang)	96.8	102.3	108.1	118.8	106.5

注：因2019年国家方法制度调整，指标变化很大，2019年材料费及其中的钢材、木材、水泥、电料、化工材料指标与往年指标内涵皆不可比；地方建筑材料与其他材料两项指标无。

Note: Due to the adjustment of national methodology and system in 2019, the indicators have changed greatly. The material cost of 2019 and the indicators of rolled steel, timber, cement, electrical materials and raw chemical materials in it are not comparable with those in previous years. There are no indicators of local building materials and other materials in this table.

主要统计指标解释

居民消费价格指数 是反映一定时期内城乡居民所购买的生活消费品价格和服务项目价格变动趋势和程度的相对数。

商品零售价格指数 是反映城乡商品零售价格变动趋势和程度的相对数。零售物价的变动直接反映城乡居民的生活支出和国家的财政收入，影响居民购买力和市场供需平衡，影响消费与积累的比例关系。

工业生产者价格指数 工业生产者价格包括工业企业产品第一次出售时的出厂价格和企业作为中间投入的原材料、燃料、动力购进价格(简称工业生产者购进价格)。工业生产者价格调查的目的在于及时、准确、科学地反映各工业行业产品价格水平及其变动趋势和幅度，为国民经济核算、计算工业发展速度、宏观经济分析和调控、理顺价格体系等提供科学、准确的依据。

农业生产资料价格指数 是反映一定时期内农业生产资料价格变动趋势和程度的相对数。农业生产资料价格指数分为农用手工工具、饲料、仔畜幼玩禽及产品畜、半机械化农具、机械化农具、化学肥料、农药及农药器械、农机用油、其他农业生产资料、农业生产服务。

固定资产投资价格指数 是反映固定资产投资额价格变动趋势和程度的相对数。固定资产投资额是由建筑安装工程投资完成额、设备、工器具购置投资完成额和其他费用投资完成额三部分组成的。编制固定资产投资价格指数应首先分别编制上述三部分投资的价格指数，然后采用加权算术平均法求出固定资产投资价格总指数。

Explanatory Notes on Main Statistical Indicators

Consumer Price Index reflects the trend and degree of changes in prices of consumer goods and services purchased by urban and rural residents during a given period.

Retail Price Index reflects the trend and degree of change in retail prices of commodities. The change and adjustment in retail prices directly affect the living expenditure of urban and rural residents, government revenue, purchasing power of residents and the equilibrium of market supply and demand, and the ratio of consumption to accumulation.

Price Index of Industrial Producer enterprises and enterprises as the prices of intermediate inputs of raw materials, fuel and power purchase price (hereinafter referred to as industrial producer price). Industrial producer prices survey was designed to timely, accurate and scientifically reflect various industrial products industry trends and changes in the price level and the magnitude of national accounts to calculate the speed of industrial development, macroeconomic analysis and control, rationalize the price system to provide scientific and accurate basis.

Price Index of Means of Agricultural Production reflects the trend and degree of changes in prices of means of agricultural production during a given period. Price indices of means of agricultural production are composed of 10 categories including hand tools, feeds, newborn animal and domestic animals for meat, semi-mechanized farm machinery, mechanized farm machinery, chemical fertilizers, pesticides and spraying machinery, fuels for farm machinery, other means of agricultural production and services.

Price Index of Investment in Fixed Assets reflects the trend and degree of changes in prices of investment in fixed assets. The investment in fixed assets consists of three components, namely the investment in construction and installation, the investment in purchases of equipment and instrument, and the investment in other items. Price index of investment in fixed assets is calculated as the weighted arithmetic mean of the price indices of the three components of investment in fixed assets.

人民生活

People's Living Conditions 10

简 要 说 明

一、主要内容

本篇资料反映人民生活现状及变化情况。

二、调查方法

2013 年起，按照城乡一体化住户收支与生活状况调查制度，国家统计局贵州调查总队每年收集调查户12 个月的记账数据，在此基础上汇总计算出当年的全省居民可支配收入、城镇居民可支配收入、农村居民可支配收入等收支数据。

城乡一体化住户收支与生活状况调查是以省为总体，采用分层、多阶段、与人口规模大小成比例的概率抽样方法，随机抽选调查住宅，确定调查户。

城乡一体化住户收支与生活状况调查是在 95%置信度下，全省居民人均可支配收入抽样误差小于 1%。采用调查户日记账的方式采集居民收支数据，同时辅之以统一的调查问卷，收集与收入支出有关的其他调查内容。

三、资料来源

本篇资料由国家统计局贵州调查总队依据国家统计局统一制定的统计调查制度从基层采集原始数据加工整理。

Brief Introduction

I. Main Contents

Data in this chapter show Chinese people's living conditions and their changes.

II. Methodology of Data

In terms of the system of Integrated Urban and Rural Households on Income and Expenditures as well as Living Conditions conducted since 2013, the Department of Guizhou Survey, NBS collected accounts of households about 12 months, and on this basis, NBS tabulated comparable national disposable income and expenditures of urban and rural households.

The integrated household survey is conducted by selecting sampled houses randomly, deciding surveyed households, with all households in the province as the population, with stratified sampling, multi-stage sampling, probability sampling in proportion to population scale.

Survey on Income and Expenditures as well as Living Conditions is required that the sampling error should not exceed ±1%, with a confidence probability as 95%. Methods of collecting income and expenditure data are keeping diaries of the households, and questionnaires as assistance to collect other relevant data.

Ⅲ. Sources of Data

Data in this chapter are provided by the Guizhou survey team of the National Bureau of Statistics. According to the statistical survey system formulated by the NBS, the original data collected at the grass-roots level are processed and collated.

10-1 城乡居民生活水平
People's Livelihood in Urban and Rural Areas

指 标	Item	2015	2016	2017	2018	2019
就业	**Employment**					
城镇居民家庭每户就业人口(人)	Average Number of Employed Persons per Urban Household(person)	1.54	1.58	1.59	1.68	1.65
城镇居民家庭每个就业者赡养人口(人)	Number of Dependents per Employee of Urban Household(person)	1.98	1.95	1.96	2.06	2.11
城镇平均每户就业面(%)	Proportion of Employment per Urban Household(%)	0.505	0.51	0.51	0.49	0.47
城镇登记失业人数(万人)	Number of Registered Unemployment Persons in Urban Areas(10000 persons)	14.49	14.78	14.9	15.06	15.33
城镇登记失业率(%)	Registered Unemployment Rate in Urban Areas(%)	3.29	3.24	3.23	3.16	3.11
农村平均每户整、半劳动力(人)	Average Number of Full/Semi Laborer Force per Rural Household(person)	2.15	2.21	2.21	2.25	2.20
农村居民家庭每一劳动力赡养人口(人)	Number of Dependents per Laborer of Rural Household(person)	1.64	1.62	1.63	1.61	1.68
收入与支出	**Income and Expenditure**					
城镇常住居民人均可支配收入(元)	Annual Per Capita Disposable Income of Urban Households(yuan)	24580	26743	29080	31592	34404
城镇常住居民人均消费性支出(元)	Annual Per Capita Consumption Expenditure of Urban Households(yuan)	16914	19202	20348	20788	21402
在岗职工平均工资(元)	Average Wage of Staff and Workers in their Posts(yuan)	62591	69678	75109	82597	87970
农村常住居民人均可支配收入(元)	Annual Per Capita Disposable Income of Rural Households (yuan)	7386.9	8090	8869	9716	10756
农村常住居民人均生活消费支出(元)	Annual Per Capita Living Consumption Expenditure of Rural Households (yuan)	6644.9	7533	8299	9170	10222
生活质量	**Life Quality**					
居民家庭恩格尔系数(%)	**Household's Engle Coefficient(%)**					
城 镇	Urban	34.0	33.2	33.0	32.4	32.2
农 村	Rural	39.8	38.7	38.0	36.9	36.7
居住条件	**Residence Condition**					
城镇居民人均住宅建筑面积(平方米)	Per Capita Floor Space of Residential Building in Urban Areas(sq.m)	36.37	37.17	37.52	37.93	38.19
农村居民人均住房面积(平方米)	Per Capita Floor Space of Residential Building in Rural Areas(sq.m)	32.33	34.16	34.54	34.99	35.31
交通条件	**Traffic Condition**					
城市人均拥有道路面积(平方米)	Per Capita Area of Paved Roads in City(sq.m)	10.86	12.28	12.50	13.44	14.54
每百户城镇居民拥有家用汽车(辆)	Number of Family Vehicles Per 100 Urban Households(unit)	23.74	33.52	34.97	39.88	43.19
每百户农村居民拥有家用摩托车(辆)	Number of Motorcycles Per 100 Rural Households(unit)	54.88	55.71	54.2	54.21	54.31
通信条件	**Communication Condition**					
每百户拥有移动电话(部)	Mobile Telephone Per 100 Households(set)					
城 镇	Urban	237	248	257	282	288
农 村	Rural	227	241	256	288	299
城市公用设施普及占有率	City Public Utility Rate					
用水普及率(%)	Rate of Access to Tap Water(%)	91.8	91.9	93.2	93.8	95.3
燃气普及率(%)	Rate of Access to Gas(%)	70.7	73.5	73.7	74.6	81.2
人均公园绿地面积(平方米)	**Per Capita Green Area(sq.m)**	9.61	11.65	13.02	13.54	14.72

10-1 续表 continued

指 标	Item	2015	2016	2017	2018	2019
文化、教育和卫生	**Culture, Education and Health Care**					
文化	**Culture**					
广播节目综合人口覆盖率(%)	Radio Coverage Rate of the Population (%)	92.3	93.0	93.5	93.9	94.6
电视节目综合人口覆盖率(%)	TV Coverage Rate of the Population(%)	96.0	96.1	96.5	96.8	97.0
每百户彩色电视机拥有量(部/百户)	Number of Color TV per 100 Households(set)					
城镇	Urban	106.23	106.83	108.36	106.58	107.84
农村	Rural	101.76	103.11	104	104.00	102.52
每百户家用电脑拥有量(部/百户)	Number of Computers per 100 Households(set)					
城镇	Urban	64.44	62.68	64.39	64.55	64.35
农村	Rural	9.74	13.04	15.66	11.09	13.47
居民家庭文教娱乐支出比重(%)	Percentage of Household Expenditure on Education,Culture and Entertainment(%)					
城镇	Urban	13.7	13.0	13.4	13.4	13.6
农村	Rural	8.8	9.2	9.5	9.6	9.8
教育	**Education**					
学龄儿童入学率(%)	Enrollment Rate of School-age Children(%)	99.5	99.6	99.6	99.7	99.7
初中阶段毛入学率(%)	Enrollment Rate of Primary School Graduates Entering into Junior Secondary Schools(%)	104	107.9	108.8	109.7	109.9
高中阶段毛入学率(%)	Enrollment Rate of Juniorsecondary School Graduates Entering into Senior secondary	86.1	87.0	87.0	88.0	89.0
高等教育毛入学率(%)	Enrollment Rate of Senior secondary School Graduates Entering into Institution of Higher Education(%)	31.2	33	34.0	36.0	38.2
卫生	**Health Care**					
居民家庭医疗保健支出比重(%)	Percentage of Resident Expenditure on Health Care(%)					
城镇	Urban	5.2	5.5	5.8	5.9	5.9
农村	Rural	6.8	7.0	7.3	7.7	8.0
社会保障	**Social Security**					
城镇职工基本养老保险参保人数(万人)	Number of Urban Employees Joining in Basic Pension Insurance(10 000 persons)	392.09	423.58	588.17	639.81	677.50
#参保职工	Number of Employees	297.26	323.94	446.91	490.09	521.72
城镇职工基本医疗保险参保人数(万人)	Number of Urban Employees Joining in Urban Basic Medical Care System (10 000 persons)	372.74	389.81	410.42	431.97	462.04
失业保险参保人数(万人)	Number of Employees Joining in Unemployment Insurance (10 000 persons)	205.31	218.1	235.71	257.33	276.07
工伤保险参保人数(万人)	Number of Employees Joining in Work Injury Insurance (10 000 persons)	290.22	305.02	332.48	355.75	408.51
生育保险参保人数(万人)	Number of Persons Joining in Maternity Insurance(10 000 persons)	263.64	286.27	304.03	325.90	349.61
社会保险基金收入(亿元)	Revenue of Social Insurance Fund (100 million yuan)	463.97	582.84	953.81	1127.29	829.40

注：1.2016年起社会保险基金收入包括城乡居民基本养老保险和城乡居民基本医疗保险。2.因机构改革，2019年基本医疗保险和生育保险数据来源于贵州省医疗保障局。3.2019年起，该表中社会保险基金收入仅包括城镇职工基本养老保险、城乡居民基本养老保险、失业保险、工伤保险。

Note：1.Since 2016, the urban and rural residents' basic pension insurance and basic medical care insueance are included in the social insurance fund. 2. Due to the institutional reform, the 2019 basic medical care insurance and maternity insurance data were obtained from Provincial Healthcare Security Administration. 3. Starting from 2019, the social insurance fund income in the table only includes basic pension insurance for urban workers, basic pension insurance for urban and rural residents, unemployment insurance and work-related injury insurance.

10−2 城镇居民家庭生活基本情况
Basic Conditions of Urban Households Life

指　标	Item	2015	2016	2017	2018	2019
调查户数(户)	**Number of Households Surveyed (household)**	**1621**	**1635**	**1631**	**2220**	**2220**
平均每户常住家庭人口(人)	Average Number of Permanent Residents(person)	3.05	3.08	3.11	3.46	3.47
平均每户就业人员(人)	Average Number of Employed Persons Per Household (person)	1.54	1.58	1.59	1.68	1.65
平均每户就业面(%)	Average Proportion of Employment per Household(%)	0.505	0.51	0.51	0.49	0.47
平均每个就业者赡养人口(人)	Average Number of Dependents per Employee(person)	1.98	1.9493671	1.96	2.06	2.11
城镇常住居民人均年可支配收入(元)	**Per Capita Annual Disposable Income of Urban Household (yuan)**	**24580**	**26743**	**29080**	**31592**	**34404**
平均每人消费性支出(元)	**Per Capita Annual Consumption xpenditure(yuan)**	**16914**	**19202**	**20348**	**20788**	**21402**
食品烟酒	Food	5757	6383	6723	6744	6894
衣　着	Clothing	1347	1525	1570	1588	1625
居　住	Residence	2994	3421	3560	3718	3865
生活用品及服务	Household Facilities, Articles and Services	1079	1270	1359	1385	1425
医疗保健	Health Care and Medical Services	872	1050	1174	1218	1257
交通通信	Transport and Communication	2248	2684	2829	2921	2999
教育文化娱乐	Education, Culture and Recreation Services	2313	2494	2731	2795	2908
其他用品与服务	Miscellaneous Goods and Services	305	375	402	420	429
平均每人消费性支出构成(%)(人均消费性支出=100)	**Composition of Per Capita Annual Consumption Expenditure (%)**					
食品烟酒	Food	34.0	33.2	33.0	32.4	32.2
衣　着	Clothing	8.0	7.9	7.7	7.6	7.6
居　住	Residence	17.7	17.8	17.5	17.9	18.1
生活用品及服务	Household Facilities, Articles and Services	6.4	6.6	6.7	6.7	6.7
医疗保健	Health Care and Medical Services	5.2	5.5	5.8	5.9	5.9
交通通信	Transport and Communication	13.3	14.0	13.9	14.1	14.0
教育文化娱乐	Education, Culture and Recreation Services	13.7	13.0	13.4	13.4	13.6
其他用品与服务	Miscellaneous Goods and Services	1.8	2.0	2.0	2.0	2.0

10−3　城镇居民人均收支情况

Per Capita Income and Consumption Expenditure of Urban Households

单位：元　　(yuan)

指　标		2015	2016	2017	2018	2019
城镇居民人均收入	**Per Capita Income of Urban Households**					
可支配收入	Disposable Income	24580	26743	29080	31592	34404
工资性收入	Income of Wages and Salaries	14166	15351	16553	17392	18960
经营净收入	Net Business Income	3730	4282	4722	5262	5714
财产净收入	Net Income from Property	1868	1941	2185	3066	3433
转移净收入	Net Income from Transfer	4816	5168	5621	5871	6298
现金可支配收入	Cash Disposable Income	23568	25728	28063	30787	33311
工资性收入	Income of Wages and Salaries	14142	15318	16524	17353	18880
经营净收入	Net Business Income	4048	4683	5115	5864	6299
财产净收入	Net Income from Property	683	679	916	2043	2317
转移净收入	Net Income from Transfer	4695	5048	5507	5527	5815
家庭现金总支出	**Total Households Cash Expenditure**	**24040**	**28110**	**30689**	**29923**	**31619**
#消费支出	Consumption Expenditure	14756	16892	18017	18225	18515
财产性支出	Expenses on Properties	72	104	123	160	219
转移性支出	Expenses on Transfers	947	1424	1626	1432	1704
#交纳的个人收入税	Individual Income Tax	38	53	68	79	62
其他转移性支出	Others	80	103	99	99	79
社会保障支出	Expenses on Social Seurity	736	1139	1351	1079	1409
购房与建房支出	Expenses on Purchasing or Building House	437	702	1683	841	1806

10-4 城镇居民家庭人均消费性支出

Per Capita Consumption Expenditure of Urban Household

单位：元 (yuan)

指 标	Item	2015	2016	2017	2018	2019
消费性支出	**Consumption Expenditure**	**16914**	**19202**	**20348**	**20788**	**21402**
食品烟酒	**Food**	**5757**	**6383**	**6723**	**6744**	**6894**
#粮 食	Grain	609	647	649	651	644
糖、烟、酒、饮料类	Sugar, Cigarette,Liquor and Beverage	890	1008	1088	1174	1025
在外饮食	Dining Out	835	948	1065	1190	1385
衣 着	**Clothing**	**1347**	**1525**	**1570**	**1588**	**1625**
居 住	**Residence**	**2994**	**3421**	**3560**	**3718**	**3865**
#房 租	Rent	162	178	160	190	
水 费	Water	140	153	151	153	
电 费	Electricity	553	574	582	591	
燃料费	Fuels	174	179	170	173	
生活用品及服务	**Household Facilities,Articles and Services**	**1079**	**1270**	**1359**	**1385**	**1425**
#耐用消费品	Durable Consumer Goods	211	260	272	242	
医疗保健	**Health Care and Medical Services**	**872**	**1050**	**1174**	**1218**	**1257**
交通通信	**Transport and Communications**	**2248**	**2684**	**2829**	**2921**	**2999**
交 通	Transport	1349	1681	1822	1971	2060
通 信	Communications	899	1003	1007	950	940
教育文化娱乐	**Education, Culture and Recreation Services**	**2313**	**2494**	**2731**	**2795**	**2908**
#文化娱乐用品	Recreation Articles	330	346	347	351	
书报杂志	Books,Newspaper and Magazines	28	23	26	24	
文化娱乐服务	Recreation Services	796	784	814	831	768
其他用品和服务	**Miscellaneous Goods and Services**	**305**	**375**	**402**	**420**	**429**
恩格尔系数(%)	**Engel's Coefficient(%)**	**34.0**	**33.2**	**33.0**	**32.4**	**32.2**

注：2019年统计方法制度调整，统计指标统计口径变化较大，2019年空缺数据皆是指标统计口径发生变化，与往年指标不可比。

Note: In 2019, the statistical methods and systems were adjusted, and the statistical caliber of statistical indicators changed greatly. The vacancy data are all due to the change of the index statistical caliber, which are not comparable with indicators of previous years.

10−5 城镇居民家庭人均购买主要商品数量

Per Capita Annual Purchases of Major Commodities of Urban Househoulds

单位：公斤 (kg)

指 标	Item	2015	2016	2017	2018	2019
粮 食	Grain	86.96	88.56	85.45	82.89	78.50
食用植物油	Edible Vegetable Oil	10.01	9.65	8.39	6.80	6.29
猪 肉	Pork	25.78	26.75	27.75	27.19	23.51
牛、羊肉	Beef and Mutton	2.21	2.53	2.41	2.88	2.05
禽 类	Poultry	7.59	8.39	7.33	6.60	7.63
蛋 类	Eggs	5.67	5.81	5.50	4.48	4.67
水产品类(元)	Aquatic Products(yuan)	106.32	122.81	132.74	108.22	141.72
鲜 菜	Fresh Vegetables	79.53	85.38	83.51	83.23	80.79
糖类(元)	Sugar(yuan)	36.78	40.00	39.48	30.59	30.72
烟草类(元)	Cigarettes(yuan)	452.31	510.74	535.68	526.99	575.79
酒 类	Liquor	5.09	5.18	4.83	4.72	4.27
糕点类	Cake	3.45	3.58	3.55	3.48	3.38
干鲜瓜果类	Dried and Fresh Melons and Fruits	40.11	45.29	46.40	46.74	46.63
奶类及制品(元)	Milk and Dairy Products(yuan)	201.40	229.09	254.63	284.84	296.16

10−6 每百户城镇居民家庭耐用消费品拥有量

Number of Durable Goods Owned Per 100 Urban Households

单位：台 (set)

指 标	Item	2015	2016	2017	2018	2019
摩托车(辆)	Motorcycle(unit)	17.91	14.76	13.99	25.51	24.01
家用汽车(辆)	Automobile(unit)	23.74	33.52	34.97	39.88	43.19
洗衣机	Washing Machine	97.90	97.92	99.63	101.61	103.48
电冰箱	Refrigerator	93.94	96.77	98.62	101.20	103.19
彩色电视机	Color TV Set	106.23	106.83	108.36	106.58	107.84
家用电脑	Household Computer	64.44	62.68	64.39	64.55	64.35
组合音响(套)	Hi-Fi Stereo Component System(unit)	12.06	10.34	12.08	—	—
照相机(架)	Camera(unit)	18.89	16.07	16.58	9.30	9.61
微波炉	Microwave Oven	42.78	45.72	46.87	39.95	42.39
空调器	Air Conditioner	27.81	30.85	34.48	34.51	37.23
淋浴热水器	Water Heater for Shower	82.28	87.66	90.71	94.26	96.91
健身器材(套)	Healthy Equipment(unit)	5.04	3.53	4.27	5.60	7.04
移动电话(部)	Mobile Phone(unit)	236.52	247.53	256.74	282.26	287.75

10-7 按收入等级分城镇居民家庭收入、消费情况(2019)

Statistics of Income and Consumption of Urban Househoulds by Level of Income

指 标	Item	低收入户 (20%) Low Income Households	中低收入户 (20%) Lower Middle Income Households	中等收入户 (20%) Middle Income Households	中高收入户 (20%) Upper Middle Income Households	高收入户 (20%) High Income Households
平均每人年可支配收入(元)	**Per Capita Annual Disposable Income(yuan)**	**9963**	**19838**	**30542**	**45257**	**85395**
人均购买主要商品数量	**Per Capita Purchases of Major Commodities**					
粮食(千克)	Grain(kg)	71.30	82.85	80.83	76.09	83.15
食用植物油(千克)	Edible Vegetable Oil(kg)	4.93	6.31	7.21	6.42	7.01
猪肉(千克)	Pork(kg)	16.73	22.68	25.49	26.58	29.05
牛肉(千克)	Beef(kg)	0.68	1.20	1.97	2.45	2.85
鸡(千克)	Chicken(kg)	2.76	4.57	6.11	7.00	8.20
鸭(千克)	Duck(kg)	0.47	0.89	1.06	1.30	1.49
鲜蛋(千克)	Eggs(kg)	2.50	3.84	4.51	5.67	6.01
鱼(千克)	Fish(kg)	1.74	2.68	4.18	3.97	4.26
鲜菜(千克)	Fresh Vegetables(kg)	36.77	55.32	69.96	72.23	80.57
糖类(元)	Sugar(yuan)	15	22	35	38	53
烟草类(元)	Cigarettes(yuan)	284	445	590	728	1019
白酒(千克)	Liquor(kg)	1.46	2.08	2.71	2.35	3.06
鲜瓜果(千克)	Fresh Fruit(kg)	25.11	33.44	46.67	52.29	63.27
糕点(千克)	Cakes(kg)	1.77	2.52	3.12	3.64	4.37
鲜奶(千克)	Fresh Milk Products(kg)	2.15	3.64	7.35	9.01	9.94
每百户耐用消费品拥有量	**Number of Durable Goods Owned Per 100 Urban Households**					
摩托车(辆)	Motorcycle(unit)	39.27	34.07	23.49	14.10	9.15
家用汽车(辆)	Automobile(unit)	23.93	36.55	43.81	50.16	61.46
洗衣机(台)	Washing Machine(set)	103.06	102.39	102.72	105.70	103.52
电冰箱(台)	Refrigerator(set)	99.47	103.90	104.46	104.73	103.38
彩色电视机(台)	Color TV Set(set)	105.19	106.08	107.21	108.93	111.77
计算机(台)	Household Computer(set)	28.08	40.12	64.10	65.63	87.79
照相机(架)	Camera(unit)	0.84	5.25	8.35	11.42	22.14
微波炉(台)	Microwave Oven(set)	18.84	27.60	46.96	53.53	64.97
空调(台)	Air Conditioner(set)	14.90	18.84	40.86	53.42	58.10
热水器(台)	Water Heater for Shower(set)	79.87	93.35	100.37	105.74	105.23
健身器材(套)	Healthy Equipment(unit)	1.28	2.31	7.04	9.12	15.41
固定电话(部)	Fixed Telephone(unit)	1.20	2.76	7.17	5.14	10.21
移动电话(部)	Mobile Phone(unit)	309.04	311.10	292.77	269.70	256.20

10−8 农村居民家庭生活基本情况
Basic Conditions of Rural Households Life

指　　标	Item	2015	2016	2017	2018	2019
调查户数(户)	**Number of Households Surveyed(household)**	**2771**	**2779**	**2781**	**2180**	**2180**
平均每户常住人口(人)	Average Number of Permanent Residents Per Household (person)	3.53	3.59	3.6	3.62	3.70
平均每户整、半劳动力(人)	Average Number of Full/Semi Labour Force Per Household (person)	2.15	2.21	2.21	2.25	2.20
平均每一劳动力赡养人口(人)	Average Number of Dependents per Labour Force(person)	1.64	1.62	1.63	1.61	1.68
平均每人年收入(元)	**Per Capita Annual Income (yuan)**					
总收入	Total Income	10417	11776	12864	13314	10756
工资性收入	Income from Wages and Salaries	2897	3211	3636	4276	4774
家庭经营收入	Income from Household Operations	5730	6585	6986	6525	3427
财产性收入	Income from Properties	107	98	131	190	121
转移性收入	Income from Transfers	1684	1882	2111	2323	2434
现金收入	Cash Income	8853	10329	8208	9213	10096
工资性收入	Income from Wages and Salaries	2895	3207	3630	4257	4747
家庭经营收入	Income from Household Operations	4292	5273	2797	2940	3070
财产性收入	Income from Properties	107	98	92	126	121
转移性收入	Income from Transfers	1560	1751	1690	1889	2158
平均每人年总支出(元)	**Per Capita Annual Expenditure (yuan)**	**12121**	**14193**	**15357**	**16818**	**18647**
#人均生活消费支出	Per Capita Consumption Expenditure	6645	7533	8299	9170	10222
人均年末使用房屋面积(平方米)	**Average Per Capita Living Space at the Year-end(sq.m)**	**32**	**34**	**35**	**35**	**35**

10−9 农村居民家庭人均可支配收入

Per Capita Annual Net Income of Rural Households

单位：元 (yuan)

指　　标	Item	2015	2016	2017	2018	2019
农村常住居民人均可支配收入	**Per Capita Disposable Income of Rural Households**	**7387**	**8090**	**8869**	**9716**	**10756**
工资性收入	Income from Wages and Salaries	2897	3211	3636	4276	4774
家庭经营收入	Income from Household Operation	2879	3116	3285	3227	3427
第一产业	Primary Industry	2077	2037	1951	1615	1808
农业收入	Farming	1242	1231	1253	1013	1126
林业收入	Forestry	88	50	71	55	35
牧业收入	Animal Husbandry	741	751	626	546	645
渔业收入	Fishery	6	5	1	1	1
第二产业	Secondary Industry	159	157	217	358	334
制造业收入	Manufacturing	40	70	115	112	123
建筑业收入	Construction	110	83	102	234	201
第三产业	Tertiary Industry	643	922	1118	1253	1285
#交通运输仓储和邮政业收入	Transport, Post and Telecommunication Services	208	327	443	324	282
批发和零售业	Wholesale and Retail Trades	315	369	463	508	540
住宿和餐饮业	Hotels and Catering Services	34	86	73	210	244
居民服务修理和其他服务业	Service to Households,Repair and Other Services	58	102	107	104	117
转移性收入	Income from Transfer	1527	1696	1856	2087	2434
财产性收入	Income from Property	84	67	92	126	121

10-10 农村居民家庭人均年总支出
Per Capita Annual Gross Expenditures of Rural Households

单位：元 (yuan)

指　标	Item	2015	2016	2017	2018	2019
全年总支出	**Gross Expenditure**	**12121**	**14193**	**15357**	**16818**	**18647**
#生活消费支出	Living Consumption Expenditure	6645	7533	8299	9170	10222
食品烟酒	Food	2645	2915	3154	3384	3755
衣　着	Clothing	355	378	416	502	553
居　住	Residence	1356	1518	1685	1827	1988
生活用品及服务	Household Facilities,Articles and Services	380	437	450	509	572
医疗保健	Health Care and Medical Services	449	528	602	703	817
交通通信	Transport and Communications	784	961	1081	1223	1371
教育文化娱乐	Culture,Education and Recreation Articles and Services	585	693	792	881	997
其他用品和服务	Miscellaneous Goods and Services	91	102	119	141	169
家庭经营费用支出	Expenditure for Household Operation	2528	3129	3331	2909	2935
#牧业生产支出	Animal Husbandry Costs	824	1030	1057	1079	1295
购置生产用固定资产支出	Expenditure for Purchasing of Productive Fixed Assets	183	263	222	262	168
转移性支出	Expenses on Transfers	156	186	254	236	435
财产性支出	Expenses on Properties	23	31	39	64	68
恩格尔系数(%)	**Engel's Coefficient(%)**	**39.8**	**38.7**	**38.0**	**36.9**	**36.7**

10-11 农村居民家庭人均年现金收支

Per Capita Annual Cash Income and Expenditure of Rural Households

单位：元 (yuan)

指　　标	Item	2015	2016	2017	2018	2019
现金可支配收入合计	**Total Cash Disposable Income**	**6491**	**7374**	**8208**	**9213**	**10096**
工资性收入	Income of Wages and Salaries	2895	3207	3630	4257	4747
家庭经营现金收入	Income from Household Operations	2108	2535	2797	2941	3070
#第一产业收入	Primary Industry	1161	1297	1275	1123	1241
建筑业收入	Construction	122	98	122	256	223
批发和零售业	Wholesale and Retail Trades	350	409	507	552	589
交通运输仓储和邮政业收入	Transport, Post and Telecommunication Services	269	393	527	491	347
住宿和餐饮业	Hotels and Catering Services	38	94	80	252	290
居民服务修理和其他服务业	Service to Households, Repair and Other Services	62	115	117	118	124
转移性现金收入	Transfer Cash Income	1404	1565	1690	1889	2158
#抚恤金	Pension	15	11	13	30	37
财产性现金收入	Property Cash Income	84	67	92	126	121
非收入所得合计	**Reward From Other Way**	**1256**	**1547**	**1984**	**1774**	**2573**
#银行、信用社贷款	Loans of Bank and Credit Union	332	474	418	655	921
借入款	Borrowed Money	653	816	737	893	796
收回借出款	Drawing Back Loan	106	94	86	185	91
从银行、信用社取回存款	Drawing Money from Banks and Credit Union	732	850	909	971	953
现金支出合计	**Total Cash Expenditure**	**9980**	**11917**	**12915**	**14493**	**16366**
#生产费用支出	Expenditure for Operating Costs	2184	2738	2954	2595	2723
生活消费支出	Living Consumption Expenditure	4848	5649	6234	7160	8153
转移性支出	Transfer Expenditures	156	186	254	236	435
借出款	Loan	21	32	14	34	35
归还借款	Loan Recession	250	222	244	474	532
存入银行、信用社	Deposit	13	36	192	35	35

10−12 农村居民家庭每人主要消费品消费量
Per Capita Annual Consumption of Major Consumer Goods in Rural Households

单位：公斤 (kg)

指 标	Item	2015	2016	2017	2018	2019
粮 食	Grain	152.65	144.14	133.99	118.11	118.67
#大 米	Rice	116.76	108.75	100.57	84.95	85.99
食用油	Edible Oil	7.06	7.06	6.58	6.61	6.54
肉禽及其制品	Meat,Poultry and Related Product	36.63	32.93	31.86	33.79	32.22
#猪 肉	Pork	31.61	28.11	27.15	29.32	26.95
家 禽	Poultry	3.63	3.55	3.44	3.41	4.02
蛋类及蛋制品	Eggs and Processed Products	3.54	3.29	3.24	2.54	2.84
水产品	Aquatic Products	1.12	1.22	1.24	1.28	1.78
#鱼 类	Fish	1.02	1.11	1.12	1.13	1.53
蔬 菜	Vegetables	92.29	86.10	81.29	72.36	71.38
瓜 果	Melon and Fruits	20.46	22.90	23.24	24.14	27.00
食 糖	Sugar	0.95	0.93	0.91	0.76	0.67
卷 烟(盒)	Cigarette(pack)	31.36	31.98	32.30	33.76	35.83
酒	Liquor	9.78	9.13	7.95	6.83	6.41

10−13 每百户农村居民家庭年末耐用消费品拥有量
Number of Durable Consumer Goods Owned By Per 100 Rural Households at the Year-end

单位：台 (set)

指 标	Item	2015	2016	2017	2018	2019
彩色电视机	Color TV Set	101.8	103.1	104.0	104.0	102.5
电冰箱	Refrigerator	62.4	77.6	82.3	86.4	91.9
洗衣机	Washing Machine	77.8	89.8	92.0	93.6	96.8
热水器	Water Heater	21.6	37.4	45.4	52.8	61.9
摩托车(辆)	Motorcycle(set)	54.9	55.7	54.2	54.2	54.3
电话机(部)	Fixed Telephone(unit)	8.4	3.7	2.7	2.4	0.3
移动电话(部)	Mobile Phone(unit)	227.3	240.6	255.5	287.5	298.7

10-14 按收入五等份分农村居民家庭收入、消费情况（2019）

Income and Consumption of Rural Househoulds by Income Quintile

项 目	Item	低收入户 (20%) Low Income Households	中低收入户 (20%) Lower Middle Income Households	中等收入户 (20%) Middle Income Households	中高收入户 (20%) Upper Middle Income Households	高收入户 (20%) High Income Households
人均可支配收入（元）	**Per Capita Disposable Income(yuan)**	**2926**	**6548**	**9414**	**13320**	**25587**
#现金可支配收入	Cash Disposable Income	2574	5988	8749	12594	24461
平均每人总支出（元）	**Per Capita Expenditures(yuan)**	**15995**	**13657**	**16537**	**19908**	**29859**
#现金支出	Cash Expenditures	14235	11745	14398	17504	26357
平均每人主要消费品消费量（公斤）	**Per Capita Consumption of Majar Consumor Goods(kg)**					
粮 食	Grain	114.32	118.02	117.20	115.43	130.91
#稻 谷	Rice	83.88	84.56	86.58	83.42	92.86
食用油	Edible Oil	4.22	4.31	4.52	4.85	6.23
肉禽及其制品	Meat,Poultry and Related Product	25.22	29.64	31.43	34.50	43.45
#猪 肉	Pork	21.48	25.11	26.90	28.37	35.24
家 禽	Poultry	3.04	3.59	3.58	4.57	5.81
蛋类及蛋制品	Eggs and Processed Products	1.34	1.56	1.70	1.71	2.20
水产品	Aquatic Products	1.12	1.69	1.56	2.12	2.66
#鱼 类	Fish	0.97	1.51	1.38	1.80	2.21
蔬菜及菜制品	Vegetables	67.54	71.05	70.21	68.96	83.90
干鲜瓜果类	Melon and Fruits	20.72	23.25	26.77	29.90	37.35
食 糖	Sugar	0.68	0.62	0.64	0.62	0.82
卷 烟(盒)	Cigarette(pack)	30.51	29.16	34.68	36.81	51.98
酒	Liquor	5.61	6.41	6.02	6.17	8.26
每百户耐用消费品拥有量	**Number of Durable Consumer Goods Owned By Per 100 Rural Households**					
彩色电视机(台)	Color TV Set(set)	96.00	100.05	103.03	106.22	107.28
电冰箱(台)	Refrigerator(set)	85.59	91.89	92.10	93.78	96.28
洗衣机(台)	Washing Machine(set)	94.79	95.23	95.31	98.85	99.98
热水器(台)	Water Heater (set)	50.70	52.72	59.82	68.21	78.17
摩托车(辆)	Motorcycles(set)	52.91	52.47	59.04	54.12	53.02
固定电话(部)	Fixed Telephone(unit)	0.23	—	—	0.14	1.23
移动电话(部)	Mobile Phone(unit)	289.78	302.44	300.78	306.29	294.20

10-15 农村居民家庭人均经营费用和生产性固定资产购置

Per Capita Expenditure for Household Operations and Expenditure for Purchasing Productive Fixed Assets of Rural Households

单位：元 (yuan)

指　标	Item	2015	2016	2017	2018	2019
家庭经营费用支出	**Expenditure for Household Operations**	**2527.79**	**3129.35**	**3331.27**	**2909.26**	**2935.05**
#农业生产支出	Farming	616.58	746.51	599.85	649.63	611.98
林业生产支出	Forestry	13.83	15.66	34.84	34.29	15.23
牧业生产支出	Animal Husbandry	824.31	1029.94	1056.89	1078.86	1295.14
渔业生产支出	Fishery	6.37	8.83	9.60	13.31	4.91
制造业支出	Manufacturing	114.72	109.61	165.62	102.86	141.62
建筑业支出	Construction	141.96	111.35	143.92	238.43	198.85
批发和零售业支出	Wholesale and Retail Trades	411.12	695.25	909.59	422.82	271.93
交通运输仓储和邮政业支出	Transport, Post and Telecommunication	148.15	224.82	229.98	169.33	156.34
住宿和餐饮业支出	Hotels and Catering Services	98.90	70.50	45.94	93.97	130.87
居民服务修理和其他服务业支出	Service to Households, Repair and Other Services	99.55	90.22	96.51	37.40	49.85
购置生产用固定资产支出	**Expenditure for Purchasing Productive Fixed Assets**	**182.58**	**263.20**	**221.75**	**261.54**	**167.75**
役畜、产品畜	Draught Animals and Commodity Animals	57.65	98.48	65.96	51.73	38.50

10-16 历年城乡居民人均收支

单位：元

年 份 Year	城镇常住居民人均可支配收入 Per Capita Disposable Income of Urban Households	比上年增长(%) Tear-on year Increase Index (%)	指 数(1978年=100) Index (year of 1978=100)	城镇常住居民人均消费性支出 Per Capita Consumption Expenditures of Urban Households	#食 品 #Food
1978	261.26	1.2	100.0	246.53	150.15
1979	279.66	5.2	105.2	273.60	176.64
1980	343.83	11.9	117.7	334.32	202.32
1981	434.10	22.5	144.1	393.24	237.60
1982	459.73	3.8	149.6	403.92	243.96
1983	483.33	3.5	154.8	426.36	258.72
1984	558.00	12.3	173.8	480.36	279.48
1985	682.27	10.9	192.7	617.52	324.24
1986	824.40	13.6	218.8	722.28	381.84
1987	912.26	0.9	220.7	788.76	431.40
1988	1101.84	-0.6	219.4	1050.24	554.52
1989	1275.45	-1.8	215.4	1102.56	640.20
1990	1399.36	8.5	233.8	1163.25	658.19
1991	1593.54	9.6	256.2	1338.86	750.79
1992	1887.51	9.7	281.0	1564.34	886.89
1993	2300.38	5.1	295.4	1876.24	1021.42
1994	3196.06	14.1	337.2	2531.78	1353.13
1995	3916.25	2.2	344.5	3250.55	1752.41
1996	4210.74	-2.9	334.4	3572.78	1923.49
1997	4438.05	1.8	340.4	3555.69	1819.90
1998	4566.17	2.3	348.3	3799.38	1839.64
1999	4935.47	9.0	379.6	3964.35	1683.38
2000	5121.22	5.1	399.0	4278.28	1847.63
2001	5451.91	3.9	414.5	4492.25	1832.26
2002	5944.02	9.8	455.1	4598.30	1788.61
2003	6568.91	9.5	498.4	4947.62	1967.67
2004	7322.04	7.7	536.8	5494.43	2260.46
2005	8147.13	10.6	593.7	6156.27	2457.09
2006	9116.61	10.1	653.7	6848.39	2649.02
2007	10678.40	10.6	723.0	7758.69	3122.46
2008	11758.76	2.9	744.0	8349.21	3597.94
2009	12862.53	10.9	825.1	9048.29	3755.61
2010	14142.74	7.0	882.9	10058.29	4013.67
2011	16495.01	10.8	978.3	11352.88	4565.85
2012	18700.51	10.4	1080.0	12585.70	4992.85
2013	20667.07	7.4	1159.9	13702.87	4915.02
2014	22548.21	7.0	1241.1	15254.64	5319.60
2015	24579.64	7.4	1332.9	16914.20	5757.29
2016	26742.62	7.2	1428.9	19201.68	6382.64
2017	29079.84	7.5	1536.1	20347.79	6722.91
2018	31591.93	6.5	1635.5	20787.93	6743.61
2019	34404.17	6.6	1743.4	21402.38	6893.71

注：1.表中增长速度及指数已扣除价格因素。2.城镇常住居民人均可支配收入、人均消费性支出2013年及以前为城镇居民人均数，农村常住居民人均可支配收入2013年及以前为农民人均纯收入，农村常住居民人均消费性支出2013年及以前为农村居民数据。

Per Capita Income and Expenditures of Urban and Rural Households Over the Years

(yuan)

农村常住居民人均可支配收入 Per Capita Net Income of Rural Households	比上年增长 (%) Tear-on year Increase Index (%)	指数 (1978年=100) Index (year of 1978=100)	农村常住居民人均生活消费支出 Per Capita Consumption Expenditures of Rural Households	#食品 #Food
109.30	3.5	100.0	104.52	72.20
131.09	15.4	115.4	116.23	82.44
161.50	16.6	134.5	139.24	96.45
208.87	27.3	171.2	162.51	105.16
223.13	5.3	180.3	187.02	121.67
224.87	0.5	181.1	185.20	126.01
262.81	15.5	209.1	208.87	144.00
302.14	8.8	227.5	254.58	177.83
303.57	-3.9	218.6	271.60	190.60
341.84	6.4	232.5	304.22	212.90
397.74	-0.8	230.7	359.73	254.32
430.34	-7.3	213.9	407.28	282.92
435.14	-1.3	211.0	403.28	281.92
465.53	3.5	218.4	420.44	286.60
506.13	2.0	222.9	454.47	309.77
579.67	-1.4	219.8	550.11	390.45
786.84	6.6	234.2	684.27	484.41
1086.62	6.6	249.6	930.59	661.85
1276.67	5.5	263.3	1068.09	774.62
1298.54	4.2	274.4	1065.70	742.16
1334.46	4.4	286.5	1094.39	757.55
1363.07	4.7	299.9	1069.81	722.16
1374.16	3.6	310.7	1096.59	687.32
1411.73	3.7	322.2	1098.39	659.37
1489.91	4.3	336.1	1137.56	661.35
1564.66	4.7	353.2	1185.17	674.71
1721.55	5.6	373.0	1296.34	754.39
1876.96	5.2	392.4	1552.39	819.87
1984.62	4.7	410.8	1627.07	838.42
2373.99	11.6	458.5	1913.50	998.39
2796.93	8.9	499.3	2165.70	1119.64
3005.41	9.2	545.2	2421.95	1093.94
3471.93	12.6	613.9	2852.48	1319.43
4145.35	14.0	699.8	3455.76	1646.51
4753.00	11.5	780.3	3901.71	1740.58
5434.00	12.4	877.2	4740.18	2036.22
6671.22	10.3	967.5	5970.25	2488.50
7386.87	10.5	1069.1	6644.93	2644.56
8090.28	8.3	1157.8	7533.29	2915.38
8869.10	8.9	1260.9	8298.98	3153.61
9716.10	8.1	1362.9	9170.24	3383.82
10756.30	7.9	1470.5	10221.65	3755.44

Note: 1.The increase index and the index in the table have deducted price factors. 2. Per capita disposable income and per capita consumption expenditure of urban households in 2013 and before were per capita urban residents. Per capita net income of rural households in 2013 and before was per-capita net income of farms. Per capita consumption expenditure of rural households in 2013 and before was rural residents data.

主要统计指标解释

住户 指居住在一个住宅内，共同分享生活开支或收入的一群人。居住在同一房间内、不共同分享生活开支的人群，每个人都视为一个住户。住家保姆、住家家庭帮工视为单独的住户。

常住成员 指住户成员中，经常在家居住、或者调查期内居住时间超过一半的人员，以及本住户供养的学生。

季度调查的常住成员包括：

①过去三个月已经居住或未来三个月打算居住时间超过1.5个月的住户成员。

②过去三个月内每月至少在调查住宅居住一天以上，且没有在其他自有或独自租借的普通住宅中住过的人。或者说，在外与人合住或住在工棚、集体宿舍、工作地或其他临时性住所、又定期回家居住的人，也是本住户常住成员。

③由本住户供养的在校学生（包括大中专学生和研究生）。

就业面 指就业人口占家庭人口的百分比。

就业者赡养人口 指家庭人口与就业人口之比。

整、半劳动力 整劳动力指男子18周岁到50周岁，女子18周岁到45周岁；半劳动力指男子16周岁到17周岁，51周岁到60周岁；女子16周岁到17周岁，46周岁到55周岁，同时具有劳动能力的人。虽然在劳动年龄之内，但已丧失劳动能力的人，不应算为劳动力；超过劳动年龄，但能经常参加劳动的人，计入半劳动力数内。常住人口中的职工，若这些职工为劳动力，就包括在本户的整半劳动力中。

可支配收入 指调查户在调查期内获得的、可用于最终消费支出和储蓄的总和，即调查户可以用来自由支配的收入。可支配收入既包括现金，也包括实物收入。按照收入的来源，可支配收入包含四项，分别为：工资性收入、经营净收入、财产净收入和转移净收入。计算公式为：

可支配收入=工资性收入+经营净收入+财产净收入+转移净收入

其中：经营净收入=经营收入−经营费用−生产性固定资产折旧−生产税

财产净收入=财产性收入−财产性支出

转移净收入=转移性收入−转移性支出

工资性收入 指就业人员通过各种途径得到的全部劳动报酬和各种福利，包括受雇于单位或个人、从事各种自由职业、兼职和零星劳动得到的全部劳动报酬和福利。

经营净收入 指住户或住户成员从事生产经营活动所获得的净收入，是全部经营收入中扣除经营费用、生产性固定资产折旧和生产税之后得到的净收入。

财产净收入 指住户或住户成员将其所拥有的金融资产、住房等非金融资产和自然资源交由其他机构单位、住户或个人支配而获得的回报并扣除相关的费用之后得到的净收入。财产净收入包括利息净收入、红利收入、储蓄性保险净收益、转让承包土地经营权租金净收入、出租房屋净收入、出租其他资产净收入和自有住房折算净租金等。

财产净收入不包括转让资产所有权的溢价所得，这应该计入“非收入所得”。

转移性收入 指国家、单位、社会团体对住户的各种经常性转移支付和住户之间的经常性收入转移。包括政府、非行政事业单位、社会团体对居民转移的养老金或退休金、社会救济和补助、惠农补贴、政策性生活补贴、救灾款、经常性捐赠和赔偿以及报销医疗费等；住户之间的赡养收入、经常性捐赠和赔偿以及农村地区（村委会）在外（含国外）工作的本住户非常住成员寄回带回的收入等。

转移性收入不包括住户之间的实物馈赠。

城镇居民人均可支配收入（老口径） 指城镇家庭总收入扣除交纳的个人所得税和个人交纳的各项社会保障支出之后，按照城镇居民家庭人口平均的收入水平。其中家庭总收入是指该家庭中生活在一起的所有家庭人员从各种渠道得到的所有收入之和。更详细的解释可参照《城镇住户调查方案（2011 年统计年报和 2012 年定期报表）》。

农村居民人均纯收入（老口径） 指农村住户当年从各个来源得到的家庭总收入扣除有关费用性支出后，最终归农村居民所有的收入总和，按照农村住户人口平均的纯收入水平。更详细的解释可参照《农村住户调查方案（2011 年统计年报和 2012 年定期报表）》

消费支出 指住户用于满足家庭日常生活消费需要的全部支出，包括用于消费品的支出和用于服务性消费的支出。根据用途不同，消费支出可划分为食品烟酒、衣着、居住、生活用品及服务、交通通信、教育文化娱乐、医疗保健、其他用品及服务八大类。根据来源不同，消费支出可划分为现金消费支出、实物消费支出（含自产自用、来自单位、来自政府和其他社会组织）。

家庭收入分组方法 将所有调查户依户人均可支配收入由低到高排队，按 20%，20%，20%，20%，20%的比例依次分成：低收入户、中低收入户、中等收入户、中高收入户、高收入户等五组。

恩格尔系数 指食物支出金额在生活消费总支出金额中所占的比例。计算公式为：

$$\text{恩格尔系数}=\frac{\text{食品支出金额}}{\text{生活消费总支出金额}}\times 100\%$$

Explanatory Notes on Main Statistical Indicators

Household refer to a group of people who live in a house, share a living expenses or income. Living in the same room, not to share the living expenses of the crowd, everyone is considered as a household. Nanny, home family workers are treated as a separate household。

Permanent Members refer to the members of the household who is often at home, or in the residence time of more than half of the residence time, and the students who support.

Quarterly Survey of Permanent Members include:

①The household members who have been living over the past three months or will live longer than 1.5 months in the next three months.

②People who have lived for at least one day per month in the surveyed house in the past three months and who have not lived in other ordinary houses owned or rented by themselves. Or, people who live together with others or live in sheds, collective dormitories, workplaces or other temporary residences, and regularly return home to live, are also permanent members of their own households.

③Students supported by the household.

Proportion Employment refers to the percentage of the population in the family.

Number of Dependents per Employee refers to the ratio of the household population to the employment population.

Full/Semi Labour Force refers to persons capable of work, aged 18-50 for males and 18-45 for females. Semi labour force refers to persons capable of work, aged 16-17 and 51-60 for males and 16-17 and 46-55 for females. Persons at their working ages but not capable of work are not to be included as labour force. Persons not at working ages but participating regularly in work are included in semi labour force. For staff and workers who are usual residents, are included as full or semi labour force of the household if they are in the labour force.

Disposable Income refers to the income of the household survey period, which can be used for final consumption and savings, or the income of the household can be used for free. Disposable income includes both cash, but also in kind. According to the sources of income, disposable income includes four items, respectively, income from wages and salaries, net business income, net income from properties and net income from transfer. Calculation formula:

Disposable income = wage income + net income + property net income + transfer net income

Where: operating net income = operating income - operating expenses - production of fixed assets depreciation

- production tax

Property net income = property income - property expenses

Transfer of net income = transfer income-transfer expenditure

Income from Wages and Salaries refers to remuneration of labour and salaries from all kinds of sources, including those employed by other units or individuals, freelance work, part-time jobs, and sporadic labour.

Net Business Income refers to the income earned by households and their members engaged in the production and business activities. It refers to the net income of operating revenue minus operating costs, depreciation of productive fixed assets, and production tax.

Property Net Income refers to the net income received as returns by the household or household members of the financial assets, non-financial assets such as housing, to other institutions, households or individuals, and minus relevant costs. Net income from properties includes net income of interest, bonus income, net income of saving insurance, net income of rents of transferring management right of contract land, income of renting housing, income of renting other assets, net converted rents of self-owned housing. Net income from properties do not include premium of transferring ownership of assets.

Property net income does not include the premium income from the transfer of property rights, which should be included in the “non income”.

Transfer Income refers to the regular transfer from country, institutions, social communities to households and between households. Including the government, the non administrative institutions, social groups of residents to move pension or retirement benefits, social benefits and subsidies, subsidies benefit farmers, policy subsidy, relief funds, regular donation and compensation and reimbursement of medical expenses; between tenants alimony income, often donations and compensation and rural areas (Village) (including foreign) of the households in non resident members return back to the income.

The transfer of income does not include the physical gifts between households.

The Per Capita Disposable Income of Urban Residents (old caliber) refers to the income tax and the average income level of the residents in urban families after the deduction of the income tax and the social security expenditure. The total household income is the sum of all the income of the family who lives in a variety of ways. More detailed explanation can be referred to the 《urban household survey (2011 statistical report and 2012 periodic report)》.

The Per Capita Net Income of Rural Residents (old caliber) refers to the total income of rural households in the year from various sources of household income after deducting the cost of the total income of rural residents, according to the average net income of rural households. A more detailed explanation can be referred to the 《Rural Household Survey Programme (2011 statistical report and the 2012 periodic report)》.

Consumer Spending refers to all the expenses that the household is used to meet the needs of the daily life of the family, including the expenses for the consumer goods and the expenses for the service. According to different purposes, the consumption expenditure can be divided into tobacco and food, clothing, housing, daily necessities and services, transportation and communication, education culture and entertainment, health care and other goods and services eight categories. According to different sources, consumer spending can be divided into cash consumption, real consumer spending (including self-produced their own, from the unit, from the government and other social organizations).

Household income grouping method according to the households, the average income per household was low to high, according to 20%, 20%, 20%, 20%, 20% of the proportion were divided into: low income households, middle and low income households, middle income households, middle and high income, high income households and other five groups.

Engel Coefficient refers to the percentage of expenditure on food in the total consumption expenditure, using the following formula:

Engel Coefficient=(expenditure on food)/(total consumption expenditure)×100%

城市概况

General Survey of Cities

11

简 要 说 明

一、主要内容

本篇资料主要反映城市公用事业概况，包括：城市公用事业、城市气象、市政建设及设施、公共交通、城市绿化、环境卫生等。

二、统计范围

全省所有设市城市在建成区范围内所有的城市规划管理、投资、建设或经营管理相关设施的单位。

三、资料来源

本篇资料由省住房和城乡建设厅、省交通运输厅、省气象局等提供。

Brief Introduction

I. Main Contents

This chapter presents the basic status of urban public utilities, including city public utility, city weather, municipal building and infrastructure, public transportation, urban greening, and urban sanitation.

II. Scope of Statistics

It covers all units under the jurisdiction of cities which are engaged in urban planning and management, investment, construction and operation of relevant facilities.

III. Sources of Data

Data in this chapter are collected by the Provincial Department of Housing and Urban-Rural Development, Provincial Department of Traffic and Transportation, Provincial Bureau of Meteorological Service.

11-1 城市公用事业

City Public Utilities

指标	Item	2015	2016	2017	2018	2019
城市建设	**City Areas and Floor Space of Buildings**					
城区面积(平方公里)	Urban Area (sq.km)	4933.60	5277.36	5619.42	6070.44	6586.61
建成区面积(平方公里)	Area of Built Districts (sq.km)	1458.83	1544.15	1729.22	1823.99	1914.21
城市建设用地面积(平方公里)	Area of Land Used for Urban Construction (sq.km)	1314	1391	1615	1686	1760
征用土地面积(平方公里)	Area of Land Put in Requisition for State Construction Projects (sq.km)	69.11	75.48	76.43	78.11	56.91
城市人口密度(人/平方公里)	Population Density of City Districts (persons/sq.km)	2426	2361	2371	2323	2253
城市供水、燃气	**Supply of Water and Gas**					
年末供水综合生产能力(万立方米/日)	Production Capacity of Tap Water Supply at Year-end (10000 cu.m/day)	381.31	420.35	462.96	532.12	625.11
供水管道长度(公里)	Length of Water Pipelines (km)	15240	17075	22688	24393	26702
建成区城市供水管道密度(公里/平方公里)	Water Pipelines Pensity of Built Districts of city(km/sq.km)	10.45	11.06	9.35	10.26	9.97
供水总量(万立方米)	Volume of Tap Water Supply(10000cu.m)	85454	92090	101100	114633	123811
#生活用水	Water Consumption for Residential Use	45349	47534	52320	58979	64937
生产用水	Water Consumption for Productive Use	12076	14648	13764	15720	20807
用水人口(万人)	Number of Residents with Access to Tap Water (10000 persons)	1099.25	1156.55	1241.59	1322.42	1414.19
人均日生活用水(升)	Per Capita Daily Consumption of Tap Water for Residential Use (liter)	134.88	140.99	146.00	154.14	145.77
用水普及率 (%)	Coverage Rate of Urban Population with Access to Tap Water (%)	91.8	92.9	93.2	93.8	95.32
人工煤气生产能力(万立方米/日)	Production Capacity of Gaswork Gas (10 000 cu.m/day)	6	6	—	—	—
管道长度(公里)	Length of Gas Pipelines (km)	5442	6702	8329	9071	11054
人工煤气	Gaswork	771	775	—	—	—
液化石油气	Liquefied Petroleum Gas	154	139	181	92	—
天然气	Natural Gas	4518	5789	8149	8979	11054
全年供气总量	Annual Volume of Gas Supply					
人工煤气(万立方米)	Gaswork (10 000 cu.m)	5540	2705	—	—	—
#家庭用量	Consumption of Natural Gas for Residential Use	2820	1564	—	—	—
液化石油气 (吨)	Liquefied Petroleum Gas(ton)	138443	143456	163929	164317	185120
#家庭用量	Consumption of Natural Gas for Residential Use	127853	130554	131660	134642	109733
天然气(万立方米)	Natural Gas Supply (10 000 cu.m)	39660	46411	80366	95207	119603
#家庭用量	Consumption of Natural Gas for Residential Use	18510	18751	22069	26333	36573
用气人口(万人)	Population with Access to Gas (10000 persons)	846.24	898.62	982.34	1052.41	1204.89
人工煤气	Gaswork	31.00	31.00	—	—	—
液化石油气	Liquefied Petroleum Gas	527.18	546.73	594.17	616.58	669.61
天 然 气	Natural Gas	288.06	320.89	388.17	435.83	535.28
燃气普及率(%)	Coverage Rate of Urban Population with Access to Gas (%)	70.7	72.1	73.7	74.6	81.2
城市市政设施	**Municipal Infra-structure**					
年末实有道路长度(公里)	Length of Paved Roads at Year-end (km)	7014	8021	8723	9657	10608

11-1 续表 continued

指　　标	Item	2015	2016	2017	2018	2019
年末实有道路面积(万平方米)	Area of Paved Roads at Year-end (10 000sq.m)	13005	15297	16650	18949	21567
人均拥有道路面积(平方米)	Per Capita Area of Paved Roads (sq.m)	10.86	12.28	12.5	13.44	14.54
城市排水管道长度(公里)	Length of City Sewage Pipes (km)	9529	9761	11800	13872	16338
城市污水日处理能力(万立方米)	Daily Disposal Capacity of City Sewage (10 000 cu.m)	199	250	270	332	366
建城区城市排水管道密度(公里/平方公里)	Density of City Sewage Pipes (km/sq.km)	6.53	6.32	4.31	5.26	6.77
城市桥梁(座)	Number of City Bridges (unit)	1070	1164	1182	1222	1290
城市道路照明灯(千盏)	Number of Street Lights (1 000 units)	660	754	816	944	1017
城市公共交通	**Public Traffic**					
年末公共交通运营车辆数(辆)	Number of Public Vehicles under Operation at Year-end (Buses and Trolley Buses) (unit)	7889	8565	9575	9900	10287
运营线路网长度(公里)	Length under Operation (km)	10542	12627	16284	18704	19607
公共交通客运总量(万人次)	Passengers Transported by Public Vehicles (10 000person-times)	153634	182464	189422	187797	177276
出租汽车(辆)	Number of Taxi (unit)	25697	28713	31336	30696	36378
城市绿化和园林	**City Greening**					
城市绿化覆盖面积(公顷)	Area of Parks and Green Land (hectare)	73980	78630.6	102206	109676	116111
公园绿地面积(公顷)	Park Green Areas (hectare)	11503.3	14520	17343	19095	21846
人均公园绿地面积(平方米)	Per Capita Area of Parks and Green Land (sq.m)	9.61	11.65	13.02	13.54	14.72
公园个数(个)	Number of Parks and Zoos (unit)	242	295	397	471	528
公园面积(公顷)	Area of Parks (hectares)	9135	10821	17540	19307	21523
建成区绿化覆盖率(%)	Green Covered Area as % of Completed Area (%)	28.2	30.0	32.8	35.2	36.9
城市环境卫生	**Environmental Sanitation**					
清扫保洁面积(万平方米)	Area under Cleaning Program (10 000 sq.m)	12161	15861	20904	23871	25161
生活垃圾清运量(万吨)	Volume of Garbage Disposal (10 000 tons)	501.17	522.34	576.74	580.28	608.40
市容环卫专用车辆设备总数(台)	Number of Special Vehicles for Environmental Sanitation (unit)	4254	5244	7087	7867	8886
公共厕所(座)	Number of Public Lavatories (unit)	2476	2529	3413	3673	3798
#三类以上	Third Grade and Above	1850	1870	2931	3252	3268

注：资料来源于省住房城乡建设厅、省交通运输厅(以下相关表同)。

Note: Data are provided by the Provincial Department of Housing and Urban-Rural Development Construction and the Provincial Department of Transportation (the relative tables in the chapter are the same).

11-2 城市气象(2019)

Climate of Major Cities

城市名称	City	年平均气温(℃) Annual Average Temperature(℃)	年降水量(毫米) Annual Precipitation(mm)	年日照时数(小时) Annual Sunshine Hours(hour)	年平均相对湿度(%) Annual Average Relative Humidity(%)
全省平均	Pingjun	15.8	1257.1	1226.3	81
贵阳市	Guiyang	15.0	1252.8	1217.1	82
六盘水市	Liupanshui	13.9	1168.2	1278.5	79
遵义市	Zunyi	15.3	1190.3	1017.5	81
安顺市	Anshun	14.8	1221.9	1328.8	82
毕节市	Bijie	13.8	980.4	1113.0	80
铜仁市	Tongren	17.3	1344.0	1264.4	78
兴义市	Xingyi	17.5	1325.9	1583.0	81
凯里市	Kaili	16.5	1348.1	1138.6	79
都匀市	Duyun	15.3	1443.8	1044.8	87
清镇市	Qingzhen	14.8	1419.4	1026.1	85
盘州市	Panzhou	15.8	1028.3	1781.6	74
赤水市	Chishui	18.1	1224.7	975.3	83
仁怀市	Renhuai	16.4	1359.9	1081.8	79
兴仁市	Xingren	16.6	1230.8	1572.3	79
福泉市	Fuquan	15.5	1318.6	1062.8	81

注：资料来源于省气象局(下表同)。

Note:Data in the table are provided by the Provincial Meteorological Administration (the same applies to the next table).

11-3 城市平均气温 (2019)

Monthly Average Temperature of Major Cities

单位：℃ (℃)

城市名称	City	1月 Jan.	2月 Feb.	3月 Mar.	4月 Apr.	5月 May	6月 June	7月 July	8月 Aug.	9月 Sept.	10月 Oct.	11月 Nov.	12月 Dec.
全省平均	Pingjun	5.7	7.5	12.1	18.3	18.5	22.7	23.4	24.5	21.0	16.8	11.7	7.7
贵阳市	Guiyang	4.4	5.0	11.4	17.4	17.7	22.0	22.8	24.4	20.8	16.4	11.0	7.3
六盘水市	Liupanshui	5.6	8.9	10.3	17.1	16.5	20.2	20.3	21.0	17.8	14.7	10.0	5.6
遵义市	Zunyi	3.8	4.8	11.2	17.2	17.8	22.8	24.4	25.6	21.6	16.8	10.9	7.5
安顺市	Anshun	5.1	6.6	11.1	17.8	17.6	21.3	21.9	23.1	19.9	15.8	10.8	7.0
毕节市	Bijie	3.3	5.5	9.7	17.2	16.6	20.9	21.8	22.5	18.7	15.2	9.6	5.5
铜仁市	Tongren	5.0	5.2	12.9	18.3	19.9	25.0	27.2	28.5	24.8	18.6	13.4	9.0
兴义市	Xingyi	9.3	13.8	14.8	20.7	20.4	23.8	22.8	23.3	20.6	17.5	13.4	9.0
凯里市	Kaili	4.8	5.2	12.5	17.8	19.5	24.6	25.6	26.6	23.3	18.1	12.7	8.6
都匀市	Duyun	4.2	4.5	11.6	17.1	18.5	22.8	23.7	24.6	21.4	16.8	11.5	7.8
清镇市	Qingzhen	4.5	5.5	11.1	17.4	17.4	21.5	22.3	23.6	20.3	16.1	10.8	7.1
盘州市	Panzhou	9.2	14.4	13.1	18.6	18.8	21.5	20.8	21.1	18.1	15.7	12.1	7.7
赤水市	Chishui	8.1	10.1	14.1	21.5	20.5	24.2	26.2	28.3	23.3	18.7	13.5	9.6
仁怀市	Renhuai	5.3	6.7	12.2	19.2	18.8	23.6	25.1	26.6	22.2	17.7	11.8	7.9
兴仁市	Xingren	8.8	12.0	13.5	19.6	19.6	22.9	22.4	22.7	19.9	17.0	12.7	8.2
福泉市	Fuquan	4.3	4.6	11.8	17.1	18.5	23.2	24.2	25.1	21.6	17.0	11.7	7.7

11−4 城市建设(2019)
Basic Statistics on City Construction

单位：平方公里 (sq.km)

城市名称	City	城区面积 Urban Area	建成区面积 Area of Built Districts	城市建设用地面积 Area of Land Used for Urban Construction
贵阳市	Guiyang	1230.00	369.00	344.96
六盘水市	Liupanshui	276.64	54.20	54.19
遵义市	Zunyi	531.51	155.27	143.78
安顺市	Anshun	160.00	69.80	69.48
铜仁市	Tongren	68.00	54.02	46.27
兴义市	Xingyi	104.00	49.17	48.08
毕节市	Bijie	170.08	49.00	48.93
凯里市	Kaili	140.65	86.56	85.14
都匀市	Duyun	360.00	61.81	46.19
清镇市	Qingzhen	51.60	26.62	21.39
盘州市	Panzhou	330.60	23.80	23.37
赤水市	Chishui	75.40	21.50	18.73
仁怀市	Renhuai	89.00	26.40	24.30
兴仁市	Xingren	40.40	18.54	16.27
福泉市	Fuquan	23.00	19.83	16.67

11−5 城市设施水平(2019)
Basic Statistics on Level of Public Facilities in Cities

城市名称	City	城市用水普及率(%) Coverage Rate of Urban Population with Access to Tap Water(%)	城市燃气普及率(%) Coverage Rate of Urban Population with Access to Gas(%)	人均城市道路面积(平方米) Per Capita Area of Paved Roads (sq.m)	人均公园绿地面积(平方米) Per Capita Area of Park and Green Land (sq.m)
贵阳市	Guiyang	99.70	98.31	10.25	17.51
六盘水市	Liupanshui	100.00	98.75	18.37	12.11
遵义市	Zunyi	96.55	93.28	13.22	23.67
安顺市	Anshun	99.01	87.44	24.31	23.54
铜仁市	Tongren	96.81	85.93	13.54	12.68
兴义市	Xingyi	100.00	83.10	26.70	12.01
毕节市	Bijie	97.99	79.54	11.96	13.55
凯里市	Kaili	95.26	83.70	18.67	9.83
都匀市	Duyun	99.97	86.54	20.18	15.25
清镇市	Qingzhen	97.96	95.03	16.38	13.42
盘州市	Panzhou	90.36	79.89	13.24	11.53
赤水市	Chishui	94.07	92.02	14.36	13.77
仁怀市	Renhuai	99.12	89.53	13.73	9.02
兴仁市	Xingren	100.00	79.20	20.86	10.36
福泉市	Fuquan	100.00	90.01	19.20	9.23

11-6 城市供水（2019）
Tap Water Supply in Cities

城市名称	City	年末供水综合生产能力 万立方米/日 Production Capacity of Tap Water Supply (year-end) (10 000 cu.m/day)	年末供水管道长度（公里） Length of Water Supply Pipelines (year-end) (km)	全年供水总量（万立方米） Total Annual Volume of Water Supply (10 000 cu.m)	#生活用水 For Residential Use	#生产用水 For Productive Use	用水人口（万人） Number of Residents with Access to Tap Water (10 000 persons)	人均日生活用水量（升） Per Capita Daily Consumption of Tap Water for Residential Use(liter)
贵阳市	Guiyang	174.50	4993.00	40612.11	19209.69	7262.09	295.83	214.19
六盘水市	Liupanshui	39.80	1658.81	3791.87	2066.28	1020.28	36.05	157.03
遵义市	Zunyi	50.42	3050.83	12011.20	5591.00	2746.00	112.00	160.40
安顺市	Anshun	27.80	617.68	4778.40	2189.71	750.53	46.03	188.72
铜仁市	Tongren	17.00	481.00	4192.48	2448.45	249.93	40.40	201.14
兴义市	Xingyi	26.10	1187.00	3446.00	2527.00	515.00	39.36	184.67
毕节市	Bijie	11.50	584.00	3514.00	1705.00	896.00	43.88	108.45
凯里市	Kaili	23.10	1064.74	3166.53	1683.77	726.10	39.80	128.85
都匀市	Duyun	13.24	1238.64	2949.20	1510.40	678.00	33.95	141.21
清镇市	Qingzhen	10.00	293.36	2966.00	1689.00	599.00	20.70	234.40
盘州市	Panzhou	7.38	632.53	743.75	352.61	119.23	22.87	49.49
赤水市	Chishui	5.00	190.00	767.76	292.00	244.86	13.80	57.97
仁怀市	Renhuai	7.00	679.93	1919.25	518.19	575.77	24.81	105.97
兴仁市	Xingren	7.00	242.00	1386.04	1024.18	34.35	14.57	207.48
福泉市	Fuquan	4.00	180.00	1017.10	718.00	52.00	13.71	154.47

11-7 城市燃气(2019)
Supply of Gas in Cities

城市名称	City	管道长度（公里） Length of GasPipelines(km)	全年供气总量 Volume of Gas Supply		用气人口（万人） Population with Access to Gas (10 001 persons)	
		天然气 Natural Gas	液化石油气(吨) Liquefied Petroleum Gas(ton)	天然气（万立方米） Natural Gas (10000cu.m)	液化石油气 Liquefied Petroleum Gas	天然气 Natural Gas
贵阳市	Guiyang	3511.22	48000.00	40612.00	57.05	234.65
六盘水市	Liupanshui	843.10	1283.19	5314.55	2.00	33.60
遵义市	Zunyi	584.79	22297.05	15657.51	63.80	44.40
安顺市	Anshun	328.61	16428.99	3518.90	20.19	20.46
铜仁市	Tongren	173.51	5248.40	1135.67	24.01	11.85
兴义市	Xingyi	135.00	8147.00	1103.40	29.45	3.26
毕节市	Bijie	275.00	6241.15	2186.69	21.00	14.62
凯里市	Kaili	135.66	4925.66	5017.98	23.60	11.37
都匀市	Duyun	435.00	2551.10	4798.62	15.75	13.64
清镇市	Qingzhen	150.00	1500.00	541.00	18.40	1.82
盘州市	Panzhou	373.00	1370.70	10465.50	3.75	16.33
赤水市	Chishui	552.00	262.50	1860.00	1.00	12.50
仁怀市	Renhuai	236.01	826.00	7420.83	15.61	6.80
兴仁市	Xingren	9.93	602.10	1.79	11.29	0.25
福泉市	Fuquan	73.00	1399.65	213.98	4.19	8.15

11-8 城市市政设施（2019）
Municipal Infrastructure in Cities

城市名称 City	年末实有道路长度（公里）Length of Paved Roads (year-end) (km)	年末实有道路面积（万平方米）Area of Paved Roads (year-end) (10 000 sq.m)	城市桥梁（座）Number of City Bridges (unit)	城市排水管道长度（公里）Length of City Sewage Pipes (km)	城市污水日处理能力（万立方米）Daily Disposal Capacity of City Sewage (10 000 cu.m)	城市道路照明灯（千盏）Number of Street Lights (1 000 units)
贵阳市 Guiyang	1514.49	3040.05	349	3846.63	127.50	233.52
六盘水市 Liupanshui	248.30	662.37	30	556.00	16.50	36.18
遵义市 Zunyi	674.83	1533.75	19	1128.28	35.50	97.11
安顺市 Anshun	436.94	1130.21	55	776.53	13.30	39.88
铜仁市 Tongren	394.60	564.90	40	469.91	12.30	48.77
兴义市 Xingyi	396.42	1051.10	26	714.45	11.50	18.93
毕节市 Bijie	251.49	535.46	45	295.00	10.50	14.00
凯里市 Kaili	318.29	780.14	48	370.66	11.35	54.97
都匀市 Duyun	329.71	685.41	54	379.37	11.00	29.35
清镇市 Qingzhen	113.93	346.02	13	428.71	9.00	9.71
盘州市 Panzhou	156.30	335.00	8	459.00	7.11	11.96
赤水市 Chishui	77.60	210.62	4	176.00	4.00	7.76
仁怀市 Renhuai	162.63	343.67	10	111.00	5.35	13.97
兴仁市 Xingren	159.79	304.00	3	205.13	2.60	4.92
福泉市 Fuquan	112.00	263.20	11	117.93	2.60	5.14

11−9 城市绿地和园林(2019)
Parks and Green Areas in Cities

城市名称	City	建成区园林绿地面积(公顷) Area of Parks and Green Land(hectare)	公园绿地面积(公顷) ParkGreen Areas(hectare)	公园(个) Number of Parks(unit)	公园面积(公顷) Area of Parks(hectare)	建成区绿化覆盖率(%) Green Covered Area as of Completed Area(%)
贵阳市	Guiyang	14095.99	5195.75	19	3257.92	40.39
六盘水市	Liupanshui	1924.95	436.44	13	2145.57	38.18
遵义市	Zunyi	6000.56	2745.42	32	2813.38	41.17
安顺市	Anshun	2564.97	1094.57	31	641.64	38.84
铜仁市	Tongren	1822.45	529.25	12	592.65	38.11
兴义市	Xingyi	1813.79	472.88	14	472.88	40.53
毕节市	Bijie	1551.74	606.75	12	630.30	36.12
凯里市	Kaili	2782.33	410.77	27	357.15	37.28
都匀市	Duyun	2165.00	518.05	10	352.21	36.02
清镇市	Qingzhen	1084.37	283.54	9	181.12	42.96
盘州市	Panzhou	842.52	291.80	4	194.00	37.30
赤水市	Chishui	817.76	202.01	11	188.80	41.17
仁怀市	Renhuai	971.04	225.77	9	225.77	38.83
兴仁市	Xingren	684.94	150.94	7	155.25	41.28
福泉市	Fuquan	642.02	126.51	7	152.56	36.87

11−10 城市市容环境卫生(2019)
Urban Sanitation in Cities

城市名称	City	清扫保洁面积(万平方米) Area under Cleaning Program (10 000 sq.m)	生活垃圾清运量(万吨) Volume of Garbage Disposal (10 000 tons)	市容环卫专用车辆设备总数(台) Number of Special Vehicles for Environmental Sanitation (unit)	公共厕所(座) Number of Public Lavatories (unit)	#三类以上 Third Grade and Above	生活垃圾无害化处理率(%) Garbage harmless treatment rate (%)
贵阳市	Guiyang	4880	152.46	2096	595	595	98.0
六盘水市	Liupanshui	600	13.28	164	68	68	96.7
遵义市	Zunyi	3205	42.22	1166	710	710	96.1
安顺市	Anshun	1333	30.26	641	162	162	96.0
铜仁市	Tongren	650	16.57	111	91	88	98.1
兴义市	Xingyi	1177	14.51	260	78	12	97.2
毕节市	Bijie	620	22.72	301	122	122	95.6
凯里市	Kaili	492	18.37	83	90	90	95.6
都匀市	Duyun	651	10.68	189	40	30	95.8
清镇市	Qingzhen	396	9.25	243	59	59	91.6
盘州市	Panzhou	240	8.37	62	82	82	90.3
赤水市	Chishui	189	5.07	58	32	32	93.5
仁怀市	Renhuai	326	8.56	157	63	63	95.2
兴仁市	Xingren	182	6.24	35	16	16	92.0
福泉市	Fuquan	255	6.00	120	67	48	95.5

主要统计指标解释

用水普及率 指报告期末城区用水人口数与总人口的比率。计算公式：

用水普及率=城区用水人口（含暂住人口）／（城区人口+城区暂住人口）×100%

人工煤气生产能力 指报告期末人工煤气生产厂制气、净化、输送等环节的综合生产能力，不包括备用设备能力。一般按设计能力计算，如果实际生产能力大于设计能力时，应按实际测定的生产能力计算。测定时应以制气、净化、输送三个环节中最薄弱的环节为主。

供气管道长度 指报告期末从气源厂压缩机的出口或门站出口至各类用户引入管之间的全部已经通气投入使用的管道长度。不包括煤气生产厂、输配站、液化气储存站、灌瓶站、储配站、气化站、混气站、供应站等厂(站)内的管道。按不同的材质、管径分别统计。

供气总量 指报告期燃气企业（单位）向用户供应的燃气数量。包括销售量和损失量。

燃气普及率 指报告期末使用燃气的人口与总人口的比率。计算公式为：

燃气普及率=城区用气人口（含暂住人口）／（城区人口+城区暂住人口）×100%

桥梁 指为跨越天然或人工障碍物而修建的构筑物。包括跨河桥、立交桥、人行天桥以及人行地下通道等。

排水管道长度 指所有排水总管、干管、支管、检查井及连接井进出口等长度之和。计算时应按单管计算，即在同一条街道上如有两条或两条以上并排的排水管道时，应按每条排水管道的长度相加计算。

污水处理能力 指污水处理厂(或处理装置)每昼夜处理污水量的设计能力。

年末公共交通运营车辆数 指年末公交企业(单位)用于运营业务的全部车辆数。以企业(单位)固定资产台账中已投入运营的车辆数为准。

绿地面积 指报告期末用作园林和绿化的各种绿地面积。包括公园绿地、生产绿地、防护绿地、附属绿地和其他绿地的面积。其中公园绿地指城市中向公众开放的、以游憩为主要功能，有一定的游憩设施和服务设施，同时兼有健全生态、美化景观、防灾减灾等综合作用的绿化用地。它是城市建设用地、城市绿地系统和城市市政公用设施的重要组成部分。

公共绿地 指向公众开放的市级、区级、居住区级各类公园、街旁游园，包括其范围内的水域。其中居住区级公园应不小于1万平方米，街旁游园的宽度不小于8米，面积不小于400平方米。

生活垃圾清运量 指报告期收集和运送到各生活垃圾处理场（厂）和生活垃圾最终消纳点的生活垃圾的数量。统计时仅计算从生活垃圾源头和从生活垃圾转运站直接送到处理场和最终消纳点的清运量，对于二次中转的清运量不要重复计算。

供水综合生产能力 指按供水设施取水、净化、送水、出厂输水干管等环节设计能力计算的综合生产能力。包括在原设计能力的基础上，经挖、革、改增加的生产能力。计算时，以四个环节中最薄弱的环节为主确定能力。原则上按设计能力填报，对于经过更新改造后，实际生产能力与设计能力相差很大的，按实际能力填报。

供水管道长度 指从送水泵至用户水表之间所有管道的长度。不包括新安装尚未使用、水厂内以及用户建筑物内的管道。

在同一条街道埋设两条或两条以上管道时，应按每条管道的长度计算。

供水总量 指报告期供水企业（单位）供出的全部水量。包括有效供水量和漏损水量。其中有效供水量指水厂将水供出厂外后，各类用户实际使用到的水量。包括售水量和免费供水量。

生活用水量 包括公共服务用水和居民家庭用水。公共服务用水指为城市社会公共生活服务的用水。包括行政事业单位、部队营区和公共设施服务、社会服务业、批发零售贸易业、旅馆饮食业以及其他公共服务业等单位的用水。居民家庭用水指城市范围内所有居民家庭的日常生活用水。包括城市居民、农民家庭、公共供水站用水。

气温 指空气的温度，我国一般以摄氏度(℃)为单位表示。气象观测的温度表是放在离地面约1.5米处通风良好的百叶箱里测量的，因此，通常说的气温指的是离地面1.5米处百叶箱中的温度。其统计计算方法为：月平均气温是将全月各日的平均气温相加，除以该月的天数而得。年平均气温是将12个月的月平均气温累加后除以12而得。

相对湿度 指空气中实际所含水蒸气密度和同温度下饱和水蒸气密度的百分比值。其统计方法与气温相同。

降水量 指从天空降落到地面的液态或固态(经融化后)水，未经蒸发、渗透、流失而在地面上积聚的深度。其统计计算方法为：月降水量是将全月各日的降水量累加而得。年降水量是将12个月的月降水量累加而得。

日照时数 指太阳实际照射地面的时间。其统计方法与降水量相同。

Explanatory Notes on Main Statistical Indicators

Coverage Rate of Urban Population with Access to Tap Water refers to the ratio of the urban population with access to tap water to the total urban population at the end of reference period. The formula is:

$$\text{Coverage of urban population with access to tap water} = \frac{\text{Urban population with access to tap water}}{\text{Urban population}} \times 100\%$$

Production Capacity of Manufactured Gas refers to the comprehensive production capacity of gas production, purification, transportation and other links in the artificial gas plant at the end of the reporting period, excluding capacity of the reserved facilities. In general, it is determined by the designed capacity, and when actual production capacity is larger than the designed capacity, the capacity is determined by the actual measurement on the weakest segment in the production, purification and delivery.

Length of Gas Pipelines refers to the total length of pipelines in use between the outlet of the compressor of gas-work or outlet of gas stations and the leading pipe of users, excluding pipelines within gasworks, delivery stations, LPG storage stations, refilling stations, gas-mixing stations and supply stations. It is according to different material, diameter, respectively statistics.

Volume of Gas Supply refers to the total volume of gas provided to users by gas-producing enterprises (units) during the reporting period, including the volume sold and the volume lost.

Coverage Rate of Urban Population with Access to Gas refers to the ratio of the urban population with access to gas to the total urban population at the end of the reference period. The formula is:

$$\text{Coverage rate of urban population with access to gas} = \frac{\text{Urban population with access to gas}}{\text{Urban population}} \times 100\%$$

Bridges refer to bridges built to cross over natural or man-made barriers, including bridges over rivers, overpasses for traffic and for pedestrians, underpasses for pedestrians, etc.

Length of Sewage Pipes refers to the total length of general drainage, trunks, branch and inspection wells, connection wells, inlets and outlets, etc. In the calculation, calculation shall be single-tube that is on the same street if two or more side by side drains, they should be added to the length of each drainage calculations.

Disposal Capacity of Sewage refers to the designed 24-hour capacity of sewage disposal by the sewage treatment works or facilities.

Number of Vehicles under Operation at Year-end refers to the total number of vehicles under operation by public transport enterprises (units) at the end of the year, based on the records of operational vehicles by the enterprises (units).

Area of Green Land refers to the end of the reporting period used for landscaping and green area. Including the park green land, production green land, protection green land, green land attached to institutions, and other green area. Park green area refers to open to the public amusement and rest with the facilities of amusement, rest and services. Its function includes perfecting ecology, beautifying landscape, and preventing and reducing disaster. It is an important part of urban construction land, urban green space system and urban public facilities.

Public Green Area refers to green areas open to the public such as municipal, community and neighborhood parks and roadside parks, including waters within parks. Neighborhood parks should occupy an area larger than 10,000 square meters, and the width of roadside parks should occupy an area larger than 400 square meters, with a width of more that 8 meters.

Consumption Wastes Transported refers to volume of consumption wastes collected and transported to disposal factories or sites during the reference period. The statistical calculations of the clearance volume is only from garbage and garbage transfer station directly to the treatment plant and the final consumer satisfaction point, for the secondary transit clearance volume, it cannot be duplicated.

Production Capacity of Water Supply refers to the designed overall production capacity of water facilities, covering the four segments of water collection, purification, conveyance, and outflow through trunk pipelines. Increased capacity through transformation and innovation projects is included as well. The capacity is determined mainly on the weakest of the above-mentioned four segments. In principle, according to the design capacity reporting, for after renovation, the actual production capacity and design capabilities are vary greatly. It is according to the actual ability reported.

Length of Water Supply Pipelines refers to the total length of all the pipelines between the water pumps and the user water meters, excluding pipelines newly installed but not used yet, pipeline in the water factory, and pipeline in the user's buildings. Buried in the same street two or more pipes, each pipe length shall be calculated.

Total Volume of Water Supply refers to the total volume of water supplied by water-works (units) during the reference period, including both the effective water supply and loss during the water supply. The effective water supply refers to the water supply for the water supply factory, the actual use of various types of water users. Including the sale of water and free water supply.

Consumption of Water for Residential Use refers to water consumption of households for daily life and water consumption of public service facilities. The latter refers to water consumption for urban public services, including the consumption of government agencies and public institutions, military barracks, public facilities, wholesale and retail outlets, restaurants, hotels, and other units providing public services. Household water consumption refers to consumption of water for daily life of all households within the boundary of cities, including households of urban residents and farmers, and public water supply stations.

Temperature refers to the air temperature, China uses centigrade as the unit. The thermometry used for water observation is put in a breezy shutter, which is 1.5 metres high from the ground. There fore the commonly used temperature refers to the temperature in the breezy shutter 1.5 metres away from the ground. The calculation method is as follows.

Monthly average temperature is the summation of average daily temperature of one moth divided by the actual days of the particular month.

Annual average temperature is the summation of monthly average of a year divided by 12 months.

Relative Humidity refers to the ratio of actual water vapour pressure to the saturation water vapour pressure under the current temperature. The calculation method is the same as that of temperature.

Volume of Precipitation refers to the deepness of liquid state or solid state (thawed) water falling from the sky to the ground that has not been evaporated, infiltrated or run off. The calculation method is as follows: monthly precipitation is the summation of daily precipitation of month. Annual precipitation is the summation of 12 months precipitation of a year.

Sunshine Hours refer to the actual hours of sun irradiating the earth. The calculation method is the same as that of the precipitation.

资源和环境

Resources and Environment 12

简 要 说 明

一、主要内容

本篇资料主要反映全省自然资源状况和环境保护事业发展情况。

自然资源包括河流、矿产资源、森林资源、水资源等资料。

环境保护事业发展情况主要包括环保资金投入、废水治理、空气质量及污染治理、固体废物处理利用情况、环境污染事故、自然灾害等。

二、资料来源

河流、矿产资源、森林资源、水资源等资料分别由省水利厅、省自然资源厅、省林业局提供，

环境保护资料由省生态环境厅、省住房城乡建设厅提供，自然灾害资料由省民政厅提供。

Brief Introduction

I. Main Contents

This chapter contains information that reflects natural resource conditions and the development of environment protection in Guizhou Province.

Data on natural resources cover rivers, mineral resources, forest resources, and water resources.

The development of environment protection mainly includes environmental protection capital investment, waste water treatment, air quality and pollution treatment, treatment and utilization of solid wastes; environment pollution, loss of natural calamities, etc.

II. Sources of Data

Data on rivers, mineral resources, forest resources and water resources, etc. are provided respectively by Department of Water Conservancy of Guizhou Province, Department of Natural Resources of Guizhou Province and Guizhou Provincial Bureau of Forestry. Data on environmental protection are provided by Department of Ecology and Environment of Guizhou Province and Department of Housing and Urban-Rural of Guizhou Province. Besides, data on natural calamities are provided by the Department of Civil Affairs of Guizhou Province.

12-1 主要河流(省内部分)主要特征值(2019)
Major Feature of Some Part of The Main River

水　系	Water System	流域面积(平方公里) Drainage Area(sq.km)	河长(千米) Length of River(1000 m)	平均坡降(‰) Average Slope Falling(‰)
长江流域	**Changjiang River Drainage**			
#赤水河	Chishuihe	11412	304	4.20
乌　江	Wujiang	66807	896	2.05
清水江	Qingshuijiang	17145	459	2.80
洪州河	Hongzhouhe	975	81	7.00
㵲阳河	Wuyanghe	6474	258	1.70
锦　江	Jinjiang	4017	168	2.87
松桃河	Songtaohe	1536	88	2.10
松坎河	Songkanhe	2321	56	11.10
牛栏江	Niulanjiang	2014	70	4.40
横江(洛泽河)	Hengjiang(Luozehe)	2874	120	8.30
珠江流域	**Zhujiang River Drainage**			
#南盘江	Nanpanjiang	7651		
北盘江	Beipanjiang	20982	416	4.42
红水河	Hongshuihe	15978		
都柳江	Duliujiang	11586	330	3.56
打狗河	Dagouhe	4184	139	5.60

注：资料来源于省水利厅。

Note:Data in the table are provided by the Provincial Department of Water Resources.

12-2 主要矿产资源(2019)
Major Mineral Resources

指 标	Item	计量单位 Unit	保有资源储量 Reserves	2018年居全国位次 Order in Whole Country
饰面用灰岩	Limestone for decoration	万立方米(10000 cubic meters)	225514.80	1
锰矿	Manganese ore	万吨(10000tons)	83555.53	1
重晶石	Barite ore	万吨(10000tons)	12790.76	1
化肥用砂岩	Sandstone for fertilizer	万吨(10000tons)	10608.60	1
砖瓦用砂岩	Sandstone for brick and tile	万立方米(10000 cubic meters)	1774.69	1
光学水晶	Optical crystal	千克(kg)	175.00	1
玻璃用灰岩	Limestone for glass	万吨(10000tons)	38.70	1
汞矿	Mercury ore	万吨(10000tons)	3.05	1
冶金用砂岩	Gritstone for metallurgy	万吨(10000tons)	8624.28	2
陶瓷用砂岩	Sandstone for ceramics	万吨(10000tons)	1042.50	2
饰面用辉绿岩	Diabase for decoration	万立方米(10000 cubic meters)	455.96	2
硫铁矿	Pyrite	亿吨(100million tons)	9.20	2
铸型用砂岩	Sandstone for cast	万吨(10000tons)	1734.00	3
熔炼水晶	Melting crystal	吨(ton)	1110.00	3
钒矿	Vanadium	V_2O_5万吨(10000tons)	589.46	3
稀土矿	Rare-earth ore	万吨(10000tons)	87.08	3
磷矿	Phosphorus ore	亿吨(100million tons)	46.44	3
化工用白云岩	Dolomite for chemical	万吨(10000tons)	2417.00	4
锑矿	Antimony ore	万吨(10000tons)	38.06	4
铝土矿	Bauxite ore	亿吨(100million tons)	11.27	3
砖瓦用粘土	Clay rock for brick	万立方米(10000 cubic meters)	1448.67	5
金刚石	Diamond	克(g)	755.00	5
煤炭	Coal	亿吨(100million tons)	766.42	5
钛矿	Titanium ore	万吨(10001tons)	101.71	6
水泥配料用粘土	Clay rock for cement	万吨(10000tons)	11501.34	6
砖瓦用页岩	Shale for brick and tile	万立方米(10000 cubic meters)	4554.27	6
镍矿	Nickel ore	万吨(10000tons)	61.93	7
凹凸棒石粘土	Attapulgite clay	万吨(10000tons)	30.40	6
压电水晶	Piezoelectric quartz	千克(kg)	6201.00	7
玻璃用砂岩	Sandstone for glass	万吨(10001tons)	5122.83	8
金矿(岩金)	Gold ore	吨(ton)	493.78	7
镁矿	Magnesium	万吨(10000tons)	11729.32	8
含钾砂页岩	Potassium sandshale	万吨(10000tons)	5084.01	8
水泥配料用砂岩	Sandstone for cement	万吨(10001tons)	12281.84	8
制灰用石灰岩	Limestone for ash	万吨(10000tons)	4785.63	9
钼矿	Molybdenum ore	万吨(10000tons)	89.63	9
耐火粘土	Refractory clay	万吨(10001tons)	6655.32	10
玉石	Jade	万吨(10000tons)	2.21	11
锌矿	Zinc ore	万吨(10000tons)	798.88	11
玻璃用白云岩	Dolomite for glass	万吨(10001tons)	280.00	11

注：资料来源于省自然资源厅。

Note:Data in this table are obtained from the Provincial Department of Natural Resources.

12-3 森林资源
Forest Resources

指　标	Item	2015	2016	2017	2018	2019
森林面积(万公顷)	**Forest Area(10000 Ha.)**	**880.67**	**916.00**	**974.20**	**1004.16**	**1056.13**
森林覆盖率(%)	Forest Coverage Rate (%)	50.0	52.0	55.3	57.0	60.0
森林蓄积量(亿立方米)	Total Standing Forest Stock(100 million cubic meters)	4.13	4.25	4.49	4.68	5.97
完成造林面积(万公顷)	Area of Fulfilled Forestation (10000 Ha.)	28.00	35.20	66.67	34.67	34.70
封山育林面积(万公顷)	Area of Seal Mountain Pass for Forestation(10000 Ha.)	2.30	8.98	8.87	8.43	10.16
天然林保护工程中：	**In Savageness Forest Protect Project**					
封山育林(万公顷)	Seal Mountain Pass for Forestation (10000 Ha.)	0.86	0.33	0.34	0.33	0.49
森林保护	**Forest Protection**					
森林火灾(起)	Forest Fire (unit)	153	37	18	29	10
森林火灾受害率(‰)	Rate of Fall Victim for Forest Fire (‰)	0.070	0.004	0.005	0.007	0.002
森林病虫鼠害面积(万公顷)	Area of Fall Victim for Insect Pest (10000 Ha.)	20.03	20.33	19.90	20.50	18.64
森林病虫鼠害防治面积(万公顷)	Prevention Area of Forest Insect Pest (10000 Ha.)	18.69	15.74	18.26	19.57	17.50
森林病虫鼠害防治率(%)	Prevention Rate of Forest Insect Pest (%)	93.3	77.4	91.8	95.5	93.9

注："森林保护"中"森林火灾"和"森林火灾受害率"来源于省应急厅，其余资料来源于省林业局(下表同)。

Note: Except that data of "Forest Fire" and "Rate of Fall Victim for Forest Fire" are provided by the Provincial Department of Emergency, other data in this table are all obtained from Forest Department of Guizhou Province (the relative tables in the chapter are the same).

12-4 自然保护区
Natural Reserves

指标	Item	2015	2016	2017	2018	2019
自然保护区个数(个)	**Number of Nature Reserves (unit)**	**119**	**119**	**119**	**106**	**106**
#国家级自然保护区	Nature Reserves of National-level	9	10	10	11	11
省级自然保护区	Nature Reserves of Guizhou Province	7	8	8	7	7
地市级自然保护区	Nature Reserves of Region	17	16	16	16	16
县级自然保护区	Nature Reserves of County	86	85	85	72	72
自然保护区面积(万公顷)	Area of Nature Reserves (10000 hectares)	89.79	89.79	89.79	88.55	86.05
自然保护区面积占全省国土面积(%)	Percentage of Nature Reserves in Guizhou Province Land (%)	5.1	5.1	5.1	5.03	4.88
自然保护区中：	**In Nature Reserves**					
森林生态系统、野生动、植物类型(个)	Forest Biogeocenose,Wildness Animal and Plant (unit)	115	115	115	102	103
内陆湿地类型(个)	Wetlands inside Land(unit)	3	3	3	3	2
古生物遗迹类型(个)	Ancient Biology Relic(unit)	1	1	1	1	1
地质地貌类型(个)	Geological features(unit)	0	0	0	0	0

12-5 森林公园
Forest Parks

指标	Item	2015	2016	2017	2018	2019
森林公园(个)	Number of Forest Park (unit)	78	94	97	97	97
#国家级森林（生态）公园	Forest Park of National-level	26	26	30	30	30
省级森林公园	Forest Park of Guizhou Province-level	31	44	44	45	46
森林公园面积(万公顷)	Area of Forest Park (10000 Ha.)	27	30	28	28	28
森林公园面积约占全省国土面积(%)	Percentage of Forest Park Area to the Guizhou Total Land Areas(%)	1.6	1.7	1.6	1.6	1.6

12—6 水资源和水质监测

Water Resource and Monitoring of Water Quality

指　标	Item	2015	2016	2017	2018	2019
水资源总量(亿立方米)	**Total Amount of Water Resources (100 million cu.m)**	**1153.72**	**1066.10**	**1051.51**	**978.68**	**1116.99**
#地表水	Surface Water	1153.72	1066.10	1051.51	978.68	1116.99
人均水资源量(立方米)	Per Capita Water Resources (cu.m)	3269	2999	2937.00	2718.57	3083.00
供水总量(亿立方米)	Water Supply(100 million cu.m)	97.49	100.31	103.51	106.79	108.06
#地表水	Surface Water	94.51	96.46	101.06	104.34	101.48
用水总量(亿立方米)	Water Use(100 million cu.m)	97.49	100.31	103.51	106.79	108.06
河流水质	**Water Quality of River**					
监测河流(条)	Monitored River (unit)	44	79	79	79	79
监测河段断面(个)	Monitored Section of River (unit)	85	151	151	151	151
满足规定水质类别的断面占总监测断面百分比(%)	The Sections Meeting the Standard of Water Quality I-III Genus As Percentage of total Monitored Sections(%)	87.1	96.0	94.7	97.4	97.9
水质良好的出境断面(个)	Number of Favorable Water Quality Section(unit)	14	14	14	14	15
湖泊水质	**Water Quality of Lake**					
监测湖库(个)	Monitored Lake (unit)	8	8	8	8	8
监测点(个)	Monitored Point (unit)	25	25	25	25	25
满足规定水质类别的监测点(个)	Ratio of the Points Meeting Water Quality I-III Genus(unit)	16	21	21	23	22
占总监测点百分比(%)	As Percentage of total Monitored Points (%)	64.0	84.0	84.0	92.0	88.0

注：资料来源于省水利厅、省生态环境厅。

Note:Data in the table are provided by the Provincial Department of Water Resources and Provincial Department of Ecology and Environment.

12—7 废水治理

Waste Water Treatment

指　标	Item	2015	2016	2017	2018	2019
废水排放总量(亿吨)	**Total Waste Water Discharged (100 million tons)**	**11.28**	**10.07**	**11.80**	**12.84**	**14.60**
#工业	Industrial Waste Water Discharged	2.92	1.64	1.74	1.80	1.84
生活	Living Waste Water Discharged	8.36	8.42	10.06	11.03	12.74
废水中化学需氧排放量(万吨)	**Emission in Waste Water(10000 tons)**	**31.83**	**25.60**	**27.25**	**27.47**	**27.88**
#工业	Industrial COD Emission	6.20	1.63	1.32	1.18	1.04
生活	Living COD Emission	19.44	23.34	25.73	26.10	26.74
当年完成工业废水治理项目(个)	Item of Industry Waste Water Treatment Completed in This Year(unit)	26	29	13	12	13
新增废水治理能力(万吨/日)	Newly Desinged Treatment and Utilization Capacity of Waste Water(10000 tons/day)	10.45	8.70	8.25	1.80	3.97
城市污水处理率(%)	Treatment Rate of City Waste Water (%)	90.0	90.5	90.8	93.8	94.6

12-8 环保系统机构、人员数

Number of Enviornmental Protection Agencies and Persons Engaged

指 标	Item	2015	2016	2017	2018	2019
机构总数(个)	**Number of Agencies(unit)**	**462**	**479**	**713**	**711**	**436**
省	Province	15	13	14	14	13
地	Prefecture	74	66	129	128	71
县	County	373	400	570	569	352
年末人员总数(人)	**Number of Staff and Workers at the Year-end(person)**	**4294**	**4431**	**6520**	**6511**	**5781**
省	Province	394	393	387	403	360
地	Prefecture	1110	1027	1082	1057	887
县	County	2790	3011	2588	2519	2724
#科研人员	Scientific and Technical Personnel	105	95	99	105	98
监测人员	Monitoring Personal	1160	1310	1131	1143	1221
监察人员	Supervising and Administrative Personnel	1206	1406	1233	1284	1352

注：资料来源于省生态环境厅(以下相关表同)。

Note: The data in the table are provided by the Provincial Department of Econology and Environment(the relative tables in the chapter are the same).

12-9 环境保护资金投入

Investment in Environmental Protection

单位：亿元 (100 million yuan)

指 标	Item	2015	2016	2017	2018	2019
环保资金投入	**Investment in Environmental Protection**	**161.16**	**177.18**	**171.43**	**179.66**	**165.12**
环保资金投入占地区生产总值比重(%)	Investment in Environmental Protection as Percent of GDP(%)	1.5	1.5	1.3	1.2	1.0
环保资金投入中：	**In Investment of Environmental Protection**					
老工业污染源治理	Treatment of Old Industry Pollution	10.70	5.69	5.89	6.61	8.96
建设项目“三同时”污染防治	"Three Simultaneities" Environmental Investment for New Project	13.18	23.54	20.24	15.91	12.11
城市环境基础设施建设	Investment in Urban Environmental Infrastructure	87.67	93.96	86.00	82.61	74.52
环境管理能力建设	Construction of Environment Management Capacity	3.53	4.86	16.56	26.86	22.10
工业污染治理设施运行费用	Operating Expense of Industry Pollution Treatment Facilities	46.08	49.13	42.75	47.67	47.43
征收排污费总额	**Pollutant Discharge Fees**	**4.25**	**4.54**	**4.95**		

注：“城市环境基础设施建设”数据由省住房和城乡建设厅提供。

Note: The data of investment in urban environmental infrastructure are provided by Provincial Department of Housing for Urban and Rural Development.

12-10 空气质量及污染治理
Air Quality and Treatment of Industrial Waste Gas

指 标	Item	2015	2016	2017	2018	2019
城市空气质量	**Air Quality of City**					
达到国家环境空气质量二级标准城市(个)	Number of Cities Reaching the National Grade Ⅱ Standard of Air Quality of City (unit)	10	10	13	13	13
占统计城市数(%)	Percentage in Total(%)	76.9	76.9	100	100	100
城市空气污染物	**Contamination in City Atmosphere**					
二氧化硫年均浓度值(毫克/立方米)	Annual Average Concentration of SO2 (mg/cu.m)	0.020	0.016	0.015	0.015	0.013
达到国家空气质量二级标准城市(个)	Number of Cities Reaching the National Grade Ⅱ Standard of Air Quality of City (unit)	13	13	13	13	13
二氧化氮年均浓度值(毫克/立方米)	Annual Average Concentration of NO2 (mg/cu.m)	0.018	0.021	0.021	0.019	0.016
达到国家空气质量一级标准城市(个)	Number of Cities Reaching the National Grade IStandard of Air Quality of City (unit)	13	13	13	13	13
城市可吸入颗粒物年均浓度值(毫克/立方米)	Average Chroma of City Suspend Grain (mg/cu.m)	0.052	0.054	0.049	0.049	0.040
达到国家空气质量二级标准城市(个)	Number of Cities Reaching the National Grade Ⅱ Standard of Air Quality of City (unit)	12	13	13	13	13
废气中污染物排放	**Pullutant Emission in Waste Gas**					
二氧化硫排放总量(万吨)	Total Volume of SO2 Emission (10000 tons)	85.30	64.71	68.75	55.61	41.90
#工业	Industry	59.89	41.18	46.30	37.53	24.47
生活及其它废气中二氧化硫排放量	Volume of SO2 from Living and Other Waste Gas Emission	25.41	23.53	22.45	18.08	17.43
烟(粉)尘排放总量(万吨)	Total Volume of Smoke and Dust Emission (10000 tons)	28.68	20.43	19.68	18.02	14.76
#工业	Industry	23.18	14.61	14.74	13.92	10.67
生活及其它废气中烟(粉)尘排放量	Discharged Volume of Smoke and Dust from Living and Other Waste Gas Emission	4.36	5.82	4.94	3.37	3.95
空气污染治理	**Air Pollution Treatment**					
工业废气中:	In Industrial Waste Gas					
二氧化硫去除率(%)	Rate of SO2 Removed (%)	76.1	85.0	84.6	89.0	94.1
烟(粉)尘去除率(%)	Rate of Smoke and Dust Removed (%)	99.2	99.6	99.9	99.7	99.7
当年完成废气治理项目(个)	Item of Waste Gas Treatment Fulfilled in This Year (unit)	66	50	47	32	33
新增废气治理能力(万标立方米/小时)	Newly Waste Gas Treatment Capacity inThis Year (10000 stere/hour)	2612.97	1961.96	1020.70	1750.64	928.52
城市燃气普及率(%)	Popularization Rate of City Coal Gas (%)	70.7	72.1	73.8	74.6	81.2

注：1. "城市燃气普及率"数据来源于省住建厅，其他数据均来自省生态环境厅。2. "烟(粉)尘排放总量"为原"烟尘排放总量"，"烟(粉)尘去除率"为原"烟尘去除率"。

Note: 1. Data of "Popularization Rate of City Coal Gas" are from the Provincial Department of Housing and Urban-Rural Development, and the other data are from the Provincial Department of Ecology and Environment. 2. "Total volume of smoke and dust emission" refers to the original "total volume of dust emission"."Rate of smoke and dust removed" refers to the original "Rate of soot removed".

12-11 固体废物生产及处理
Production and Treatment of Industrial Solid Wastes

指　　标	Item	2015	2016	2017	2018	2019
工业固体废物产生量(万吨)	**Volume of Industrial Solid Wastes Produced (10000 tons)**	**7054.93**	**7753.01**	**9352.99**	**10549.80**	**11125.97**
工业固体废物倾倒丢弃量	Volume of Industrial Solid Waste Discharged	0.92	0.07	2.70	0.79	0.01
工业固体废物治理	**Industrial Solid Wastes Treatment**					
当年完成工业固体废物治理项目(个)	Item of Industrial Solid Wastes Fulfilled in This Year (unit)		5	6	4	1
工业固体废物综合利用量(万吨)	Volume of Industrial Solid Wastes Comprehensively Utilized(10000 tons)	4299.36	4529.77	5200.61	7010.68	7247.36
工业固体废物处置量(万吨)	Volume of Industrial Solid Wastes Disposed(10000 tons)	1897.21	2043.83	2747.32	2136.46	1690.80
工业固体废物综合利用率(%)	Ratio of Industrial Solid Wastes Utilized(%)	59.8	58.1	54.7	64.6	63.6
生活垃圾处理	**Consumption Wastes Treatment**					
生活垃圾清运总量(万吨)	Consumption Wastes Collected and Transported (10000 tons)	501.17	522.34	576.74	580.28	608.40
生活垃圾处理总量(万吨)	Consumption Wastes Treatment (10000 tons)	427.38	464.40	520.68	534.12	566.37
#无害化处理量	Volume of Wastes Disposed	424.46	463.48	520.68	534.12	566.37
城市生活垃圾无害化处理率(%)	Treatment Rate of Consumption Wastes in Cities(%)	84.7	88.7	90.3	92.0	93.1

注："工业固体废物倾倒丢弃量"为原"工业固体废物排放量"。

Note: "Volume of Industrial Solid Waste Discharged" refers to original "Volume of Industrial Solid Waste Emission".

12-12 环境污染事故
Accident of Environment Pollution

指　标	Item	2015	2016	2017	2018	2019
环境污染事故(起)	**Number of Environmental Pollution Accidents(unit)**	**9**	**12**	**11**	**8**	**8**
#重大事故	Fatal Accident	—	—	—	—	—
较大事故	Major Accident	—	—	—	1	—
一般事故	Commonly Accident	9	12	11	7	8
#水污染事故	Water Pollution Accident	8	12	9	8	7
空气污染事故	Air Pollution Accident	1	—	1	—	1

12-13 自然灾害
Natural Disasters

指　标	Item	2015	2016	2017	2018	2019
遭受自然灾害县个数(个)	Number of Counties Suffering from Natural Disasters(unit)	86	82	88	87	85
受灾人口(万人次)	The Population Affected by Natural Disasters (10000 person-times)	581.03	663.30	532.43	581.92	288.60
农作物受灾面积(万公顷)	Area of Crop Affected by Natural Disasters (10000 hectares)	21.71	32.90	25.73	33.47	14.62
#绝收面积	The Gainless Area of Crop for Natural Disasters	3.16	5.10	4.08	5.90	2.40
因自然灾害造成直接经济损失(亿元)	The Direct Economy Loss for Natural Disasters (100 million yuan)	73.76	173.70	60.25	45.81	47.94

注：资料来源于省应急管理厅。

Note: Data in the table are provided by the Provincial Department of Emergency Management.

主要统计指标解释

流域 每条河流都有自己的干流和支流，干支流共同组成这条河流的水系。每条河流都有自己的集水区域，这个集水区域就称为该河流的流域。

矿产资源 矿产指由地质作用形成，富集于地壳中或出露于地表达到工农业利用要求的有用矿物。矿产是一种重要的自然资源，是社会发展的重要物质基础。

矿产保有储量 指探明的矿产储量（包括工业储量和远景储量），扣除已开采部分和地下损失量后的年末实有储量，是反映国家矿产资源现状的重要指标。

森林面积 指由乔木树种构成，郁闭度0.2以上(含0.2)的林地或冠幅宽度10米以上的林带的面积，即有林地面积。森林面积包括天然起源和人工起源的针叶林面积、阔叶林面积、针阔混交林面积和竹林面积，不包括灌木林地面积和疏林地面积。

森林覆盖率 指一个国家或地区森林面积占土地总面积的百分比。森林覆盖率是反映森林资源的丰富程度和生态平衡状况的重要指标。在计算森林覆盖率时，森林面积包括郁闭度0.2以上的乔木林地面积和竹林地面积，国家特别规定的灌木林地面积、农田林网以及四旁(村旁、路旁、水旁、宅旁)林木的覆盖面积。计算公式为：

$$森林覆盖率=\frac{森林面积}{土地总面积}\times 100\%$$

造林面积 指报告期内在荒山、荒地、沙丘、退耕地等一切可以造林的土地上，采用人工播种、飞机播种、植苗造林、分植造林等方法新植成片乔木林和灌木林，经过检查验收符合《造林技术规程》要求的单位面积株数，并按《中华人民共和国森林法实施条例》规定，成活率达85%以上(含85%，年降雨量在400毫米以下且无浇灌条件的地区造林成活率达70%以上)的总面积。四旁植树如一侧在四行以上，连片面积0.066公顷(一亩)以上，应统计在造林面积内。造林面积，通常按所有制(国有、国有集体合作、集体和个人)、造林方式(人工、飞机播种)、主要林种用途(用材林、经济林、防护林、薪炭林、特种用途林)分组进行统计。

水资源 水在自然界中以固体、液体和气态三种聚集状态存在，分布于海洋、陆地(包括土壤)以及大气之中，通过水循环形成水资源。水资源包括经人类控制并直接可供灌溉、发电、给水、航运、养殖等用途的地表水和地下水，以及江河、湖泊、井、泉、潮汐、港湾和养殖水域等。水资源是发展国民经济不可缺少的重要自然资源。

地表水和地下水 陆地上的水因空间分布不同，分为地表水和地下水。地表水指分别存在于河流、湖泊、沼泽、冰川和冰盖等水体中水分的总称，又称陆地水。地下水指储存在地面以下饱和岩土孔隙、裂隙及溶洞中的水。

水资源总量 一定区域内的水资源总量指当地降水形成的地表和地下产水量，即地表径流量与降水入渗补给量之和，不包括过境水量。

用水总量 指分配给用户的包括输水损失在内的毛用水量。

工业废水排放量 指经过企业厂区所有排放口排到企业外部的工业废水量。包括生产废水、外排的直接冷却水、超标排放的矿井地下水和与工业废水混排的厂区生活污水，不包括外排的间接冷却水(清污不分流的间接冷却水应计算在内)。

废水中化学需氧量（COD）排放量 指每年排放的废水中的COD的量。

工业SO_2排放量 指报告期内企业在燃料燃烧和生产工艺过程中排入大气的SO_2总量，计算公式为：

$$工业SO_2排放量=燃料燃烧过程中SO_2排放量+生产工艺过程中SO_2排放量$$

生活及其他SO_2排放量 以生活及其他煤炭消费量和其含硫量为基础，根据以下公式计算：

$$生活及其他SO_2排放量=生活及其他煤炭消费量\times含硫量\times0.8\times2$$

工业烟尘排放量 指企业厂区内燃料燃烧过程中产生的烟气中夹带的颗粒物排放量。

工业粉尘排放量 指企业在生产工艺过程中排放的能在空气中悬浮一定时间的固体颗粒物排放量。如钢铁企业的耐火材料粉尘、焦化企业的筛焦系统粉尘、烧结机的粉尘、石灰窑的粉尘、建材企业的水泥粉尘等。不包括电厂排入大气的烟尘。

生活及其他烟尘排放量 指除工业生产活动以外的所有社会、经济活动及公共设施的经营活动中燃烧所排放的烟尘纯重量。以生活及其他煤炭消费量为基础进行测算。

工业固体废物产生量 指报告期内企业在生产过程中产生的固体状、半固体状和高浓度液体状废弃物的总量，包括危险废物、冶炼废渣、粉煤灰、炉渣、煤矸石、尾矿、放射性废物和其他废物等；不包括矿山开采的剥离废石和掘进废石(煤矸石和呈酸性或碱性的废石除外)。酸性或碱性废石指采掘的废石其流经水、雨淋水的PH值小于4或PH值大于10.5者。

工业固体废物综合利用量 指报告期内企业通过回收、加工、循环、交换等方式，从固体废物中提取或者使其转化为可以利用的资源、能源和其他原材料的固体废物量(包括当年利用往年的工业固体废物贮存量)，如用作农业肥料、生产建筑材料、筑路等。综合利用量由原产生固体废物的单位统计。

工业固体废物综合利用率 指工业固体废物综合利用量占工业固体废物产生量(包括综合利用往年贮存量)的百分率。计算公式为：

$$工业固体废物综合利用率=\frac{工业固体废物综合利用量}{工业固体废物产生量+综合利用往年贮存量}\times100\%$$

工业固体废物处置量 指报告期内企业将固体废物焚烧或者最终置于符合环境保护规定要求的场所，并不再回取的工业固体废物量(包括当年处置往年的工业固体废物贮存量)。处置方式有填埋(其中危险废物应安全填埋)、焚烧、专业贮存场(库)封场处理、深层灌注、回填矿井及海洋处置(经海洋管理部门同意投海处置)等。

生活垃圾清运量 指报告期收集和运送到各生活垃圾处理场（厂）和生活垃圾最终消纳点的生活垃圾的数量。统计时仅计算从生活垃圾源头和从生活垃圾转运站直接送到处理场和最终消纳点的清运量，对于二次中转的清运量不要重复计算。

生活垃圾无害化处理率 指报告期内生活垃圾无害化处理量与生活垃圾产生量的比率。计算公式为：

$$生活垃圾无害化处理率=\frac{生活垃圾无害化处理量}{生活垃圾产生量}\times100\%$$

在统计时，由于生活垃圾产生量不易取得，可用清运量代替。“垃圾清运量”在审核时要与总人口（包括暂住人口）对应，一般城市人均日产生垃圾为1kg左右。

环境污染事故 指由于违反环境保护法规的经济、社会活动与行为，以及意外因素的影响或不可抗拒的自然灾害等原因，致使环境受到污染，国家重点保护的野生动植物、自然保护区受到破坏，人体健康受到危害，社会经济和人民财产受到损失，造成不良社会影响的突发性事件。

Explanatory Notes on Main Statistical Indicators

Drainage Area Each river has its own main stream and branches to form the water system of the river. Each river has its own catchment's area, which is also called as the drainage area of the river.

Mineral Resources refer to useful minerals that can be used for industrial or agricultural purposes enriched in lithosphere or on earth due to the geological process. Minerals resource is an important natural resources, and is the important material foundation for social development.

Mineral Reserves refer to proven mineral reserves (including industrial reserves and prospective reserves), after deducting the amount of mining and underground loss of the end of the year after the real reserves, it is an important indicator of the state of mineral resources.

Forest Area refers to the area of forest where trees and bamboo grow with canopy density above 0.2, including land of natural woods and planted woods, but excluding bush land and thin forest land.

Forest Coverage Rate refers to the ratio of area of afforested land to total land area. It is a very important indicator that reflects the status of abundance of forest resource and ecosystem balance. Forest area includes the area of trees and bamboo grow with canopy density above 0.2, the area of shrubby tree according to regulations of the government, the area of forest land inside farm land and the area of trees planted by the side of villages, farm houses and along roads and rivers. The formula for calculating forest coverage rate is as follows:

$$\text{Forestrycoverage rate}(\%) = \frac{\text{Area of Afforested Land}}{\text{Area of Total Land}} \times 100\%$$

Total Area of Afforestation refers to the total area of land suitable for afforestation, including barren hills, idle land, sand dunes, rain for green land, on which acres of arbores or bushes are planted through manual planting, airplane planting, plant seedlings, etc. in accordance with the required density standards of the Technical Procedures of Afforestation, and with a survival rate of over 85% in line with the Implementing Rules of the Forest Law of the People's Republic of China (or a survival rate of 75% in areas with less that 400 mm of annual rainfall and without irrigation facilities). Included in the this category are trees planted alone the roadsides, riversides, or next to houses that occupy an area over 0.066 hectares, or where more than 4 lines of trees are planted. Total area of afforestation is further classified by ownership (state-owned, state-collective, collective or private), by approach of planting (manual, airplane), and by type of forests (timber, by-products, protection, fuel, special use, etc.).

Water Resources Water exists in the nature in solid, liquid and gaseous states, is distributed in the ocean, land (including earth) and air, and constitutes the water resource through the circulation of water. Water resource includes the surface water and underground water that is controlled by the human being for irrigation, power-generation, water supply, navigation and cultivation. It also includes rivers, lakes, wells, springs, tides, gulf and water area for cultivation. Water resource as an important natural resource is indispensable for the development of the national economy.

Surface Water and Underground Water Water on earth can be divided into surface water and underground water according to its distribution. Surface water refers to moisture exists in rivers, lakes, swamps, glaciers, icecaps and so on. It is also called land water. The underground water refers to water deposited underground in the cranny and the hole of saturated rock soil and in the water-eroded cave.

Total Water Resources refers to total volume of water resources measured as run-off for surface water from rainfall and recharge for groundwater in a given area, excluding transit water.

Water Use refers to gross water use distributed to users, including loss during transportation, broken down with use by agriculture, industry, living consumption and biological protection.

Waste Water Discharged by Industry refers to the volume of waste water discharged by industrial enterprises through all their outlets, including waste water from production process, directly cooled water, groundwater from mining wells which does not meet discharge standards and sewage from households mixed with waste water produced by industrial activities, but excluding indirectly cooled water discharged (It should be included if the discharge is not separated with waste water).

Volume of Chemical Oxygen Demand(COD) Generated by Waster Water refers to chemical oxygen demand generated through the annual discharge of waste water

SO_2 Emission through Industrial Activities refers to volume of sulphur dioxide emission from fuel burning and production process by enterprises during a given period of time. It is calculated as:

$$SO_2 \text{ emission through industrial activities} = SO_2 \text{ emission from fuel burning} + SO_2 \text{ emission from production process}$$

SO_2 Emission through Non-industrial and Other Activities is calculated on the basis of consumption of coal by households and other activities and the sulphur content of coal with the following formula:

$$SO_2 \text{ emission through non-industrial and other activities} = \text{consumption of coal by households and other activities} \times \text{sulphur content} \times 0.8 \times 2$$

Industrial Soot Emission refers to volume of soot in smoke emitted in process of fuel burning in premises of enterprises.

Industrial Dust Emission refers to volume of dust emitted by production process of enterprises and suspended in the air for a given period of time, including dust from refractory material of iron and steel works, dust from coke-screening systems and sintering machines of coke plants, dust from lime kilns and dust from cement production in building material enterprises, but excluding soot and dust emitted from power plants.

Soot Emission by Consumption and Others refers to net volume of soot emitted by fuel burning from all social and economic activities and operation of public facilities other than industrial activities. It is calculated on the basis of coal consumption by households and others.

Industrial Solid Wastes Produced refers to total volume of solid, semi-solid and high concentration liquid residues produced by industrial enterprises from production process in a given period of time, including hazardous wastes, slag, coal ash, gangue, tailings, radioactive residues and other wastes, but excluding stones stripped or dug out in mining (gangue and acid or alkaline stones not included). A stone is acid or alkaline depending on the pH value of the water below 4 or above 10.5 when the stone is in, or soaked by, the water.

Industrial Solid Wastes Utilized refers to volume of solid wastes from which useful materials can be extracted or which can be converted into usable resources, energy or other materials by means of reclamation, processing, recycling and exchange (including utilizing in the year the stocks of industrial solid wastes of the previous year). Examples of such utilizations include fertilizers, building materials and road materials. The information shall be collected by the producing units of the wastes.

Rate of Utilization of Industrial Solid Wastes refers to the percentage of industrial solid wastes utilized over industrial solid wastes produced (including stocks of the previous years). It is calculated as:

$$\text{Rage of utilization of industrial solid wastes} = \frac{\text{volume of industrial solid wastes utilized}}{\text{industrial solid wastes produced} + \text{stock of previous years}} \times 100\%$$

Industrial Solid Wastes Disposed refers to quantity of industrial solid wastes which are burnt or placed ultimately in the sites meeting the requirements for environmental protection and not salvaged or recycled (including disposition in the year of those wastes of previous years). The disposition includes landfill (Safe landfills should be conducted for hazardous wastes), incineration, containment spaces, deep underground disposal, backfill in mining pits and disposal at sea.

Consumption Wastes Transported refers to volume of consumption wastes collected and transported to disposal factories or sites. Statistical calculations only when the source from garbage and garbage transfer station directly to the treatment plant and the final consumer satisfaction point clearance volume, for the secondary transit clearance volume can not be duplicated.

Ratio of Consumption Wastes Treated refers to consumption wastes treated over that produced. It is calculated as:

$$\text{Ratio of consumption wastes treated} = \frac{\text{consumption wastes treated}}{\text{consumption wastes produced}} \times 100\%$$

In practical statistics, as it is difficult to estimate, the volume of consumption wastes produced is replaced with that transported. During the audit, "Garbage clearance volume" and the total population to be (including temporary residents) corresponds, generally, urban waste generated per capital is about 1kg.

Environment Pollution and Destruction Accidents refer to sudden accidents due to economic or social activities that are in contrast to environment protection laws or due to unforeseen factors or natural disasters that lead to the environment pollution, the destruction of protected wild animals, plants or nature reserves, the damage to human health, the economic and property losses, and the negative impact on the society.

农 业

Agriculture 13

简 要 说 明

一、主要内容

本篇资料反映我省农业生产和农村经济的基本情况，包括农村基本情况、农业生产条件、农业机械拥有量、水利灌溉与除涝、农林牧渔业产值、主要农产品产量等。

二、统计范围

农业统计范围包括全社会除军马生产及农业科研机构进行的农业生产以外的所有农业生产活动。即农村各种经济组织和农户经营的农林牧渔业生产活动；各种专业性农、林、牧、渔场的农业生产活动；国家各级机关、团体、学校、部队进行的农业生产活动；集体所有制的乡、镇、村办农场的农业生产活动；以及工矿企业经营的农、林、牧、渔业生产活动。

三、资料来源

本篇资料由省统计局、国家统计局贵州调查总队、省农业农村厅、省水利厅、省林业局提供。

Brief Introduction

I. Main Contents

The data in this chapter show the basic conditions of agricultural production and rural economy, including basic situation of rural, conditions for agricultural production, quantity of agricultural machinery, facilities of water conservancy and efforts to eliminate water-logging, output of agriculture, forestry, animal husbandry and fishery, output of major products, etc.

II. The Scope of Data

Statistics on agriculture cover all agricultural production activities except horse raising for military purpose and agricultural production activities undertaken by agriculture research institutions. In other words, what are included in agriculture statistics are production activities in agriculture, forestry, animal husbandry and fishery undertaken by rural economic units of various types and by rural households; production activities of farms specializing in agriculture, forestry, animal husbandry and fishery; production activities in agriculture undertaken by government agencies, institutions, schools and military units; production activities in agriculture undertaken by collective farms run by townships and villages; and production activities in agriculture, forestry, animal husbandry and fishery undertaken by manufacturing and mining enterprises.

Ⅲ. Data Sources

Data on agricultural production are provided by Guizhou Provincial Bureau of Statistics, Department of Guizhou Survey, NBS,Provincial Department of Agriculture and Rural Affairs, Provincial Department of Water Resources Department and Provincial Bureau of Forestry.

13-1 农村基本情况及农业生产条件
Basic Conditions of Rural Areas and Agricultural Production

指 标	Item	2015	2016	2017	2018	2019
农村基层组织	**Rural Grassroots Units**					
乡镇个数(个)	Number of Township and Town Governments(unit)	1197	1158	1156	1154	1152
村委会个数(个)	Number of Villagers' Committees(unit)	16612	14619	13436	13295	13231
农村社会基础设施	**Basic Facilities in Rural Areas**					
自来水受益村数(个)	Number of Villages with Access to Tap Water(unit)	14358	13518	13759	13187	14077
通有线电视的村数(个)	Villages with Automobile(unit)			8707	11843	13058
通宽带的村数(个)	Villages with Telephone Communication(unit)			11816	13047	13618
通有线广播的村数(个)	Villages with Wire Broadcast(unit)	7995	8014	—	—	—
农业机械化	**Agricultural Mechanization**					
农用机械总动力(万千瓦)	Total Power of Agricultural Machinery(10000 kw)	2575.15	2711.30	2812.42	2910.52	2962.71
柴油机	Diesel Engine	1800.13	1874.79	1794.01	2053.74	2091.80
汽油机	Gas Engine	106.59	117.49	223.70	309.28	325.31
电动机	Electromotor	668.11	718.70	794.38	547.50	545.59
其他机械	Others	0.32	0.32	0.32	—	—
农业主要物质消耗	**Main Materials Consumption for Agricultural Use**					
农用化肥施用量(折纯)(万吨)	Consumption of Chemical Fertilizer (pure)(10000 tons)	103.69	103.67	95.65	89.59	83.18
农药使用量(吨)	Consumption of Chemical Pesticides(ton)	13722	13677	13399	11312	9210
农用塑料薄膜使用量(吨)	Consumption of Farm Plastic Membrane(ton)	49403	51053	51138	54830	44121

注：“农业机械化”资料来源于省农业农村厅。“农村基层组织”来自省民政厅。

Note: The data of "agricultural mechanization" are provided by the Provincial Department of Agriculture and Rural Affairs. The data of "Rural Grassroots Units" are provided by the Provincial Department of Civil Affairs.

13-2 年末主要农业机械拥有量

Major Agricultural Machinery at the Year-end

指 标	Item	2015	2016	2017	2018	2019	2019年比2018年增长(%) Increase Rate in 2018over2017(%)
大型拖拉机(万台)	Large sized Tractors(10000 unit)				0.02	0.02	
中型拖拉机（万台）	Mediumsized Tractors(10000 unit)				1.79	1.84	2.6
小型拖拉机(万台)	Small Tractors (10000 unit)	9.92	10.3	11.29	12.41	12.41	0.0
拖拉机配套农具(万部)	Tractor Towing Farm Machinery (10000 unit)	4.72	4.47	4.63	2.39	2.39	0.1
农用水泵（万台）	Agricultural Water Pump (10000 unit)	56.22	57.92	60.7	61.53	61.83	0.5
联合收割机(台)	Combine Harvesters(unit)	2269	2535	2791	3055	3369	10.3

注：1.资料来源于省农业农村厅。2.2018年报开始执行《全国农业机械化管理统计调查制度》（农办机〔2019〕2号）。新统计制度设置大型拖拉机和中型拖拉机指标，不再统计大中型拖拉机指标；不再分开统计大中型拖拉机配套农具、小型拖拉机配套农机，继续统计拖拉机配套农具；不再统计农用排灌电动机、农用排灌柴油机，继续统计水泵。3.新统计制度中大型、中型、小型拖拉机动力分段采用新标准：动力＜22.1千瓦为小型，22.1≤动力＜73.5千瓦为中型，动力≥73.5为大型。原有制度中大中型、小型拖拉机分段为：动力＜14.7千瓦为小型，14.7≤动力为大中型。新制度中的小型含旧制度中的部分中型。

Note:1.The data in this table are provided by the Provincial Department of Agriculture and Rural Affairs. 2. National statistical survey system for management of agricultural mechanization (no. 2, 2019) is implemented in 2018 annual report. The new statistical system sets up indexes for "Large Sized Tractors" and "Mediumsized Tractors", instead of "Large and Medium-sized Tractors". There are no longer separate statistics of "Large and Mediumsized Tractor Towing Farm Machinery" and "Small Sized Tractor Towing Farm Machinery", but "Tractor Towing Farm Machinery", no "Drainage and Irrigation Electromotor Engines" and "Drainage and Irrigation Diesel Engines", but "Agricultural Water Pump". 3. In new statistic system, large, medium, small tractor power segment uses new standard: power < 22.1 kw for small; 22.1≤power<73.5 kw for medium; power≥73.5 kw for large. In the original system, the power segment of large and medium, and small are as follows: power < 14.7 kw for small; power ≥14.7 kw for large and medium. Small in the new system contains some medium in the old system.

13-3 灌溉、除涝治水

Irrigation, Flood Prevention, Water and Soil Conservation

项 目	Item	2015	2016	2017	2018	2019
水利投入(亿元)	Input of Water Conservancy (100 million yuan)	373.56	383.50	395.90	390.93	327.71
有效灌溉面积(千公顷)	Effective Irrigated Area(1000 Ha.)	1506.56	1552.92	1585.66	1606.09	
节水灌溉面积(千公顷)	Water-saving Irrigated Area (1000 Ha.)	325.58	323.52	332.82	341.01	
除涝面积(千公顷)	Areas with Flood Prevention Measures(1000 Ha.)	97.56	99.29	121.42	124.07	125.16
水土流失治理面积(千公顷)	Area of Soil Erosion under Control(1000 Ha.)	6297.78	6556.46	6814.62	7052.95	7321.37
堤防长度(公里)	Total Length of Dikes(km)	3255.57	3415.64	3788.92	4041.04	4331.21
堤防保护面积(千公顷)	Area of Land Protected by Dikes (1000 Ha.)	302.28	313.53	337.50	391.63	391.52
旱涝保收面积(千公顷)	Area that Ensure Stable Yields Despite Droughtor Excessive Rain (1000 hectares)	729.44	742.77	742.00	747.43	
高标准农田建设投入（亿元）	Input of High-standard Farmland Construction (100 million yuan)				67.42	49.70
高标准农田建设面积（千公顷）	High-standard Farmland Area (1000 hectares)				238.57	186.85
高效节水灌溉面积（千公顷）	Efficient Water-saving Irrigation Area (1000 hectares)				19.55	16.43

注：资料来源于省水利厅、省农业农村厅。

Note: Data in this table are provided by the Provincial Department of Water Resources and Department of Agriculture and Rural Affairs.

13-4 农林牧渔业增加值

Value-Added of Farming, Forestry, Animal Husbandry, Fishery and Their Services

单位：亿元 (100 million yuan)

指　标	Item	2015	2016	2017	2018	2019
农林牧渔业增加值	**Added Value of FFAFS**	**1714.03**	**1959.93**	**2139.97**	**2272.74**	**2408.03**
农　业	Farming	1097.23	1196.50	1306.43	1439.29	1566.47
林　业	Forestry	92.87	133.32	156.73	174.65	182.09
畜牧业	Animal Husbandry	417.15	494.31	531.08	507.57	493.12
渔　业	Fishery	34.73	37.68	38.03	34.51	38.88
农、林、牧、渔服务业	FFAF Services	72.04	98.12	107.69	116.72	127.47
农林牧渔业增加值增长速度(%)	**Added Value of FFAFS growth rate(%)**	**6.4**	**5.9**	**6.2**	**6.7**	**5.7**
农　业	Farming	8.1	6.8	7.1	8.0	8.3
林　业	Forestry	7.9	8.3	7.7	8.1	7.8
畜牧业	Animal Husbandry	1.2	2.9	4.4	4.3	-1.8
渔　业	Fishery	17.1	15.6	3.5	-4.5	4.6
农、林、牧、渔服务业	FFAF Services	4.6	3.7	3.9	5.0	5.7

注：2015—2017年数据为第三次全国农业普查修订数。

Note: The provincial data from 2015 to 2017 are the revised data of the third national agricultural census.

13-5 主要农作物播种面积

Sown Areas of Major Farm Crops

单位：千公顷 (1000 hectares)

指　标	Item	2015	2016	2017	2018	2019	2019年比2018年增长(%) Increase Rate in 2019 over 2018 (%)
农作物总播种面积	**Total Sown Areas**	**5542.17**	**5596.81**	**5657.37**	**5477.18**	**5481.56**	**0.1**
#粮食作物	Grain Crops	3110.66	3122.18	3052.78	2740.20	2709.41	-1.1
#稻　谷	Rice	711.07	714.25	700.50	671.78	664.72	-1.1
小　麦	Wheat	180.40	169.19	155.97	141.62	137.22	-3.1
玉　米	Corn	1037.80	1041.63	1006.38	602.12	530.59	-11.9
大　豆	Soja	194.85	209.66	194.65	198.90	191.82	-3.6
薯　类	Tubers	796.70	805.25	815.81	901.97	948.56	5.2
#马铃薯	Potato	668.71	687.84	699.80	730.06	782.15	7.1
油　料	Oil-bearing Crops	669.37	662.52	661.17	651.92	598.14	-8.3
#油菜籽	Rapeseeds	532.25	520.01	516.12	497.69	445.69	-10.4
花　生	Peanuts	52.41	51.28	51.53	51.93	50.24	-3.3
糖　料	Sugar Crops	17.20	12.73	8.68	10.74	10.59	-1.4
#甘　蔗	Sugarcane	16.40	12.13	8.28	10.58	10.58	0.0
烟　叶	Tobacco	193.97	167.95	155.70	145.73	138.98	-4.6
#烤　烟	Flue-cured Tobacco	181.82	155.61	143.24	134.48	129.98	-3.3
药材类	Medicinal Materials	151.91	163.62	185.32	174.60	219.99	26.0
蔬　菜	Vegetable	1048.17	1145.11	1253.11	1401.01	1435.60	2.5

注：2015—2017年数据为第三次农业普查修正数（以下相关表同）。

Note: The agricultural data from 2015 to 2017 are all revised data of the third agricultural census (the following tables are the same).

13-6 主要农作物产品产量

Yields of Major Farm Crops

单位：万吨 (10000 tons)

指　标	Item	2015	2016	2017	2018	2019	2019年比2018年增长(%) Increase Rate in 2019 over 2018 (%)
粮食作物	**Grain Crops**	**1214.57**	**1264.26**	**1242.45**	**1059.70**	**1051.24**	**-0.8**
#稻　谷	Rice	442.71	456.01	448.83	420.73	423.83	0.7
小　麦	Wheat	65.39	41.82	41.20	33.18	32.98	-0.6
玉　米	Corn	343.62	456.40	441.18	258.96	232.30	-10.3
大　豆	Soja	13.36	26.71	19.27	19.72	18.46	-6.4
薯　类	Tubers	299.91	256.51	266.28	291.18	302.87	4.0
#马铃薯	Potato	229.70	221.56	231.73	241.37	254.94	5.6
油料作物	**Oil-bearing Crops**	**114.80**	**115.28**	**115.52**	**112.62**	**103.01**	**-8.5**
#油菜籽	Rapeseeds	89.73	88.55	88.02	86.22	77.25	-10.4
花　生	Peanuts	10.72	10.85	11.27	11.46	11.62	1.4
甘　蔗	**Sugarcane**	**95.56**	**71.48**	**50.31**	**62.48**	**62.80**	**0.5**
烤　烟	**Flue-cured Tobacco**	**32.89**	**27.46**	**24.45**	**22.77**	**21.58**	**-5.2**
蔬菜及食用菌	**Vegetable and edible mushrooms**	**1847.59**	**2033.56**	**2272.16**	**2613.40**	**2734.84**	**4.6**

13-7 主要农作物单产

Yields of Major Farm Crops Per Mu

单位：公斤/亩 (kg/mu)

指　标	Item	2015	2016	2017	2018	2019	2019年比2018年增长(%) Increase Rate in 2019 over 2018 (%)
粮食作物	**Grain Crops**	**260**	**270**	**271**	**258**	**259**	**0.3**
#稻　谷	Rice	415	426	427	418	425	1.8
小　麦	Wheat	242	165	176	156	160	2.6
玉　米	Corn	221	292	292	287	292	1.8
大　豆	Soja	46	85	66	66	64	-3.0
薯　类	Tubers	251	212	218	215	213	-1.1
#马铃薯	Potato	229	215	221	220	217	-1.4
油料作物	**Oil-bearing Crops**	**114**	**116**	**116**	**115**	**115**	**-0.3**
#油菜籽	Rapeseed	112	114	114	115	116	0.1
花　生	Peanuts	136	141	146	147	154	4.8
甘　蔗	**Sugarcane**	**3884**	**3927**	**4052**	**3936**	**3957**	**0.5**
烤　烟	**Flue-cured Tobacco**	**121**	**118**	**114**	**113**	**111**	**-1.9**

13−8 茶叶、水果面积及产量

Total Sown Areas and Yields of Tea, Fruit

指标	Item	2015	2016	2017	2018	2019	2019年比2018年增长(%) Increase Rate in 2019 over 2018 (%)
面积(千公顷)	**Area(1000 Ha.)**						
茶园	Tea Field Area	402.53	420.78	456.22	465.81	464.42	-0.3
果园	Orchards Filed Area	307.65	332.75	406.35	579.62	684.50	18.1
产量(万吨)	**Yield(10000 tons)**						
茶叶	Tea	11.80	14.13	17.65	18.03	19.78	9.7
水果	Fruits	216.89	235.84	280.14	369.01	441.98	19.8
#园林水果	Garden Fruit	151.51	168.04	210.99	293.27	366.90	25.1
#苹果	Apples	5.03	5.65	7.07	9.11	20.30	122.8
梨	Pears	22.66	24.17	28.04	35.91	39.75	10.7
柑桔	Citrus	19.89	20.57	25.39	47.75	52.37	9.7
香蕉	Bananas	0.66	0.72	1.73	3.66	6.64	81.4
猕猴桃	Chinese Gooseberrys	5.35	7.04	9.47	16.08	20.50	27.5
柿子	Persimmons	1.49	1.59	1.56	1.24	1.77	42.6

注：水果产量含果用瓜。

Note: The yield of fruits includes melons.

13−9 造林及林产品产量

Areas of Forestation and Output of Forest Products

单位：吨 (ton)

指标	Item	2015	2016	2017	2018	2019
当年造林面积(千公顷)	**Areas of Forestation in this year(1000 hectares)**	**280.00**	**352.00**	**666.70**	**346.70**	**346.97**
林产品产量	**Output of Forest Products**					
生漆	Lacquer	8600	7649	6942	7392	1295
油桐籽	Tung-oil Seed	68312	66031	65902	44470	18991
油茶籽	Tea-oil Seed	71790	73980	74528	83090	70750
乌桕籽	Tallow-seed	2653	2194	1807	1248	1106
五倍籽	Nutgall	6881	6122	6971	9536	2484
棕片	Palm-flake	5341	5462	5533	6577	1290
松脂	Pine Resin	17869	17904	19077	16708	59448
核桃	Walnuts	74791	93154	103465	142398	97234
板栗	Chestnut	58015	54015	84033	87668	81033

注：数据来源于省林业局。

Note: Data in the table are obtained from the Provincial Forest Department.

13-10 畜牧业生产及水产品

Livestock Production and Aquatic Products

指 标	Item	2015	2016	2017	2018	2019	2019年比2018年增长(%) Increase Rate in 2019 over 2018 (%)
当年出栏数	**Number of Slaughtered Fattened Hogs, Ox,Goats and Sheep**						
猪(万头)	Slaughtered Fattened Hogs (10000 heads)	1947.03	1925.38	1825.15	1869.87	1678.56	-10.2
牛(万头)	Ox by Sold and Killed(10000 heads)	133.26	140.72	150.99	157.53	168.56	7.0
羊(万头)	Goats by Sold and Killed (10000 heads)	332.74	368.85	286.05	297.12	293.55	-1.2
肉类总产量(万吨)	**Total Yield of Meat(10000 tons)**	**201.94**	**199.28**	**207.57**	**213.73**	**205.87**	**-3.7**
#猪 肉	Pork	174.34	169.59	160.10	164.84	150.32	-8.8
牛 肉	Beef	16.76	17.85	19.06	19.90	21.51	8.1
羊 肉	Mutton	5.68	6.29	4.81	5.03	4.98	-1.0
禽 肉	Poultry	20.37	22.69	18.78	20.04	25.68	28.1
其他畜产品产量	**Others**						
牛 奶(万吨)	Cow Milk(10000 tons)	4.25	4.29	4.40	4.58	5.29	15.5
禽 蛋(万吨)	Poultry Eggs(10000 tons)	21.65	23.43	18.69	20.03	22.95	14.6
蜂 蜜(吨)	Honey(ton)	3017	3075	3566	3793	4018	5.9
大牲畜年末存栏数(万头)	**Large Animals(year-end) (10000 heads)**	**609.20**	**597.17**	**503.96**	**482.99**	**508.18**	**5.2**
#牛	Cattle and Buffaloes	502.02	481.94	492.35	465.32	492.96	5.9
猪年末存栏数(万头)	**Hogs(year-end) (10000 heads)**	**1690.76**	**1639.53**	**1596.89**	**1549.30**	**1171.27**	**-24.4**
羊年末存栏数(万只)	**Sheep and Goats(year-end) (10000 heads)**	**488.83**	**488.20**	**383.47**	**401.53**	**380.25**	**-5.3**
水产品(万吨)	**Aquatic Products (10000 tons)**	**24.98**	**24.65**	**25.48**	**23.73**	**24.36**	**2.7**

注：1．"水产品"数据来源于省农业农村厅。2.2016—2017年水产品数据为第三次农业普查修订数。3.2015—2017年猪牛羊禽年末存栏、当年出栏及产量数据根据第三次全国农业普查结果进行了修订。

Note: 1.Data of "Aquatic Products" are obtained from the Department of Agriculture and Rural Affairs. 2.The data of aquatic products of 2016-2017 are the revision of the third agricultural census. 3.The pig, cattle, sheep and poultry year-end stock, the year's slaughter and meat yield data of 2015-2017 were revised in based on the results of the third agricultural census.

13-11 历年主要农产品产量

Output of Major Farm Products Over the Years

单位：万吨 (10000 tons)

年 份 Year	粮 食 Grain	油 料 Oil-Bearing Crops	烤 烟 Flue-cured Tobacco	水 果 Fruits	肉类总产量 Total Yield of Meat	水产品 Aquatic Products
1978	643.36	9.89	8.11	4.82	12.80	0.37
1979	623.05	10.90	9.54	4.68	22.84	0.38
1980	648.35	15.59	5.56	4.97	26.67	0.55
1981	567.36	34.04	11.93	6.23	31.61	0.58
1982	654.00	48.10	16.41	6.58	35.26	0.60
1983	703.00	28.50	13.62	7.19	38.58	0.81
1984	757.80	30.59	21.48	9.23	44.76	1.22
1985	594.96	31.97	26.55	10.14	50.46	1.35
1986	672.34	41.90	19.24	13.88	57.09	1.40
1987	673.17	46.34	21.19	15.19	62.26	1.80
1988	635.68	39.87	29.15	15.63	68.73	1.86
1989	708.25	32.93	31.58	16.80	71.82	2.01
1990	721.00	43.87	28.66	16.68	74.47	2.24
1991	885.50	61.79	38.53	17.17	81.65	2.29
1992	788.90	53.38	44.90	14.18	85.59	2.36
1993	869.50	43.28	49.66	16.53	88.91	2.55
1994	938.70	47.32	33.04	16.47	95.02	2.80
1995	948.85	58.83	33.53	20.97	105.69	3.27
1996	1002.60	55.62	52.27	19.46	103.65	3.50
1997	1025.90	58.97	68.66	25.14	106.77	4.21
1998	1100.00	62.24	29.19	27.50	113.33	5.02
1999	1125.21	67.31	32.32	32.57	117.09	5.50
2000	1161.30	74.34	31.09	58.33	124.06	6.24
2001	1100.30	71.32	26.38	62.93	131.70	6.89
2002	1034.20	72.48	30.65	71.57	145.02	7.46
2003	1104.30	72.31	28.72	78.75	156.99	7.96
2004	1149.58	82.71	29.98	87.17	171.06	8.85
2005	1152.06	84.89	34.45	95.96	187.01	9.46
2006	1038.00	68.24	30.71	109.19	163.70	6.71
2007	1100.86	89.87	31.22	111.19	150.60	7.68
2008	1158.00	86.81	37.71	110.95	161.46	7.80
2009	1168.27	98.26	36.90	114.75	169.60	8.03
2010	1112.30	74.14	37.00	117.21	179.09	8.79
2011	876.90	95.32	32.48	121.81	179.97	10.88
2012	1079.50	103.94	37.28	139.89	190.27	13.47
2013	1029.99	107.12	41.75	159.23	199.74	16.70
2014	1175.90	112.89	35.30	187.34	201.80	20.99
2015	1214.57	114.80	32.89	216.89	201.94	24.98
2016	1264.26	115.28	27.46	235.84	199.28	24.65
2017	1242.45	115.52	24.45	280.14	207.57	25.48
2018	1059.70	112.62	22.77	369.01	213.73	23.73
2019	1051.24	103.01	21.58	441.98	205.87	24.36

注：1.肉类总产量1978—1984年为猪牛羊肉产量，1985—1988年为猪牛羊禽肉产量，1989年起为猪牛羊禽肉产量和其他肉(如：马肉、狗肉、兔肉等)产量。2.2000年起水果产量含果用瓜。3、2007—2017年油料、烤烟、水果为第三次农业普查修订数。

Note:1.The Data of Total Yield of Meat included output of pork, beef and mutton from 1978 to 1984; it included Output of Pork, Beef, Mutton and Meat of Poultry from 1985 to 1988; after 1989,it includes output of pock, beef, mutton, meat of poultry and other meat (e.g. horse, dog, rabbit meat and so on). 2. After 2000, the data of yield of fruits includes output of melon used as fruits. 3. Data of Oil-bearing crops, Flue-cured tobacco and Fruits of 2007-2017 are the revision of the thrid agricultural census.

主要统计指标解释

农业机械总动力　指主要用于农、林、牧、渔业的各种动力机械的动力总和。包括耕作机械、排灌机械、收获机械、农用运输机械、植物保护机械、牧业机械、林业机械、渔业机械和其他农业机械〔内燃机按引擎马力折成瓦(特)计算、电动机按功率折成瓦(特)计算〕。不包括专门用于乡、镇、村、组办工业、基本建设、非农业运输、科学试验和教学等非农业生产方面用的动力机械与作业机械。

农用化肥施用量　指本年内实际用于农业生产的化肥数量，包括氮肥、磷肥、钾肥和复合肥。化肥施用量要求按折纯量计算数量。折纯量是指把氮肥、磷肥、钾肥分别按含氮、含五氧化二磷、含氧化钾的百分之一百成份进行折算后的数量。复合肥按其所含主要成分折算。

有效灌溉面积　指具有一定的水源，地块比较平整，灌溉工程或设备已经配套，在一般年景下当年能够进行正常灌溉的耕地面积。

农林牧渔业总产值　指以货币表现的农、林、牧、渔业全部产品和对农林牧渔业生产活动进行的各种支持性服务活动的价值总量，它反映一定时期内农业生产总规模和总成果。农业总产值的计算方法通常是按农林牧渔业产品及其副产品的产量分别乘以各自单位产品价格求得；然后将四业产品产值及农林牧渔服务业产值相加即为农业总产值。

农作物播种面积　指实际播种或移植有农作物的面积。凡是实际种植有农作物的面积，不论种植在耕地上还是种植在非耕地上，均包括在农作物播种面积中。在播种季节基本结束后，因遭灾而重新改种和补种的农作物面积，也包括在内。

粮食产量　指全社会的产量。包括国有经济经营的、集体统一经营的和农民家庭经营的粮食产量，还包括工矿企业办的农场和其他生产单位的产量。粮食除包括稻谷、小麦、玉米、高粱、谷子及其他杂粮外，还包括薯类和豆类。其产量计算方法，豆类按去豆荚后的干豆计算；薯类(包括甘薯和马铃薯，不包括芋头和木薯)1963年以前按每4公斤鲜薯折1公斤粮食计算，从1964年开始改为按5公斤鲜薯折1公斤粮食计算。城市郊区作为蔬菜的薯类(如马铃薯等)按鲜品计算，并且不作粮食统计。其他粮食一律按脱粒后的原粮计算。

油料产量　指全部油料作物的生产量。包括花生、油菜籽、芝麻、向日葵籽、胡麻籽（亚麻籽）和其他油料。不包括大豆、木本油料和野生油料。花生以带壳干花生计算。

猪、牛、羊肉产量　指当年出栏并已屠宰、除去头蹄下水后带骨肉(即胴体重)的重量。

期初(末)畜禽存栏头(只)数　指报告期初(末)农村各种合作经济组织和国营农场、农民个人、机关、团体、学校、工矿企业、部队等单位以及城镇居民饲养的大牲畜、猪、羊、家禽等畜禽的存栏数。

水产品产量　指人工养殖的水产品和天然生长的水产品的捕捞量。包括海水的鱼类、虾蟹类、贝类和藻类等以及内陆水域的鱼类、虾蟹类和贝类等，不包括淡水生植物。

Explanatory Notes on Main Statistical Indicators

Total Power of Agricultural Machinery refers to total mechanical power of machinery used in farming, forestry, animal husbandry and fishery, including machinery for ploughing, irrigation and drainage, harvesting, transport, plant protection, animal husbandry, forestry and fishery and other agricultural machinery. (for the power of internal combustion engines, it is converted from its horsepower into watts while for electric motors the output power is converted into watts.) Machinery employed for non-agricultural purposes, such as the machines used in township-run and village-run industry, construction, non-agricultural transport, scientific experiments and teaching, are not included.

Consumption of Chemical Fertilizers in Agriculture refers to the quantity of chemical fertilizers applied in agriculture in the year, including nitrogenous fertilizer, phosphate fertilizer, potash fertilizer, and compound fertilizer. The consumption of chemical fertilizers is calculated in terms of volume of effective components by means of converting the gross weight of the respective fertilizers into weight containing effective component (e.g. nitrogen content in nitrogenous fertilizer, phosphorous pentoxide contents in phosphate fertilizer, and potassium oxide contents in potash fertilizer). Compound fertilizer is converted in regard to its major components.

Effective Irrigated Area refers to area of land that are effectively irrigated, i.e. relatively level land, where there are water sources or complete sets of irrigation facilities to lift and move adequate water for irrigation purpose under normal conditions.

Gross Output Value of Farming, Forestry, Animal Husbandry and Fishery refers to the total value of products of farming, forestry, animal husbandry and fishery, and total value of services in support of farming, forestry, animal husbandry and fishery activities. It reflects the total scale and results of agricultural production during a given period. Gross output value of agriculture is obtained by multiplying the output of each product or by-product by its price, resulting in the output value of each single item. The sum of output values of all products of farming, forestry, animal husbandry and fishery and services in support to those industries is then equal to the gross output value of agriculture.

Sown Area of Crops refers to area of land sown or transplanted with crops regardless of being in cultivated area or non-cultivated area. Area of land re-sown due to natural disasters is also included.

Grain Output refers to the total output in the whole country including grains produced by State farms, collective units, rural households, as well as by farms affiliated to industrial and mining enterprises and other production units. Grain includes rice, wheat, corn, sorghum, millet and other miscellaneous grains as well as tubers and beans. Output of beans refers to dry beans without pods. The output of tubers (sweet potatoes and potatoes, not including taros and cassava) are converted into that of grain at the ratio 4:1, i.e. 4 kilograms of fresh tubers were equivalent to 1 kilogram of grain up to 1963. Since 1964 the ratio for conversion has been 5:1. Tubers supplied as vegetables (such as potatoes) in cities and suburbs are calculated as fresh vegetables and their output is not included in the output of grain. Output of all other grains refers to husked grain.

Output of Oil-bearing Crops refers to the total production of oil-bearing crops of various kinds, including peanuts (dry, in shell), rapeseeds, sesame, sunflower seeds, flax seeds, and other oil-bearing crops. Soybeans, oil-bearing woody plants, and wild oil-bearing crops are not included.

Output of Pork, Beef, and Mutton refers to the meat of slaughtered hogs, cattle, sheep and goats with head, feet, and offal taken away.

Number of Livestock or Poultry in Stock at Beginning (or End) of Period refers to the total number of large animals, pigs, sheep, fowls, etc. raised by rural cooperative organizations, State farms, rural individuals, government agencies, schools, industrial and mining enterprises, army, and urban residents at the beginning (or end) of the reference period.

Output of Aquatic Products refers to the amount of cultured aquatic products and naturally grown aquatic products caught, including marine fish, shrimp, crabs, shellfish, algae, etc. and freshwater fish, shrimp, crabs, shellfish and so on, excluding freshwater plants.

工 业

Industry 14

简 要 说 明

一、主要内容

本篇资料反映全省工业生产情况，包括规模以上工业企业主要经济指标、规模以上大中型工业企业按工业行业大类和按地区分组的主要经济指标和效益指标、规模以上工业主要产品产量。

二、统计范围

本篇资料中规模以上工业企业的统计范围为年主营业务收入 2000 万元及以上的工业企业。

企业规模划分按 2011 年《统计上大中小微型企业划分办法》标准执行。

三、调查方法

根据工业统计年度报表有关资料整理汇总。2018 年起根据第四次经济普查数据修定。

四、资料来源

本篇资料由省统计局根据《贵州省工业统计报表制度》加工整理。

Brief Introduction

I. Main Contents

Data in this chapter reflect the basic conditions of the industrial production, including main economic indicators of industrial enterprises above designated size; main economic indicators and efficiency indicators of large and medium-sized industrial enterprises above designated size classified by branch of industry and by city; output and production capacity of key industrial above designated size products.

II. Scopes of Statistics

The scopes of industrial enterprises above designated size are all industrial enterprises with revenue from principal business above 20 million yuan.

Data by branch of industry in this chapter are based on the 2011's *National Industrial Classification of all Economic Activities*, and data by size of enterprise are based on the 2011's *Standards of Enterprises by Size*.

III. Methods of Survey

The data on industrial enterprises in this Chapter are compiled mainly on the basis of annual industrial statistics reporting forms. Starting in 2018, it was revised based on data from the fourth economic Census.

IV. Sources of Data

Data in this chapter are processed and sorted out by the Provincial Bureau of Statistics according to the *Industrial Statistical Statement System of Guizhou Province*.

14-1 规模以上工业企业单位数

Number of Industrial Enterprises above Designated Size

单位：个 (unit)

指 标	Item	2015	2016	2017	2018	2019
规模以上工业企业单位数	**Number of Industrial Enterprises above Designated Size**	**4482**	**5123**	**5311**	**5311**	**4686**
#国有控股企业	State-holding Enterprises	525	554	512	523	553
按轻重工业分	**Grouped by Type of Light and Heavy Industries**					
轻工业	Light Industry	1374	1714	1854	1887	1560
重工业	Heavy Industry	3108	3409	3457	3424	3126
按企业规模分	**Grouped by Size of Enterprises**					
大型企业	Large Enterprises	104	89	68	73	77
中型企业	Medium-sized Enterprises	844	773	509	396	376
小型企业	Small Enterprises	3196	3925	4170	4101	3579
微型企业	Mini-sized Enterprises	338	336	564	741	654
按登记注册类型分	**Grouped by Status of Registration**					
内资企业	Domestic Funded Enterprises	4393	5032	5212	5214	4593
国有企业	State-owned Enterprises	161	142	65	31	43
集体企业	Collective-owned Enterprises	16	12	10	13	10
股份合作企业	Cooperative Enterprises	8	8	6	5	4
联营企业	Joint Ownership Enterprises	3	2	2		
有限责任公司	Limited Liability Corporations	1602	1691	1621	1356	1281
股份有限公司	Share-holding Corporations Limited	135	140	139	139	128
私营企业	Private Enterprises	2436	3008	3344	3656	3126
其他企业	Other Enterprises	32	29	25	14	1
港、澳、台商投资企业	Enterprises Invested from Hong Kong,Macao and Taiwan	49	55	64	57	56
外商投资企业	Foreign Funded Enterprises	40	36	35	40	37

注：1.规模以上工业统计口径为年主营业务收入2000万元及以上工业企业。2.企业规模按国家统计局新制定的《统计上大中小微企业划分办法》执行。3.2018年为第四次经济普查数。(以下相关表除特殊标注外，均同)

Note: 1.The statistics of industrial enterprises above designated size was industrial enterprises with annual revenue from principal business over 20 million yuan. 2.The standard of size is executed according to "Statistics issued by the division of the large, medium, small and micro-enterprises" which is newly established by National Bureau of Statistics. 3. Data of 2018 are from the fourth economic census (the following tables are the same except for special notes) .

14-2 按行业分规模以上工业企业单位数

Number of Industrial Enterprises above Designated Size by Industrial Sector

单位：个 (unit)

指 标	Item	2015	2016	2017	2018	2019
规模以上工业企业单位数	**Number of Industrial Enterprises above Designated Size**	4482	5123	5311	5311	4686
采矿业	Mining	953	951	920	802	637
#煤炭开采和洗选业	Mining and Washing of Coal	734	666	605	492	386
黑色金属矿采选业	Mining and Processing of Ferrous Metal Ores	35	37	36	32	23
有色金属矿采选业	Mining and Processing of Non-Ferrous Metal Ores	31	27	30	33	31
非金属矿采选业	Mining and Processing of Non-metal Ores	153	220	247	242	196
制造业	Manufacturing	3282	3884	4146	4238	3755
#农副食品加工业	Processing of Food from Agricultural Products	291	342	363	365	297
食品制造业	Manufacture of Foods	109	143	147	141	108
酒、饮料和精制茶制造业	Manufacture of Liquor, Beverages and Refined Tea	376	466	491	475	370
烟草制品业	Manufacture of Tobacco	2	2	2	3	3
纺织业	Manufacture of Textile	13	20	26	23	21
纺织服装、服饰业	Manufacture of Textile, Wearing Apparel and Accessories	56	72	70	66	46
皮革、毛皮、羽毛及其制品和制鞋业	Manufacture of Leather,Fur,Feather and Related Products and Footware	29	31	35	46	42
木材加工和木、竹、藤、棕、草制品业	Processing of Timber, Manufacture of Wood, Bamboo, Rattan,Palm and Straw Products	119	128	98	85	70
家具制造业	Manufacture of Furniture	37	55	56	58	49
造纸和纸制品业	Manufacture of Paper and Paper Products	56	61	63	74	67
印刷业和记录媒介复制业	Printing and Reproduction of Recording Media	33	40	44	41	32
文教、工美、体育和娱乐用品制造业	Manufacture of Articles for Culture, Education, Arts and Crafts, Sport and Entertainment Activities	30	45	56	72	56
石油、煤炭及其他燃料加工业	Processing of Petroleum,Coking and Processing of Nuclear Fuel	19	16	24	24	16
化学原料和化学制品制造业	Manufacture of Raw Chemical Materials and Chemical Products	233	245	234	226	208
医药制造业	Manufacture of Medicines	117	139	148	157	144
橡胶和塑料制品业	Manufacture of Rubber and Plastics Products	117	147	169	185	171
非金属矿物制品业	Manufacture of Non-metallic Mineral Products	766	903	991	1031	1006
黑色金属冶炼和压延加工业	Smelting and Pressing of Ferrous Metals	164	140	110	102	90
有色金属冶炼和压延加工业	Smelting and Pressing of Non-ferrous Metals	83	91	87	92	88
金属制品业	Manufacture of Metal Products	141	157	183	201	188
通用设备制造业	Manufacture of General Purpose Machinery	79	89	97	102	90
专用设备制造业	Manufacture of Special Purpose Machinery	74	90	89	84	84
汽车制造业	Manufacture of Automobiles	52	62	72	72	62
铁路.船舶.航空航天和其他运输设备制造业	Manufacture of Railroad, Ship, Aerospace and Other Transportation Equipment	47	48	57	54	48
电气机械和器材制造业	Manufacture of Electrical Machinery and Apparatus	133	171	186	190	172
计算机、通信和其他电子设备制造业	Manufacture of Computers, Communication and Other Electronic Equipment	57	117	187	208	175
仪器仪表制造业	Manufacture of Measuring Instruments and Machinery	15	17	19	21	18
其他制造业	Others	17	27	19	17	15
废弃资源综合利用业	Utilization of Waste Resources	14	16	19	18	16
电力、热力、燃气及水的生产和供应业	Production and Supply of Electric Power, Heat Power,Gas and Water	247	288	245	271	294
电力、热力生产和供应业	Production and Supply of Electric Power and Heat Power	197	225	165	178	188
燃气生产和供应业	Production and Supply of Gas	21	24	29	36	39
水的生产和供应业	Production and Supply of Water	29	39	51	57	67

注：2015—2016年数据按国民经济行业分类（GB/T4754—2011）划分，2017年起数据按国民经济行业分类（GB/T4754—2017）划分。（以下相关表同）

Note: Data of 2015-2016 are according to the national economy industry classification (GB/T4754-2011), and data from 2017 onwards are according to the national economy industry classification (GB/T4754-2017) (the relative tables in the chapter are the same).

14–3 规模以上工业增加值比重
Value added of Industry above Designated Size

单位：% (100 million yuan)

指 标	Item	2015	2016	2017	2018	2019	2019年比2018年增长(%) Increase Rate in 2019 over 2018(%)
规模以上工业增加值	**Value added of Industry above Designated Size**	**100.0**	**100.0**	**100.0**	**100.0**	**100.0**	**9.6**
#国有控股企业	State-holding Industry	45.3	42.8	42.0	52.6	56.2	9.9
#私营企业	Private Enterprises	25.8	29.2	32.5	26.1	26.5	6.9
按轻重工业分	**Grouped by Type of Light and Heavy Industries**						
轻工业	Light Industry	38.8	38.7	39.7	45.1	47.2	10.7
重工业	Heavy Industry	61.2	61.3	60.3	54.9	52.8	8.6
按企业规模分	**Grouped by Size of Enterprises**						
大型企业	Large Enterprises	33.8	29.5	29.8	41.2	44.8	11.2
中型企业	Medium-sized Enterprises	25.3	23.0	21.7	19.5	18.4	16.9
小型企业	Small Enterprises	40.3	44.5	45.1	35.0	33.3	6.8
微型企业	Mini-sized Enterprises	0.7	3.0	3.4	4.3	3.6	-14.3
按登记注册类型分	**Grouped by Status of Registration**						
国有企业	State-owned Enterprises	20.6	17.9	5.1	5.2	5.3	10.7
集体企业	Collective-owned Enterprises	0.2	0.2	0.2	0.1	0.2	25.7
股份合作企业	Cooperative Enterprises	0.3	0.3	0.1	0.1	0.1	2.2
股份制企业	Share-holding Enterprises	66.4	71.1	84.2	87.1	88.5	9.5
外商及港澳台商投资企业	Enterprises with Funds from Foreign, Hong Kong, Macao and Taiwan	2.8	2.9	2.8	2.3	2.8	6.9
其他企业	Other Enterprises	9.6	7.6	7.5	5.2	3.2	10.9

注：比重按现价工业增加值计算，增长速度按可比价计算(以下相关表同)。

Note:Value-added of industry above designated size is calculated by income approach and the increase rate is calculated at the comparable price(the relative tables in the chapter are the same).

14-4 规模以上分行业工业增加值比重

Value added of Industry above Designated Size by Sector

单位：% (100 million yuan)

指 标	Item	2015	2016	2017	2018	2019	2019年比2018年增长(%) Increase Rate in 2019 over 2018(%)
规模以上工业增加值	**Value added of Industry above Designated Size**	**100.0**	**100.0**	**100.0**	**100.0**	**100.0**	**9.6**
采矿业	Mining	23.0	20.8	20.9	17.4	16.9	13.7
#煤炭开采和洗选业	Mining and Washing of Coal	19.3	16.7	17.0	14.4	14.1	18.2
黑色金属矿采选业	Mining and Processing of Ferrous Metal Ores	0.7	0.6	0.5	0.2	0.1	7.3
有色金属矿采选业	Mining and Processing of Non-Ferrous Metal Ores	0.6	0.6	0.7	0.8	0.8	31.5
非金属矿采选业	Mining and Processing of Non-metal Ores	2.4	2.7	2.7	2.0	1.9	-15.2
制造业	Manufacturing	66.4	68.2	67.5	70.6	71.9	8.5
#农副食品加工业	Processing of Food from Agricultural Products	1.6	1.9	1.9	1.4	1.2	-3.9
食品制造业	Manufacture of Foods	1.3	1.4	1.5	1.3	1.2	6.8
酒、饮料和精制茶制造业	Manufacture of Liquor, Beverages and Refined Tea	20.2	20.2	19.9	26.0	28.8	14.9
烟草制品业	Manufacture of Tobacco	8.6	7.0	7.0	8.2	8.4	7.0
纺织业	Manufacture of Textile	0.1	0.2	0.2	0.2	0.1	-3.4
纺织服装、服饰业	Manufacture of Textile, Wearing Apparel and Accessories	0.4	0.5	0.5	0.5	0.3	-27.4
皮革、毛皮、羽毛(绒)及其制品和制鞋业	Manufacture of Leather,Fur,Feather and Related Products,and Footware	0.3	0.3	0.3	0.3	0.3	10.1
木材加工及木、竹、藤、棕、草制品业	Processing of Timber, Manufacture of Wood, Bamboo, Rattan, Palm and Straw Products	1.1	1.1	0.6	0.4	0.3	16.7
家具制造业	Manufacture of Furniture	0.3	0.3	0.4	0.4	0.4	5.7
造纸及纸制品业	Manufacture of Paper and Paper Products	0.7	0.6	0.7	0.5	0.6	33.1
印刷和记录媒介复制业	Printing and Reproduction of Recording Media	0.4	0.5	0.4	0.3	0.3	-2.9
文教、工美、体育和娱乐用品制造业	Manufacture of Articles for Culture, Education, Arts and Crafts, Sport and Entertainment Activities	0.1	0.2	0.2	0.2	0.2	-2.6
石油加工、炼焦及核燃料加工业	Processing of Petroleum,Coking and Processing of Nuclear Fuel	1.0	0.9	0.4	0.5	0.8	21.5
化学原料及化学制品制造业	Manufacture of Raw Chemical Materials and Chemical Products	4.5	4.4	4.1	3.4	3.0	-3.5
医药制造业	Manufacture of Medicines	2.9	3.1	3.6	3.3	3.1	-2.0
橡胶和塑料制品业	Manufacture of Rubber and Plastics Products	1.3	1.1	1.2	1.2	1.3	8.5
非金属矿物制品业	Manufacture of Non-metallic Mineral Products	7.0	7.9	8.7	8.9	8.1	-1.9
黑色金属冶炼及压延加工业	Smelting and Pressing of Ferrous Metals	2.2	2.0	1.6	1.5	1.8	21.1
有色金属冶炼及压延加工业	Smelting and Pressing of Non-ferrous Metals	4.3	4.5	3.2	3.2	3.2	18.9
金属制品业	Manufacture of Metal Products	1.2	1.3	1.3	1.1	1.5	31.1
通用设备制造业	Manufacture of General Purpose Machinery	1.0	0.8	0.7	0.4	0.6	25.4
专用设备制造业	Manufacture of Special Purpose Machinery	0.8	0.9	0.6	0.5	0.6	16.3
汽车制造业	Manufacture of Automobiles	1.0	1.7	1.8	1.2	0.9	-16.5
铁路、船舶、航空航天和其他运输设备制造业	Manufacture of Railroad, Ship, Aerospace and Other Transportation Equipment	1.1	1.1	1.4	1.5	1.3	0.3
电气机械及器材制造业	Manufacture of Electrical Machinery and Apparatus	1.0	1.2	1.8	1.6	1.1	-5.4
计算机、通信和其他电子设备制造业	Manufacture of Computers, Communication and Other Electronic Equipment	1.5	2.3	2.9	1.9	1.8	12.9
仪器仪表制造业	Manufacture of Measuring Instruments and Machinery	0.1	0.1	0.2	0.2	0.2	-1.2
其他制造业	Other Manufacture	0.2	0.2	0.2	0.1	0.1	-11.4
废弃资源综合利用业	Utilization of waste Resources	0.1	0.1	0.1	0.1	0.1	-10.4
电力、热力、燃气及水的生产和供应业	Production and Supply of Electric Power, Heat Power,Gas and Water	10.7	11.0	11.6	12.0	11.2	11.0
电力、热力生产和供应业	Production and Supply of Electric Power and Heat Power	10.3	10.5	10.7	11.0	10.2	11.3
燃气生产和供应业	Production and Supply of Gas	0.0	0.1	0.3	0.4	0.4	15.7
水的生产和供应业	Production and Supply of Water	0.3	0.4	0.6	0.5	0.6	4.4

14-5 规模以上工业总产值

Gross Output Value of Industry above Designated Size

单位：亿元 (100 million yuan)

指 标	Item	2015	2016	2017	2018	2019
规模以上工业总产值	**Gross Output Value of Industry above Designated Size**	**10793.22**	**11877.28**	**11048.29**	**10234.05**	**10445.19**
#国有控股企业	State-holding Enterprises	4156.73	4111.19	3896.94	4212.66	4720.84
按轻重工业分	**Grouped by Type of Light and Heavy Industries**					
轻工业	Light Industry	2760.50	3225.10	3144.77	3120.86	3224.40
重工业	Heavy Industry	8032.72	8652.18	7903.52	7113.19	7220.80
按企业规模分	**Grouped by Size of Enterprises**					
大型企业	Large Enterprises	3280.57	3120.85	3080.78	3294.12	3793.79
中型企业	Medium-sized Enterprises	3262.41	4125.92	2270.51	1912.62	2057.07
小型企业	Small Enterprises	4030.13	4470.81	5293.40	4454.44	4093.05
微型企业	Mini-sized Enterprises	220.11	159.70	403.60	572.87	501.27
按登记注册类型分	**Grouped by Status of Registration**					
内资企业	Domestic Funded	10420.81	11562.20	10753.42	9741.65	9924.88
国有企业	State-owned Enterprises	1489.23	871.18	743.67	708.99	797.07
集体企业	Collective-owned Enterprises	18.74	18.67	14.96	19.03	21.34
股份合作企业	Cooperative Enterprises	20.58	21.74	8.28	4.62	3.89
联营企业	Joint Ownership Enterprises	1.76	0.79	5.19		
有限责任公司	Limited Liability Corporations	4878.92	5857.70	5118.89	4628.47	4870.32
股份有限公司	Share-holding Corporations Limited	748.92	796.77	682.84	518.69	700.01
私营企业	Private Enterprises	3233.03	3972.63	4157.32	3855.27	3531.66
其他企业	Other Enterprises	29.64	22.73	22.28	6.59	0.59
港、澳、台商投资企业	Enterprises with Funds from Hong Kong, Macao and Taiwan	230.10	162.54	181.72	192.45	207.63
外商投资企业	Foreign Funded Enterprises	142.30	152.54	113.14	299.94	312.68

注：2016年经名录管理部门认定，部分规模以上工业企业登记注册类型变更，导致相关指标数据变动。

Note: In 2016, determined by the directory management department, the types of registration of some industrial enterprises above designated size were changed, leading to changes in relevant indicators of data.

14-6 按行业分规模以上工业总产值
Gross Output Value of Industry above Designated Size by Sector

单位：亿元 (100 million yuan)

指 标	Item	2015	2016	2017	2018	2019
规模以上工业总产值	**Gross Output Value of Industry above Designated Size**	**10793.22**	**11877.28**	**11048.29**	**10234.05**	**10445.19**
采矿业	Mining	1965.49	2021.30	1807.17	1365.47	1215.75
#煤炭开采和洗选业	Mining and Washing of Coal	1635.64	1605.12	1447.59	1106.00	983.21
黑色金属矿采选业	Mining and Processing of Ferrous Metal Ores	56.34	62.27	59.94	25.72	22.56
有色金属矿采选业	Mining and Processing of Non-Ferrous Metal Ores	64.47	68.31	66.08	58.87	77.38
非金属矿采选业	Mining and Processing of Non-metal Ores	209.04	285.36	230.43	172.56	128.97
制造业	Manufacturing	7397.04	8500.44	8080.39	7449.75	7706.67
#农副食品加工业	Processing of Food from Agricultural Products	330.34	390.10	376.06	298.40	259.39
食品制造业	Manufacture of Foods	162.63	185.21	192.87	166.21	159.46
酒、饮料和精制茶制造业	Manufacture of Liquor, Beverages and Refined Tea	880.11	1055.57	1067.86	1187.64	1284.73
烟草制品业	Manufacture of Tobacco	367.34	334.42	341.21	371.27	405.86
纺织业	Manufacture of Textile	17.56	22.86	29.83	22.60	19.29
纺织服装、服饰业	Manufacture of Textile, Wearing Apparel and Accessories	50.64	65.74	50.83	50.57	26.52
皮革、毛皮、羽毛及其制造业和制鞋业	Manufacture of Leather,Fur,Feather and Related Products,and Footware	54.77	60.98	53.17	47.52	43.16
木材加工和木、竹、藤、棕、草制品业	Processing of Timber, Manufacture of Wood, Bamboo, Rattan, Palm and Straw Products	161.20	192.52	69.67	62.93	64.28
家具制造业	Manufacture of Furniture	32.39	45.68	54.01	49.40	44.93
造纸和纸制品业	Manufacture of Paper and Paper Products	84.27	105.97	81.80	89.33	90.37
印刷和记录媒介复制业	Printing and Reproduction of Recording Media	39.47	50.03	50.62	38.50	35.25
文教、工美、体育和娱乐用品制造业	Manufacture of Articles for Culture, Education, Arts and Crafts, Sport and Entertainment ctivities	29.00	45.40	46.75	40.54	32.21
石油加工、炼焦和核燃料加工业	Processing of Petroleum,Coking and Processing of Nuclear Fuel	184.91	122.58	79.78	122.58	130.67
化学原料和化学制品制造业	Manufacture of Raw Chemical Materials and Chemical Products	777.08	831.46	694.09	651.58	608.51
医药制造业	Manufacture of Medicines	401.60	451.50	380.49	344.62	361.08
橡胶和塑料制品业	Manufacture of Rubber and Plastics Products	252.66	253.15	255.80	243.11	251.99
非金属矿物制品业	Manufacture of Non-metallic Mineral Products	1021.62	1281.43	1311.77	1263.69	1140.84
黑色金属冶炼和压延加工业	Smelting and Pressing of Ferrous Metals	647.44	632.44	421.65	369.16	412.34
有色金属冶炼和压延加工业	Smelting and Pressing of Non-ferrous Metals	452.50	546.86	447.67	474.01	528.35
金属制品业	Manufacture of Metal Products	188.67	217.57	225.73	200.71	219.91
通用设备制造业	Manufacture of General Purpose Machinery	115.87	135.15	117.13	91.61	109.19
专用设备制造业	Manufacture of Special Purpose Machinery	113.81	136.22	119.55	68.28	82.44
汽车制造业	Manufacture of Automobiles	228.90	258.84	267.30	143.86	151.63
铁路、船舶、航空航天和其它运输设备制造业	Manufacture of Railwag, ship, Aerospace and Other Transport Equipment	192.22	180.76	203.67	95.23	202.71
电气机械和器材制造业	Manufacture of Electrical Machinery and Apparatus	210.30	282.06	275.69	283.88	343.84
计算机、通信和其他电子设备制造业	Manufacture of Computers, Communication and Other Electronic Equipment	309.57	510.47	766.09	612.54	632.76
仪器仪表制造业	Manufacture of Measuring Instruments and Machinery	14.27	16.42	18.96	21.87	18.21
其他制造业	Other Manufacture	58.09	65.82	59.88	21.07	30.77
废弃资源综合利用业	Utilization of Waste Resources	16.77	18.56	17.50	11.94	11.02
电力、热力、燃气及水的生产和供应业	Production and Supply of Electric Power, Heat Power,Gas and Water	1430.69	1355.54	1160.73	1416.53	1522.78
电力、热力生产和供应业	Production and Supply of Electric Power and Heat	1382.33	1298.83	1094.78	1324.71	1413.40
燃气生产和供应业	Production and Supply of Gas	25.89	26.11	34.73	53.60	65.10
水的生产和供应业	Production and Supply of Water	22.47	30.60	31.22	38.22	44.28

14-7 规模以上工业企业主要经济指标

Major Economic Indicators of Industrial Enterprises above Designated Size

指 标	Item	2015	2016	2017	2018	2019
固定资产净值年平均余额(亿元)	Average Balance of Net Value of Fixed Assets (100 million yuan)	4601.60	4975.59	5468.76	5486.53	5635.71
流动资产年平均余额(亿元)	Average Balance of Circulating Funds (100 million yuan)	5172.39	5778.54	6237.70	6788.78	7146.58
主营业务收入(亿元)	Revenue from Principal Business (100 million yuan)	9876.81	11172.44	10647.55	9791.34	9619.12
利税总额(亿元)	Total Pre-tax Profits(100 million yuan)	1460.84	1625.14	1756.78	1950.62	1853.77
#利润总额	Total Profits	732.76	847.02	903.43	1036.16	976.30
产值利税率(%)	Ratio of Pre-Tax Profits to Output Value(%)	13.53	13.68	15.90	19.06	17.75
资金利税率(%)	Ratio of Pre-Tax Profit to Assets(%)	14.95	15.11	15.01	16.19	14.95
销售利税率(%)	Ratio of Pre-Tax Profit to Sales(%)	14.79	14.55	16.50	19.92	19.27
资本保值增值率(%)	Ratio of Assets Appreciation YOY(%)	117.94	111.14	108.21	106.81	106.43
总资产贡献率(%)	Contribution rate of Total Assets(%)	12.41	12.75	12.85	17.82	15.05
资产负债率(%)	Ratio of Debts to Assets(%)	63.52	63.37	62.40	61.49	60.47
流动资产周转次数(次/年)	Turnover of Current Assets (times/year)	1.77	1.90	1.65	1.42	1.35
成本费用利润率(%)	Ratio of Profits to Costs(%)	8.24	8.42	9.52	12.22	11.77
产销率(%)	Sales as Percentage of Output(%)	90.99	97.25	92.26	98.50	98.10

14-8 大中型工业企业主要经济指标

Major Economic Indicators of Large and Medium-sized Industrial Enterprises

指 标	Item	2015	2016	2017	2018	2019
固定资产净值年平均余额(亿元)	Average Balance of Net Value of Fixed Assets(100 million yuan)	3768.82	3966.04	3994.67	3691.83	3784.59
流动资产年平均余额(亿元)	Average Balance of Circulating Funds (100 million yuan)	3806.38	4208.11	4483.37	4685.95	4948.56
主营业务收入(亿元)	Revenue from Principal Business (100 million yuan)	6062.97	6863.16	5464.59	5421.26	5677.90
利税总额(亿元)	Total Pre-tax Profits(100 million yuan)	1111.30	1244.72	1218.85	1438.74	1470.26
#利润总额	Total Profits	521.30	622.50	583.16	719.56	751.33
资本保值增值率(%)	Ratio of Assets Appreciation YOY(%)	108.67	109.08	101.07	107.45	110.88
总资产贡献率(%)	Contribution rate of Total Assets(%)	12.63	13.07	13.17	14.75	14.08
资产负债率(%)	Ratio of Debts to Assets(%)	65.89	64.71	62.90	61.05	59.63
流动资产周转次数(次/年)	Turnover of Current Assets (times/year)	1.53	1.58	1.22	1.16	1.13
成本费用利润率(%)	Ratio of Profits to Costs(%)	9.76	10.34	12.44	16.24	16.36
产销率(%)	Sales as Percentage of Output(%)	87.09	97.73	86.51	98.12	98.32

14–9 规模以上工业主要产品产量

Output of Major Industrial Products above Designated Size

单位：万吨 (10000 tons)

指　标	Item	2015	2016	2017	2018	2019
粗钢	Crude Steel	466.59	515.86	439.90	418.41	442.34
成品钢材	Rolled Steel	463.04	526.18	495.72	569.40	707.74
铁合金	Ferroalloys	332.61	311.71	251.35	164.15	173.98
原铝	Electrolyzed Aluminium	85.52	86.48	101.85	103.67	127.8
氧化铝	Aluminum Oxide	373.46	449.61	433.14	575.54	404.11
铝材	Aluminium Material	55.75	75.06	55.28	47.06	51.11
磷矿石	Phosphate Rock	4323.10	5256.00	4817.00	3084.11	2504.06
生铁	Pig Iron	407.58	371.36	343.71	342.01	351.21
农用化肥	Chemical Fertilizer	582.47	611.31	538.47	474.48	371.42
轮胎外胎(万条)	Tires(10000 units)	484.78	494.19	497.59	570.59	609.42
水泥	Cement	9909.52	10748.76	11356.51	11029.99	10991.07
发电量(亿千瓦小时)	Electricity (100 million kwh)	1740.92	1839.71	1856.53	1945.35	2106.28
#水电	Hydropower	723.65	678.36	658.42	647.17	674.88
卷烟(万箱)	Cigarettes(10000 cases)	252.34	232.13	215.21	215.16	222.93
饮料酒(万千升)	Alcohol Beverages (10000 kiloliters)	139.81	152.79	143.90	129.13	140.67
#白酒	White Spirit	42.79	49.01	45.21	30.83	27.39
食用植物油	Edible Vegetable Oil	41.94	46.75	38.96	16.34	13.54
中成药	Traditional Chinese Medicine	8.53	10.52	9.78	6.53	6.72
家用电冰箱(万台)	Household Refrigerators (10000 sets)	174.14	146.99	125.90	143.12	157.64
彩色电视机(万部)	Color Television Sets (10000 sets)	138.64	191.24	205.45	132.74	123.56

14-10 规模以上工业企业主要经济指标(2019)
Major Economics Indicators of Industrial Entevprises above Designated Size

单位：亿元 (100 million yuan)

指 标	Item	工业总产值 Total Output Value of Industry	资产合计 Total Assets	主营业务收入 Revenue from Principal Business	利税总额 Total Profits and Taxes	#利润总额 Total Profits
总 计	**Total**	**10445.19**	**16346.93**	**9619.12**	**1853.77**	**976.30**
#国有控股企业	State-holding Enterprises	4720.84	10438.09	4661.34	1385.64	716.29
按登记注册类型分	**Gorouped by Status of Registration**					
内资企业	Domestic-funded Enterprises	9924.88	15778.69	9120.79	1794.65	947.03
国有企业	State-owned Enterprises	797.07	1176.63	794.57	32.64	13.22
中央企业	Central Enterprises	777.58	1119.41	778.69	28.97	10.85
地方企业	Local Enterprises	19.49	57.22	15.88	3.67	2.38
集体企业	Collective-owned Enterprises	21.34	8.03	17.44	1.20	0.70
股份合作企业	Cooperative Enterprises	3.89	3.07	3.58	0.61	0.29
联营企业	Joint Ownership Enterprises					
有限责任公司	Limited Liability Corporations	4870.32	10310.87	4645.61	1365.07	706.62
股份有限公司	Share-holding Corporations Limited	700.01	1411.99	616.27	95.84	54.99
私营企业	Private Enterprises	3531.66	2867.99	3043.23	299.28	171.19
其他企业	Others Enterprises	0.59	0.12	0.10	0.01	0.01
港.澳.台商投资企业	Enterprises Invested from Hong Kong,Macao and Taiwan	207.63	314.92	193.91	31.86	10.33
外商投资企业	Foreign Invested Enterprises	312.68	253.31	304.41	27.26	18.94
按轻重工业分	**Grouped by Type of Light and Heavy Industry**					
轻工业	Light Industry	3224.40	4418.96	2933.88	1323.03	722.05
重工业	Heavy Industry	7220.80	11927.96	6685.24	530.74	254.24
按企业规模分	**Grouped by Size of Enterprises**					
大型企业	Large Enterprises	3793.79	7446.92	3841.21	1342.54	716.52
中型企业	Medium-sized Enterprises	2057.07	3955.38	1836.70	127.72	34.81
小型企业	Small Enterprises	4093.05	4207.42	3584.00	347.67	201.65
微型企业	Mini-sized Enterprises	501.27	737.21	357.22	35.84	23.31

14-11 规模以上工业企业分行业主要经济指标(2019)

单位：亿元

指 标	Item	企业单位数(个) Number of Enterprises(unit)
总 计	**Total**	**4686**
采矿业	Mining	637
#煤炭开采和洗选业	Mining and Washing of Coal	386
黑色金属矿采选业	Mining and Processing of Ferrous Metal Ores	23
有色金属矿采选业	Mining and Processing of Non-Ferrous Metal Ores	31
非金属矿采选业	Mining and Processing of Non-metal Ores	196
制造业	Manufacturing	3755
农副食品加工业	Processing of Food from Agricultural Products	297
食品制造业	Manufacture of Foods	108
酒、饮料和精制茶制造业	Manufacture of Liquor, Beverages and Refined Tea	370
#白酒制造	Manufacture of Liquors	122
烟草制品业	Manufacture of Tobacco	3
纺织业	Manufacture of Textile	21
纺织服装、服饰业	Manufacture of Textile, Wearing Apparel and Accessories	46
皮革、毛皮、羽毛及其制品和制鞋业	Manufacture of Leather,Fur,Feather and Related Products, and Footware	42
木材加工和木、竹、藤、棕、草制品业	Processing of Timber, Manufacture of Wood, Bamboo, Rattan, Palm and Straw Products	70
家具制造业	Manufacture of Furniture	49
造纸和纸制品业	Manufacture of Paper and Paper Products	67
印刷和记录媒介复制业	Printing and Reproduction of Recording Media	32
文教、工美、体育和娱乐用品制造业	Manufacture of Articles for Culture, Education, Arts and Crafts,Sport and Entertainment Activities	56
石油加工、炼焦和核燃料加工业	Processing of Petroleum, Coking and Processing of Nuclear Fuel	16
化学原料和化学制品制造业	Manufacture of Raw Chemical Materials and Chemical Products	208
医药制造业	Manufacture of Medicines	144
橡胶和塑料制品业	Manufacture of Rubber and Plastics Products	171
非金属矿物制品业	Manufacture of Non-metallic Mineral Products	1006
黑色金属冶炼和压延加工业	Smelting and Pressing of Ferrous Metals	90
有色金属冶炼和压延加工业	Smelting and Pressing of Non-ferrous Metals	88
金属制品业	Manufacture of Metal Products	188
通用设备制造业	Manufacture of General Purpose Machinery	90
专用设备制造业	Manufacture of Special Purpose Machinery	84
汽车制造业	Manufacture of Automobiles	62
铁路、船舶、航空航天和其他运输设备制造业	Manufacture of Railroad, Ship, Aerospace and Other Transportation Equipment	48
电气机械和器材制造业	Manufacture of Electrical Machinery and Apparatus	172
计算机、通信和其他电子设备制造业	Manufacture of Computers, Communication and Other Electronic Equipment	175
仪器仪表制造业	Manufacture of Measuring Instruments and Machinery	18
其他制造业	Other Manufacture	15
废弃资源综合利用业	Utilization of Waste Resources	16
电力、热力、燃气及水的生产和供应业	Production and Supply of Electric Power, Heat Power, Gas and Water	294
电力、热力生产和供应业	Production and Supply of Electric Power and Heat Power	188
#电力生产	Production of Electric Power	172
电力供应	Distribution of Electric Power	16
燃气生产和供应业	Production and Supply of Gas	39
水的生产和供应业	Production and Supply of Water	67

Main Economic Indicators of Industrial Enterprises above Designated Size by Sector

(100 million yuan)

工业总产值 Total Output Value of Industry	资产合计 Total Assets	主营业务收入 Revenue from Principal Business	利税总额 Total Profits and Taxes	
				利润总额 Total Profits
10445.19	**16346.93**	**9619.12**	**1853.77**	**976.30**
1215.75	2335.38	1114.06	159.94	68.90
983.21	2154.47	906.88	134.80	57.79
22.56	20.29	19.42	1.65	0.32
77.38	42.11	68.78	8.22	2.76
128.97	114.32	116.12	14.57	7.47
7706.67	9874.01	7088.09	1590.70	859.15
259.39	168.93	240.47	14.85	10.48
159.46	127.28	127.01	18.30	13.03
1284.73	2720.96	1235.62	887.37	613.32
1082.03	2514.77	1062.28	867.33	599.73
405.86	385.82	421.56	297.73	21.16
19.29	19.99	16.87	1.51	0.72
26.52	14.91	24.43	2.28	1.66
43.16	27.50	39.30	4.35	3.15
64.28	37.43	60.90	4.93	2.77
44.93	21.65	42.13	4.17	2.52
90.37	75.53	76.74	6.66	5.03
35.25	41.13	33.48	5.72	4.32
32.21	14.00	29.33	2.59	1.64
130.67	87.87	128.10	20.17	2.79
608.51	1414.61	612.27	-4.70	-19.70
361.08	484.68	280.64	53.76	30.65
251.99	197.15	211.46	18.55	10.20
1140.84	1184.21	1036.72	100.48	61.55
412.34	449.08	425.83	21.35	9.63
528.35	550.69	508.62	37.96	22.23
219.91	192.58	199.95	19.22	13.27
109.19	130.22	86.70	8.67	5.65
82.44	108.41	72.35	5.69	3.33
151.63	243.93	137.19	6.27	3.45
202.71	470.47	188.00	10.95	8.16
343.84	269.45	247.90	14.58	8.63
632.76	372.63	542.71	23.17	16.90
18.21	18.95	14.54	1.26	0.88
30.77	29.46	32.65	1.17	0.90
11.02	6.92	9.91	0.83	0.25
1522.78	4137.54	1416.97	103.13	48.25
1413.40	3595.71	1309.99	91.19	39.16
686.37	2508.08	560.06	72.63	37.84
727.03	1087.63	749.92	18.56	1.32
65.10	142.37	67.38	4.14	3.32
44.28	399.45	39.60	7.81	5.77

14-12 规模以上国有控股工业企业主要经济指标(2019)

单位：亿元

指　　标	Item	企业单位数(个) Number of Enterprises(unit)
总　　计	**Total**	553
按轻重工业分	**Grouped by Type of Light and Heavy Industry**	
轻工业	Light Industry	62
重工业	Heavy Industry	491
按企业规模分	**Grouped by Scale of Enterprise**	
大型企业	Large Enterprises	45
中型企业	Medium-sized Enterprises	131
小型企业	Small Enterprises	290
微型企业	Mini-sized Enterprises	87
按工业行业分	**Grouped by Industrial Sector**	
采矿业	Mining	52
#煤炭开采和洗选业	Mining and Washing of Coal	40
黑色金属矿采选业	Mining and Processing of Ferrous Metal Ores	3
有色金属矿采选业	Mining and Processing of Nonferrous Metal Ores	3
非金属矿采选业	Mining and Processing of Nonmetal Ores	6
制造业	Manufacturing	304
#农副食品加工业	Processing of Food from Agricultural Products	5
食品制造业	Manufacture of Food	3
酒、饮料和精制茶制造业	Manufacture of Wine,Soft drinks and Refined tea	16
烟草制品业	Manufacture of Tobacco	3
纺织业	Manufacture of Textile	1
纺织服装、服饰业	Manufacture of Textile, Wearing Apparel and Accessories	3
皮革、毛皮、羽毛及其制品和制鞋业	Manufacture of Leather, Fur, Feather, and Related Products and Footwear	2
木材加工和木、竹、藤、棕、草制品业	Processing of Timber, Manufacture of Wood, Bamboo , Rattan, Palm and	3
家具制造业	Manufacture of Furniture	1
造纸和纸制品业	Manufacture of Paper and Paper Products	2
印刷和记录媒介复制业	Printing and Reproduction of Recording Media	4
石油、煤炭及其他燃料加工业	Processing of Petroleum, Coal and Other fuels	4
化学原料和化学制品制造业	Manufacture of Raw Chemical Materials and Chemical Products	36
医药制造业	Manufacture of Medicines	5
橡胶和塑料制品业	Manufacture of Rubber and Plastics Products	6
非金属矿物制品业	Manufacture of Non-metallic Mineral Products	77
黑色金属冶炼和压延加工业	Smelting and Pressing of Ferrous Metals	7
有色金属冶炼和压延加工业	Smelting and Pressing of Non-ferrous Metals	20
金属制品业	Manufacture of Metal Products	15
通用设备制造业	Manufacture of General Purpose Machinery	16
专用设备制造业	Manufacture of Special Purpose Machinery	10
汽车制造业	Manufacture of Automobiles	10
铁路、船舶、航空航天和其他运输设备制造业	Manufacture of Railroad, Ship, Aerospace and Other Transportation Equipment	28
电气机械和器材制造业	Manufacture of Electrical Machinery and Apparatus	9
计算机、通信和其他电子设备制造业	Manufacture of Computers, Communication and Other	13
仪器仪表制造业	Manufacture of Measuring Instruments and Machinery	3
其他制造业	Other Manufacture	1
电力、热力、燃气及水的生产和供应业	Production and Supply of Electric Power, Heat Power, Gas and Water	197
电力、热力生产和供应业	Production and Supply of Electric Power and Heat Power	132
燃气生产和供应业	Production and Supply of Gas	8
水的生产和供应业	Production and Supply of Water	57

Major Economic Indicators of State-controlled

(100 million yuan)

工业总产值 Total Output Value of Industry	资产合计 Total Assets	主营业务收入 Revenue from Principal Business	利税总额 Total Profits and Taxes	#利润总额 Total Profits
4720.84	**10438.09**	**4661.34**	**1385.64**	**716.29**
1462.62	2770.63	1484.82	1134.36	606.68
3258.22	7667.47	3176.52	251.27	109.61
3126.77	6544.75	3250.81	1270.02	676.90
923.94	2189.21	865.01	31.06	-6.77
473.75	1278.95	431.04	65.06	33.71
196.38	425.18	114.47	19.50	12.45
230.98	870.69	248.41	43.69	15.17
212.98	843.00	232.77	40.40	14.33
3.39	9.66	3.09	-0.19	-0.48
9.96	8.11	7.86	1.87	0.38
4.65	9.92	4.69	1.61	0.94
3102.64	5962.23	3122.88	1245.89	657.16
5.93	5.89	3.89	0.27	0.25
12.98	24.83	12.65	0.92	0.61
946.66	2247.87	958.10	832.33	583.43
405.86	385.82	421.56	297.73	21.16
0.51	0.38	0.36	0.01	
0.62	1.22	0.57	-0.05	-0.11
8.22	12.81	5.67	0.59	0.31
1.98	11.48	1.77	-1.61	-1.62
3.83	3.72	3.91	0.52	0.26
0.96	9.01	0.97	-0.59	-0.62
2.93	5.12	2.58	-0.11	-0.13
106.71	68.48	107.03	18.06	1.37
321.96	1105.30	383.56	-4.47	-14.57
7.56	6.47	6.60	0.73	0.52
93.94	107.60	69.69	6.37	1.70
204.08	368.98	186.93	19.42	11.34
171.29	325.18	199.78	10.90	6.44
260.83	325.53	262.85	26.19	18.51
52.46	98.77	54.61	4.01	2.12
36.95	77.09	32.04	2.33	1.76
17.84	56.52	19.41	1.27	0.80
35.04	51.01	35.51	4.10	2.67
181.79	454.96	172.55	9.17	7.22
61.77	55.76	63.52	3.10	2.21
136.41	115.35	92.31	13.19	10.42
5.57	9.50	4.66	0.57	0.32
14.32	20.59	16.34	0.31	0.26
1387.24	3605.16	1290.05	96.07	43.98
1333.02	3257.11	1240.37	88.90	38.82
16.95	18.66	16.34	1.70	1.02
37.27	329.39	33.34	5.47	4.14

14-13 规模以上集体工业企业主要经济指标(2019)
Main Economic Indicators of All Collective-owned Industrial Enterprises above Designated Size

单位：亿元 (100 million yuan)

指 标	Item	企业单位数(个) Number of Enterprises (unit)	工业总产值 Total Output Value of Industry	资产合计 Total Assets	主营业务收入 Revenue from Principal Business	利税总额 Total Profits and Taxes	#利润总额 Total Profits
总 计	**Total**	**10**	**21.34**	**8.03**	**17.44**	**1.20**	**0.70**
按轻重工业分	**Grouped by Type of Light and Heavy Industry**						
轻工业	Light Industry	4	6.52	0.90	6.83	-0.01	-0.07
重工业	Heavy Industry	6	14.82	7.13	10.61	1.21	0.78
按企业规模分	**Grouped by Size of Enterprises**						
#中型企业	Medium-sized Enterprises	2	5.89	5.96	2.04	0.39	0.29
小型企业	Small Enterprises	8	15.45	2.07	15.40	0.81	0.42
按工业行业分	**Grouped by Industries Sector**						
制造业	Manufacturing	8	12.71	2.36	12.95	0.42	0.31
#非金属矿物制品业	Manufacture of Non-metallic Mineral Products	1	5.06	0.66	4.95	0.33	0.32
金属制品业	Manufacture of Metal Products	2	0.59	0.63	0.93	-0.03	-0.04

14-14 规模以上外商投资和港澳台商投资工业企业主要经济指标(2019)

Major Economic Indicators of all above Designated Size Industrial Enterprises Funded by Foreigners and Hong kong, Macao and Taiwan

单位：亿元 (100 million yuan)

指标	Item	企业单位数(个) Number of Enterprises (unit)	工业总产值 Gross Value of Industrial Output	资产合计 Total Assets	主营业务收入 Revenue from Principal Business	利税总额 Total Profits and Taxes	#利润总额 Total Profits
总计	**Total**	**93**	**520.31**	**568.24**	**498.32**	**59.12**	**29.27**
#港、澳、台商投资企业	Enterprises with Funds from Hong kong, Macao and Taiwan	56	207.63	314.92	193.91	31.86	10.33
合资经营企业(港或澳、台资)	Joint Venture Enterprises(with Funds from Hong Kong, Macao and Taiwan)	23	130.38	150.41	127.32	23.06	4.80
港澳台商独资经营企业	Enterprises with Sole Funds from Hong Kong,Macao and Taiwan	31	69.91	142.58	57.44	4.18	1.88
外商投资企业	Foreign Funded Enterprises	37	312.68	253.31	304.41	27.26	18.94
中外合资经营企业	Cooperation Enterprises	17	39.82	84.10	39.61	7.98	5.61
外资企业	Foreign Funded Enterprises	19	262.77	150.11	253.82	14.80	9.30
按轻重工业分	**Grouped by Type of Light and Heavy Industry**						
轻工业	Light Industry	39	93.95	102.30	86.41	14.47	8.53
重工业	Heavy Industry	54	426.36	465.93	411.92	44.65	20.73
按企业规模分	**Grouped by Size of Enterprise**						
大型企业	Large Enterprises	4	229.21	96.89	229.69	12.64	10.09
中型企业	Medium-sized Enterprises	17	100.97	220.06	93.86	17.94	11.10
小型企业	Small Enterprises	67	185.35	232.84	170.00	27.48	7.43
微型企业	Mini-sized Enterprises	5	4.79	18.44	4.77	1.05	0.64
按工业行业分	**Grouped by Industrial Sector**						
采矿业	Mining	2	6.45	17.09	8.14	4.18	3.25
#煤炭开采和洗选业	Mining and Washing of Coal	2	6.45	17.09	8.14	4.18	3.25
制造业	Manufacturing	75	457.58	322.18	437.44	46.11	20.10
#农副食品加工业	Processing of Food from Agricultural Products	4	9.63	5.19	9.42	0.51	0.32
食品制造业	Manufacture of Foods	4	2.91	2.56	2.87	0.20	0.05
酒、饮料和精制茶制造业	Manufacture of Liquor, Beverages and Refined Tea	12	34.48	33.69	28.53	5.24	2.63
皮革、毛皮、羽毛及其制品和制鞋业	Manufacture of Leather,Fur,Feather and Related	2	1.50	0.27	1.50	0.06	0.04
文教、工美、体育和娱乐用品制造业	Manufacture of Articles for Culture, Education, Arts and Crafts,Sport and Entertainment Activities	2	2.31	0.92	2.34	0.32	0.07
石油、煤炭及其他燃料加工业	Processing of Oil, Coal and Other Fuels	2	59.59	9.54	60.11	15.35	-0.19
化学原料和化学制品制造业	Manufacture of Raw Chemical Materials and Chemical Products	4	6.82	19.58	6.87	2.28	1.68
医药制造业	Maufacture of Medicines	8	20.71	42.35	19.04	5.35	3.26
橡胶和塑料制品业	Manufacture of Rubber and Plastics Produets	4	19.42	13.21	20.06	2.58	2.09
非金属矿物制品业	Manufacture of Non-metallic Mineral Products	11	35.60	62.43	35.30	6.07	3.92
汽车制造业	Manufacture of Automobiles	4	8.29	14.28	8.35	-0.60	-0.38
铁路、船舶、航空航天和其他运输设备制造业	Manufacture of Railway, Ship, Aerospace and other Transport Equipment	2	2.57	2.56	2.53	0.40	0.35
电气机械和器材制造业	Manufacture of Electrical Machinery and Apparatus	3	21.16	15.22	9.27	0.83	0.62
计算机、通信和其他电子设备制造业	Manufacture of Computers,Communication and Other Electronic Equipment	7	216.71	74.75	214.76	2.56	1.33
电力、热力、燃气及水的生产和供应业	Production and Supply of Electric Power, Heat Power, Gas and Water	16	56.29	228.96	52.73	8.87	5.90
#电力、热力生产和供应业	Production and Supply of Electric Power and Heat Power	9	41.85	144.21	40.29	5.11	2.90
燃气生产和供应业	Production and Supply of Gas	2	2.92	4.29	3.15	0.40	0.36
水的生产和供应业	Production and Supply of Water	5	11.52	80.46	9.29	3.36	2.64

14-15 规模以上工业企业主要经济效益指标(2019)

Main Indicators on Economic Efficiency of all Industrial Enterprises above Designated Size

单位：%　　(%)

指　标	Item	产值利税率 Ratio of Pre-Tax Profit to Output Value	资金利税率 Ratio of Pre-Tax Profit to Asset	销售利税率 Ratio of Pre-Tax Profit to Sales
总　计	**Total**	**17.7**	**15.0**	**19.3**
内资企业	Domestic Enterprises	18.1	15.1	19.7
国有企业	State-owned	4.1	3.4	4.1
中央企业	Central	3.7	3.1	3.7
地方企业	Local	18.8	11.0	23.1
集体企业	Collective-owned Enterprises	5.6	17.6	6.9
股份合作企业	Cooperation Enterprises	15.7	21.3	17.0
联营企业	Joint-owned Enterprises			
有限责任公司	Limited Liability Corporations	28.0	17.6	29.4
股份有限公司	Share-holding Corporations Enterprises	13.7	9.6	15.6
私营企业	Private Enterprises	8.5	13.6	9.8
其他企业	Others	1.7	1.0	10.0
港、澳、台商投资企业	Enterprises Invested from Hong kong,Macao and Taiwan	15.3	12.5	16.4
外商投资企业	Foreign Invested Enterprises	8.7	12.3	9.0
在总计中：	**of the Total:**			
#国有控股企业	State-controlled Enterprises	29.4	17.2	29.7
按轻重工业分	**Grouped by type of Light and Heavy Industry**			
轻工业	Light Industry	41.0	37.1	45.1
重工业	Heavy Industry	7.4	6.0	7.9
按企业规模分	**Grouped by Size of Enterprises**			
大型企业	Large Enterprises	35.4	23.5	35.0
中型企业	Medium-sized Enterprises	6.2	4.5	7.0
小型企业	Small Enterprises	8.5	10.5	9.7
微型企业	Mini-sized Enterprises	7.1	6.9	10.0
按工业行业分	**Grouped by Industrial Sector**			
采矿业	Mining	13.2	11.5	14.4
#煤炭开采和洗选业	Mining and Washing of Coal	13.7	10.6	14.9
黑色金属矿采选业	Mining and Processing of Ferrous Metal Ores	7.3	11.3	8.5
有色金属矿采选业	Mining and Processing of Non-Ferrous Metal Ores	10.6	33.9	12.0
非金属矿采选业	Mining and Processing of Non-metal Ores	11.3	17.7	12.5
制造业	Manufacturing	16.8	9.5	17.5
#农副食品加工业	Processing of Food from Agricultural Products	5.7	10.9	6.2
食品制造业	Manufacture of Foods	11.5	18.3	14.4
酒、饮料和精制茶制造业	Manufacture of Liquor, Beverages and Refined Tea	69.1	40.1	71.8
烟草制品业	Manufacture of Tobacco	73.4	87.9	70.6
纺织业	Manufacture of Textile	7.8	13.2	9.0
纺织服装、服饰业	Manufacture of Textile, Wearing Apparel and Accessories	8.6	12.5	9.3
皮革、毛皮、羽毛及其制品和制鞋业	Manufacture of Leather,Fur,Feather and Related Products, and Footware	10.1	18.6	11.1

14－15 续表 continued

单位：% (%)

指　标	Item	产值利税率 Ratio of Pre-Tax Profits to Output Value	资金利税率 Ratio of Pre-Tax Profits to Assets	销售利税率 Ratio of Pre-Tax Profits to Sales
木材加工和木、竹、藤、棕、草制品业	Processing of Timber, Manufacture of Wood, Bamboo,Rattan, Palm and Straw Products	7.7	14.8	8.1
家具制造业	Manufacture of Furniture	9.3	25.6	9.9
造纸和纸制品业	Manufacture of Paper and Paper Products	7.4	10.8	8.7
印刷和记录媒介复制业	Printing and Reproduction of Recording Media	16.2	16.5	17.1
文教、工美、体育和娱乐用品制造业	Manufacture of Articles for Culture, Education, Arts and Crafts,Sport and Entertainment Activities	8.0	18.6	8.8
石油加工、炼焦和核燃料加工业	Processing of Petroleum,Coking and Processing of Nuclear Fuel	15.4	26.0	15.7
化学原料和化学制品制造业	Manufacture of Raw Chemical Materials and Chemical Products	-0.8	-0.5	-0.8
医药制造业	Maufacture of Medicines	14.9	15.5	19.2
橡胶和塑料制品业	Manufacture of Rubber and Plastics Produets	7.4	11.2	8.8
非金属矿物制品业	Manufacture of Non-metallic Mineral Products	8.8	10.7	9.7
黑色金属冶炼和压延加工业	Smelting and Pressing of Ferrous Metals	5.2	6.8	5.0
有色金属冶炼和压延加工业	Smelting and Pressing of Non-ferrous Metals	7.2	9.5	7.5
金属制品业	Manufacture of Metal Products	8.7	10.7	9.6
通用设备制造业	Manufacture of General Purpose Machinery	7.9	9.6	10.0
专用设备制造业	Manufacture of Special Purpose Machinery	6.9	6.6	7.9
汽车制造业	Manufacture of Automobiles	4.1	3.3	4.6
铁路、船舶、航空航天和其他运输设备制造业	Manufacture of Railway, Ship, Aerospace and other Transport Equipment	5.4	2.7	5.8
电气机械和器材制造业	Manufacture of Electrical Machinery and Apparatus	4.2	6.5	5.9
计算机、通信和其他电子设备制造业	Manufacture of Computers,Communication and Other Electronic Equipment	3.7	6.7	4.3
仪器仪表制造业	Manufacture of Measuring Instruments and Machinery	6.9	8.4	8.7
其他制造业	Other Manufacture	3.8	3.8	3.6
废弃资源综合利用业	Utilization of Waste Resources	7.5	15.8	8.4
电力、热力、燃气及水的生产和供应业	Production and Supply of Electric Power, Heat Power, Gas and Water	6.8	3.2	7.3
电力、热力生产和供应业	Production and Supply of Electric Power and Heat Power	6.5	3.2	7.0
燃气生产和供应业	Production and Supply of Gas	6.4	5.6	6.1
水的生产和供应业	Production and Supply of Water	17.6	3.0	19.7

14-16 规模以上国有控股工业企业主要经济效益指标(2019)

Major Indicators on Economic Efficiency of State-controlled Industrial Enterprises above Designated Size

单位：% (%)

指标	Item	产值利税率 Ratio of Pre-Tax Profits to Output Value	资金利税率 Ratio of Pre-Tax Profits to Assets	销售利税率 Ratio of Pre-Tax Profits to Sales
总计	**Total**	**29.4**	**17.2**	**29.7**
按轻重工业分	**Grouped by Type of Light and Heavy Industry**			
轻工业	Light Industry	77.6	49.5	76.4
重工业	Heavy Industry	7.7	4.4	7.9
按企业规模分	**Grouped by Size of Enterprises**			
大型企业	Large Enterprises	40.6	24.8	39.1
中型企业	Medium-sized Enterprises	3.4	1.9	3.6
小型企业	Small Enterprises	13.7	6.4	15.1
微型企业	Mini-sized Enterprises	9.9	6.6	17.0
按工业行业分	**Grouped by Industrial sector**			
采矿业	Mining	18.9	9.0	17.6
#煤炭开采和洗选业	Mining and Washing of Coal	19.0	8.6	17.4
黑色金属矿采选业	Mining and Processing of Ferrous Metal Ores	-5.6	-4.4	-6.1
有色金属矿采选业	Mining and Processing of Non-Ferrous Metal Ores	18.8	45.6	23.8
非金属矿采选业	Mining and Processing of Non-metal Ores	34.6	20.2	34.3
制造业	Manufacturing	40.2	26.6	39.9
#农副食品加工业	Processing of Food from Agricultural Products	4.6	6.1	6.9
食品制造业	Manufacture of Foods	7.1	6.1	7.3
酒、饮料和精制茶制造业	Manufacture of Liquor, Beverages and Refined Tea	87.9	45.1	86.9
烟草制品业	Manufacture of Tobacco	73.4	87.9	70.6
皮革、毛皮、羽毛及其制品和制鞋业	Manufacture of Leather,Fur,Feather and Related Products, and Footware	7.2	5.7	10.4
木材加工和木、竹、藤、棕、草制品业	Processing of Timber, Manufacture of Wood, Bamboo,Rattan, Palm and Straw Products	-81.3	-15.5	-91.0
家具制造业	Manufacture of Furniture	13.6	14.5	13.3
印刷和记录媒介复制业	Printing, Reproduction of Recording Media	-3.8	-3.0	-4.3

14-16 续表 continued

单位：% (%)

指 标	Item	产值利税率 Ratio of Pre-Tax Profits to Output Value	资金利税率 Ratio of Pre-Tax Profits to Assets	销售利税率 Ratio of Pre-Tax Profits to Sales
石油、煤炭及其他燃料加工业	Processing of Petroleum, Coal and Other Fuels	16.9	31.0	16.9
化学原料和化学制品制造业	Manufacture of Raw Chemical Materials and Chemical Products	-1.4	-0.6	-1.2
医药制造业	Maufacture of Medicines	9.7	16.5	11.1
橡胶和塑料制品业	Manufacture of Rubber and Plastics Products	6.8	6.9	9.1
非金属矿物制品业	Manufacture of Non-metallic Mineral Products	9.5	7.2	10.4
黑色金属冶炼和压延加工业	Smelting and Pressing of Ferrous Metals	6.4	4.8	5.5
有色金属冶炼和压延加工业	Manufacture of Automobiles	10.0	11.0	10.0
金属制品业	Manufacture of Railway, Ship, Aerospace and Other Transport Equipment	7.6	4.6	7.3
通用设备制造业	Manufacture of Electrical Machinery and Apparatus	6.3	4.7	7.3
专用设备制造业	Manufacture of Computers,Communication and Other Electronic Equipment	7.1	2.8	6.5
汽车制造业	Manufacture of Measuring Instruments and Machinery	11.7	9.3	11.5
铁路、船舶、航空航天和其他运输设备制造业	Manufacture of Railway, Ship, Aerospace and other Transoort Equipment	5.0	2.3	5.3
电气机械和器材制造业	Production and Supply of Electric Power, Heat Power, Gas and Water	5.0	7.0	4.9
计算机、通信和其他电子设备制造业	Production and Supply of Electric Power and Heat Power	9.7	12.6	14.3
仪器仪表制造业	Manufacture of Measuring Instruments and Machinery	10.2	7.8	12.2
其他制造业	Other Manufacture	2.2	1.4	1.9
电力、热力、燃气及水的生产和供应业	Production and Supply of Electric Power, Heat Power, Gas and Water	6.9	3.3	7.4
电力、热力的生产和供应业	Production and Supply of Electric Power and Heat Power	6.7	3.4	7.2
燃气生产和供应业	Production and Supply of Gas	10.0	15.3	10.4
水的生产和供应业	Production and Supply of Water	14.7	2.4	16.4

14-17 规模以上集体工业企业主要经济效益指标(2019)

Main Indicators on Economic Benefit of Collective-owned Industrial Enterprises above Designated Size

单位：% (%)

指 标	Item	产值利税率 Ratio of Pre-Tax Profits to Output Value	资金利税率 Ratio of Pre-Tax Profits to Assets	销售利税率 Ratio of Pre-Tax Profits to Sales
总 计	**Total**	**5.6**	**17.6**	**6.9**
按轻重工业分	**Grouped by Type of Light and Heavy Industry**			
轻工业	Light Industry	-0.2	-0.9	-0.1
重工业	Heavy Industry	8.2	21.2	11.4
按企业规模分	**Grouped by Size of Enterprises**			
中型企业	Medium-sized Enterprises	6.6	10.7	19.1
小型企业	Small Enterprises	5.2	25.6	5.3
按工业行业分	**Grouped by Industrial Sector**			
采矿业	Mining	26.5	42.0	40.6
#煤炭开采和洗选业	Mining and Processing of Ferrous Metal Ores	8.3	13.39	30.5
制造业	Manufacturing	4.9	14.5	5.3
#非金属矿物制品业	Manufacture of Non-metallic Mineral Products	6.5	56.9	6.7

14-18 大中型工业企业主要经济指标占全省规模以上工业比重(2019)
Percentages of Main Indicators of Large and Medium Industrial Enterprises as the whole Industrial Enterprises above Designated Size

单位：亿元 (100 million yuan)

指 标	Item	规模以上工业 Industrial Enterprises above Designated Size	#大中型工业企业 Large and Medium industrial Enterprises	
			绝对数 Absolute Figure	占规模以上工业比重(%) Percentage Taken to Industrial Enterprises above Designated Size(%)
企业单位数(个)	Number of Industrial Enterprises(unit)	4686	453	9.7
#亏损企业个数(个)	Number of Loss Making Industrial Enterprises(unit)	936	132	14.1
工业总产值	Gross Value of Industrial Output	10445.19	5850.87	56.0
资产总计	Total Assets	16346.93	11402.30	69.8
流动资产合计	Total Current Assets	7257.03	5106.01	70.4
固定资产净额	Net Fixed Assets	5384.06	3717.68	69.0
负债总计	Total Liabilities	9885.19	6798.69	68.8
主营业务收入	Revenue from Principal Business	9619.12	5677.90	59.0
营业成本	Operating Costs	7229.31	3927.33	54.3
税金及附加	Taxes and Surcharges	481.85	426.69	88.6
亏损企业亏损额	Total Deficit of Loss Making Industrial Enterprises	175.88	125.84	71.5
利税总额	Total Profits and Taxes	1853.77	1470.26	79.3
资金利税率(%)	Ratio of Pre-Tax Profits and Assets(%)	14.95	16.80	112.4

14-19 规模以上大中型工业企业分行业主要经济指标(2019)

单位：亿元

指 标	Item	企业单位数(个) Number of Enterprises(unit)
总 计	**Total**	**453**
采矿业	Mining	140
#煤炭开采和洗选业	Mining and Washing of Coal	136
黑色金属矿采选业	Mining and Processing of Ferrous Metal Ores	3
非金属矿采选业	Mining and Processing of Non-metal Ores	1
制造业	Manufacturing	280
#农副食品加工业	Processing of Food from Agricultural Products	7
食品制造业	Manufacture of Foods	7
酒、饮料和精制茶制造业	Manufacture of Liquor, Beverages and Refined Tea	22
烟草制品业	Manufacture of Tobacco	2
纺织业	Manufacture of Textile	2
纺织服装、服饰业	Manufacture of Textile, Wearing Apparel and Accessories	3
皮革、毛皮、羽毛及其制品和制鞋业	Manufacture of Leather, Fur, Feathers and other Products and Footwear	5
木材加工和木、竹、藤、棕、草制品业	Processing of Timber, Manufacture of Wood, Bamboo,Rattan, Palm and Straw Products	5
家具制造业	Manufacture of Fumiture	1
造纸和纸制品业	Manufacture of Paper and Paper Products	2
印刷和记录媒介复制业	Printing, and Reproduction of Recording Media	4
文教、工美、体育和娱乐用品制造业	Manufacture of Articles for Culture, Education, Arts and Crafts, Sport and Entertainment Activities	2
石油加工、炼焦和核燃料加工业	Processing of Petroleum, Coking and Processing of Nuclear Fuel	2
化学原料和化学制品制造业	Manufacture of Raw Chemical Materials and Chemical Products	27
医药制造业	Manufacture of Medicines	16
橡胶和塑料制品业	Manufacture of Plastics	5
非金属矿物制品业	Manufacture of Non-metallic Mineral Products	37
黑色金属冶炼和压延加工业	Smelting and Pressing of Ferrous Metals	10
有色金属冶炼和压延加工业	Smelting and Pressing of Non-ferrous Metals	17
金属制品业	Manufacture of Metal Products	8
通用设备制造业	Manufacture of General Purpose Machinery	7
专用设备制造业	Manufacture of Special Purpose Machinery	3
汽车制造业	Manufacture of Automobiles	11
铁路、船舶、航空航天和其他运输设备制造业	Manufacture of Railway, Ship, Aerospace and Other Transport Equipment	26
电气机械和器材制造业	Manufacture of Electrical Machinery and Apparatus	14
计算机、通信和其他电子设备制造业	Manufacture of Computers,Communication and Other Electronic Equipment	28
仪器仪表制造业	Manufacture of Measuring Instruments and Machinery	2
其他制造业	Other Manufacture	3
电力、热力、燃气及水的生产和供应业	Production and Supply of Electric Power, Heat Power, Gas and Water	33
电力、热力的生产和供应业	Production and Supply of Electric Power and Heat Power	25
燃气生产和供应业	Production and Supply of Gas	1
水的生产和供应业	Production and Supply of Water	7

Main Indicators on Economic of Large and Medium Industrial Enterprises by Sector

(100 million yuan)

工业总产值 Gross Value of Industrial Output	资产合计 Total Assets	主营业务收入 Revenue from Principal Business	利税总额 Total Profits and Taxes	#利润总额 Total Profits
5850.87	**11402.30**	**5677.90**	**1470.26**	**751.33**
580.48	1795.53	554.15	108.20	46.69
573.67	1786.91	549.05	107.83	46.82
6.20	5.66	4.49	0.18	-0.22
0.61	2.96	0.61	0.19	0.09
4127.73	6972.21	3999.10	1317.34	702.32
21.22	32.28	17.83	1.57	1.06
80.61	75.13	57.23	10.78	7.49
1036.86	2364.04	1028.16	861.16	598.94
404.70	381.26	420.48	297.55	21.06
1.93	3.19	1.73	-0.06	-0.03
4.21	3.17	3.98	0.77	0.70
13.11	16.41	9.88	1.78	1.30
8.35	13.13	6.97	-1.35	-1.50
3.83	3.72	3.91	0.52	0.26
27.15	32.10	17.32	1.82	1.60
9.76	20.09	9.20	2.03	1.54
2.35	0.59	2.28	0.34	0.06
61.08	68.79	59.43	4.41	3.04
413.15	1226.51	450.33	-21.54	-31.97
179.34	305.27	137.14	28.18	14.95
103.75	115.11	80.20	8.58	3.50
218.22	333.44	197.78	21.42	13.20
264.74	355.32	294.01	20.12	11.83
334.85	426.91	329.75	28.35	18.70
50.12	96.61	51.65	4.37	3.05
26.75	61.89	22.73	2.74	2.35
12.89	28.08	10.79	0.57	0.36
110.86	169.89	96.82	6.16	3.54
180.90	447.17	171.31	9.36	7.42
123.73	139.41	114.62	5.74	2.65
401.42	214.38	371.07	20.30	15.99
4.01	6.86	3.10	0.36	0.18
23.79	24.38	25.52	0.63	0.52
1142.67	2634.55	1124.67	44.74	2.33
1114.35	2418.84	1094.81	40.57	-0.76
11.38	66.56	15.18	0.69	0.51
16.94	149.15	14.68	3.48	2.58

14−20 规模以上工业用工人数(2019)

The Number of Employment of Industrial Enterprises above Designated Size

单位：万人　　(10000 persons)

指　　标	Item	平均用工人数	期末用工人数
总　　计	**Total**	**80.27**	**80.14**
#国有控股企业	State-controlled Enterprises	32.94	32.95
按登记注册类型分	**By status of Registration**		
内资企业	Domestic Enterprises	76.78	76.73
国有企业	State-owned Enterprises	5.80	5.85
中央企业	Central	5.39	5.45
地方企业	Local	0.40	0.40
集体企业	Collective-owned Enterprises	0.14	0
股份合作企业	Cooperation Enterprises	0.03	0
联营企业	Joint-owned Enterprises		
有限责任公司	Limited Liability Corporations	33.18	33.95
股份有限公司	Share holding Corporations Limited	7.93	8.03
私营企业	Private Enterprises	29.69	28.72
其他企业	Others	0.01	0.01
港、澳、台商投资企业	Enterprises with Funds from Hong kong,Macao and Taiwan	1.50	1.42
外商投资企业	Foreign Funded Enterprises	1.99	1.99
按轻重工业分	**Grouped by Type of Light and Heavy Industry**		
轻工业	Light Industry	21.21	21.16
重工业	Heavy Industry	59.06	58.99
按企业规模分	**Grouped by Scale of Enterprise**		
大型企业	Large Enterprises	29.40	30.84
中型企业	Medium-sized Enterprises	19.85	19.89
小型企业	Small Enterprises	28.94	28.20
微型企业	Mini-sized Enterprises	2.08	1.22

14-21 规模以上工业主要产品产量、销售量和产销率(2019)

Output, Sales Volume, Ratio of Products Social of Major Industrial Products above Designated Size

指标	Item	产量 Output	销售量 Quantity of Sale	产销率(%) Ratio of Products Sold(%)	2019年比2018年增长(%) Increase Rate in 2019 over 2018(%)	
					产量 Output	销售量 Quantity of Sale
铁矿石原矿(万吨)	Iron ore (10000 tons)	110.80	110.78	100.0	9.0	27.0
精制食用植物油(万吨)	Refined edible vegetable oil (10000 tons)	13.54	13.70	101.2	-17.1	-16.9
乳制品(万吨)	Dairy products (10000 tons)	12.98	13.04	100.5	13.6	17.6
白酒(折65度，商品量)(万千升)	Liquor (65 fold, quantity) (10000000L)	27.39	26.18	95.6	0.7	-0.7
饮料(万吨)	Soft drinks (10000 tons)	572.75	557.96	97.4	-13.6	-9.8
卷烟（万箱）	Cigarettes(10000 cases)	222.93	229.51	102.9	3.6	6.8
纱(万吨)	Yarn (10000 tons)	0.57	0.53	92.7	-48.2	-60.5
布（万米）	Cloth (10000 meters)	3346.01	3256.30	97.3	-15.9	-22.9
服装（万件）	Clothing (10000 pieces)	5933.20	6329.70	106.7	-21.5	-10.6
机制纸及纸板(外购原纸加工除外)(万吨)	Machine made paper and paperboard (except purchased paper processing) (million tons)	23.76	23.54	99.1	25.8	31.9
硫酸(折100%)(万吨)	Sulfuric acid (100% fold) (10000 tons)	704.08	12.87	1.8	-12.1	10.2
合成氨(无水氨)(万吨)	Ammonia (anhydrous ammonia) (10000 tons)	149.26	113.75	76.2	-4.7	-6.9
农用氮、磷、钾化学肥料(折纯)(万吨)	Agricultural nitrogen, phosphorus and potassium chemical fertilizers (folded) (10000 tons)	371.42	356.60	96.0	-24.0	-25.8
氮肥(折含氮100%)(万吨)	Nitrogen fertilizer (nitrogen 100%) (10000 tons)	119.18	113.72	95.4	-19.1	-19.7
磷肥(折五氧化二磷100%)(万吨)	Phosphate fertilizer(P2O5 100%) (million tons)	252.24	242.88	96.3	-26.0	-28.3
化学农药原药(折有效成分100%)(万吨)	Chemical pesticide (100% fold) (10000 tons)	0.11	0.11	100.0	-39.6	-39.6
涂料(万吨)	Coatings (10000 tons)	27.85	27.64	99.2	10.1	10.0
初级形态塑料(万吨)	Primary form plastics (10000 tons)	7.97	7.94	99.7	-18.1	-17.7
合成洗涤剂(万吨)	Synthetic detergent (10000 tons)	4.35	4.28	98.5	-52.1	-17.9
橡胶轮胎外胎（万条）	Rubber tire(10000 bars)	609.42	614.30	100.8	6.8	8.8

14-21 续表 continued

指　标	Item	产量 Output	销售量 Quantity of Sale	产销率(%) Ratio of Products Sold(%)	2019年比2018年增长(%) Increase Rate in 2019 over 2018(%) 产量 Output	销售量 Quantity of Sale
塑料制品（万吨）	Plastic products (10000 tons)	90.93	89.50	98.4	-12.1	-8.7
水泥（万吨）	Cement (10000 tons)	10991.07	11011.32	100.2	-0.9	1.1
平板玻璃（万重量箱）	Flat glass (weight box)	1752.54	1775.99	101.3	6.0	8.0
生铁（万吨）	Pig iron (10000 tons)	351.21	8.59	2.4	2.7	24.1
粗钢（万吨）	Rough steel (10000 tons)	442.34	1.09	0.2	5.7	-28.7
钢材（万吨）	Steel (10000 tons)	707.74	705.86	99.7	24.3	24.0
十种有色金属（万吨）	Ten kinds of nonferrous metals (10000 tons)	155.08	151.47	97.7	19.6	18.2
氧化铝（万吨）	Alumina (10000 tons)	404.11	323.25	80.0	-24.2	-23.0
原铝(电解铝)（万吨）	Raw aluminium (electrolytic aluminium) (10000 tons)	127.80	127.57	99.8	23.3	23.8
金属切削机床（台）	Metal cutting machine tools (unit)	988	904	91.5	-28.4	-24.0
挖掘机(台)	Excavator	483	508	105.2	0.8	-6.3
汽车（万辆）	Car (10000 vehicles)	5.69	4.31	75.8	-15.2	364.4
基本型乘用车(轿车)（万辆）	Basic passenger car (car) (10000 vehicles)	—	—	—	—	—
载货汽车（万辆）	Truck (10000 vehicles)	0.94	...	...	-83.3	-97.9
新能源汽车（万辆）	New energy vehicles (10000 vehicles)	1.11	0.86	77.7	70.9	34.9
发电机组(发电设备)（万千瓦）	Generator sets (power generation equipment) (kw)	—	—	—	—	—
家用电冰箱（家用冷冻冷藏箱）（万台）	Household refrigerators (household freezers) (10000 units)	157.64	155.88	98.9	13.6	8.0
电子计算机整机（万台）	Computer complete machine (10000 units)	12.14	12.25	100.9	-5.9	-9.2
移动通信手持机(手机)（万台）	Mobile communication handset (mobile phone) (10000)	3289.11	3545.79	107.8	-24.7	-18.6
彩色电视机（万台）	Colour TV set (10000 units)	123.56	126.46	102.3	-8.0	-5.2
集成电路（万块）	Integrated circuit (10000 blocks)	5843.23	5827.20	99.7	53.1	82.8

14-22 高技术产业基本情况
Basic Statistics on High-tech Industry

指 标	Item	2015	2016	2017	2018	2019
规模以上高技术企业数(个)	Number of High-tech Enterprises (unit)	215	300	449	475	428
从业人员年平均人数(万人)	Annual Average Number of Employees(10000 persons)	8.74	10.91	13.31	12.71	12.04
工业总产值(亿元)	Gross Value of Industrial Output (100 million yuan)	889.72	1209.54	1603.95	1164.95	1380.87
主营业务收入(亿元)	Revenue from Principal Business (100 million yuan)	734.27	971.20	1249.68	1183.71	1137.66
利税总额(亿元)	Pre-Tax Profits (100 million yuan)	92.97	88.54	98.43	119.90	92.57
利润总额(亿元)	Profits (100 million yuan)	56.92	58.83	69.28	73.66	57.85

注：高技术产业统计口径为年主营业务收入2000万元及以上工业企业。

Note: High tech industry's statistics caliber is the industrial enterprise with the main business income of 20 million yuan and above.

14-23 历年工业增加值

Value-added of Industry Over the Years

单位：亿元 (100 million yuan)

年 份 Year	全部工业增加值 Value-added of Industry	#规模以上工业增加值 Value-added of Industry above Designated Size	轻工业 Light Industry	重工业 Heavy Industry
1996	225.36	188.43	74.71	113.72
1997	251.10	204.72	75.27	129.45
1998	273.82	181.80	76.48	105.32
1999	294.42	196.04	77.46	118.58
2000	328.73	216.99	82.16	134.83
2001	360.73	236.57	87.66	148.91
2002	395.45	271.09	88.20	182.89
2003	473.38	346.49	116.72	229.77
2004	577.40	476.75	147.79	328.96
2005	707.35	585.85	177.19	408.66
2006	839.13	747.38	218.52	528.86
2007	978.86	890.48	267.87	622.61
2008	1195.30	1051.26	302.25	749.01
2009	1252.67	1170.29	352.38	817.91
2010	1516.87	1227.17	413.99	813.18
2011	1846.96	1638.71	545.78	1092.93
2012	2237.13	2055.46	773.04	1282.42
2013	2707.29	2531.92	969.29	1562.63
2014	3165.32	3117.60	1185.13	1932.47
2015	3342.99	3542.03	1374.19	2167.84
2016	3715.64	4032.11	1559.37	2472.74
2017	4260.48	4104.80	1628.59	2476.22
2018	4165.48			
2019	4545.97			

注：1.规模以上工业增加值统计口径1996-2010年为年主营业务收入500万元及以上的工业企业，2011年起为年主营业务收入2000万元及以上的工业企业（以下相关表同）。2.2018年起国家统计局不再反馈规上工业增加值绝对数。

Note: 1. The statistical caliber of value added of industry above designated size from 1996 to 2010 referred to the industry enterprises whose main business revenue achieved 5 million yuan and above. After 2011, industrial statistics refers to industry enterprises whose main busines revenue achieve 20 million yuan and above (the relative tables in the chapter are the same). 2. From 2018, the National Bureau of Statistics no longer reports the absolute amount of Value-added of Industry above Designated Size.

14-24 历年工业增加值增长速度

Growth Rate of Value-added of Industry Over the Years

单位：% (%)

年 份 Year	全部工业增加值 Value-added of Industry	#规模以上工业增加值 Value-added of Industry above Designated Size	轻工业 Light Industry	重工业 Heavy Industry
1996	12.1	10.3	11.0	9.8
1997	11.8	9.0	6.0	11.1
1998	10.4	10.2	8.1	11.5
1999	11.8	6.2	0.8	9.3
2000	7.5	13.8	12.2	14.7
2001	9.2	12.6	6.4	13.6
2002	11.0	16.2	13.4	17.6
2003	13.3	16.9	9.8	20.3
2004	15.9	20.1	22.1	19.2
2005	13.0	17.0	25.3	13.3
2006	13.8	17.5	13.1	19.7
2007	14.0	16.8	13.9	18.1
2008	8.6	10.1	14.0	8.4
2009	10.2	10.6	11.6	10.2
2010	15.7	15.8	15.9	15.7
2011	18.9	21.0	22.7	20.1
2012	15.5	16.2	17.6	15.5
2013	13.1	13.6	12.7	14.1
2014	11.1	11.3	11.5	11.2
2015	9.8	9.9	8.3	10.9
2016	9.9	9.9	10.1	9.8
2017	9.0	9.5	12.2	7.7
2018	9.0	9.0	13.0	6.0
2019	9.5	9.6	10.7	8.6

14-25 历年规模以上工业主要经济指标

Main Indicators of Industrial Enterprises above Designated Size Over the Years

单位：亿元 (100 million yuan)

年 份 Year	主营业务收入 Revenue from Principal Business	轻工业 Light Industry	重工业 Heavy Industry	利税总额 Total Profits and Taxes	轻工业 Light Industry	重工业 Heavy Industry
1996	434.00	129.12	304.88	50.61	29.73	20.88
1997	419.82	128.07	291.75	60.82	38.42	22.40
1998	463.24	149.81	313.43	62.25	37.38	24.87
1999	507.55	162.34	345.21	65.81	40.47	25.34
2000	593.80	178.54	415.26	87.44	45.66	41.78
2001	646.01	193.35	452.66	94.30	51.27	43.03
2002	752.97	213.50	539.47	104.43	57.76	46.67
2003	974.30	248.48	725.82	135.87	72.15	63.72
2004	1325.95	274.04	1051.91	201.21	85.43	115.78
2005	1577.16	338.02	1239.14	232.49	113.50	118.99
2006	1948.57	389.38	1559.19	299.09	137.05	162.04
2007	2430.62	486.28	1944.34	403.49	187.27	216.22
2008	2922.35	567.80	2354.55	453.53	233.66	219.87
2009	3234.59	674.36	2560.23	470.60	252.25	218.35
2010	3926.01	807.13	3118.88	671.39	326.72	344.67
2011	5022.11	1091.79	3930.32	901.36	463.03	438.33
2012	5966.52	1299.99	4666.53	1172.15	608.19	563.96
2013	7357.43	1697.41	5660.02	1268.68	722.35	546.33
2014	8655.87	2064.97	6590.89	1310.38	781.12	529.27
2015	9876.81	2471.60	7405.20	1460.84	844.46	616.38
2016	11172.44	2939.85	8232.59	1625.14	939.70	685.44
2017	10647.55	3023.56	7623.99	1756.78	1100.63	656.15
2018	9791.34	2863.54	6927.80	1950.62	1272.59	678.03
2019	9619.12	2933.88	6685.24	1853.77	1323.03	530.74

14-25 续表 continued

年 份 Year	利润总额 Total Profits	轻工业 Light Industry	重工业 Heavy Industry	资产合计 Total Assets	轻工业 Light Industry	重工业 Heavy Industry
1996	-3.57	-2.47	-1.10	960.79	257.78	703.01
1997	0.76	0.65	0.11	1076.72	294.65	782.07
1998	1.64	-0.65	2.29	1166.76	312.79	853.97
1999	0.65	1.14	-0.49	1328.55	357.12	971.43
2000	12.56	4.48	8.08	1517.13	371.83	1145.30
2001	18.59	6.98	11.61	1698.58	412.57	1286.01
2002	21.41	10.82	10.59	1797.46	404.54	1392.92
2003	37.52	19.00	18.52	1958.57	409.35	1549.22
2004	61.99	18.03	43.96	2441.52	430.64	2010.88
2005	70.79	34.31	36.48	2734.05	458.41	2275.64
2006	110.91	48.52	62.39	3214.39	514.26	2700.13
2007	174.41	81.29	93.12	3521.19	541.49	2979.70
2008	181.83	108.56	73.27	4566.10	700.92	3865.18
2009	191.73	109.42	82.31	5066.17	819.69	4246.48
2010	317.63	149.62	168.01	5960.13	1007.10	4953.03
2011	456.20	220.40	235.80	6990.58	1200.82	5789.76
2012	627.02	307.74	319.28	8302.29	1458.24	6844.05
2013	636.59	370.74	265.85	10339.87	1989.29	8350.58
2014	628.68	397.58	231.10	11747.39	2338.93	9408.46
2015	732.76	426.74	306.02	13540.06	2853.81	10686.25
2016	847.02	491.66	355.36	14319.98	3507.17	10812.81
2017	903.43	600.99	302.44	15228.11	3793.01	11435.10
2018	1036.16	696.99	339.17	15724.71	4238.28	11486.43
2019	976.30	722.05	254.24	16346.93	4418.96	11927.96

14-26 历年主要工业产品产量
Output of Major Industrial Products Over the Years

年 份 Year	卷 烟 (万箱) Cigarettes (10000 cases)	白 酒 (万千升) White Spirit (10000 kiloliters)	发电量 (亿千瓦小时) Electricity (100 million kwh)	粗钢 (万吨) Crude Steel (10000 tons)	成品钢材 (万吨) Steel Products (10000 tons)	水泥 (万吨) Cement (10000 tons)	农用化肥 (万吨) Chemical Fertilizer (10000 tons)	磷矿石 (万吨) Phosphorite Material (10000 tons)
1978	31.60		41.43	8.73	4.95	130.93	11.57	169.02
1979	34.30		44.90	9.11	6.48	148.38	21.8	124.61
1980	44.00		45.17	8.66	7.75	144.47	30.34	188.02
1981	48.70		43.55	8.60	5.17	145.82	30.22	170.03
1982	56.10		57.86	10.62	9.43	161.07	30.98	207.98
1983	64.40		69.51	11.63	13.73	182.26	32.37	216.72
1984	85.70		76.46	13.87	18.93	206.94	36.85	214.34
1985	106.10		78.07	19.28	20.47	231.26	30.31	92.77
1986	102.10		82.52	26.34	21.45	247.31	34.99	162.58
1987	146.40		84.90	32.67	25.30	258.10	39.32	248.39
1988	188.40		90.12	33.17	23.13	293.38	39.23	281.82
1989	205.10		96.53	37.78	22.96	295.51	43.49	285.46
1990	208.00	16.06	103.87	47.11	25.36	278.29	46.73	323.86
1991	194.00	21.03	116.03	52.71	31.87	308.13	51.65	342.96
1992	202.90	22.58	129.35	64.19	48.83	370.44	51.54	348.42
1993	193.60	22.49	146.56	70.67	53.03	406.68	60.06	307.00
1994	204.90	23.32	197.21	69.89	56.14	463.10	53.60	341.43
1995	202.90	26.26	231.55	65.94	51.69	468.34	61.02	390.81
1996	197.70	34.24	248.80	59.47	51.60	522.00	57.50	446.40
1997	205.30	38.57	255.75	78.77	57.65	632.00	69.17	509.91
1998	195.80	6.91	291.77	100.28	77.28	559.42	72.82	436.51
1999	187.60	7.58	334.46	140.09	118.77	710.29	73.12	493.92
2000	187.40	8.38	404.70	166.90	150.93	783.88	84.05	588.70
2001	180.80	7.96	480.25	146.99	138.61	920.01	86.75	669.91
2002	177.80	8.63	547.12	194.65	177.79	1121.11	158.49	729.20
2003	183.19	9.85	636.60	206.10	192.97	1324.66	186.89	783.68
2004	194.74	9.22	713.04	208.07	203.22	1428.80	213.78	801.98
2005	208.21	11.74	786.78	237.83	214.85	1557.97	268.28	878.79
2006	211.73	14.21	974.66	332.51	256.57	1799.40	338.76	1034.60
2007	220.71	14.57	1166.32	349.36	328.14	1943.10	321.84	1198.83
2008	226.74	18.35	1192.08	345.64	337.52	2048.94	262.21	1317.18
2009	232.24	13.79	1363.09	343.10	337.62	2664.78	347.28	1360.66
2010	239.24	16.04	1358.69	360.48	391.04	3694.84	384.92	1579.21
2011	245.23	25.49	1359.01	434.01	462.77	5250.89	360.37	2084.18
2012	249.35	26.83	1548.44	531.27	560.22	6100.45	503.82	2281.95
2013	254.29	30.49	1620.08	531.44	573.28	8352.95	524.26	2905.44
2014	258.36	38.05	1682.27	551.81	552.39	9386.89	533.52	3397.42
2015	252.34	42.79	1740.92	466.59	463.04	9909.52	582.47	4323.10
2016	232.13	49.01	1839.71	515.86	526.18	10748.76	611.31	5256.00
2017	215.21	45.21	1856.53	439.90	495.72	11356.51	538.47	4817.00
2018	215.16	30.83	1945.35	418.41	569.40	11029.99	474.48	3084.11
2019	222.93	27.39	2106.28	442.34	707.74	10991.07	371.42	2504.06

注：表中工业产品产量1998年以前为全社会口径，1998年及以后为规模以上工业企业数据。

Note: 1.Before 1998, the data of industrial product output from this chart referred to all the industries in society and it refers to the industrial enterprises above designated size after 1998.

主要统计指标解释

工业 指从事自然资源的开采，对采掘品和农产品进行加工和再加工的物质生产部门。具体包括：(1)对自然资源的开采，如采矿、晒盐等(但不包括禽兽捕猎和水产捕捞)；(2)对农副产品的加工、再加工，如粮油加工、食品加工、缫丝、纺织、制革等；(3)对采掘品的加工、再加工，如炼铁、炼钢、化工生产、石油加工、机器制造、木材加工等，以及电力、自来水、煤气的生产和供应等；(4)对工业品的修理、翻新，如机器设备的修理、交通运输工具（如汽车）的修理等。

工业统计调查单位为独立核算法人工业企业。

独立核算法人工业企业指从事工业生产经营活动的单位。独立核算法人工业企业应同时具备以下条件：①依法成立，有自己的名称、组织机构和场所，能够承担民事责任；② 独立拥有和使用资产、承担负债、有权与其他单位签订合同；③独立核算盈亏，并能够编制资产负债表。

国有控股企业 包括：（1）在企业的全部实收资本中，国有经济成分的出资人拥有的实收资本（股本）所占企业全部实收资本（股本）的比例大于50%的国有绝对控股。（2）在企业的全部实收资本中，国有经济成分的出资人拥有的实收资本（股本）所占比例虽未大于 50%，但相对大于其他任何一方经济成分的出资人所占比例的国有相对控股；或者虽不大于其他经济成分，但根据协议规定拥有企业实际控制权的国有协议控股。（3）投资双方各占 50%，且未明确由谁绝对控股的企业，若其中一方为国有经济成分的，一律按国有控股处理。

本篇涉及的其他企业登记注册类型的解释详见综合篇。

资产总计 指企业过去的交易或者事项形成的、由企业拥有或者控制的、预期会给企业带来经济利益的资源。资产一般按流动性分为流动资产和非流动资产。其中流动资产可分为货币资金、交易性金融资产、应收票据、应收账款、预付款项、其他应收款、存货等；非流动资产可分为长期股权投资、固定资产、无形资产及其他非流动资产等。根据会计“资产负债表”中“资产总计”项目的期末余额数填报。

流动资产合计 资产满足以下条件之一应归为流动资产：（1）预计在一个正常营业周期中变现、出售或耗用，主要包括存货、应收账款等；（2）主要为交易目的而持有；（3）预计在资产负债表日起一年内（含一年）变现；（4）自资产负债日起一年内，交换其他资产或清偿负债的能力不受限制的现金或现金等价物。包括货币资金、应收票据、应收账款、存货等项目。根据会计“资产负债表”中“流动资产合计”项目的期末余额数填报。

负债合计 指企业过去的交易或者事项形成的，预期会导致经济利益流出企业的现时义务。负债一般按偿还期长短分为流动负债和非流动负债。根据会计“资产负债表”中“负债合计”项目的期末余额数填报。

主营业务收入 指企业确认的销售商品、提供劳务等主营业务的收入。根据会计“主营业务收入”科目的期末贷方余额填报。

主营业务成本 指企业经营主要业务所发生的成本总额。根据会计“主营业务成本”科目的期末借方余额填报。

主营业务税金及附加 指企业经营主要业务应负担的营业税、消费税、城市维护建设税教育费附加等。根据会计“主营业务税金及附加”科目的期末借方余额填报。

利润总额 指企业在一定会计期间的经营成果，是生产经营过程中各种收入扣除各种耗费后的盈余，反映企业在报告期内实现的盈亏总额。根据会计“利润表”中“利润总额”项目的本期金额数填报。

应交增值税 指企业按税法规定，从事货物销售或提供加工、修理修配劳务等增加货物价值的活动本期应交纳的税金。计算公式为：

应交增值税=销项税额－（进项税额－进项税额转出）－出口抵减内销产品应纳税额－减免税款+出口退税

进项税额指企业在报告期内购入货物或接受应税劳务而支付的、准予从销项税额中抵扣的增值税额。

销项税额指企业在报告期内销售货物或提供应税劳务应收取的增值税额。

总资产贡献率 反映企业全部资产的获利能力，是企业经营业绩和管理水平的集中体现，是评价和考核企业盈利能力的核心指标。计算公式为：

$$总资产贡献率=\frac{利润总额+税金总额+利息支出}{平均资金总额}\times 100\%$$

公式中：税金总额为主营业务税金及附加与应交增值税之和；平均资产总额为期初期末资产之和的算术平均值。

资产负债率 该指标既反映企业经营风险的大小，也反映企业利用债权人提供的资金从事经营活动的能力。计算公式为：

$$资产负债率=\frac{负债总额}{资产总额}\times 100\%$$

资产与负债均为报告期期末数。

流动资产周转次数 指一定时期内流动资产完成的周转次数、反映投入工业企业流动资金的周转速度。计算公式为：

$$流动资产周转次数=\frac{产品销售收入}{全部流动资产平均余额}$$

公式中：全部流动资产平均余额为期初和期末的流动资产之和的算术平均值。

成本费用利润率 反映企业投入的生产成本及费用的经济效益，同时也反映企业降低成本所取得的经济效益。计算公式为：

$$成本费用利润率=\frac{利润总额}{成本费用总额}\times 100\%$$

公式中：成本费用总额为主营业务成本、销售费用、管理费用、财务费用之和。

Explanatory Notes on Main Statistical Indicators

Industry refers to the material production sector which is engaged in the extraction of natural resources and processing and reprocessing of minerals and agricultural products, including (1) extraction of natural resources, such as mining, salt production (but not including hunting and fishing); (2) processing and reprocessing of farm and sideline produces, such as rice husking, flour milling, wine making, oil pressing, silk reeling, spinning and weaving, and leather making; (3) manufacture of industrial products, such as steel making, iron smelting, chemicals manufacturing, petroleum processing, machine building, timber processing; water and gas production and electricity generation and supply; (4)repairing of industrial products such as the repairing of machinery and means of transport (including cars).

In industrial statistics surveys, the units of enquiry are corporate industrial enterprises with independent accounting systems.

Corporate industrial enterprises with independent accounting systems refer to enterprises engaging in industrial production activities, which meet the following requirements: (1) They are established legally, having their own names, organizations, location and able to take civil liability; (2) They possess and use their assets independently, assume liabilities and are entitled to sign contracts with other units; (3) They are financially independent and compile their own balance sheets.

State-holding Enterprises include: (1) Absolute state-holding in which the contributors of state-owned parts possess more than 50% of all the paid-in capital (stocks) of the enterprises; (2) Relative state-holding in which the contributors of state-owned parts possess no more than 50% of the paid-in capital (stocks) of the enterprises, but more than that of any other contributors; or Agreed state-holding in which the contributors of state-owned parts possess no more than other contributors but have actual control over the enterprises according to agreements; (3) In the case both contributors possess 50% and it is not clear which one is in absolute holding position, the enterprise is regarded as state-holding enterprise if one of the contributor has state-owned elements.

Total Assets refer to all resources that are owned or controlled by enterprises through previous trades or transactions with expectation of making economic profits. Classified by the degree of liquidity, total assets include current assets, and non-current assets. Current assets can be classified into monetary assets, trading financial assets, notes receivable, accounts receivable, advanced payments, other prepaid money and inventories. Non-current assets can be divided into long-term equity investment, fixed assets, intangible assets and other non-current assets. Date on this indicator can be obtained by the year-end figures of total assets in the Assets and Liability Table of accounting records of enterprises.

Total Current Assets refers to the assets that meet one of the following requirements: (1) expected to be cashed, sold or used in a normal operation cycle, mainly including inventory and accounts receivable; (2) be owned for trading purpose mainly; (3) expected to be cashed in one year (including one year) from the day of the Assets and Liability Table; (4) unlimited cash or cash equivalents that can be exchanged with other assets or being capable of settling debts during one year since the day of Assets and Liability Table. Included are monetary assets, notes receivable, accounts receivable and inventories. Data on this indicator can be obtained by the year-end figures of total current assets in the Assets and Liability Table of the accounting records of enterprises.

Total Liabilities refer to payable liabilities of enterprises that accumulated from previous trades or transactions with expectation of economic profits leaking out. In terms of payment, it can be divided into liquid liabilities and long-term liabilities. Data on this item is obtained from the year-end figures on total liabilities from the Assets and Liability Table of the accounting record of the enterprises.

Revenue from Principal Business refers to the income confirmed of an enterprise from the principal business of selling products and providing labor services. Data on this indicator can be obtained from the year-end credit balance of “revenue from principal business” in the accounting record of enterprise.

Cost of Principal Business refers to the total cost occurred from the principal business of the enterprise. Date can be obtained from the year-end debit balance of “cost of principal business” in the accounting record of enterprise.

Tax and Extra Charges from Principal Business refers to the sales tax, consumption tax, urban maintenance and construction tax and education expenses shouldered by the enterprise from its principal business. Date are obtained from the year-end debit balance of “tax and extra charges from principal business” in the accounting record of enterprise.

Total Profits refers to the operation results in a certain accounting period, and it is the balance of various incomes minus various spendings in the course of operation reflecting the total profits and losses of enterprises in reference period. Date are obtained from the amount of “total profits” in the “profit table” of the accounting record of enterprise.

Value-added Tax Payable refers to the payable tax according to Tax Law of enterprises which engaged in selling of goods or providing services that bring added value to the goods, such as processing, repairing, fitting and other activities. The formula is as follows:

Value-added Tax Payable = tax on sales – (tax on purchase – transferred tax on purchase) – exports deduct tax payable on domestic sales – tax relief + the export tax rebate.

Tax on Purchase refers to the value-added tax payable by enterprises that purchase goods or receiving taxable services during the reference period and this part of the tax is allowed to be deducted from the tax on sales.

Tax on Sales refers to the value-added tax chargeable by enterprises that sell goods or provide taxable services during the reference period.

Ratio of Profits, Taxes and Interests to Average Assets reflects the profit-making capability of all assets, manifests the performance and management of the enterprise, and is a key indicator for evaluating the profit-making potential of the enterprise. It is calculated as follows:

$$\text{Ration of Profits, Taxes and Interests to Average Assets}(\%) = \frac{\text{total profits+total taxes+interest payment}}{\text{average assets}} \times 100\%$$

In the above formula, total taxes is the sum of tax of and extra charges on the principal business and value-added tax payable; and average assets is the arithmetic mean of the sum of beginning assets and ending assets.

Ratio of Debts to Assets reflects both the operation risk and the capability of the enterprise in making use of the capital from the creditors. It is calculated as follows:

$$\text{Ratio of Debts to Assets}(\%) = \frac{\text{total debts}}{\text{total assets}} \times 100\%$$

Both assets and debts are figures at the end of the reference period.

Turnover of Current Assets refers to the number of times of turnover of current assets in a given period of time, which reflects the speed of the turnover of current assets of industrial enterprises, and is calculated as follows:

$$\text{Turnover of Working Capital} = \frac{\text{sales revenue of products}}{\text{average balance of total working capital}}$$

In the above formula, average balance of total current assets refers to the arithmetic mean of the sum of current assets at the beginning and at the end of the reference period.

Ratio of Profits to Total Industrial Costs refers to the ratio of profits realized in a given period to the total costs in the same period, which reflects the economic efficiency of input cost and is calculated as follows:

$$\text{Ratio of Profits to Total Industrial Cost}(\%) = \frac{\text{total profits}}{\text{total costs}} \times 100\%$$

Total costs in the above formula are the sum of cost of principal business, marketing cost, management cost and financial cost.

建筑业

Construction

15

简 要 说 明

一、主要内容

本篇资料主要反映全省建筑业发展情况。包括企业数、从业人员、建筑业总产值、房屋建筑面积、利润税金、劳动生产率等。

二、统计范围

具有建筑业资质的独立核算建筑业企业。

三、统计调查方法

根据国家统计局制定的《建筑业统计报表制度》整理汇总。

四、资料来源

本篇资料由省统计局提供。

Brief Introduction

I. Main Contents

Data in this chapter show the general situation and the development of the construction industry in Guizhou Province, including the number of enterprises, number of employed persons, gross output value of the construction industry, floor space of buildings under construction, profits and taxes, labour productivity, etc.

II. Scope of Statistics

The scope of construction industry data in this chapter is the construction enterprises with independent accounting, which are qualified in construction industry.

III. Methods of Survey

Data on construction enterprises are collected in accordance with the Statistical Reporting System of Construction stipulated by the National Bureau of Statistics.

IV. Sources of Data

Data in this chapter are provided by Guizhou Provincial Bureau of Statistics.

15-1 建筑业主要指标

Main Economic Indicators on Construction Enterprises

指 标	Item	2015	2016	2017	2018	2019
建筑业企业个数(个)	**Number of Construction Enterprises (unit)**	**892**	**891**	**1029**	**1212**	**1449**
年末从业人员(万人)	Number of Emplyed Persons at the Year-end (10000 persons)	47.41	67.53	77.64	90.27	80.00
自有固定资产原价(亿元)	Fixed Assets Owned(original value) (100 million yuan)	131.24	146.19	153.31	209.28	198.92
自有固定资产净价(亿元)	Fixed Assets Owned(net value)(100 million yuan)	75.04	80.00	91.53	135.97	120.45
自有机械设备台数(万台)	Number of Machinery and Equipment Owned (10000 sets)	8.13	8.23	8.01	7.96	7.14
自有机械设备净值(亿元)	Net Value of Machinery and Equipment Owned (100 million yuan)	44.65	61.09	72.95	69.55	58.54
自有机械设备总功率(万千瓦)	Total Power of Machinery and Equipment Owned (10000 kw)	217.62	340.54	385.98	404.49	321.40
建筑业总产值(亿元)	**Gross Output Value of Construction (100 million yuan)**	**1947.74**	**2362.95**	**2932.96**	**3352.19**	**3714.89**
#本年固定资产折旧	Depreciation of Fixed Assets	9.18	9.50	10.62	12.97	12.50
应付职工薪酬	Wages Payable	147.83	194.38	249.14	251.27	305.74
工程结算税金及附加	Taxes and Extra Charges on Project Settle Accounts	58.22	33.01	23.94	21.33	17.55
营业利润	Operating Profits	44.70	55.33	97.92	120.71	100.67
房屋建筑施工面积(万平方米)	**Floor Space of Buildings under Construction(10000 sq.m)**	**16770**	**19355**	**18054**	**16496**	**15929**
房屋建筑竣工面积(万平方米)	**Floor Space of Buildings Completed(10000 sq.m)**	**3194**	**4112**	**4714**	**4912**	**4131**
利润总额(亿元)	Total Profits(100 million yuan)	45.70	60.11	100.85	121.85	105.61
税金总额(亿元)	Total Taxes(100 million yuan)	69.98	82.57	107.93	129.77	110.24
劳动生产率(元/人)	**Overall Labor Productivity (yuan/person)**					
按总产值计算	In Terms of Gross Output Value	349275	349909	366276	362686	408857
技术装备率(元/人)	Value of Machines Per Laborer(yuan/person)	8006	9047	9109	7705	6443
动力装备率(千瓦/人)	Power of Machines Per Laborer(kw/person)	4.59	5.04	4.97	4.48	3.54
房屋建筑面积竣工率(%)	Ratio of Floor Space of Buildings Completed(%)	19.05	21.25	26.13	29.78	25.93
产值利润率(%)	Ratio of Profit to Gross Output Value(%)	2.3	2.5	3.4	3.6	2.8
产值利税率(%)	Ratio of Pre-tax Profit to Gross Output Value(%)	5.9	6.0	7.1	7.5	5.8

注：1.2018年数据已修订为第四次经济普查数据；2.2016年起建筑业数为有工作量的企业数据（以下表同）。

Note: 1. The data of 2018 has been revised to the fourth economic Census. 2.The number of construction is the enterprises with work load from 2016. (the same as in the following table)

15-2 建筑业主要生产指标(2019)

指　　标	Item	企业个数(个) Number of Constru-stion Enterp-rises(unit)	年末从业人员(万人) Number of Persons Engaged (10000 persons)	签订合同额(亿元) Value of Signed Contract (100million yuan)	#本年新签合同额 New Value of Signed Contract in this year
总　　计	**Total**	**1449**	**80.00**	**10034.87**	**4967.00**
#国有及国有控股	State-owned and state-controlled Construction Enterprises	199	33.00	5921.99	2630.66
#施工总承包企业	General Contractors	1243	76.10	9629.14	4725.62
专业承包企业	Special Contractors	206	3.91	405.73	241.38
按登记注册类型分组	**By Registration Status**				
#内资企业	Domestic Funded	1448	80.00	10034.14	4966.28
#国有企业	State-owned	24	1.51	63.34	30.39
集体企业	Collective-owned	49	2.11	140.22	83.99
股份有限公司	Company Limited with Share Holding	35	5.77	1087.80	467.35
私营企业	Private Enterprises	852	22.28	1752.35	1130.80
按国民经济行业分组	**By Sector**				
房屋和土木工程建筑业	Building and Civil Engineering Construction	1251	74.72	9477.86	4674.13
房屋工程建筑	Building Engineering Construction	920	50.38	6161.56	3270.17
土木工程建筑	Civil Engineering Construction	331	24.34	3316.30	1403.96
建筑安装业	Construction Installation	102	3.26	322.81	203.35
建筑装饰业	Construction Decoration	57	1.32	82.01	38.82
其他建筑业	Others	39	0.71	152.19	50.70

Main Production Indicators on Construction Enterprises

建筑业总产值 (亿元) Total Output Value of Construction (100 million yuan)	#在外省完成的产值 Value of Construction Which Fulfilled outside of Guizhou Province	#建筑工程 Output Value of Constr-uction	#安装工程 Output Value of Instal-lation	房屋建筑施工面积 (万平方米) Floor Space of Buildings under Constru-ction (10000 sq.m)	#本年新开工面积 Started This Year
3714.89	**897.94**	**3196.46**	**324.44**	**15929.46**	**5665.48**
2003.62	759.72	1732.87	207.18	6169.12	2223.75
3567.28	887.64	3109.72	284.35	15651.81	5456.68
147.61	10.29	86.74	40.10	277.64	208.80
3714.71	897.94	3196.46	324.27	15929.46	5665.48
43.86	0.51	39.03	2.53	144.30	12.56
78.08		67.87	4.94	535.65	232.33
415.13	192.17	404.28	5.92	3374.34	1224.92
757.79	15.07	653.31	63.35	3431.59	1543.97
3452.14	850.87	3050.87	236.42	15624.54	5555.14
2312.01	436.71	2100.73	67.77	15264.88	5423.32
1140.13	414.16	950.14	168.64	359.66	131.82
196.20	37.33	94.41	84.97	133.48	85.69
28.31	0.84	19.05	1.74	159.66	19.37
38.24	8.9	32.12	1.31	11.78	5.29

15-3 建筑业企业房屋建筑(2019)
House Buildings by Construction Enterprises

指标	Item	竣工面积(万平方米) Floor Space of Buildings Completed (10000sq.m)	#厂房、仓库 Workshop Storehouse	#住宅 Residential Buildings	#教育用房 Educational Buildings	#卫生医疗用房 Medical Buildings	#科研用房 Scientific Research Buildings
总计	**Total**	**4131.03**	**255.59**	**2718.47**	**311.82**	**76.26**	**25.68**
#国有及国有控股	Construction Enterprises of State-owned and state-controlled	972.47	44.61	755.29	41.06	12.87	10.89
#施工总承包企业	General Contractors	4095.17	255.19	2706.03	311.07	76.26	25.68
专业承包企业	Special Contractors	35.85	0.40	12.44	0.75		
按登记注册类型分组	**By Registration Status**						
#内资企业	Domestic Funded	4131.03	255.59	2718.47	311.82	76.26	25.68
#国有企业	State-owned	33.99	0.77	28.49	1.69	0.60	
集体企业	Collective-owned	146.47	0.42	90.81	10.77	4.29	0.42
股份有限公司	Company Limited with Share Holding	645.76	17.82	557.86	13.75	5.36	7.45
私营企业	Private Enterprises	1081.79	35.54	611.11	102.43	23.33	0.11
按国民经济行业分组	**By Sector**						
#房屋和土木工程建筑业	Building and Civil Engineering Construction	4099.59	255.43	2692.91	311.82	76.26	25.68
房屋工程建筑	Building Engineering Construction	4031.58	255.34	2644.12	306.31	76.20	25.68
土木工程建筑	Civil Engineering Construction	68.01	0.09	48.80	5.51	0.06	
建筑安装业	Construction Installation	28.63	0.15	25.04			

15-4 历年建筑业总产值和房屋施工、竣工面积

Gross Output Value of Construction and Floor Space of Building Over the Years

年份 Year	建筑业总产值(亿元) Gross Output Value of Construction (100 million yuan)	#国有及国有控股 State-owned and State-controlled	房屋施工面积(万平方米) Floor Space Under Construction (10000 sq.m)	房屋竣工面积(万平方米) Floor Space Completed (10000 sq.m)
1978	4.40	3.55	313	164
1979	4.44	3.40	371	185
1980	4.55	3.37	380	198
1981	4.76	3.27	392	213
1982	5.34	3.46	450	236
1983	6.22	3.85	501	258
1984	7.54	4.79	551	293
1985	9.81	6.34	662	342
1986	11.27	7.21	720	368
1987	12.93	8.62	725	378
1988	15.30	10.43	823	326
1989	15.57	11.07	765	305
1990	16.98	11.85	699	328
1991	20.32	14.09	739	335
1992	26.20	18.13	906	393
1993	37.65	26.63	1250	597
1994	48.69	36.65	1119	467
1995	55.40	44.58	1191	477
1996	66.49	52.45	1216	510
1997	76.70	59.78	1278	585
1998	83.20	62.42	1457	592
1999	96.65	70.91	1671	694
2000	109.06	77.04	1792	824
2001	150.20	110.40	1946	892
2002	181.12	133.62	2309	1054
2003	212.29	164.02	2520	980
2004	255.45	191.63	2820	1251
2005	271.23	207.88	3153	1150
2006	312.34	247.90	3369	1108
2007	348.79	271.69	3813	1204
2008	393.88	303.28	4230	1216
2009	523.91	408.00	4953	1244
2010	622.96	496.00	5756	1350
2011	824.72	659.29	6779	1530
2012	1039.95	859.68	8254	1863
2013	1365.00	1103.42	12174	2450
2014	1640.24	1264.19	13890	2801
2015	1947.74	1497.31	16770	3194
2016	2362.95	1556.54	19355	4112
2017	2932.96	1918.88	18054	4714
2018	3352.19	1887.33	16496	4912
2019	3714.89	2003.62	15929	4131

注：2018年数据为第四次经济普查数。

Note: The data of 2018 has been revised to the fourth economic Census.

主要统计指标解释

建筑业总产值 是以货币形式表现的建筑业企业在一定时期内生产的建筑业产品和提供服务的总和。建筑业总产值包括：

(1)建筑工程产值：指列入建筑工程预算内的各种工程价值。

(2)安装工程产值：指设备安装工程价值，不包括被安装设备本身价值。

(3)其他产值：建筑业总产值中除建筑工程、安装工程以外的产值。包括房屋构筑物修理产值、非标准设备制造产值、总包企业向分包企业收取的管理费以及不能明确划分的施工活动所完成的产值。

a.房屋构筑物修理产值：指房屋和构筑物修理所完成的产值，但不包括被修理房屋、构筑物本身价值和生产设备的修理价值。

b.非标准设备制造产值：指加工制造没有定型的非标准生产设备的加工费和原材料价值(如化工厂、炼油厂用的各种罐、槽，矿井生产统一使用的各种漏斗、三角槽、阀门等)以及附属加工厂为本企业承建工程制作的非标准设备的价值。

在外省完成的产值 指建筑业企业在其他省份施工所完成的建筑业产值。

签订合同额 指建筑业企业在报告期直接同建设单位签订的各种国内工程合同的总价款和以前年度同建设单位签订的各种国内工程合同的未完成工程转入本年度继续施工工程合同的总价款余额。

房屋建筑施工面积 指在报告期内施工的全部房屋建筑面积，包括本期新开工的房屋面积、上期施工跨入本期继续施工的房屋面积、上期停缓建在本期恢复施工的房屋面积、本期竣工的房屋面积及本期施工后又停缓建的房屋面积。

房屋建筑竣工面积 指在报告期内房屋建筑按照设计要求全部完工，达到了住人和使用条件，经验收鉴定合格，正式移交使用单位的房屋建筑面积。

Explanatory Notes on Main Statistical Indicators

Gross Output Value of Construction refers to total of construction products and services, expressed in money terms, produced or rendered by construction and installation enterprises during a given period of time. It includes:

(1) Output value of construction projects: the value of projects covered by the project budgets;

(2) Output value of installation projects: the value of the installation of equipment, (excluding the value of the equipment to be installed);

(3) Other output values: the output value of construction industry apart from that of construction projects and installation projects. It includes: output value of repair of buildings and structures; output value of non-standard equipment manufacturing; overhead expenses received by contracted enterprises from the sub-contracted enterprises and the completed output value of construction activities for which there is no clear definition.

a. Output value of repair of buildings and structures: the value created through the repairs of buildings or structures. It does not include the value of buildings or structures being repaired and the value of the repair of production equipment;

b. Output value of manufactured non-standard equipment: the value of non-standard production equipment, including raw materials and manufacturing cost, made for the construction project (i.e., chemical plant; kettles or tanks used by refineries; various fillers, triangle tanks, valves used by mines). It also includes the output value of equipment manufactured by subsidiary workshops.

The Output Value in Other Provinces refers to the output value produced by the construction enterprises in other provinces .

The Total Amount of the Contract refers to the construction company in the reporting period directly with the construction unit signed a variety of domestic engineering contracts and the total price of the previous year with the construction unit signed a variety of domestic engineering contracts to complete the project transferred to the current year to continue construction contract price Balance.

Floor Space of Buildings Under Construction refers to floor space of buildings under construction during the reference period, including the space of buildings for which construction has newly started, buildings for which construction has started earlier and is continuing during the reference period, and buildings for which construction has been suspended earlier but has restarted during the reference period, buildings completed during the reference period, and buildings under construction but construction has subsequently been during the reference period.

Floor Space of Buildings Completed refers to the total floor space of each of the buildings that are completed in the reference period in accordance with the requirements of the design, up to the standard for being resided in and put into use, and have been checked and accepted by concerned departments as qualified ones.

运输和邮电

16

Transport, Postal and Telecommunication Services

简要说明

一、主要内容

本篇资料反映全省交通运输业、邮政和电信业、大数据等方面发展的基本状况。

交通运输业资料主要包括：铁路、公路、水运、航空四种运输方式的线路里程、各种运输方式完成的货物运输量和旅客运输量等资料。

邮政、电信业资料主要包括：营业网点及邮政邮路情况，电信主要通信能力，主要的邮电业务完成情况等资料。

大数据资料主要包括：互联网发展情况，软件和信息技术服务业等资料。

二、统计范围

1.铁路资料：包括国家铁路（含控股合资）、地方铁路和非控股合资铁路运营情况，不含军用铁路及由厂矿企事业单位自建的铁路专用线和不办理公共营业的专用铁路。

2.公路、水运资料：(1)公路和水路线路里程为年末通车和通航里程数，不含未正式投入使用的公路和航道里程；(2)民用汽车拥有量根据省公安厅交通管理局车管部门登记注册的车辆资料整理；(3)公路、水路客货运输量资料，由省交通运输厅负责收集整理；(4)公路、水路运输量统计包括全面调查和非全面调查两种方式，统计范围是在省交通运输主管部门登记注册的从事公路、水路客、货运输的营业性的车辆和船舶所完成的运输量。

3.民航运输资料：统计对象为在贵州境内注册从事民用航空运输飞行和通用飞行的航空运输企业和定期航班通航机场，不包括在贵州境内运输飞行的外国航空公司。统计范围为各航空公司从事国内运输、港澳台运输、国际运输的定期航班航线条数及里程、运输量及飞机构成和运营情况、通用航空飞行完成情况等。

4.邮政和电信业资料：包括邮政企业和获得快递业务经营许可的快递企业，以及从事电信运营的中国电信、中国移动、中国联通三家基础电信企业（不含专用网业务资料），主营业务收入100万元以上的软件和信息技术服务业等企业。邮电业务量按业务种类分为邮政业务量和电信业务量。

三、资料来源

本篇资料由省统计局根据部门资料加工、整理、编辑。

Brief Introduction

I. Main Contents

Data in this chapter present the development of transportation, post and telecommunications industry and big data in Guizhou.

Data on transport cover mainly the length of the routes of four means of transportation (railway, road, water and air), freight traffic, passenger traffic accomplished by various means of transportation etc.

Data on post and telecommunications industry cover mainly the situation of post and telecommunication offices and postal routes, main telecommunication capacity, business volume of postal and telecommunication services achieved.

Big Data mainly cover the development of Internet, services of software, information technology, etc.

II. Scope of Statistics

1. Data on railway transportation include the operation and management of the national, local and joint-venture railways, but not railways for military purpose, lines built by industrial and mining enterprises and special railways not for commercial use.

2. Data on highways and waterways: (1) The length of highways and waterways refers to the length open to traffic or navigation at the end of the year, not including the highways and waterways under construction or not officially having been put into use. (2) Data on the possession of civil motor vehicles are provided by the Divisions of Vehicle Management, which is subordinate to the Traffic Management Bureau of Guizhou Public Security. (3) Data on passenger traffic and freight traffic by highways and waterways are collected and prepared by the Ministry of Transport of Guizhou Province. (4) Data on highway and waterway transportation are collected through both comprehensive reporting system and non-comprehensive reporting system. The statistical scope encompasses all the enterprises, institutional units and individuals (including joint-households) registered in the Guizhou Provincial Transportation Department and engaged in highway or waterway freight or passenger transport business.

3. Data on civil aviation transport: The targets of statistical collection are enterprises registered for engagement in civil aviation transport flights and flights for general purposes and general aviation airports with

scheduled flights. Excluded are foreign companies which operate flights within Guizhou territory. The scope of statistics encompasses number of lines, mileage flown, transport volume, composition of the fleets operational situation of the airlines, performance of general purpose flights in respect of province transport, transport between China mainland and Hong Kong, Macao and Taiwan, and international transport.

4. Data on post and telecommunications industry: Data in this category include postal enterprises and express delivery companies with annual revenue above 2 million yuan, the three major enterprises of telecommunication: China Telecom, China Mobile and China Unicom (not including services provided through dedicated networks), and enterprises of software and IT services with turnover from primary activities above one million yuan. By types of business, the business volume of post and telecommunications is divided into postal services and telecommunication services; by coverage it is divided into province service, international service, and service between mainland and Hong Kong as well as Macao (business volume of the service to Taiwan is covered in that for Hong Kong and Macao).

III. Sources of Data

Data in this chapter are processed, collated and edited by the Guizhou Provincial Bureau of Statistics according to departmental data.

16-1 境内运输线路长度
Length of Domestic Transportation Routes

单位：公里 (km)

指 标	Item	2015	2016	2017	2018	2019	2019年比2018年增长(%) Increase Rate in 2019 over 2018(%)
铁路营业里程	**Length of Railways in Operation**	**2810**	**3270**	**3285**	**3560**	**3753**	**5.4**
#复线里程	Double-tracking Length	1356	1630	1630	1941	2129	9.7
#高速铁路营运里程	Length of High-speed Railways	560	835	860	1127	1337	18.6
公路线路里程	**Length of Highways**	**186407**	**191626**	**194379**	**196908**	**204723**	**4.0**
按行政等级分	**Classified by Administrative Level**						
国 道	State Road	4905	11620	11735	11910	11875	-0.3
#国家高速公路	Expressway	2231	3179	3280	3458	3441	-0.5
省 道	Provincial Road	10044	19980	20331	20877	21422	2.6
县 道	County Road	17582	34456	34501	34648	36422	5.1
乡 道	Township Road	18512	45827	45822	45898	48568	5.8
村 道	Village Road	134600	79744	81990	83575	86436	3.4
按技术等级分	**Classified by Technical Grade**						
等级公路	Expressway and Class I to IV Highways	120613	132264	148839	156559	170883	9.2
高速公路	Expressway	5128	5434	5835	6453	7005	8.6
#四车道	Four-lane	4983	5288	5497	6116	6668	9.0
一 级	First Class	489	1140	1313	1464	1397	-4.6
二 级	Second Class	6159	6681	7468	8433	9280	10.0
三 级	Third Class	7520	7483	7235	6918	6937	0.3
四 级	Fourth Class	101317	111527	126988	133291	146264	9.7
等外公路	Highways Below Class IV	65794	59363	45540	40349	33840	-16.1
按路面类型分	**Classified by Pavement**						
有铺装路面(高级)	Paved Road (advanced)	60929	74310	97622	110799	132720	19.8
沥青混凝土	Asphalt Concrete	12602	15316	17662	21305	24729	16.1
水泥混凝土	Cement Concrete	48327	58994	79960	89494	107991	20.7
简易铺装路面	Simple Paved Road	34505	33469	33018	31959	31426	-1.7
未铺装路面	Not-paved Road	90973	83847	63739	54150	40577	-25.1
可绿化里程	Greening mileage	173177	178816	54389	186105	191353	3
养护里程	Maintained Road	183486	189081	192180	195224	202992	4.0
内河航道里程	**Length of Navigable Inland Waterways**	**3661**	**3664**	**3664**	**3745**	**3755**	**0.3**

注：1.资料来源于省交通运输厅、中国铁路成都局集团有限公司(以下相关表同)。2.公路线路里程包括村道里程。3.铁路复线里程数据为成都铁路局管辖范围内贵州省的数据。4.2016年路网调整，将专用公路调整到类似省道、县道、乡道、村道。5.可绿化里程2017年数据不包括农村公路。

Note:1. Data in the table are obtained from the Provincial Department of Transports and China Railway Chengdu Bureau Group Co. LTD (the relative tables in the chapter are the same). 2. Length of Highways includes the length of village road. 3. The data of Double-tracking Railway Length belongs to the domination area of Chengdu Railway Bureau. 4. According to the road network adjustment in 2016, accommodation highway has been classified into the level of provincial road, county road, township road and village road. 5. The number of greenable miles in 2017 does not include rural roads.

16−2 民用航空运输

Civil Aviation Transportation

指 标	Item	2015	2016	2017	2018	2019	2019年比2018年增长(%) Increase Rate in 2019 over 2018(%)
机场个数(个)	**Numbei of Civil Airports(unit)**	**10**	**10**	**11**	**11**	**11**	**持平**
通航城市(个)	Cities Navigation (unit)	81	92	101	117	132	12.8
#国际及地区城市	International and Regional Cities	14	20	21	19	24	26.3
运输航班(架次)	Transport flights (unit)	150727	178386	228059	242893	253549	4.4
进出港旅客(万人次)	**Passengers Get in and Get out of the Airports(10000 person-times)**	**1563.28**	**1873.81**	**2457.65**	**2799.51**	**3030.88**	**8.3**
#进港旅客	Passengers Arriving	735.97	862.99	1121.93	1296.28	1431.23	10.4
民航货邮吞吐量(万吨)	**Volume of Freight Handled in Civil Aviation(10000 tons)**	**8.96**	**9.86**	**10.70**	**11.80**	**12.74**	**8.0**

注：1.资料来源于贵州省机场集团有限公司。2.通航城市数量仅为贵阳龙洞堡机场通航的城市，上海虹桥国际机场和上海浦东国际机场均位于上海市，算作一个通航城市。3.2017年原进港旅客数据为1118.54万人次，未包含遵义茅台机场数据。4.2018年起调整运输航班（架次）口径，不包含通用航空，按此口径修改2015年—2017年历史数据。

Note: 1. Data in the table are provided by Airports Group Corporation Ltd. of Guizhou Province. 2. The number of navigable city only includes that of Guiyang Airport. Shanghai Hongqiao International Airport and Shanghai Pudong International Airport are both located in Shanghai, which is considered as one navigable city. 3. In 2017, the original number of inbound passengers was 11.1854 million, excluding the data of Maotai Airport in Zunyi. 4. The caliber of transport flights (flights) has been adjusted from 2018, excluding general aviation, and the historical data from 2015 to 2017 are modified according to this caliber.

16−3 民用汽车拥有量

Possession of Civil Vehicles

单位：万辆 (10000 units)

指 标	Item	2015	2016	2017	2018	2019	2019年比2018年增长(%) Increase Rate in 2019 over 2018(%)
民用汽车合计	**Total**	**294.31**	**350.57**	**415.71**	**480.60**	**533.70**	**11.0**
#载客汽车	Passenger Vehicles	240.35	294.26	355.32	414.49	463.59	11.8
载货汽车	Trucks	50.33	52.69	56.49	62.13	67.62	8.8
#私人汽车	Private Vehicles	255.97	312.35	375.93	437.70	488.91	11.7

注：资料来源于省交警总队车辆管理所。

Note:Data in the table are obtained from the Vehicle Management Office of the Provincial Traffic Police Corps.

16-4 快递业务量
Business Volume of Express services

指　标	Item	2015	2016	2017	2018	2019
快递（万件）	**Pieces of Express Mail Services (10000 pcs)**	**7034.25**	**11260.13**	**15781.90**	**21193.68**	**24584.40**
国内同城快递	Local Express Service	1407.73	2854.89	4704.42	6848.08	6141.45
国内异地快递	National Express Service	5620.50	8397.20	11067.63	14331.46	18420.78
国际及港澳台	Hong Kong, Macao, Taiwan and International Express Service	6.02	8.04	9.85	14.14	22.17
快递业务收入（亿元）	**Revenue from Express Service (10000 yuan)**	**13.24**	**21.79**	**31.15**	**40.45**	**46.11**

注：资料来源于省邮政管理局。
Note: Data in this table are provided by Provincial Postal Administration.

16-5 旅客运量及周转量
Passenger Traffic and Passenger-Kilometers

指　标	Item	2015	2016	2017	2018	2019
旅客运量(万人)	**Passenger Traffic (10000 persons)**	**87541**	**89464**	**91804**	**93025**	**93756**
铁　路	Railways	4901	5169	5797	6761	7196
公　路	Highways	80621	82199	83809	84053	84255
水　运	Waterways	2019	2096	2198	2211	2305
旅客周转量(亿人公里)	**Passenger-Kilometers (100 million passenger-km)**	**658.23**	**674.86**	**720.15**	**798.67**	**832.94**
铁　路	Railways	229.92	226.00	249.50	322.82	353.97
公　路	Highways	422.79	443.10	463.93	469.08	471.47
水　运	Waterways	5.52	5.76	6.72	6.77	7.50

16-6 货物运输量及周转量
Freight Traffic and Ton-Kilometers

指　标	Item	2015	2016	2017	2018	2019
货物运输量(万吨)	**Freight Traffic (10000 tons)**	**84540**	**89525**	**96241**	**102536**	**106802**
铁　路	Railways	5736	5634	5278	5511	5523
公　路	Highways	77341	82237	89298	95355	99605
水　运	Waterways	1463	1654	1665	1670	1674
货物周转量(亿吨公里)	**Freight Ton-Kilometers (100 million ton-km)**	**1379.00**	**1482.00**	**1656.25**	**1797.68**	**1953.89**
铁　路	Railways	561.27	566.40	602.60	606.10	641.64
公　路	Highways	782.47	873.23	1008.58	1146.51	1267.06
水　运	Waterways	35.26	42.37	45.07	45.07	45.19

16-7 电信主要指标

Major Indicators of Telecommunications

指 标	Item	2015	2016	2017	2018	2019	2019年比2018年增长(%) Increase Rate in 2019 over 2018(%)
电信业务总量(亿元)	**Business of Volume Telecommunications (100 million yuan)**	**481.00**	**796.58**	**825.29**	**2191.17**	**3874.88**	**76.8**
交换机总容量(万门)	Capacity of Telephone Exchanges (10000 line)	5545.40	5280.50	5238.30	5938.50	6597.10	11.1
移动电话交换机容量(万户)	Capacity of Mobile Telephone Exchanges (10000 subscribers)	4955	4908	4908	5605	6565	17.1
长途光缆线路长度(万公里)	Length of Long Distance Optical Cable Lines(10000km)	64.90	80.64	90.00	96.90	114.14	17.8
年末固定电话用户数(万户)	Number of Fixed Line Telephone at the Year-end (10000 subscribers)	312.53	258.69	247.90	238.94	229.71	-3.9
#农村电话用户	Rural Fixed Telephone Subscribers	62.91	48.28	45.40	43.11	—	—
城市电话用户	Urban Fixed Telephone Subscribers	249.62	210.41	202.50	195.83	—	—
#公 用	Public Telephone	20.18	9.33	8.00	6.03	—	—
移动电话用户(万户)	Number of Mobile Telephone Subscribers (10000 subscribers)	3172.30	3262.43	3792.30	4248.90	4386.24	3.2
移动短信业务量(亿条)	Short Message Services (100 million messages)	67.90	97.23	93.68	126.62	199.19	57.3
互联网宽带接入端口(万个)	Broad Band Subscribers Port of Internet (10 000 ports)	916.68	1094.98	1283.30	1575.13	1759.85	11.7
电话普及率(包括移动电话)(部/百人)	Popularization Rate of Telephone (Include Mobile Telephone) (sets/100 persons)	100.50	99.76	112.86	125.36	128.94	2.9
#移动电话普及率	Popularization Rate of Mobile Telephone	91.50	92.43	105.93	118.68	122.52	3.2
已通电话的行政村比重(%)	Percentage of Administrative Villages Already on Call (%)	100	100	100	100	100	持平
国内长途电话(万分钟)	Number of Long Distance Telephone Calls Inside Country(10000 minutes)	144468	138093	106311	95241	—	—
国际及港澳长途电话(万分钟)	Number of Long Distance Telephone Calls outside Country or to Macao、Hong Kong (10000 minutes)	37.31	32.73	16.73	14.89	—	—

注：1.资料来源于省通信管理局。2.电信业务总量2015—2016年采用2010年不变价计算，2017—2019年按2015年不变价计算。3.电信业务总量增长速度按2015年不变价计算。

Note: 1.Data in the table are obtained from the GuiZhou Communications Administration. 2. Business of volume telecommunications from 2015 to 2016 is calculated at constant prices of 2010, and that of 2017 and 2019 is calculated at constant prices of 2015. 3. The increase rate of business of volume telecommunications is calculated at comparable prices of 2015.

16-8 邮政主要指标
Major Indicators of Post

指 标	Item	2015	2016	2017	2018	2019	2019年比2018年增长(%) Increase Rate in 2019 over 2018(%)
邮电局所总数(处)	**Number of Post and Telecommunication Offices (unit)**	**14832**	**14057**	**15751**	**21082**	**18393**	**-12.8**
#邮政	Post	1778	1821	1828	1830	1830	持平
电信	Telecommunication	13054	12236	13923	19252	16563	-0.1
邮路网路总长度(公里)	Length of Postal Routes (km)	187688	185922	148484	147277	150032	1.9
#汽车邮路	Number of Highway Postal Routes	45748.5	49390.6	56927.8	55721	57207	2.7
邮政业务总量(亿元)	Business Volume of Postal Services (100 million yuan)	33.77	42.69	53.23	63.07	76.05	20.6
函件(万件)	Number of Letters(10000 pcs)	3795	4321	7773	9288	6092	-34.4
报刊、杂志累计订销数(万份)	Issue of Newspapers and Magazines (10000 copies)	40830	35882	39888	41063	39610	-3.5
国内快递(万件)	Pieces of Express Mail Services inside Nation(10000 pcs)	7028	11252	15772	21180	24562	16.0
国际快递(万件)	Pieces of Express Mail Services outside Nation(10000 pcs)	6.02	8.04	9.85	14.14	22.17	56.8
集邮业务(万枚)	Stamps for Collection(10000 pcs)	3274.1	4808.7	4398.1	3356.5	2769.3	-17.5

注：1.资料来源于省邮政管理局、省通信管理局。2.邮电局所总数含授权代理点、电信部门特约代理点。3.邮路网路总长度为邮路总长度。4.国内、国际特快专递含快递企业数据。5.2016年邮政集团火车改汽车邮运。

Note: 1. Data in this table are from the Provincial Postal Administration and GuiZhou Communications Administration. 2. The total number of the post office contains authorized agents and special agents of telecom department. 3.The total length "postal" index changes to Length of Postal Routes. 4.Domestic and international express mail include data of delivery enterprise. 5. In 2016, the Post Group changed train delivery to car delivery.

16-9 历年交通运输

Transportation Over the Years

年 份 Year	铁路营业里程(公里) Length of Railways in operation (km)	公路线路里程(公里) Length of Highways(km)	客运量(万人) Passenger Traffic (10000 persons)	铁 路 Railway	公 路 Highway	水 运 Waterway	货运量(万吨) Freight Traffic (10000 tons)	铁 路 Railway	公 路 Highway	水 运 Waterway
1978	1365	25954	3294	977	2260	57	3467	1320	2083	64
1979	1373	26166	4608	1083	3462	63	3599	1314	2209	76
1980	1374	27367	5950	1164	4700	86	3424	1395	1953	76
1981	1373	27422	7175	1224	5873	78	3541	1481	1991	69
1982	1396	27499	8026	1288	6648	90	3825	1581	2164	80
1983	1396	27675	8259	1456	6707	96	4233	1665	2488	80
1984	1411	27872	9915	1620	8184	111	4600	1777	2735	88
1985	1419	27999	10874	1638	9102	134	5717	1874	3758	85
1986	1419	28383	11033	1458	9387	188	6551	1949	4510	92
1987	1420	29823	13512	1461	11854	197	7613	2043	5479	91
1988	1420	30445	14361	1633	12564	164	8570	2074	6413	83
1989	1420	30716	14923	1530	13125	268	9459	2178	7170	111
1990	1420	31157	17048	1256	15682	110	9840	2315	7414	111
1991	1419	31588	19081	1255	17718	108	10008	2365	7551	92
1992	1423	31889	21641	1251	20262	128	11349	2498	8752	99
1993	1423	32092	23494	1366	22010	118	11495	2537	8851	107
1994	1423	32398	27076	1515	25313	248	12189	2599	9453	137
1995	1423	32487	36151	1572	34304	275	12586	2657	9806	123
1996	1423	32700	42429	1843	40245	341	12182	2770	9192	220
1997	1640	33211	46644	1957	44416	271	13077	2739	10117	221
1998	1648	33604	48468	2048	45987	433	13577	3044	10219	314
1999	1654	33973	49457	2194	46807	456	14065	3272	10449	344
2000	1641	34643	53032	2251	50313	468	15615	3577	11684	354
2001	1644	34618	54665	2017	52154	494	16344	3875	12114	355
2002	1893	44220	55980	1947	53478	555	17399	4356	12685	358
2003	1900	45304	55074	1796	52695	583	18224	4971	12886	367
2004	1891	46128	58707	1855	56077	775	19439	5504	13541	394
2005	1986	46893	64450	2191	61414	845	21771	6169	15082	520
2006	2014	113278	69270	2536	65786	948	24709	6826	17284	599
2007	2012	123247	74440	2979	70377	1084	26788	7289	18834	665
2008	1962	125365	80056	3199	75350	1507	33576	6683	26156	737
2009	1983	142561	84981	3204	80044	1733	34844	6997	27031	816
2010	2002	151644	97793	3437	92426	1930	40310	7991	31409	910
2011	2070	157820	120554	3939	114429	2186	44890	7219	36684	987
2012	2058	164542	142809	3902	136454	2453	52765	6665	45000	1100
2013	2093	172564	83435	4322	77358	1755	72700	6458	65100	1142
2014	2373	179079	86572	4409	80231	1932	85673	6319	78017	1337
2015	2810	186407	87541	4901	80621	2019	84540	5736	77341	1463
2016	3270	191626	89464	5169	82199	2096	89525	5634	82237	1654
2017	3285	194379	91804	5797	83809	2198	96241	5278	89298	1665
2018	3560	196908	93025	6761	84053	2211	102536	5511	95355	1670
2019	3753	204723	93756	7196	84255	2305	106802	5523	99605	1674

注：1.资料来源于省交通运输厅、中国铁路成都局集团有限公司。2.2006年起，公路线路里程包括村道里程；2008年公路、水路运输量采用全国公路水路运输量专项调查数据(下表同)。3.2013年由于交通运输部对公路、水运运输量统计方案进行调整，相关数据统计口径发生变化，相同指标数据与以往年份不可比(下表同)。

Note: 1. Data in the table are obtained from Provincial Department of Transports and China Railway Chengdu Bureau Group Co. LTD. 2.Since 2006,th has data of total length contained the length of village road; the data of highways and waterways freight traffic highways have been adapted to special volume investigation data in 2008 (the same applies to the next table). 3.Because the statistics schemes of highway, waterway transport volume are adjusted by the Ministry of Transport of the People's Republic of China in 2013, the correlation data statistics caliber changed, the same indicators can not compare with previous years (the same applies to the next table).

16-10 历年旅客周转量和货物周转量
Passenger-kilometers and Freight Ton-kilometers Over the Years

年 份 Year	旅客周转量(亿人公里) Passenger-kilometers (100 million passenger-km)	铁 路 Railway	公 路 Highway	水 运 Waterway	货物周转量(亿吨公里) Freight Ton-kilometers (100 million ton.km)	铁 路 Railway	公 路 Highway	水 运 Waterway
1978	25.50	16.04	9.26	0.20	79.60	72.30	6.57	0.73
1979	31.54	19.66	11.68	0.20	93.99	86.49	6.59	0.91
1980	37.69	22.77	14.67	0.25	96.03	88.99	5.91	1.13
1981	43.28	25.32	17.73	0.23	100.43	93.19	6.23	1.01
1982	46.93	26.70	19.99	0.24	109.69	98.99	9.50	1.20
1983	52.35	30.69	21.40	0.26	117.22	104.86	10.97	1.39
1984	61.04	36.21	24.55	0.28	132.72	119.19	11.61	1.92
1985	74.07	45.11	28.64	0.32	151.42	133.22	16.32	1.88
1986	76.45	47.39	28.70	0.36	171.03	148.13	20.44	2.46
1987	93.19	53.22	39.60	0.37	186.09	156.33	26.87	2.89
1988	105.67	61.20	44.14	0.33	196.04	159.75	33.50	2.79
1989	105.73	58.08	47.16	0.49	216.45	174.59	38.96	2.90
1990	102.90	49.20	53.34	0.36	224.31	179.72	41.84	2.75
1991	117.61	54.84	62.52	0.25	232.91	186.96	42.51	3.44
1992	136.77	66.62	69.84	0.31	268.80	214.88	49.84	4.08
1993	156.26	80.86	75.12	0.28	292.96	239.40	49.12	4.44
1994	173.71	88.72	84.53	0.46	298.44	243.87	50.06	4.51
1995	180.09	91.23	88.32	0.54	301.28	245.76	51.34	4.18
1996	185.94	88.32	96.84	0.78	317.70	261.99	51.07	4.64
1997	191.02	97.97	92.52	0.53	336.08	277.95	54.06	4.07
1998	201.77	101.13	99.97	0.67	330.30	270.40	54.84	5.06
1999	229.20	118.37	109.95	0.88	370.03	305.68	60.28	4.07
2000	238.36	120.79	116.54	1.03	404.07	334.11	65.86	4.10
2001	251.06	124.22	125.76	1.08	439.30	364.71	70.36	4.23
2002	250.79	116.10	133.60	1.09	486.03	407.26	74.25	4.52
2003	248.55	112.08	135.31	1.16	547.01	465.92	76.63	4.46
2004	278.21	125.87	150.79	1.55	610.88	520.70	84.27	5.91
2005	312.40	145.71	164.91	1.78	646.55	544.31	94.15	8.09
2006	349.82	160.98	186.91	1.93	680.96	557.70	114.48	8.78
2007	369.20	160.51	206.40	2.29	721.26	583.85	127.99	9.42
2008	407.59	163.00	241.15	3.44	809.93	564.31	234.96	10.66
2009	430.56	162.41	264.06	4.09	897.38	644.41	241.60	11.37
2010	514.41	189.38	320.46	4.57	1012.20	706.45	293.00	12.75
2011	631.74	204.58	422.01	5.15	1060.69	696.36	350.10	14.23
2012	718.22	199.20	513.07	5.95	1177.78	693.68	467.60	16.50
2013	593.62	211.21	377.87	4.54	1292.11	655.85	610.64	25.62
2014	635.50	217.39	412.92	5.19	1442.24	634.35	776.95	30.94
2015	658.23	229.92	422.79	5.52	1379.00	561.27	782.47	35.26
2016	674.86	226.00	443.10	5.76	1482.00	566.40	873.23	42.37
2017	720.15	249.50	463.93	6.72	1656.25	602.60	1008.58	45.07
2018	798.67	322.82	469.08	6.77	1797.68	606.10	1146.51	45.07
2019	832.94	353.97	471.47	7.50	1953.89	641.64	1267.06	45.19

16-11 互联网主要指标发展情况（年底数）
Main Indicators on Internet Development at Year-end

指 标	Item	2015	2016	2017	2018
互联网宽带接入端口(万个)	Broad Band Subscribers Port of Internet (10000 ports)	875.8	1113.9	1325.6	1535.4
移动互联网用户(万户)	Mobile Internet Subscribers(10000 subscribers)	2212.3	2528.7	2938.5	3323.1
移动互联网接入流量(万GB)	Flow Accessed to Mobile Internet(10000 GB)	8488.1	20948.9	84612.3	250673.2
互联网宽带接入用户(万户)	Broadband Subscribers of Internet (10000 subscribers)	386.8	459.5	568.6	732.0
#城市宽带接入用户	Urban Broadband Subscribers	313.9	361.5	436.7	568.0
农村宽带接入用户	Rural Broadband Subscribers	72.8	97.9	131.9	164.1
#家庭宽带接入用户	Household Broadband Subscribers	345.4	413.5	517.4	632.5
单位宽带接入用户	Institution Broadband Subscribers	41.3	46.0	51.2	99.5
域名数（万个）	Number of Domain Names(10000 units)	13.6	18.8	25.5	39.8
网站数（万个）	Number of Websites(10000 sites)	1.3	1.5	2.0	2.2
网页数（万个）	Number of Webpages(10000 pages)	32992.3	18057.6	17166.7	15726.2
IPv4地址数（万个）	IPv4 Addresses(10000)	154.1	154.1	149.0	149.1

注：数据来源于《中国统计年鉴》。
Note: Data come from China Statistical Yearbook.

16-12 软件和信息技术服务业主要经济指标
Main Indicators on Software and Information Technology Services

单位：万元 (10000 yuan)

指 标	Item	2015	2016	2017	2018
软件业务收入	Software Income	1102422	1278329	1297262	1767339
#软件产品收入	Software Products Income	424495	502687	191095	299588
#信息技术服务收入	Income from IT Service	659197	767758	1027137	1439490
#信息安全收入	Income Safety Income				8656
#嵌入式系统软件收入	Embedded System and Software Income	18730	7884	79031	19605

注：1.本表统计口径为主营业务收入500万元以上的软件和信息技术服务业等企业。 2.数据来源于《中国统计年鉴》。
Note: 1. This table statistics caliber is the main business income of more than 5 million yuan of software and information technology services industry and other enterprises. 2.Data come from China Statistical Yearbook.

主要统计指标解释

铁路营业里程 又称营业长度，指投入客货运输营业或临时营业的线路长度。

公路线路里程 指报告期末公路的实际长度。包括城间、城乡间、乡（村）间能行驶汽车的公共道路，公路通过城镇街道的里程，公路桥梁长度、隧道长度、渡口宽度。不包括城市街道里程，断头路里程，农（林）业生产用道路里程，工（矿）企业等内部道路里程。按已竣工验收或交付使用的实际里程计算；两条或多条公路共同经由同一路段的重复里程，只计算一次。

内河航道里程 指在一定时期内，能通航运输船舶及排筏的天然河流、湖泊水库、运河及通航渠道的长度。包括全年季节性通航累计三个月以上的航道，不包括仅供零散流放竹、木排的河道。两省以河为界的航道里程，双方均按一半计算，以免重复。该指标可以反映内河水运网的规模、水平和发展情况。

货(客)运量 指在一定时期内，各种运输工具实际运送的货物(旅客)数量。货运按吨计算，客运按人计算。货物不论运输距离长短、货物类别，均按实际重量统计。旅客不论行程远近或票价多少，均按一人一次客运量统计；半价票、小孩票按一人统计。

货物(旅客)周转量 指在一定时期内，由各种运输工具运送的货物(旅客)数量与其相应运输距离的乘积之总和。计算货物周转量通常按发出站与到达站之间的最短距离，也就是计费距离计算。计算公式为：

货物(旅客)周转量＝Σ货物(旅客)运输量×运输距离

移动电话用户 指通过移动电话交换机进入移动电话网、占用移动电话号码的电话用户。用户数量以报告期末在移动电话营业部门实际办理登记手续进入移动电话网的户数进行计算，一部移动电话统计为一户。

固定电话用户 指在电信运营企业营业网点办理开户登记手续并已接入固定电话网上的全部电话用户。包括普通电话用户、公用电话用户、窄带综合业务数字网(N—ISDN)用户、智能网专用接入终端用户等。按行政区划分为城市电话用户和农村电话用户。1997年以前，市内电话用户是指接入县城及县以上城市的电话网上的电话用户；农村电话用户是指接入县邮电局农话台及县以下农村电话交换点，以县城为中心(除市话用户外)联通县、乡(镇)、行政村、村民小组的用户。从1997年起，电话用户数分组以用户所在区域划分，调整为城市电话用户和乡村电话用户，与过去的按市内电话和农村电话划分方法不同。电话用户总数、电话机总部数统计范围不变。

城市电话用户 指按行政区划属于中央直辖市、省辖市、地级市、县级市的市区、市郊区及县城区范围内的电话用户数。包括分布在农村地区但以县团级以上建制的独立工矿区、林区、驻军的电话用户。

农村电话用户 指按行政区划属于城市范围以外的乡（镇）、村电话用户。

Explanatory Notes on Main Statistical Indicators

Length of Railways in Operation also is known as operating length and refers to the total length of the trunk line for passenger and freight transportation in full operation or temporary operation.

Length of Highways refers to the actual length of highways at the end of reference period. It covers public roads running vehicles among cities, city and rural areas, township (villages), highways passing through streets at small cities and towns, length of bridges and tunnels, width of ferry piers. It does not include the length of streets in cities, dead end highways, the length of streets built for agricultural (forest) production and inside factories (mines). It can only be calculated with the actual mileage having been completed, checked and accepted or put into operation. If two or more highways go the same section of the way, the length of the section is only calculated for once and no duplication is allowed.

Length of Navigable Inland Waterways refers to the length of the natural rivers, lakes, reservoirs and canals that are open to navigation for ships and rafts during a given period. It includes the channels with annual seasonal navigation for more than three months other than the waterways only for scattered bamboo and wooden rafts. If two provinces share one river as the border, the length of waterways will be half divided for each province to avoid duplication. This indicator can reflect the scale, level and development situation of the inland waterway network.

Freight (Passenger) Traffic refers to the weight of freight (number of passenger) transported with various means within a specific period of time. Freight transport is calculated in tons and passenger traffic is calculated in the number of persons. Despite the type of freight and travelling distance, the freight transport is calculated in the actual weight of the goods: and despite the travelling distance and ticket price, the passenger traffic is calculated by the principle that one person can be counted only once in one travel. The passenger who travel with a half price ticket or a child ticket is also calculated as one person.

Freight Ton-kilometers (Passenger-kilometers) refer to the sum of the products of the volume of transported cargo (passengers) multiplying by the transport distance. Normally, the shortest distance between the departure station and the destination station (i.e., the payable distance) is the basis to calculate the freight ton-kilometers. The formula is as follows:

$$\text{Freight Ton-kilometers (Passenger-kilometers)} = \sum \{\text{Freight (Passenger) Traffic} \times \text{Distance of Transportation}\}$$

Mobile Telephone Subscribers refer to the persons who are connected with the mobile telephone communication network through the mobile telephone switchboards and occupy mobile phone numbers. In the reporting period the number of users in the mobile phone operating divisions actual registration number of households into the mobile phone network to calculate, a mobile phone is counted as a household.

Local Telephone Subscribers refers to all subscribers who have gone through registration procedures in the operation points of enterprises engaged in telecommunications and are hence connected to the local telecommunications service provider through fixed line network. Included are general subscribers, public telephones subscribers, N-ISDN subscribers and intelligent network terminal subscribers. They are also classified in terms of administrative districts as urban telephone subscribers and rural telephone subscribers according to location. Before 1997, the "local phone users" refers to access cities above county and county telephone line telephone subscribers; "Rural Telephone User" refers to access the post office, if farmers Taiwan county and below county rural telephone exchange points, to the county as the center (except local subscriber outside) Unicom county and township (town), administrative villages, village groups of users.

From 1997 onwards, the number of telephone users adjust to the user group area classified as "urban telephone subscribers" and "rural telephone subscribers," with the past by local and rural telephone divided in different ways. But the number of telephone users and telephone statistical range are unchanged.

Urban Telephone Subscribers refers to the number of telephone users in the urban area, suburban area and county area, which are under the jurisdiction of central municipalities, municipalities directly under the central government, municipalities directly under the provincial government, prefecture-level cities, county-level cities, including telephone users in rural areas, but in the independent industrial and mining areas, forest areas and military garrison established at or above the county and regiment level.

Rural Telephone Subscribers refers to the telephone users of townships (towns) and villages outside the city limits according to the administrative divisions.

批发、零售、住宿和餐饮业

17

Wholesale, Retail Trades, Hotels and Catering Services

简 要 说 明

一、主要内容

本篇资料主要反映全省批发和零售业、住宿和餐饮业的基本情况和经营状况。包括：社会消费品零售总额、限额以上批发和零售业的基本情况、商品交易、限额以上住宿和餐饮业基本情况。

二、统计范围

限额以上批发和零售业的法人企业、个体经营户，零售连锁集团，成交额在亿元以上的商品交易市场，以及参与商品零售、餐饮经营活动的各行业法人企业、产业活动单位和个体经营户。限额以上批发和零售业统计单位指：批发业，年主营业务收入 2000 万元及以上；零售业，年主营业务收入 500 万元及以上。

限额以上住宿和餐饮业法人企业、个体经营户；餐饮连锁集团；旅行社、星级饭店和旅游者。限额以上住宿和餐饮业统计单位为年主营业务收入 200 万元及以上。

三、统计调查方法

限额以上单位采用全面调查方法。

四、资料来源

本篇资料由省统计局提供。

Brief Introduction

I. Main Contents

Data in this chapter reflect the development and operation of wholesale and retail trades, as well as hotel and catering services.

The main contents of data on wholesale and retail trades include total retail sales of consumer goods, basic conditions, operation and financial status of the wholesale and retail trades above designated size, commodity trading.

Data on hotel and catering services mainly include the basic conditions, operation and financial status of hotel and catering services above the designated size, etc.

II. Scope of Statistics

Included in this chapter are the registered enterprises and self-employed individuals of wholesale and retail trades, chain enterprises, large commodity markets with transaction value over 100 million yuan. corporation enterprises, economic active establishments and self-employed individuals involved in retail trades, as well as catering services. The criteria for wholesale and retail sale trades above designated size are as follows: wholesale trade with annual principal business sales over 20 million yuan; retail trade with annual principal business sales over 5 million yuan.

Data in this chapter cover the corporate enterprises of hotel and catering services above the designated size, self-employed households of hotel and catering services; chain catering services, travel agencies, star-rated hotels and tourists; The statistical unit of the enterprises of hotel and catering services above the designated size is the annual income of main business at and over 2 million yuan.

III. Methods of Survey

Data on all corporate enterprises of wholesale and retail trades above designated size, all corporate enterprises of hotel and catering services above designated size, are collected through comprehensive reporting system.

IV. Sources of Data

Data in this chapter are collected and processed by Guizhou Provincial Bureau of Statistics.

17–1 社会消费品零售总额
Total Retail Sales of Consumer Goods

年 份 Year	社会消费品零售总额(亿元) Total Retail Sales of Consumer Goods (100 million yuan)	按地域分 By Area 城镇 Urban	 乡村 Rural	按行业分 By Sector 批发和零售业 Wholesale and Retail Trade	 住宿和餐饮业 Hotel and Catering Services
1978	21.23	14.83	6.40		
1979	23.57				
1980	26.73	15.07	11.66		
1981	30.48				
1982	34.55				
1983	38.43				
1984	43.64				
1985	52.25	35.58	16.67		
1986	57.25				
1987	66.39				
1988	83.40				
1989	83.84				
1990	85.90	59.44	26.46		
1991	92.92				
1992	106.75				
1993	143.09				
1994	165.01				
1995	204.45	156.48	47.97		
1996	241.57	184.14	57.43		
1997	274.68	209.43	65.25		
1998	299.97	227.26	72.71		
1999	324.67	247.84	76.83		
2000	355.58	273.27	82.31	322.73	24.23
2001	391.14	302.50	88.64	352.09	30.04
2002	430.64	334.07	96.57	384.66	37.34
2003	474.57	370.01	104.56	422.31	43.24
2004	535.31	420.64	114.67	467.28	58.64
2005	615.75	485.50	130.25	539.60	65.63
2006	710.00	558.10	151.90	619.35	78.29
2007	858.15	667.83	190.32	720.80	121.43
2008	1075.24	838.81	236.43	952.04	106.90
2009	1265.46	971.37	275.88	1114.40	132.85
2010	1531.64	1233.74	297.90	1373.41	158.23
2011	1899.92	1561.07	338.85	1710.15	189.77
2012	2266.27	1863.59	402.68	2049.70	216.57
2013	2601.20	2148.26	452.94	2370.95	230.25
2014	2936.85	2425.25	511.60	2679.29	257.56
2015	3283.02	2711.57	571.45	2991.84	291.18
2016	3708.99	3030.73	678.26	3386.39	322.61
2017	4154.00	3388.54	765.46	3784.41	369.58
2018	8.2%	8.0%	9.5%	8.0%	10.6%
2019	5.1%				

注：1.因统计制度改革，2018年起只提供社会消费品零售总额增速。2.2018年国家经普调整，未反馈城乡数及行业数。

Note: 1. Due to the reform of the statistical system, only the growth rate of Total Retail Sales of Consumer Goods has been provided since 2018. 2. Due to the adjustment of the 2018 national economic census, the number of urban and rural areas and the number of industries have not been reported.

17-2 限额以上批发业和零售业法人企业

Basic Conditions of Enterprises above Designated Size of Wholesale and Retail Trades

指 标	Item	2015	2016	2017	2018	2019
批发业	**Wholesale Trade**					
法人企业(个)	Number of Corporation Enterprises (unit)	776	822	1072	1232	1375
年末从业人数(人)	Engaged persons at Year-end (person)	56699	57390	62036	65559	62734
商品购进额(亿元)	Total Purchases Value (100 million yuan)	2306.87	2347.63	3031.47	2843.01	3275.06
商品销售额(亿元)	Total Sales Value (100 million yuan)	3182.40	3243.07	3808.26	3899.79	4577.42
期末商品库存额(亿元)	Stock (year-end) (100 million yuan)	239.46	270.85	225.68	231.93	288.64
零售业	**Retail Trade**					
法人企业(个)	Number of Corporation Enterprises(unit)	1651	2044	2424	2451	2393
年末从业人数(人)	Engaged Persons at Year-end (person)	83972	91185	101667	104969	104822
商品购进额(亿元)	Total Purchases value (100 million yuan)	1246.16	1424.17	1731.99	1528.59	1774.34
商品销售额(亿元)	Total Sales value (100 million yuan)	1529.29	1784.16	2092.80	2062.63	2413.28
期末商品库存额(亿元)	Total stock at Year-end (100 million yuan)	177.50	145.16	161.02	175.58	244.88
年末零售营业面积(万平方米)	Retail Operating Area at year-end (10000 sq.m)	391.01	456.05	506.14	544.45	600.46

17−3 限额以上批发业法人企业(2019)

单位：万元

指　　标	Item	法人企业(个) Number of Corporation Enterprises (Unit)
合　　计	**Total**	**1375**
按登记注册类型分	**by Status of Registration Status**	
内资企业	**Domestic-funded Enterprises**	**1365**
国有企业	State-owned Enterprises	25
集体企业	Collective-owned Enterprises	13
股份合作企业	Joint-equity Cooperative Enterprises	1
有限责任公司	Limited Liability Corporations	374
国有独资公司	State Sole Funded Corporations	68
其他有限责任公司	Other Limited Liability Corporations	306
股份有限公司	Share-holding Corporations Ltd.	23
私营企业	Private Enterprises	928
私营独资企业	Private-funded Enterprises	3
私营有限责任公司	Private Limited Liability Corporations	913
私营股份有限公司	Private Share-holding Corporations Ltd	12
其他企业	Other Enterprises	1
港、澳、台商投资企业	**Enterprises with Funds From HongKong, Macao and Taiwan**	**7**
与港澳台商合资经营企业	Joint-venture with Hong Kong, Macao and Taiwan	3
港澳台商独资企业	Hong Kong, Macao and Taiwan Private-funded Enterprises	4
外商投资企业	**Foreign-funded Enterprises**	**3**
中外合资经营企业	Joint-venture Enterprises	1
外资企业	Overseas-funded Enterprise	1
其他外商投资企业	Other Overseas-funded Enterprise	1
按国民经济行业分（2017）	**by Sector**	
农、林、牧产品批发	**Wholesale of Agricultural, Forestry and Livestock Products**	**28**
谷物、豆及薯类批发	Wholesale of Cereal, Bean and Tubers	11
种子批发	Wholesale of Seeds	3
畜牧渔业饲料批发	Wholesale of Animal Husbandry and Fishery Feed	4
林业产品批发	Wholesale of Forestry Products	4
牲畜批发	Wholesale of Livestock	4
其他农牧产品批发	Other Farm and Ranch Products	2
食品、饮料及烟草制品批发	**Wholesale of Food, Beverages and Tobacco**	**206**
米、面制品及食用油批发	Wholesale of Rice, Flour and Edible Oil	36
糕点、糖果及糖批发	Wholesale of Pastries, Candy and Sugar	3
果品、蔬菜批发	Wholesale of Fruits and Vegetables	13
肉、禽、蛋、奶及水产品批发	Wholesale of Meat, Poultry, Eggs and Aquatic Products	20
盐及调味品批发	Wholesale of Salts and Condiments	15
营养和保健品批发	Wholesale of Nutraceutical Products	3
酒、饮料及茶叶批发	Wholesale of Wine, Beverages and Tea	94
烟草制品批发	Wholesale of Tobaccos	11
其他食品批发	Wholesale of Other Food	11

Basic Conditions of Enterprises above Designated Size of Wholesale Trade

(10000 yuan)

从业人数(人) Engaged Persons (person)	购进总额 Total Value	销售总额 Total Value	批 发 Wholesale Trade	零 售 Retail Trade	年末库存额 Stock (year-end)
62734	**32750630**	**45774190**	**44186118**	**1246035**	**2886382**
60833	**32546992**	**45332374**	**43776149**	**1214188**	**2867403**
17623	4957247	7425662	7412051	13610	1074784
201	50605	61213	49055	8556	4976
67	51951	79589	79589		
19821	17598306	26434381	25854702	496500	1196509
4808	5410704	7484006	7232694	249659	385832
15013	12187602	18950375	18622008	246841	810676
1637	1742563	1835175	1449045	386130	49939
21484	8146321	9493410	8931707	309391	541189
39	15572	15340	13412	1928	1048
20747	8047302	9376506	8817611	306584	517310
698	83447	101564	100684	880	22832
		2944			7
1405	**158401**	**381907**	**351156**	**30751**	**14938**
556	81641	291557	263879	27678	216
849	76760	90350	87277	3073	14723
496	**45238**	**59909**	**58812**	**1097**	**4040**
61	13075	16790	16790		758
252	16550	21875	21875		1257
183	15612	21244	20147	1097	2025
638	**186629**	**202341**	**192837**	**6561**	**52137**
218	111203	117491	116155	1336	46264
190	4015	6266	6259	6	2382
58	27843	28878	28878		721
55	13066	16090	16035	55	1525
67	18131	20760	17264	552	979
50	12371	12857	8245	4612	266
29128	**9515916**	**19868643**	**19355241**	**506328**	**1664339**
1718	292989	372421	359894	12527	98421
102	12219	12288	11026	1262	1708
340	88658	107940	91363	14633	1105
964	107769	123217	112947	10270	4858
724	468951	480438	403873	76565	46471
101	21467	23335	23319	16	4456
7679	4656438	12389515	11997156	387229	435775
16975	3807960	6292025	6290708	1316	1066607
525	59466	67465	64954	2511	4940

17-3 续表

单位：万元

指 标	Item	法人企业(个) Number of Corporation Enterprises (Unit)
纺织、服装及家庭用品批发	**Wholesale of Textiles, Garments and Househild Artides**	**34**
服装批发	Wholesale of Garments	5
鞋帽批发	Wholesale of Shoes and Hats	1
化妆品及卫生用品批发	Wholesale of Cosmetics and Sanitary Articles	6
厨具卫具及日用杂品批发	Wholesale of Kitchen Utensils, Sanitary Ware and Daily Groceries	4
家用视听设备批发	Wholesale of Household Audio-visual Equipment	3
日用家电批发	Wholesale of Household Appliances	12
其他家庭用品批发	Wholesale of Other Household Articles	3
文化、体育用品及器材批发	**Wholesale of Cultural, Sports Articles and Equipment**	**13**
文具用品批发	Wholesale of Cultural Articles	3
图书批发	Wholesale of Books	3
音像制品、电子和数字出版物批发	Wholesale of Audio-visual Products, Electronic and Digital Publications	1
乐器批发	Wholesale of Musical Instruments	1
其他文化用品批发	Wholesale of Other Cultural Articles	5
医药及医疗器材批发	**Wholesale of Medicines and Medical Appliances**	**165**
西药批发	Wholesale of Western Medicines	97
中药批发	Wholesale of Traditional Chinese Medicines	28
动物用药品批发	Wholesale of Veterinary Drugs	1
医疗用品及器材批发	Wholesale of Medical Articles and Appliances	39
矿产品、建材及化工产品批发	**Wholesale of Mineral Products, Building Materials and Chemical Products**	**779**
煤炭及制品批发	Wholesale of Coal and Related Products	255
石油及制品批发	Wholesale of Petroleum and Related Products	24
非金属矿及制品批发	Wholesale of Nonmetal Minerals and Related Products	23
金属及金属矿批发	Wholesale of Metal Materials and Metal Minerals	155
建材批发	Wholesale of Building Materials	234
化肥批发	Wholesale of Fertilizer	39
农药批发	Wholesale of Farm Chemicals	1
其他化工产品批发	Wholesale of Other Chemical Products	48
机械设备、五金产品及电子产品批发	**Wholesale of Machinery, Hardware and Electronic Products**	**133**
农业机械批发	Wholesale of Agricultural Machinery	5
汽车及零配件批发	Wholesale of Automobiles Fittings	54
摩托车及零配件批发	Wholesale of Motorcycles and Fittings	3
五金产品批发	Wholesale of Hardware Products	3
电气设备批发	Wholesale of Electrical Equipments	2
计算机、软件及辅助设备批发	Wholesale of Computer, Software and Assistance Appliances	6
通讯设备批发	Wholesale of Communication Equipments	29
广播影视设备批发	Wholesale of Radio, Film and Television Equipment	1
其他机械设备及电子产品批发	Wholesale of Other Machinery and Electric Products	30
贸易经纪与代理	**Trade Brokering and Agency**	**1**
贸易代理	Trade Agency	1
其他批发业	**Other Wholesales**	**16**
再生物资回收与批发	Wholesale of Recycled Materials	6
互联网批发	Wholesale of Internet	1
其他未列明批发业	Other Wholesale Not Classified Elsewhere	9

continued

(10000 yuan)

从业人数(人) Engaged Persons (person)	购进总额 Total Value	销售总额 Total value	批 发 Wholesale Trade	零 售 Retail Trade	年末库存额 Stock (year-end)
1800	**209897**	**241293**	**228110**	**10986**	**46501**
806	52088	58250	55058	3192	18681
92	1934	3861	3183	678	336
141	24457	25824	25311	514	1731
150	8709	13502	11139	166	1086
197	23856	30506	28555	1951	1096
315	83337	90839	87283	3556	21939
99	15516	18511	17582	929	1633
695	**310726**	**299595**	**285163**	**14432**	**52086**
62	20183	21262	19386	1876	1962
523	226324	212348	202783	9565	42787
30	42178	43742	42564	1177	4606
80	22041	22244	20431	1813	2731
10560	**3394294**	**3859059**	**3836169**	**19976**	**297912**
7907	2459507	2792876	2783127	8605	226026
1505	509566	572102	564298	6033	34255
16	3624	3380	3380		774
1132	421598	490702	485364	5338	36859
13942	**16697396**	**18467421**	**17634764**	**579576**	**542602**
4494	3539440	4344010	4191005	37163	54991
1553	805162	859178	426889	432289	13025
211	98908	150455	135474	2577	4139
2457	7346798	7800971	7715498	31697	171510
2804	2126532	2228582	2169741	51702	141375
984	2148063	2231321	2174494	14448	128598
118	14000	17450	17450		5066
1321	618492	835454	804215	9700	23899
4067	**2014457**	**2347267**	**2201685**	**71756**	**153926**
135	13221	16628	12280	1878	2744
1326	1267388	1411094	1387703	23392	57347
86	63428	64089	60090	3999	11529
57	7718	38710	38710		4091
198	77638	85371	85371		9346
131	83191	89533	83245	6288	1642
668	230845	240511	239863	648	15205
29	14257	14678	14333	345	589
1437	256773	386654	280092	35206	51431
	12497	**12497**	**12497**		
	12497	12497	12497		
1904	**408819**	**476072**	**439652**	**36421**	**76879**
407	77923	97700	97700		1513
34	45460	45594	37045	8549	71101
1463	285437	332778	304906	27872	4265

17-4 限额以上批发业法人企业主要财务指标(2019)

Main Financial Indicators of Enterprises above Designated Size of Wholesale Trade

单位：万元 (10000 yuan)

指标	Item	营业收入 Operating Revenue	营业成本 Operating Costs	税金及附加 Tax and Surcharges	销售费用 Selling Expenses	营业利润 Operating Profits
总计	**Total**	**41230125**	**31608325**	**893228**	**1538495**	**8936427**
按登记注册类型分	**by Status of Registration**					
内资企业	**Domestic Funded Enterprises**	**40808959**	**31229346**	**892361**	**1510595**	**8929546**
国有企业	State-owned Enterprises	6624916	5070372	612088	276530	673668
集体企业	Collective-owned Enterprises	53016	47305	178	1857	538
股份合作企业	Joint-equity Cooperative Enterprises	70035	54640	367	8967	15395
有限责任公司	Limited Liability Corporations	23639321	16561912	227345	835216	8035317
国有独资公司	State Sole Funded Corporations	6752029	5367248	124245	355294	790976
其他有限责任公司	Other Limited Liability Corporations	16887292	11194664	103100	479922	7244341
股份有限公司	Share-holding Corporations Ltd	1635337	1549215	2336	45440	11660
私营企业	Private Enterprises	8783390	7943353	50049	342539	192682
私营独资企业	Private-funded Enterprises	14662	12864	375	102	623
私营有限责任公司	Private Limited Liability Corporations	8675016	7853724	49131	332060	191584
私营股份有限公司	Private Share-holding Corporations Ltd	93711	76766	543	10377	475
其他企业	Other Enterprises	2944	2550	0	46	287
港、澳、台商投资企业	**Enterprises with Funds from HongKong, Macao and Taiwan**	**366810**	**337015**	**688**	**15167**	**9127**
合资经营企业(港或澳、台资)	Joint-venture Enterprises (HongKong, Macao or Taiwan)	283009	270658	345	4195	6450
港、澳、台商独资经营企业	Hong Kong, Macao and Taiwan Private-funded Enterprises	83801	66357	343	10971	2677
外商投资企业	**Foreign Funded Enterprises**	**54356**	**41964**	**179**	**12734**	**-2246**
中外合资经营企业	Joint-venture Enterprises	14922	12557	36	1514	262
外资企业	Overseas-funded Enterprise	20785	16066	68	2822	668
其他外商投资企业	Other Overseas-funded Enterprise	18650	13342	75	8398	-3175
按国民经济行业分	**by Sector**					
农、林、牧、渔产品批发	**Wholesale Agricultural, Forestry Livestock Products**	**194220**	**176448**	**160**	**6653**	**2645**
谷物、豆及薯类批发	Wholesale of Cereal, Bean and Tubers	113733	101678	40	5288	1473
种子批发	Wholesale of Seeds	6480	5462	18	302	104
畜牧渔业饲料批发	Wholesale of Animal Husbandry and	28152	26976	18	480	-92
林业产品批发	Wholesale of Forestry products	14984	14212	4	47	20
牲畜批发	Wholesale of Livestock	18385	16084	71	415	610
其他农牧产品批发	Other Farm and Ranch Products	12486	12037	9	122	530
食品、饮料及烟草制品批发	**Wholesale of Food, Beverages and Tobacco**	**17754820**	**9455481**	**843990**	**942492**	**8735865**
米、面制品及食用油批发	Wholesale of Rice, Flour and Edible Oil	367758	338059	542	13648	-1633
糕点、糖果及糖批发	Wholesale of Pastries, Candy and Sugar	10946	9931	18	385	55
果品、蔬菜批发	Wholesale of Fruits and Vegetables	105395	100802	63	1883	141
肉、禽、蛋、奶及水产品批发	Wholesale of Meat, Poultry, Eggs and Aquatic Products	116018	101458	176	6931	3901
盐及调味品批发	Wholesale of Salts and Condiments	530835	504047	1126	8668	5879
营养和保健品批发	Wholesale of Nutraceutical Products	20773	19254	34	567	142
酒、饮料及茶叶批发	Wholesale of Wine, Beverages and Tea	10922547	4239399	230746	631965	8057398
烟草制品批发	Wholesale of Tobaccos	5616530	4086385	611122	276010	668622
其他食品批发	Wholesale of Other Food	64019	56146	163	2435	1360

17-4 续表 continued

单位：万元 (10000 yuan)

指　　标	Item	营业收入 Operating Revenue	营业成本 Operating Costs	税金及附加 Tax and Surcharges	销售费用 Selling Expenses	营业利润 Operating Profits
纺织、服装及家庭用品批发	**Wholesale of Textiles, Garments and Househild Artides**	**218922**	**193389**	**818**	**15981**	**1765**
服装批发	Wholesale of Garments	52631	42239	122	6469	761
鞋帽批发	Wholesale of Shoes and Hats	3861	3547	34	153	-927
化妆品及卫生用品批发	Wholesale of Cosmetics and Sanitary Articles	24152	21638	386	421	655
厨具卫具及日用杂品批发	Wholesale of Kitchen Utensils, Sanitary Ware and Daily Groceries	11650	10078	76	1184	128
家用视听设备批发	Wholesale of Household Audio-visual Equipment	26821	23958	52	2006	366
日用家电批发	Wholesale of Household Appliances	85773	79052	128	4747	912
其他家庭用品批发	Wholesale of Other Household Articles	14035	12877	21	1002	-131
文化、体育用品及器材批发	**Wholesale of Cultural, Sports Articles and Equipment**	**292737**	**262905**	**144**	**9760**	**9801**
文具用品批发	Wholesale of Cultural Articles	18696	17268	20	662	253
图书批发	Wholesale of Books	216109	191676	40	8455	7655
音像制品、电子和数字出版物批发	Wholesale of Audio-visual Products, Electronic and Digital Publications	37708	36361	42	207	404
乐器批发	Wholesale of Musical Instruments					
其他文化用品批发	Wholesale of Other Cultural Articles	20224	17600	42	437	1490
医药及医疗器材批发	**Wholesale of Medicines and Medical Appliances**	**3438987**	**3084127**	**7375**	**132320**	**88469**
西药批发	Wholesale of Western Medicines	2472465	2237266	4827	87865	55442
中药批发	Wholesale of Traditional Chinese Medicines	516275	462121	1378	19865	13606
动物用药品批发	Wholesale of Veterinary Drugs	2980	2622	2	187	101
医疗用品及器材批发	Wholesale of Medical Articles and Appliances	447267	382118	1168	24402	19320
矿产品、建材及化工产品批发	**Wholesale of Mineral Products, Building Materials and Chemical Products**	**16747751**	**16019470**	**36612**	**354283**	**70484**
煤炭及制品批发	Wholesale of Coal and Related Products	3976024	3691045	20449	146763	20737
石油及制品批发	Wholesale of Petroleum and Related Products	768314	703751	1760	60396	13732
非金属矿及制品批发	Wholesale of Nonmetal Minerals and Related	153267	141042	421	2940	6669
金属及金属矿批发	Wholesale of Metal Materials and Metal Minerals	6947164	6797070	7397	66902	21478
建材批发	Wholesale of Building Materials	2054443	1908435	3775	23236	32636
化肥批发	Wholesale of Fertilizer	2065879	2011739	1626	32637	-1647
农药批发	Wholesale of Farm Chemicals	16181	13646	78	1254	-328
其他化工产品批发	Wholesale of Other Chemical Products	766479	752743	1106	20157	-22792
机械设备、五金产品及电子产品批发	**Wholesale of Machinery, Hardware and Electronic Products**	**2097533**	**1986468**	**2382**	**56378**	**11962**
农业机械批发	Wholesale of Agricultural Machinery	14457	13105	7	1209	-560
汽车及零配件批发	Wholesale of Automobiles Fittings	1248185	1203957	1574	27197	300
摩托车及零配件批发	Wholesale of Motorcycles and Fittings	58590	55380	84	985	1141
五金产品批发	Wholesale of Hardware Products	34257	31833	21	1593	185
电气设备批发	Wholesale of Electrical Equipments	80018	70466	138	3900	5053
计算机、软件及辅助设备批发	Wholesale of Computer, Software and Assistance Appliances	79362	76977	69	604	462
通讯设备批发	Wholesale of Communication Equipments	219480	210700	138	2360	1562
广播影视设备批发	Wholesale of Radio, Film and Television Equipment	12991	12465	9	120	76
其他机械设备及电子产品批发	Wholesale of Other Machinery and Electric Products	350194	311585	344	18411	3743
贸易经纪与代理	**Trade Brokering and Agency**	**12497**	**12497**			**-30**
贸易代理	Trade Agency	12497	12497			-30
其他批发业	**Other Wholesales**	**472659**	**417542**	**1749**	**20627**	**15467**
再生物资回收与批发	Wholesale of Recycled Materials	96251	89307	1348	1953	1081
互联网批发	Wholesale of Internet	41970	30668	113	4167	6884
其他未列明批发业	Other Wholesale Not Classified Elsewhere	334438	297568	288	14508	7502

17-5 限额以上零售业法人企业(2019)

单位：万元

指 标	Item	法人企业(个) Number of Corporations Enterprises (Unit)
合 计	**Total**	**2393**
按登记注册类型分	**by Status of Registration**	
内资企业	**Domestic Funded Enterprises**	**2367**
国有企业	State-owned Enterprises	13
集体企业	Collective-owned Enterprises	10
股份合作企业	Cooperation Enterprises	3
联营企业	Joint Ownership Enterprises	1
集体联营企业	Collective Joint Ownership Enterprises	1
有限责任公司	Limited Liability Corporations	476
国有独资公司	State Sole Funded Corporations	27
其他有限责任公司	Other Limited Liability Corporations	449
股份有限公司	Share-holding Corporations Ltd.	37
私营企业	Private Enterprises	1827
私营独资企业	Private-funded Enterprise	272
私营合伙企业	Private Partnership Enterprises	38
私营有限责任公司	Private Limited Liability Corporations	1493
私营股份有限公司	Private Share-holding Corporations Ltd.	24
港、澳、台商投资企业	**Enterprises with Funds From Hongkong, Macao and Taiwan**	**12**
与港澳台商合资经营企业	Joint-venture Enterprises with Hong Kong, Macao and Taiwan	6
港澳台商独资企业	Hong Kong, Macao and Taiwan Enterpises with Sole Fund	6
外商投资企业	**Foreign Funded Enterprises**	**14**
中外合资经营企业	Joint-venture Enterprises	1
外资企业	Foreign-funded Enterprises	12
外商投资股份有限公司	Foreign-invested Limited Liability Companies	1
按国民经济行业分	**by Sector**	
综合零售	**Integrated Retail**	**294**
百货零售	Retail of General Merchandise	116
超级市场零售	Retail of Supermarkets	163
便利店零售	Retail of Convenience Stores	3
其他综合零售	Other Integrated Retail	12
食品、饮料及烟草制品专门零售	**Retail of Food,Beverages and Tobaccos**	**249**
粮油零售	Retail of Grain and Oil	52
糕点、面包零售	Retail of Pastries and Bread	1
果品、蔬菜零售	Retail of Fruits and Vegetables	39
肉、禽、蛋、奶及水产品零售	Retail of Meat, Poultry, Eggs and Aquatic Products	13
营养和保健品零售	Retail of Nutrition and Health Products	1
酒、饮料及茶叶零售	Retail of Wine, Beverages and Tea	125
烟草制品零售	Retail of Tobaccos	1
其他食品零售	Other Food Retail	17
纺织、服装及日用品专门零售	**Sperial Retail of Textiles,Wearing Apparel and Household Artides**	**28**
服装零售	Retail of Costumes	15
鞋帽零售	Retail of Shoes and Hats	2
化妆品及卫生用品零售	Retail of Cosmetics and Hygiene Products	2

Basic Conditions of Enterprises above Designated Size in Retail Trade

(10000 yuan)

从业人数(人) Engaged Persons (person)	购进总额 Total Vslus	销售总额 Total Vslus			年末库存额 Stock(year-end)
			批发 Wholesale Trade	零售 Retail Trade	
104822	**17743366**	**24132786**	**2424616**	**21708039**	**2448807**
99644	**17139452**	**22571821**	**2239113**	**20332577**	**2361184**
432	71271	79373	1827	77546	6088
91	25477	41179	10872	30307	1460
1177	27416	1000054	141848	858206	88905
14	37319	46648		46648	175
14	37319	46648		46648	175
39964	7433207	8597417	987472	7609944	1038894
2211	904566	1212183	335712	876472	187942
37753	6528641	7385234	651761	6733473	850952
4616	1179052	2628784	632924	1995860	51523
53350	8365711	10178368	464170	9714066	1174138
3583	262960	319291	10892	308399	16006
460	42431	54202	4028	50043	3859
48567	7917378	9591341	433399	9157942	1138923
740	142941	213534	15851	197683	15350
2174	**252269**	**384099**		**384099**	**49739**
800	183448	295544		295544	49727
1374	68820	88555		88555	12
3004	**351646**	**1176866**	**185504**	**991363**	**37884**
214	127900	136567		136567	13157
1906	223747	255144		255144	22287
884		785155	185504	599652	2441
33481	**2880332**	**3361972**	**97816**	**3264156**	**600087**
7022	720905	935509	8837	926672	95026
25847	2072286	2318205	85864	2232341	499241
106	12883	14520	3115	11405	2487
506	74258	93739		93739	3333
6517	**981219**	**1212493**	**245569**	**966924**	**240581**
1617	86844	109751	11526	98225	19832
18	320	210		210	120
1611	144673	170569	91366	79202	11161
464	28569	33754	21015	12739	1345
19	696	1196		1196	125
1950	681214	845640	114815	730825	205022
237	16769	20653		20653	1155
601	22134	30721	6847	23874	1820
2013	**131317**	**168097**	**22464**	**145633**	**40563**
1311	101342	124178	21044	103134	31869
435	15830	25322		25322	5103
48	3988	4016		4016	1008

17−5 续表

单位：万元

指　标	Item	法人企业(个) umber of Corporatio Enterprises (Unit)
厨具卫具及日用杂品零售	Retail of Kitchen and Bathroom Utensils , and Daily Necessities	1
钟表、眼镜零售	Retail of Horologe and Spectacles	3
其他日用品零售	Retail of Other Daily Consumer Use	5
文化、体育用品及器材专门零售	**Retail of Cultural, Sports Appliances and Equipments**	**53**
文具用品零售	Retail of Stationary	16
体育用品及器材零售	Retail of Sports Goods	2
图书、报刊零售	Retail of Books, Newspaper and Periodicals	17
珠宝首饰零售	Retail of Jewelry	9
工艺美术品及收藏品零售	Retail of Arts and Handicrafts and Collections	6
乐器零售	Retail of Musical Instruments	2
其他文化用品零售	Retail of Other Cultural Articles	1
医药及医疗器材专门零售	**Retail of Medicines and Medical Appliances**	**118**
西药零售	Retail of Western Medicines	111
中药零售	Retail of Traditional Chinese Medicine	5
医疗用品及器材零售	Retail of Medical Applies and Equipments	2
汽车、摩托车、零配件和燃料及其他动力销售	**Retail of Motor Vehicles, Motorcycles, Fuel and Parts**	**1303**
汽车新车零售	Retail of New Cars	913
汽车旧车零售	Retail of Used Cars	15
汽车零配件零售	Retail of Automobile Fittings	6
摩托车及零配件零售	Retail of Motorcycles and Parts	41
机动车燃油零售	Retail of Motor Vehicle Fuel	322
机动车燃气零售	Retail of Motor Vehicle Gas	6
家用电器及电子产品专门零售	**Special Retail of Household Electrical Appliances and Electronic Products**	**223**
家用视听设备零售	Retail of Household Audio and Vedio Appliances	39
日用家电零售	Retail of Household Appliances	90
计算机、软件及辅助设备零售	Retail of Computer, Software and Assistant Appliances	68
通信设备零售	Retail of Communication Equipments	22
其他电子产品零售	Retail of Other Electronic Products	4
五金、家具及室内装饰材料专门零售	**Special Retail of Hardware, Furniture and Interior Decoration Materials**	**66**
五金零售	Retail of Hardware	7
灯具零售	Retail of Light Fittings	4
家具零售	Retail of Furniture	37
木质装饰材料零售	Retail of Wooden Decorative Materials	3
陶瓷、石材装饰材料零售	Retail of Ceramics, Stone Decorative Materials	4
其他室内装饰材料零售	Retail of Other Indoor Decoration Materials	11
货摊、无店铺及其他零售业	**Stalls, Non-shop and Other Retails**	**59**
互联网零售	E-commerce Retail	26
邮购及电视、电话零售	Retails by Post, TV and Telephone	1
旧货零售	Retail of Second-hand Goods	1
生活用燃料零售	Retail of Fuel for Daily Use	20
其他未列明零售业	Other Retails Not Classified Elsewhere	11

continued

(10000 yuan)

从业人数(人) Engaged Persons (person)	购进总额 Total Vslus	销售总额 Total Vslus			年末库存额 Stock(year-end)
			批 发 Wholesale Trade	零 售 Retail Trade	
20	1580	1890		1890	1289
74	3840	4619	577	4042	964
125	4738	8071	843	7229	331
1566	**183869**	**203191**	**1956**	**201235**	**21300**
136	8772	11620		11620	1189
28	598	748		748	1050
939	148904	157683	1956	155727	8618
144	7338	11154		11154	6393
272	8527	9616		9616	1227
33	8668	10758		10758	1812
14	1063	1613		1613	1012
13965	**527360**	**638678**	**79416**	**559262**	**140643**
13808	523497	628712	78736	549976	138699
128	2228	8065		8065	1790
29	1635	1901	681	1221	154
39734	**11533303**	**16842488**	**1744149**	**15098208**	**1202745**
27187	8174207	9736557	296969	9439589	992111
262	41363	42066	520	41546	4758
104	12012	14844	215	14629	1276
575	125790	137743	48428	89314	9764
11308	3161546	6880125	1398017	5481976	194494
298	18386	31153		31153	341
5171	**816052**	**883456**	**190537**	**692919**	**161778**
723	78222	93238	5871	87367	9855
2334	418974	445092	23346	421746	138876
1225	78625	94326	7421	86905	5657
784	222009	231364	144457	86907	6233
105	18223	19437	9442	9995	1157
975	**83435**	**95842**	**15509**	**80333**	**14032**
54	22753	20355	11288	9067	5666
32	3831	4413		4413	443
737	35942	43952	67	43885	6363
34	2931	3263	555	2708	111
30	6151	10166	3598	6567	333
88	11826	13693	0	13693	1117
1400	**606479**	**726570**	**27200**	**699370**	**27079**
567	415751	484285	20095	464190	21269
293	150035	192648		192648	3923
3					20
380	33614	39707	5826	33880	1307
157	7079	9930	1278	8652	561

17-6 限额以上零售业法人企业主要财务指标(2019)

Main Financial Indicators of Enterprises above Designated Size of Retail Trade

单位：万元 (10000 yuan)

指标	Item	营业收入 Operating Revenue	营业成本 Operating Costs	税金及附加 Tax and Surcharges	销售费用 Selling Expenses	营业利润 Operating Profits
总计	**Total**	**22161950**	**18307462**	**88601**	**1257849**	**996911**
按登记注册类型分	by Status of Registration					
内资企业	**Domestic Funded Enterprises**	**20755421**	**17714056**	**84085**	**1162352**	**922570**
国有企业	State-owned Enterprises	71695	64858	60	5203	-298
集体企业	Collective-owned Enterprises	34309	30837	138	723	1665
股份合作企业	Cooperation Enterprises	799168	728477	1287	28079	34128
联营企业	Joint Ownership Enterprises	46648	42915	58	1866	26
集体联营企业	Collective Joint Ownership Enterprises	46648	42915	58	1866	26
有限责任公司	Limited Liability Corporations	7860578	6684385	22655	451710	231655
国有独资公司	State Sole Funded Corporations	1065806	778847	2650	30845	53956
其他有限责任公司	Other Limited Liability Corporations	6794773	5905538	20004	420865	177699
股份有限公司	Share-holding Corporations Ltd.	2257610	1610528	3937	115003	523456
私营企业	Private Enterprises	9685412	8552056	55950	559768	131940
私营独资企业	Private-funded Enterprises	295947	247478	1826	12910	17840
私营合伙企业	Private Partnership Enterprises	49904	42691	1207	2127	2282
私营有限责任公司	Private Limited Liability Corporations	9141617	8078521	52527	540676	111019
私营股份有限公司	Private Share-holding Corporations Ltd.	197944	183366	390	4055	799
港、澳、台商投资企业	**Enterprises with Funds From HongKong, Macao and Taiwan**	**363862**	**286929**	**2239**	**39082**	**27386**
合资经营企业(港或澳、台资)	Joint-venture Enterprises	279056	225054	1980	20320	23732
港、澳、台商独资经营企业	Enterpises with Sole Fund	84806	61875	260	18762	3654
外商投资企业	**Foreign Funded Enterprises**	**1042666**	**306477**	**2276**	**56415**	**46955**
中外合资经营企业	Joint-venture Enterprises	127365	112968	596	4643	4976
外资企业	Foreign-funded Enterprises	240845	192453	1680	23416	6195
外商投资股份有限公司	Foreign-invested Limited Liability Companies	674456	1056		28356	35784
按国民经济行业分	**by Sector**					
综合零售	**Integrated Retail**	**3245894**	**2495948**	**29198**	**398160**	**53713**
百货零售	Retail of General Merchandise	870050	696112	10410	80208	49493
超级市场零售	Retail of Supermarkets	2273771	1708462	18669	307975	9422
便利店零售	Retail of Convenience Stores	13182	11668	9	1620	-1311
其他综合零售	Other Integrated Retail	88892	79706	110	8357	-3891
食品、饮料及烟草制品专门零售	**Retail of Food, Beverages and Tobaccos**	**1106865**	**918226**	**5422**	**39090**	**97937**
粮油零售	Retail of Grain and Oil	106916	96899	226	4998	-3860
糕点、面包零售	Retail of Pastries and Bread	195	117	6	5	39
果品、蔬菜零售	Retail of Fruits and Vegetables	160182	141574	730	5826	-7072
肉、禽、蛋、奶及水产品零售	Retail of Meat, Poultry, Eggs and Aquatic Products	31085	27320	33	1389	-664
营养和保健品零售	Retail of Nutrition and Health Care Products	1053	545	7	484	14
酒、饮料及茶叶零售	Retail of Wine, Beverages and Tea	762120	615260	4155	22079	106771
烟草制品零售	Retail of Tobacco	18030	14330	82	2592	771
其他食品零售	Other Food Retail	27284	22182	183	1718	1938
纺织、服装及日用品专门零售	**Special Retail of Textiles, Wearing Apparel and Household Articles**	**149640**	**116200**	**624**	**20516**	**6177**
服装零售	Retail of Costumes	111846	88194	467	15437	3673
鞋帽零售	Retail of Shoes and Hats	22262	14653	135	4092	2222
化妆品及卫生用品零售	Retail of Cosmetics and Hygiene Products	3652	3177	2	247	34

17-6 续表 continued

单位：万元 (10000 yuan)

指　标	Item	营业收入 Operating Revenue	营业成本 Operating Costs	税金及附加 Tax and Surcharges	销售费用 Selling Expenses	营业利润 Operating Profits
厨具卫具及日用杂品零售	Retail of Kitchen and Bathroom Utensils , and Daily Necessities	1627	1269	2	235	91
钟表、眼镜零售	Retail of Horologe and Spectacles	4051	3397	12	284	8
其他日用品零售	Retail of Other Daily Consumer Use	6202	5509	7	222	148
文化、体育用品及器材专门零售	**Retail of Cultural, Sports Appliances and Equipments**	**198447**	**160779**	**6291**	**11447**	**12864**
文具用品零售	Retail of Stationary	10930	9341	35	430	324
体育用品及器材零售	Retail of Sports Goods	660	525	0	149	-140
图书、报刊零售	Retail of Books, Newspaper and Periodicals	154811	126270	3332	8273	9630
珠宝首饰零售	Retail of Jewelry	10197	8130	185	644	502
工艺美术品及收藏品零售	Retail of Arts and Handicrafts and Collections	9690	7379	97	138	1761
乐器零售	Retail of Musical Instruments	10722	7940	20	1519	914
其他文化用品零售	Retail of Other Cultural Articles	1438	1194	2622	294	-127
医药及医疗器材专门零售	**Retail of Medicines and Medical Appliances**	**588531**	**426939**	**3411**	**111104**	**32639**
西药零售	Retail of Western Medicines	579829	421782	3372	109427	31737
中药零售	Retail of Traditional Chinese Medicine	6801	3732	30	1553	759
医疗用品及器材零售	Retail of Medical Applies and Equipments	1901	1426	9	123	143
汽车、摩托车、零配件和燃料及其他动力销售	**Retail of Motor Vehicles, Motorcycles, Fuel and Parts**	**15294596**	**12807308**	**34406**	**574731**	**770709**
汽车新车零售	Retail of New Cars	9253859	8560679	22548	332657	87106
汽车旧车零售	Retail of Used Cars	41721	37436	81	1644	1469
汽车零配件零售	Retail of Automobile Fittings	13520	12803	15	690	-103
摩托车及零配件零售	Retail of Motorcycles and Parts	122062	110271	2312	4443	1994
机动车燃油零售	Retail of Motor Vehicle Fuel	5831754	4061791	9352	234096	675982
机动车燃气零售	Retail of Motor Vehicle Gas	31681	24329	99	1201	4262
家用电器及电子产品专门零售	**Special Retail of Household Electrical Appliances and Electronic Products**	**815523**	**734654**	**5089**	**44740**	**7469**
家用视听设备零售	Retail of Household Audio and Video Appliances	80180	70044	198	6739	-120
日用家电零售	Retail of Household Appliances	399233	354040	4338	31019	-238
计算机、软件及辅助设备零售	Retail of Computer, Software and Assistant Appliances	96785	82797	420	2250	6402
通信设备零售	Retail of Communication Equipments	223021	211381	120	4373	2519
其他电子产品零售	Retail of Other Electronic Products	16304	16392	13	360	-1094
五金、家具及室内装饰材料专门零售	**Special Retail of Hardware, Furniture and Interior Decoration Materials**	**91022**	**76191**	**1405**	**10720**	**-2397**
五金零售	Retail of Hardware	19152	18227	36	5219	142
灯具零售	Retail of Light Fittings	4082	3281	16	272	320
家具零售	Retail of Furniture	41803	33611	1196	4785	-5511
木质装饰材料零售	Retail of Wooden Decorative Materials	3277	2534	10	91	578
陶瓷、石材装饰材料零售	Retail of Ceramics, Stone Decorative Materials	9723	8204	30	127	402
其他室内装饰材料零售	Retail of Other Indoor Decoration Materials	12986	10334	118	226	1673
货摊、无店铺及其他零售业	**Stalls, Non-shop and Other Retails**	**671432**	**571217**	**2755**	**47342**	**17801**
互联网零售	E-commerce Retail	431467	381330	762	7938	12065
邮购及电视、电话零售	Retails by Post, TV and Telephone	192648	150035	291	37669	4457
旧货零售	Retail of Second-hand Goods					
生活用燃料零售	Retail of Fuel for Daily Use	37906	32091	194	1281	742
其他未列明零售业	Other Retails Not Classified Elsewhere	9411	7761	1509	453	538

17-7 商品交易市场

Commodity Exchange Markets

单位：个 (unit)

指标	Item	2015	2016	2017	2018	2019
商品交易市场数	**Number of Commodity trading markets**	**1300**	**1244**	**1365**	**1626**	**1666**
消费品市场数	**Number of Consumable Markets**	**1257**	**1200**	**1283**	**1530**	**1566**
消费品综合市场	Consumable Comprehensive Markets	556	560	538	652	474
农副产品市场	Agricultural Subproduct Markets	603	497	567	642	866
工业消费品市场	Industrial Consumable Markets	31	27	49	44	54
其他消费品市场	Other Consumable Markets	67	116	129	192	172
生产资料市场数	**Number of Production Markets**	**43**	**44**	**82**	**96**	**100**
生产资料综合市场	Production Comprehensive Markets	8	14	21	32	48
工业生产资料市场	Industrial Production Markets	27	22	17	20	8
农业生产资料市场	Agricultural Production Markets	6	7	35	41	35
其他生产资料市场	Others	2	1	9	3	9

注：资料来源于省市场监督管理局。

Note: Data in the table are provided by the Provincial Administration for Market Regulation.

17-8 限额以上住宿业和餐饮业法人企业

Basic Conditions of Enterprises above Designated Size in Hotels and Catering Services

指　　标	Item	2015	2016	2017	2018	2019
住宿业	**Hotels**					
法人企业(个)	Number of Corporation Enterprises(unit)	494	573	642	704	776
年末从业人数(人)	Employed Persons at Year-end (person)	32722	34744	39253	39965	41868
营业额(亿元)	Business Revenue (100 million yuan)	50.83	60.59	68.70	73.43	79.71
#客房收入	From Hotel Rooms	30.97	37.03	42.75	47.97	52.36
餐费收入	From Meals	15.02	18.18	20.39	19.66	20.08
客房数(万间)	Number of Rooms(10000 rooms)	5.46	8.43	9.56	14.76	18.63
床位数(万张)	Number of Beds(10000 beds)	8.95	13.90	14.90	23.81	29.41
年末餐饮营业面积(万平方米)	Business Area of Catering Services at Year-end(10000 sq.m)	73.13	101.05	116.98	138.65	262.02
餐饮业	**Catering Services**					
法人企业(个)	Number of Corporation Enterprises (unit)	385	511	603	611	607
年末从业人数(人)	Employed Persons at Year-end (person)	15016	17334	20419	21651	24266
营业额(亿元)	Business Revenue (100 million yuan)	23.67	31.65	36.84	41.89	45.95
#餐费收入	From Meals	19.75	27.01	32.44	37.49	41.42
年末餐饮营业面积(万平方米)	Business Area of Catering Services at Year-end(10000 sq.m)	54.61	63.82	71.46	79.81	101.37

17−9 限额以上住宿业法人企业(2019)

单位：万元

指标	Item	法人企业数（个） Number of Corporations Enterprises (unit)	从业人员平均人数（人） Engaged Persons at Year-end (person)	营业额 Business Revenue	#客房收入 from Hotel Rooms	#餐费收入 from Meals
合计	**Total**	**776**	**42356**	**797097**	**523553**	**200802**
按登记注册类型分	**by Status of Registration**					
内资企业	**Domestic Funded Enterprises**	**771**	**41953**	**785999**	**518267**	**196464**
国有企业	State-owned Enterprises	11	1313	23334	11614	9870
集体企业	Collective-owned Enterprises	4	59	4409	2473	1807
股份合作企业	Joint-equity Cooperative Enterprises	1	21	199	199	
有限责任公司	Limited Liability Corporations	184	15502	295626	163351	85914
国有独资公司	State Sole Funded Corporations	33	3435	69169	31162	22709
其他有限责任公司	Other Limited Liability Corporations	151	12067	226457	132190	63205
股份有限公司	Share-holding Corporations Ltd.	10	792	19289	11435	5985
私营企业	Private Enterprises	561	24266	443143	329195	92888
私营独资企业	Private-funded Enterprises	69	1419	39095	30048	7084
私营合伙企业	Private Partrership Enterprises	12	379	6528	4958	1292
私营有限责任公司	Private Limited Liability Corporations	468	21870	388973	289613	82311
私营股份有限公司	Private Share-holding Corporations Ltd	12	598	8547	4575	2202
港、澳、台商投资企业	**Enterprises with Funds From Honkong, Macao and Taiwan**	**2**	**42**	**3114**	**1260**	**1109**
港澳台商独资企业	Hong Kong, Macao and Taiwan Enteprises with Sole Fund	1	17	1446	656	548
港澳台商投资股份有限公司	Hong Kong, Macao and Taiwan Investment co. LTD	1	25	1668	605	560
外商投资企业	**Enterprises with Foreign Investment**	**3**	**361**	**7984**	**4026**	**3230**
中外合资经营企业	Joint-venture Enterprises	2	143	5461	2865	1965
外资企业	Foreign-funded Enterprises	1	218	2523	1162	1265
按国民经济行业分	**by Sector**					
旅游饭店	Tourist Hotel	439	30394	583307	357340	162738
一般旅馆	Fonda	307	10558	195495	153268	34413
经济型连锁酒店	Economical Chain Hotel	40	1262	24392	20736	2631
其他一般旅馆	Other Ordinary Hotel	267	9296	171102	132532	31782
民宿服务	Homestay Facility Serive	3	143	974	796	173
露营地服务	Campsite Service	1	37	559	218	277
其他住宿业	Others	26	1224	16762	11932	3201

Basic Conditions of Enterprises above Designated Size in Hotel Services

(10000 yuan)

营业收入 Operating Revenue	营业成本 Operating Costs	税金及附加 Tax and Surcharges	利润总额 Total profit	资产总计 Total Assets	#流动资产合计 Current Assets	#固定资产原价	负债合计 Total Liabilities	所有者权益 Total Owners' Equities
765755	**404057**	**11882**	**-27288**	**3371667**	**1311528**	**1718459**	**2114501**	**1230410**
755206	**397833**	**11695**	**-28007**	**3350290**	**1307587**	**1699778**	**2109100**	**1214434**
22729	15987	694	-360	29492	11457	20602	16776	12716
4065	3114	39	490	8878	2085	7010	149	8729
199	157	5	24	348	348	377	24	324
281613	146660	5588	-10319	2000811	746948	1136923	1151825	840504
66501	34008	1198	-1088	996336	409696	526752	531938	464398
215111	112652	4390	-9232	1004475	337252	610171	619887	376105
19011	8657	416	154	52126	21949	30212	50638	1488
427590	223258	4952	-17996	1258635	524801	504654	889688	350673
37401	23954	573	3056	60211	23712	41398	22384	34609
6191	3578	110	1000	10314	1902	4440	3267	5020
375745	191535	4158	-20242	1126166	471470	436121	807928	305862
8253	4191	112	-1810	61944	27717	22696	56108	5183
2999	**2207**	**51**	**555**	**4852**	**1536**	**4210**	**80**	**4771**
1364	1027	3	262	2335	1368	1423	46	2289
1635	1180	48	293	2517	168	2788	35	2483
7550	**4017**	**136**	**164**	**16526**	**2405**	**14471**	**5321**	**11205**
5168	2247	136	583	16059	2149	14087	2630	13429
2382	1771	0	-419	467	256	384	2691	-2225
556126	290993	8507	-24664	2693292	990472	1454884	1690094	983601
192159	104525	3099	-818	597146	288449	234416	393079	197134
24860	14561	462	1174	60483	21241	35660	19914	39935
167299	89964	2636	-1991	536664	267208	198756	373165	157199
966	119	4	-124	9108	8254	149	2218	6891
559	375	0	42	2908	734	366	1532	1377
15945	8046	272	-1725	69212	23619	28644	27580	41407

17-10 限额以上餐饮业法人企业(2019)

单位：万元

指 标	Item	法人企业数(个) Number of corporation Enterprises (unit)	从业人员平均人数(人) On average of staff (engaged persons)	营业额 Business Revenue	#餐费收入 From Meals
合计	**Total**	**607**	**23300**	**459465**	**414158**
按登记注册类型分	**by Status of Registration**				
内资企业	**Domestic Funded Enterprises**	**605**	**23132**	**456797**	**412350**
国有企业	State-owned Enterprises	2	115	571	433
集体企业	Collective-owned Enterprises	1	39	236	186
有限责任公司	Limited Liability Corporations	81	5632	119462	104195
国有独资公司	State Sole Funded Corporations	14	1218	22855	19710
其他有限责任公司	Other Limited Liability Corporations	67	4414	96607	84485
股份有限公司	Share-holding Corporations Ltd.	3	66	1114	985
私营企业	Private Enterprises	518	17280	335413	306550
私营独资企业	Private-funded Enterprises	146	2107	59875	56338
私营合伙企业	Private Psrtrership Enterprises	8	401	6926	5812
私营有限责任公司	Private Limited Liability Corporations	361	14481	264151	239975
私营股份有限公司	Private Share Holding Co.Ltd	3	291	4462	4425
港、澳、台商投资企业	**Enterprises with Funds From HongKong, Macao and Taiwan**	**2**	**168**	**2668**	**1808**
与港澳台商合资经营企业	Joint-venture Enterprises with HongKong, Macao and Taiwan	1	4	431	431
港澳台商独资企业	Enterprises Solely owned by Hong Kong, Macao and Taiwan businessmen	1	164	2237	1377
按国民经济行业分	**by Sector**				
正餐服务	Restaurant	566	18772	380244	339039
快餐服务	Fast Food	8	175	4130	3648
饮料及冷饮服务	Beverages and Cold Drinks	6	341	9895	9257
咖啡馆服务	Coffee Shop Services	4	165	5171	4805
其他饮料及冷饮服务	Other Beverages and Cold Drinks Services	2	176	4724	4452
餐饮配送及外卖送餐服务	Food and Beverage Delivery and Delivery Services	23	3662	49839	46864
餐饮配送服务	Food and Beverage Delivery Services	23	3662	49839	46864
其他餐饮业	Others	4	350	15357	15349
小吃服务	Snack Services	2	18	625	625
其他未列明餐饮业	Other Food and Beverage Industry Not Listed	2	332	14732	14724

Basic Conditions of Enterprises above Designated Size in Catering Services

(10000 yuan)

营业收入 Operating Revenue	营业成本 Operating Costs	税金及附加 Tax and Surcharges	利润总额 Total profit	资产总计 Total Assets	#流动资产合计 Current Assets	#固定资产原价	负债合计 Total Liabilities	所有者权益 Total Owners' Equities
450585	**308858**	**3353**	**9313**	**504373**	**303694**	**142423**	**310686**	**185892**
448122	**307736**	**3353**	**9836**	**498204**	**302712**	**138575**	**310163**	**180246**
508	397	5	-26	257	237	147	640	-383
229	94	1	-22	406	254	656	253	153
120696	78765	719	-4957	213780	153553	46565	177116	36573
28985	17134	92	-2919	83274	72636	6572	75509	7765
91711	61632	626	-2038	130506	80916	39993	101607	28809
1064	730	18	27	351	334	44	249	102
325625	227749	2611	14815	283411	148334	91163	131906	143800
57646	42974	653	6027	33783	13052	13836	7845	23849
6719	2742	111	631	5933	2944	3571	1641	4292
256799	177986	1839	8015	242206	131037	73515	121602	114989
4462	4047	7	143	1488	1302	241	818	670
2464	**1122**		**-523**	**6168**	**982**	**3848**	**523**	**5645**
407	190		1	390	264	116	402	-13
2057	933		-524	5778	718	3732	121	5658
375561	251943	3122	6993	464149	275228	134476	289082	167273
4064	2701	24	531	1325	779	707	860	465
9478	6112	10	80	3550	2170	304	2862	688
4938	4234	1	41	2230	1496	27	1814	416
4540	1877	9	39	1320	674	277	1048	272
47562	37544	80	-246	24446	16233	5300	13334	11112
47562	37544	80	-246	24446	16233	5300	13334	11112
13921	10558	117	1955	10902	9285	1637	4549	6354
614	406	5	81	151	102	28	50	101
13308	10152	112	1874	10751	9183	1609	4498	6252

主要统计指标解释

社会消费品零售总额 指企业（单位、个体户）通过交易直接售给个人、社会集团非生产、非经营用的实物商品金额，以及提供餐饮服务所取得的收入金额。个人包括城乡居民和入境人员，社会集团包括机关、社会团体、部队、学校、企事业单位、居委会或村委会等。

社会消费品零售总额包括：（1）售给城乡居民作为生活用的商品和修建房屋用的建筑材料；（2）售给社会集团的各种办公用品和公用消费品；（3）售给机关、团体、学校、部队、企业、事业单位的职工食堂和旅店(招待所)附设专门供本店旅客食用，不对外营业的食堂的各种食品、燃料；企业、单位和国营农场直接售给本单位职工和职工食堂的自己生产的产品；（4）售给部队干部、战士生活用的粮食、副食品、衣着品、日用品、燃料；（5）售给来华的外国人、华侨、港澳台同胞的消费品；（6）居民自费购买的中、西药品、中药材及医疗用品；（7）报社、出版社直接售给居民和社会集团的报纸、图书、杂志，集邮公司出售的新、旧纪念邮票、特种邮票、首日封、集邮册、集邮工具等；（8）旧货寄售商店自购、自销部分的商品；（9）煤气公司、液化石油气站售给居民和社会集团的煤气灶具和罐装液化石油气；（10）农民售给非农业居民和社会集团的商品。不包括售给国民经济各部门企业、事业单位(包括国有经济的农场)生产经营用的各种原材料、燃料、设备、工具等和售给批发和零售贸易业、住宿和餐饮业作为转卖用的商品，旧货寄售商店受托寄售卖出的商品，服务业的营业收入，邮局出售邮票的收入，自来水、电力、煤气生产(供应)单位的产品供应收入，也不包括农民之间的商品销售。

商品购进额 指从本企业以外的单位和个人购进（包括从国外直接进口）作为转卖或加工后转卖的商品金额（含增值税）。商品购进包括：（1）从工农业生产者、批发和零售业企业、住宿和餐饮业企业、出版社或报社的出版发行部门和其他服务业企业购进的商品；（2）从机关团体、事业单位购进的商品；（3）从海关、市场管理部门购进的缉私和没收的商品；（4）从居民收购的废旧商品等，不包括：①企业为本单位自身经营用，不是作为转卖而购进的商品，如材料物资、包装物、低值易耗品、办公用品等；②未通过买卖行为而收入的商品，如接受其他部门移交的商品、借入的商品、收入代其他单位保管的商品、其他单位赠送的样品、加工回收的成品等；③经本单位介绍，由买卖双方直接结算，本单位只收取手续费的业务；④销售退回和买方拒付货款的商品；⑤商品溢余；⑥期货交易商品。

商品销售额 指对本单位以外的单位和个人出售的商品金额（包括售给本单位消费用的商品，含增值税）。商品销售包括：（1）售给城乡居民和社会集团消费用的商品；（2）售给农业、工业、建筑业、服务业等国民经济各行业用于生产、经营用的商品，包括售予批发和零售业作为转卖或加工后转卖的商品；（3）对国（境）外直接出口的商品。不包括：①未通过买卖行为付出的商品，如随机构变动移交给其他企业单位的商品、借出的商品、归还受其他单位委托代保管的商品、付出的加工原料和赠送给其他单位的样品等；②促销返券所销售的、不计入营业收入的商品；③经本单位介绍，由买卖双方直接结算，本单位只收取手续费的业务；④未发生所有权转移的商品预付卡销售，如加油卡；⑤汽车维修、电话卡销售等服务性经济活动；⑥购货退回的商品；⑦商品损耗和损失；⑧出售本单位自用的废旧物资；⑨期货交易商品；⑩自来水供应企业、电力企业、天然气供应企业提供的水、电、气。

商品库存额 对于批发和零售业法人单位和个体经营户，是指报告期末取得所有权的全部商品金额（含增值税）；对于批发和零售业产业活动单位，是指报告期末实际在库且归属法人具有所有权的全部商品金额（含增值税）。它反映批发和零售业企业(单位)的商品库存情况和对市场商品供应的保证程度。商品库存包括：(1)存放在批发和零售业经营单位(如门市部、批发站、经营处)仓库、货场、货柜和货架中的商品；(2)挑选、整理、包装中的商品；(3)已记入购进而尚未运到本单位的商品，即发货单或银行承兑凭证已到而货未到的商品；(4)寄放他处的商品，如因购货方拒绝承付而暂时存放在购货方的商品和已办完加工成品收回手续而未提回的商品；(5)委托其他单位代销(未作销售或调出)尚未售出的商品；(6)代其他单位购进尚未交付的商品。库存商品不包括所有权不属于本单位的商品、委托外单位加工生产尚未收回成品的商品、外贸企业代理其他单位从国外进口尚未付给订货单位的商品、代国家物资储备部门保管的商品等。

住宿业 指为旅行者提供短期留宿场所的活动，有些单位只提供住宿，也有些单位提供住宿、饮食、商务、娱乐一体的服务，不包括主要按月或按年长期出租房屋住所的活动，如出租房屋、公寓等，列入房地产开发经营。

餐饮业 指通过即时制作加工、商业销售和服务性劳动等，向消费者提供食品和消费场所及设施的服务。

营业额 指住宿和餐饮业法人企业（单位）在经营活动中因提供服务或销售商品等取得的收入（含增值税）。包括客房收入、餐费收入、商品销售额和其他收入。其中，客房收入指住宿和餐饮业法人企业（单位）在经营活动中因提供住宿服务取得的收入。餐费收入指住宿和餐饮业法人企业（单位）因为顾客提供就餐服务取得的收入（含增值税），包括经烹饪、调制加工后出售的各种食品，如主食、炒菜、凉拌菜等的收入。

Explanatory Notes on Main Statistical Indicators

Total Retail Sales of Consumer Goods refers to enterprises (units and self-employed) by trading sold directly to individuals, social groups, non production and non business use of the physical amount of goods, and provide catering services achieved the amount of revenue. Individuals, including urban and rural residents and immigration personnel, social groups, including organs, social groups, troops, Schools, enterprises and institutions, neighborhood committees, etc.

The total retail sales of consumer goods include: (1) commodities sold to urban and rural residents for their daily use and building materials sold to them for the construction or repair of houses; (2) office appliances and supplies sold to institutions; (3) food and fuels sold to canteens of institutions, enterprises ,schools ,military units and to canteens of hotels and hostels that only serve their guests ,and commodities produced by enterprises ,institutions or state farms and sold directly to their employees or their canteens; (4) grain and non-staple food, clothing ,daily articles and fuels sold to military personnel; (5)consumer goods sold to foreigners, overseas Chinese, and Chinese compatriots from Taiwan, Hong Kong and Macao during their stay in the mainland of China; (6) Chinese and western medicines, herbs and medical facilities purchased by residents; (7) newspapers, books and magazines directly sold to residents and social groups by publishers, new and old commemorative stamps, special stamps, first-day covers, stamp albums and other stamp-collection articles sold by stamp companies; (8) consumer goods purchased and then sold by second-hand shops; (9) stoves and other heating facilities and liquefied gas sold by gas companies to households and institutions; and (10) commodities sold by farmers to non-agricultural residents and social groups. Excluded under this heading are: raw materials, fuels, equipment, tools sold to enterprises, institutions and state farms for production purpose; commodities sold to trade establishments for re-selling; commissioned sales at second-hand shops; operational income of urban public utilities; stamps sold at post offices; income of water, power, gas production and supply establishments from the supply of their products; and sales of commodities among farmers.

Purchases of Commodities refer to the total value of purchases of commodities by enterprises (establishments) from other establishments or individuals (including direct import from abroad) for the purpose of re-selling, either with or without further processing of the commodities purchased. The commodities include: (1) commodities purchased from agricultural and industrial producer, wholesaler, retailer, publishing house and other service business; (2) commodities purchased from institutions and government departments; (3) confiscated goods purchased from the customs authorities or market management agencies; (4) second-hand goods and wastes purchased from residents; The commodities exclude: ①commodities purchased by enterprises (establishments) for use in their own business operation, commodities obtained without buying or selling procedures such as materials, consumable goods of low value, office appliance, etc. ②received goods without trading, such as goods handed over from others, borrowed goods, preserved goods for others, donated goods from others, processed and retrieved goods, etc. ③goods of direct settlement between buyer and seller with handling fees introduced by others, ④goods returned or refused to pay by the buyer, ⑤excessive goods, ⑥futures traded commodity.

Sales of Commodities refer to value of commodities sold by the establishments to other establishments and individuals (including goods sold for self consumption, including the value-added tax). The commodities include: (1) commodities sold to urban and rural residents and social groups for their consumption; (2) commodities sold to establishments in all industries for their production and operation, including agriculture, industry, construction, transportation, post and telecommunications, catering services, and public utility including commodities sold to wholesale and retail establishments for re-selling, with or without further processing; and (3) commodities for direct export to abroad. Excluded are ①extended commodities without trading, such as goods handed over to other enterprises and institutions because of the change of organizations, lent goods, returned goods preserved for others, extended processing materials and samples donated to others, ②goods sold with promotional vouchers and not included in operating income, ③business introduced by the establishment and settled directly by the buyer and seller, and the establishment only charge commission, ④no transfer of ownership occurs in the sale of prepaid cards for goods, such as fuel cards, ⑤automobile maintenance, telephone card sales and other service economic activities, ⑥goods returned after purchase, ⑦damaged and spoiled goods, ⑧waste and used goods of self use, ⑨futures traded commodity, ⑩water, electricity and gas provided by water supply enterprises, electric power enterprises and natural gas supply enterprises.

Stock of Commodities refers to total commodities possessed by wholesaler and retailer of various types of registration status at the end of the reference period, reflecting the commodity stock level of various wholesaler and retailer and the potential for market supply. It includes: (1) commodities located in storage, garages, counters, and shelves of operating places (such as sale stores, wholesale centers, and operating offices); (2) commodities in the process of being selected, sorted, and packed; (3) commodities not arrived but recorded as purchase in the account, i.e. commodities not arrived but payment receipts for the commodities from the sellers or the banks arrived; (4) commodities deposited in other places rather than places mentioned above, for instance: commodities in the hold of purchasers temporarily due to the refusal of payment and commodities not taken back after going through the formalities; (5) commodities entrusted to other units to sell but not sold yet; (6) commodities purchased for other units but not delivered yet. Commodities not included as stock are those not owned by the enterprises (units), commodities on commission for processing but not yet delivered, imported commodities of agency of foreign trade enterprise but not yet delivered to ordering units and finally those put in stock on behalf of the state material reserves units.

Hotel Services refer to the activities that provides temporary places for travelers to stay. Some establishments only provide accommodation, while others provide accommodation, catering, business and entertainment services, excluding activities for the permanent rental of premises mainly on a monthly or annual basis, such as rental housing, apartments, etc., which are listed in the real estate development and management.

Catering Services refers to services that provide food and consumption places and facilities to consumers through instant production and processing, commercial sales and service labor, etc.

Business Revenue refers to revenue received from providing services or selling commodities by enterprises and establishments engaged in hotels and catering services (VAT included), including income from hotels, from catering services, from selling of commodities and from other services. Income from hotels refers to income of enterprises and establishments engaged in hotels and catering services by providing lodging services. Income from catering services refers to income of enterprises and establishments engaged in hotels and catering services by providing catering services (VAT included), including selling of cooked or prepared foods, such as staple food, cooked dishes, or cold dishes.

旅游业

Tourism 18

简要说明

一、主要内容

本篇主要反映全省旅游业发展变化情况。包括旅游业基本情况、旅游外汇收入、旅游业接待经营、风景名胜区等基本情况。

二、资料来源

本篇资料由省文化和旅游厅提供。

Brief Introduction

I. Main Contents

Data in this chapter reflect the development of tourism in Guizhou, which mainly include basic tourism conditions, tourism foreign exchange earnings, tourism reception business, basic conditions of scenic area, etc.

II. Sources of Data

Data in this table are come from the Provincial Department Culture and Tourism.

18-1 旅游业
Tourism

指 标	Item	2015	2016	2017	2018	2019
旅行社总数(个)	**Total Number of Travel Agencies(unit)**	**353**	**364**	**392**	**339**	**498**
出境游组团旅行社	International Travel Agencies	22	27	30	28	31
国内及入境旅游旅行社	Domestic Travel Agencies	331	337	362	311	467
旅行社职工人数(人)	**Number of Staff and Workers of Travel Agencies(person)**	**5540**	**5873**	**6229**	**4572**	**5244**
出境游组团旅行社	International Travel Agencies	1120	1135	1203	1205	1201
国内及入境旅游旅行社	Domestic Travel Agencies	4420	4738	5026	3367	4043
旅游总人数(万人次)	**Total Number of Tourists (10000 person-times)**	**37630.01**	**53148.42**	**74417.43**	**96858.12**	**113526.60**
入境旅游人数	Number of Overseas Visitor Arrivals	94.09	110.19	126.79	146.55	161.31
外国人	Foreigners	39.83	51.83	64.86	79.57	102.11
港澳同胞	Chinese Compatriots From Hong Kong and Macao	27.06	29.13	31.00	35.74	24.26
台湾同胞	Chinese Compatriots From Taiwan Province	27.20	29.24	30.93	31.24	34.94
国内旅游人数	Total Number of Domestic Tourists	37535.92	53038.23	74290.64	96711.56	113365.29
旅游总收入(亿元)	**Tourism Earnings (100 million yuan)**	**3512.82**	**5027.54**	**7116.81**	**9471.03**	**12318.86**
国际旅游外汇收入(万美元)	Foreign Exchange Earnings from International Tourism (USD 10000)	20111.94	25270.74	28326.58	31762.59	34503.00
国内旅游收入(亿元)	Earnings from Domestic Tourism (100 million yuan)	3500.46	5011.94	7097.91	9449.58	12296.03

注：1.资料来源于省文化和旅游厅；2.2015年旅游统计口径调整，旅游收入按过夜游客花费和一日游游客花费进行核算。（以下表同）

Note: 1. Data in the table come from the Provincial Department of Culture and Tourism. 2. According to the adjustment of tourism statistics in 2015, the tourism revenue is calculated according to the spending of overnight tourists and one-day tourists. (the relative tables are the same)

18−2 旅游外汇收入
Foreign Exchange Earnings from Tourism

单位：万美元 (USD 10000)

指　标	Item	2015	2016	2017	2018	2019
旅游外汇收入	**Foreign Exchange Earnings from Tourism**	**20111.94**	**25270.74**	**28326.58**	**31762.59**	**34503.00**
长途交通	Long Distance Transportation	5144.37	6463.61	9381.93	12962.31	14687.93
游　览	Sightseeing	1148.28	1442.81	1690.54	476.44	562.40
住　宿	Accommodation	1594.18	2003.77	2387.49	6740.02	7255.98
餐　饮	Food and Beverage	1091.67	1372.06	1565.25	4872.38	3771.18
商品销售	Shopping	6421.88	8068.14	9446.99	2493.36	2984.51
娱　乐	Entertainment	612.98	770.68	848.21	1013.23	1255.91
邮电通讯	Postal and Communication Services	616.73	775.73	814.98	101.64	113.86
市内交通	Local Transportation	394.65	495.26	525.32	1191.10	1411.17
其他服务	Other Services	3087.20	3878.67	1665.87	1912.11	2460.06

18−3 接待外国旅游人数(按地区分)
Number of Overseas Tourists Visiting Guizhou(by Country/Territory)

单位：人次 (person-time)

指　标	Item	2015	2016	2017	2018	2019	2019年比2018年增长(%) Increase Rate in 2019 over 2018(%)
接待外国旅游人数	**Number of Overseas Tourists Visiting Guizhou**	**398307**	**518277**	**648563**	**795744**	**1021130**	**28.3**
亚　洲	Asia	144648	197080	281768	378991	656829	73.3
非　洲	Africa	10193	11063	11812	36743	26784	-27.1
欧　洲	Europe	116948	153731	169055	185573	180639	-2.7
拉丁美洲	Latin America	68720	89745	112393	132082	118239	-10.5
大洋洲	Oceania	26686	34176	49991	28040	21856	-22.1
其　他	Others	31112	32482	23544	34315	16783	-51.1

18-4 来黔境外旅游人数及人均消费支出
Number of Overseas Tourists Visiting Guizhou and Average Per Capita Spending

指标	Item	2015	2016	2017	2018	2019	2019年比2018年增长(%) Increase Rate in 2019 over 2018(%)
来黔境外旅游人数(万人次)	**Number of Foreign Tourists Visiting Guizhou (10000 person-times)**	**94.09**	**110.19**	**126.79**	**146.55**	**161.31**	**10.1**
外国人	Foreigner	39.83	51.83	64.86	79.57	102.11	28.3
港澳同胞	Chinese Compatriots From Hong Kong and Macao	27.06	29.13	31.00	35.74	24.26	-32.1
台湾同胞	Chinese Compatriots from Taiwan Province	27.20	29.24	30.93	31.24	34.94	11.8
平均每人逗留天数(天/人)	Average Days Tourists Stay in Guizhou Per Capita (day/person)	1.51	1.85	2.15	2.08	2.70	29.8
平均每人每天消费支出(美元/人、天)	Average Per Capita Daily Spending (USD/person-day)	201.01	189.29	203.11	231.90	181.41	-21.8

18-5 星级饭店个数
Star-rated Hotels

单位：个 (unit)

指标	Item	2015	2016	2017	2018	2019
星级饭店个数	**The number of Star-rated Hotels**	**343**	**308**	**286**	**203**	**239**
按经济类型分	**Grouped by Economic Type**					
国有经济	State-owned	63	56	43	39	41
集体经济和私营经济	Collective-owned	279	248	239	163	197
外商投资经济	Foreign Funded	1	4	4	1	1
按规模分	**Grouped by Capacity**					
客房总数300间以上	With Above than 300 Rooms	11	14	12	11	11
客房总数200-299间	With 200-299 Rooms	18	19	19	17	28
客房总数100-199间	With 100-199 Rooms	95	82	76	71	93
客房总数99间以下	With Less than 100 Rooms	219	193	179	104	107

18-6 旅馆业接待经营
Operation of Hotels

指　标	Item	2015	2016	2017	2018	2019
接待能力	**Capacity**					
年末客房数(间)	Guest Rooms (Year-end) (unit)	371718	521275	766831	792121	824545
年末客房床位数(张)	Guest Beds (Year-end) (bed)	661588	920173	1340539	1380706	1438921
客房开房率(%)	Room Occupancy Rate(%)	58.5	61.7	59.5	57.4	61.0
#星级宾馆	Star-rated Hotels	57.3	60.2	58.6	59.1	46.9
实际住宿人次数(万人次)	Actual Number of Guests (10000 person-times)	10862.62	14362.34	17971.59	18070.78	20557.52
#海外来黔	Overseas Visitors	22.99	26.44	32.40	39.69	47.18
实际住宿人天数(万人天)	Actual Number of Guests and Days of Stay (10000 person-days)	16728.43	22405.25	28574.83	28913.25	32048.08
#海外来黔	Overseas Visitors	34.71	48.91	69.66	82.56	127.39
经营和财务	**Management and Financial**					
营业收入(万元)	Operational Revenue (10000 yuan)	2775128	3066799	4270087	5872039	7637761

注：2017年统计方法制度改革，本表2015—2016年旅馆业接待经营数据作同口径调理。

Note: According to the statistical method system reform in 2017, the data of hotel reception and operation from 2015 to 2016 are adjusted based on the same caliber.

18-7 风景名胜区

National Parks

名　称	Name	级　别	地　址
红枫湖风景名胜区	Hongfeng Lake National Park	国家级	贵州省贵阳市清镇市、贵安新区、安顺市平坝区
黄果树风景名胜区	Huangguoshu Waterfalls National Park	国家级	贵州省安顺市镇宁、关岭县
龙宫风景名胜区	The Dragon Palace National Park	国家级	贵州省安顺市西秀区
织金洞风景名胜区	Zhijin Cave National Park	国家级	贵州省毕节市织金县
九洞天风景名胜区	Jiudongtian National Park	国家级	贵州省毕节市大方、纳雍县
马岭河峡谷风景名胜区	Malinghe Canyon ----Wanfeng Lake National Park	国家级	贵州省黔西南州兴义市
㵲阳河风景名胜区	Wuyang River National Park	国家级	贵州省黔东南州镇远、施秉、黄平县
黎平侗乡风景名胜区	Liping Dong-Village National Park	国家级	贵州省黔东南州黎平县
荔波樟江风景名胜区	Libo Zhangjiang National Park	国家级	贵州省黔南州荔波县
都匀斗篷山——剑江风景名胜区	Duyun Doupeng Mountain----Jianjiang National Park	国家级	贵州省黔南州都匀市
赤水风景名胜区	Chishui National Park	国家级	贵州省遵义市赤水市
九龙洞风景名胜区	Jiulong Cave National Park	国家级	贵州省铜仁市
紫云格凸河风景名胜区	Ziyun Getu River National Park	国家级	贵州省安顺市紫云县
平塘风景名胜区	Pingtang National Park	国家级	贵州省黔南州平塘县
瓮安江界河风景名胜区	Wengan Jiangjie River National Park	国家级	贵州省黔南州瓮安县
榕江苗山侗水风景名胜区	Rongjiang Mountain and Water Landscapes with Miao and Dong Dong Cultures National Park	国家级	贵州省黔东南州榕江县
石阡温泉群风景名胜区	Shiqian Hot Well Flock National Park	国家级	贵州省铜仁市石阡县
沿河乌江山峡风景名胜区	Yanhe Wujiang River Sanxia National Park	国家级	贵州省铜仁市沿河县
百花湖风景名胜区	Baihua Lake National Park	省级	贵州省贵阳市清镇市、观山湖区
花溪风景名胜区	Huaxi National Park	省级	贵州省贵阳市花溪区
息烽风景名胜区	Xifeng National Park	省级	贵州省贵阳市息烽县
修文阳明风景名胜区	Xiuwen Yangming National Park	省级	贵州省贵阳市修文县
贵阳香纸沟风景名胜区	Guiyang Xiangzhigou National Park	省级	贵州省贵阳市乌当区
开阳风景名胜区	Kaiyang National Park	省级	贵州省贵阳市开阳县
贵阳相思河风景名胜区	Guiyang Xiangsi River National Park	省级	贵州省贵阳市乌当区
清镇暗流河风景名胜区	Qingzhen Undercurrent River National Park	省级	贵州省贵阳市清镇市
普定梭筛风景名胜区	Puding Suoshai National Park	省级	贵州省安顺市普定县
关岭花江大峡谷风景名胜区	Guanling Huajiang Canyon National Park	省级	贵州省安顺市关岭县
平坝天台山——斯拉河风景名胜区	Pingba Tiantai Mountain ----Sila River National Park	省级	贵州省安顺市平坝区
百里杜鹃风景名胜区	One-Hundred-Li Azalea Belt National Park	省级	贵州省毕节市大方、黔西县
贵州屋脊赫章韭菜坪风景名胜区	Guizhou Fastigium Hezhang Jiucaiping National Park	省级	贵州省毕节市赫章县
鲁布革风景名胜区	Lubuge National Park	省级	贵州省黔西南州兴义市
泥凼石林风景名胜区	Nidang shilin National Park	省级	贵州省黔西南州兴义市
安龙招堤风景名胜区	Anlong Zhaodi National Park	省级	贵州省黔西南州安龙县
贞丰三岔河风景名胜区	Zhenfeng Sancha River National Park	省级	贵州省黔西南州贞丰县

18-7 续表 continued

名称	Name	级别	地址
晴隆三望坪风景名胜区	Qinglong Sanwangping National Park	省级	贵州省黔西南州晴隆县
兴仁放马坪风景名胜区	Xingren Fangmaping National Park	省级	贵州省黔西南州兴仁市
岑巩龙鳌河风景名胜区	Cengong Longao River National Park	省级	贵州省黔东南州岑巩县
剑河风景名胜区	Jianhe National Park	省级	贵州省黔东南州剑河县
镇远高过河风景名胜区	Zhenyuan Gaoguo River National Park	省级	贵州省黔东南州镇远县
雷山风景名胜区	Leishan National Park	省级	贵州省黔东南州雷山县
锦屏三板溪——隆里古城风景名胜区	Jinping Sanbanxi----Longli National Park	省级	贵州省黔东南州锦屏县
丹寨风景名胜区	Danzhai National Park	省级	贵州省黔东南州丹寨县
从江风景名胜区	Congjiang National Park	省级	贵州省黔东南州从江县
龙里猴子沟风景名胜区	Longli Monkey Fossa National Park	省级	贵州省黔南州龙里县
福泉洒金谷风景名胜区	Fuquan Sajingu National Park	省级	贵州省黔南州福泉市
惠水涟江——燕子洞风景名胜区	Huishui good Bonus -- Swallow Cave Scenic Park	省级	贵州省黔南州惠水县
长顺杜鹃湖——白云山风景名胜区	Changshun Dujuan Lake--Baiyun Mountain National Park	省级	贵州省黔南州长顺县
三都都柳江风景名胜区	Sandu Duliu River National Park	省级	贵州省黔南州三都县
贵定洛北河风景名胜区	Guiding Luobei River National Park	省级	贵州省黔南州贵定县
独山深河桥风景名胜区	Dushan Shenhe Bridge National Park	省级	贵州省黔南州独山县
遵义娄山风景名胜区	Zunyi Loushan Mountain National Park	省级	贵州省遵义市汇川区、红花岗区、播州区、桐梓县
绥阳宽阔水风景名胜区	Suiyang Kuankuoshui National Park	省级	贵州省遵义市绥阳县
仁怀茅台风景名胜区	Renhuai Moutai National Park	省级	贵州省遵义市仁怀市
习水风景名胜区	Xishui National Park	省级	贵州省遵义市习水县
余庆大乌江风景名胜区	Yuqing Wujiang River National Park	省级	贵州省遵义市余庆县
湄潭湄江风景名胜区	Meitan National Park	省级	贵州省遵义市湄潭县
梵净山——太平河风景名胜区	Fanjing Mountain----Taiping River National Park	省级	贵州省铜仁市江口县
印江木黄风景名胜区	Yinjiang Muhuang National Park	省级	贵州省铜仁市印江县
思南乌江白鹭洲风景名胜区	Sinan Wujiang River Bailuzhou National Park	省级	贵州省铜仁市思南县
松桃豹子岭——寨英风景名胜区	Songtao Baozi Mountain----Zhaiying National Park	省级	贵州省铜仁市松桃县
万山汞都——夜郎谷风景名胜区	Wanshan mercury night - Lang Valley Scenic Park	省级	贵州省铜仁市万山区
玉屏北洞萧笛之乡风景名胜区	Yuping Beidong Xiaodi-Village National Park	省级	贵州省铜仁市玉屏县
六枝牂牁江风景名胜区	Liuzhi Zangke River National Park	省级	贵州省六盘水市六枝特区
盘县古银杏风景名胜区	Panxian Ancientry Gingko National Park	省级	贵州省六盘水市盘州市
盘县大洞竹海风景名胜区	PanXian Dadong Banboo Sea National Park	省级	贵州省六盘水市盘州市
盘县坡上草原风景名胜区	PanXian Grassland on Mountain National Park	省级	贵州省六盘水市盘州市
南开风景名胜区	Nankai National Park	省级	贵州省六盘水市钟山区、水城县
务川洪渡河风景名胜区	Wuchuan Hongduhe National Park	省级	贵州省遵义市务川县
罗甸大小井风景名胜区	Luodian Daxiaojin National Park	省级	贵州省黔南州罗甸县
德江乌江傩文化风景名胜区	Dejiang Wujiang Riverside National Park	省级	贵州省铜仁市德江县

18-8 全国重点文物保护单位
Historical and Cultrual Relics under Key Protection

文物单位名称	Name	地址
天台山伍龙寺	Tiantai Wulong Temple	贵州省安顺市平坝区
云山屯古建筑群(含本寨)	The Ancientry Construction of Yunshantun(Including the Village)	贵州省安顺市西秀区
安顺文庙	Anshun Temple	贵州省安顺市西秀区
穿洞遗址	The Ruins of Chuandong	贵州省安顺市普定县
宁谷遗址	The Ruins of Ninggu	贵州省安顺市西秀区
黔西观音洞遗址	The Site of Kwan-yin Cave Qianxi	贵州省毕节市黔西县
可乐遗址	The Ruins of Kele	贵州省毕节市赫章县
织金古建筑群	The Ancientry Construction Zhijin	贵州省毕节市织金县
川滇黔省革命委员会旧址	Finish the Committee old address of Chuan Dian Qian Province Revolution	贵州省毕节市七星关区、大方县
奢香墓	The Mausoleum of Lady She Xiang	贵州省毕节市大方县
大屯土司庄园	Datun Headman's Castle	贵州省毕节市毕节市
马头寨古建筑群	The Ancientry Construction of Matouzhai	贵州省贵阳市开阳县
阳明洞和阳明祠	Yangming Cave and Yangming Ancestral Temple	贵州省贵阳市修文县、云岩区
文昌阁和甲秀楼	Wenchang Pavilion and Jiaxiu Floor	贵州省贵阳市贵阳市
息烽集中营旧址(含玄天洞)	The Site of Concentration Camp Xifeng(including Tien-dong)	贵州省贵阳市息烽县
大洞遗址	The Site of Dadong Cave	贵州省六盘水市盘州市
郎德上寨古建筑群	The Ancientry Construction Langdeshangzhai	贵州省黔东南州雷山县
地坪风雨桥	Diping Pavilion Bridge	贵州省黔东南州黎平县
飞云崖古建筑群	The Ancientry Construction of Feishanya	贵州省黔东南州黄平县
旧州古建筑群	The Ancientry Construction of Jiuzhou	贵州省黔东南州黄平县
黎平会议会址	The Site of Liping Conference	贵州省黔东南州黎平县
和平村旧址	The Former Site of Peace Village	贵州省黔东南州镇远县
青龙洞	Qinglong Cave	贵州省黔东南州镇远县
增冲鼓楼	Zengchong Drum-tower	贵州省黔东南州从江县
福泉城墙	Ming Dynasty Wall in Fuquan	贵州省黔南州福泉市
葛镜桥	Gejing Bridge	贵州省黔南州福泉市
交乐墓群	Jiaole Tombs	贵州省黔西南州兴仁市
“二十四道拐”抗战公路	"Twenty-four Shui" Road War	贵州省黔西南州晴隆县
石阡万寿宫	Shiqian Wanshou Palace	贵州省铜仁市石阡县
万山汞矿遗址	The Site of Wanshan Hydrargyrum	贵州省铜仁市万山区
东山古建筑群	The Ancient Building Complex of Dongshan	贵州省铜仁市铜仁市
寨英村古建筑群	The Ancient Building Complex of Zhaiying Village	贵州省铜仁市松桃县
思唐古建筑群	The Ancientry Construction Sitang	贵州省铜仁市思南县
黔东特区革命委员会旧址	The Site of Qiandong SAR Revolution Committee	贵州省铜仁市沿河县、德江县、印江县
遵义会议会址	The Site of Zunyi Conference	贵州省遵义市红花岗区
海龙屯	Hailongtun	贵州省遵义市汇川区
杨粲墓	Yangcan Tomb	贵州省遵义市汇川区
红军四渡赤水战役旧址	The Former Site of Battle of the Red Army Siduchishui	贵州省遵义市习水县、仁怀市
湄潭浙江大学旧址	The Former Site of Zhejiang University in Meitan	贵州省遵义市湄潭县

注：资料来源于省文化和旅游厅，表中文物单位为第一批至第六批全国重点文物保护单位。

Note: Data in this table come from the Provincial Department of Culture and Tourism. The cultural relics listed in the table are the first to the sixth batch of national key cultural relics protection units.

18-8 续表 continued

名　称	Name	地址
龙广观音洞遗址	The Ruins of Guanglong Cave	贵州省黔西南州安龙县
普安铜鼓山遗址	The Ruins of Puan Timbal Hill	贵州省黔西南州普安县
茶马古道	Tea-Horse Road	四川、云南、贵州
务川大坪墓群	Wuchuan Daping Tombs	贵州省遵义市务川县
兴义万屯墓群	Xingyi Wan Tuen Tombs	贵州省黔西南州兴义市
平坝棺材洞	Pingba Coffin Hole	贵州省安顺市平坝区
惠水仙人桥洞葬	Huishui Fairy Bridge Burial Cave	贵州省黔南州惠水县
黔南水族墓群	Qiannan Aquarium Tombs	贵州省黔南州三都县、荔波县
小冲墓群	Small punch Tombs	贵州省六盘水市盘州市
明十八先生墓	Eighteen persons' Tomb of Ming Dynasty	贵州省黔西南州安龙县
鲍家屯水利工程	Baojiatun Hydraulic	贵州省安顺市西秀区
镇远城墙	Zhenyuan Walls	贵州省黔东南州镇远县
安顺武庙	Anshun Wumiao	贵州省安顺市西秀区
隆里古建筑群	The Ancient Building Complex of Longli	贵州省黔东南州锦屏县
石阡府文庙	Shiqian Temple	贵州省铜仁市石阡县
榕江大利村古建筑群	The Ancient Building Complex in the Village Rongjiang Dali	贵州省黔东南州榕江县
楼上村古建筑群	The Ancient Building Complex in the Village Loushang	贵州省铜仁市石阡县
岩门长官司城	Yanmen Long lawsuit City	贵州省黔东南州黄平县
锦屏飞山庙	Jinping Feishan Temple	贵州省黔东南州锦屏县
高阡鼓楼	Gaoqian Drum-tower	贵州省黔东南州从江县
宰俄鼓楼	Zaie Drum-tower	贵州省黔东南州从江县
金勾风雨桥	Jingou Pavilion Boasting	贵州省黔东南州从江县
鲁屯牌坊群	Lu Tun Archway	贵州省黔西南州兴义市
复兴江西会馆	Jiangxi Hall in the Town of Fuxing	贵州省遵义市赤水市
三门塘古建筑群	The Ancient Buildings Complex in the Village of Sanmentang	贵州省黔东南州天柱县
敖氏和罗氏墓群石刻	Ao and Roche' Tombs of Carved Stone	贵州省毕节市金沙县
尚稽陈玉壂祠	Chenyu Temple in the Town of Shangji	贵州省遵义市播州区
兴义刘氏庄园	The Liu Manor in Xingyi	贵州省黔西南州兴义市
茅台酒酿酒工业遗产群	Maotai Wine Industry Heritage Group	贵州省遵义市仁怀市
王若飞故居	Wang Ruofei's Former Residence	贵州省安顺市西秀区
述洞独柱鼓楼	Duzhu Drum-tower in the Village of Shudong	贵州省黔东南州黎平县
重安江水碾群	Chongan River Shuinian Group	贵州省黔东南州黄平县
正安尹道真务本堂	Yindaozhen's Lecture Hall in Zhengan	遵义市正安县
镇远天后宫	Zhenyuan Thean Hou Temple	黔东南州镇远县
玛瑙山营盘遗址	The Ruins of Military Camp in Agate Mountain	遵义市凤冈县
贵阳达德学校旧址	The Site of Guiyang Dade School	贵阳市南明区
猴场会议旧址	The Site of Houchang Conference	黔南州瓮安县
苟坝会议旧址	The Site of Gouba Conference	遵义市播州区
天门河水电厂旧址	The Site of Tianmen River Hydropower plant	遵义市桐梓县
邓萍墓	Dengping Tomb	遵义市红花岗区
三线贵州航空发动机厂旧址	The Site of Sanxian Guizhou Aero Engine Plant	安顺市平坝区
三线贵州歼击机总装厂旧址	The Site of Fighter Plane Assembly Plant	安顺市西秀区

注：表中文物单位为第七批全国重点文物保护单位。

Note:The units in this table are the seventh batch of national key cultural relics protection units.

18-9 历年旅游人数及收入

Tourism Numbers and Earnings Over the Years

年份 Year	国内旅游人数(万人次) Number of Domestic Visitors (10000 person-times)	国内旅游收入(亿元) Earnings from Domestic Tourism (100 million yuan)	入境旅游人数(万人次) Number of Overseas Visitor Arrivals (10000 person-times)	#外国人(万人次) Foreigners (10000 person-times)	国际旅游外汇收入(万美元) Foreign Exchange Earnings from Intenational Tourism(10000 USD)
1980			0.17	0.07	0.70
1981			0.23	0.06	2.49
1982			0.51	0.18	5.73
1983			0.71	0.19	8.03
1984	204	0.07	1.02	0.27	15.86
1985	244	0.07	1.13	0.29	61.95
1986	248	0.05	1.40	0.46	100.19
1987	261	0.07	1.88	0.77	137.22
1988	296	0.18	2.36	0.75	162.54
1989	397	0.18	1.37	0.47	136.75
1990	399	0.19	2.41	0.74	180.90
1991	630	0.66	3.75	1.04	307.35
1992	1426	2.21	7.63	1.87	686.13
1993	1647	4.29	10.25	4.26	1049.45
1994	1700	4.28	12.08	7.61	2109.63
1995	1750	7.18	13.65	7.78	2897.73
1996	1800	8.53	12.53	6.67	3811.95
1997	1850	30.81	15.02	7.81	4429.10
1998	1880	35.14	15.13	6.77	4831.18
1999	1910	43.75	16.70	6.57	5501.54
2000	1980	57.95	18.39	7.12	6092.23
2001	2100	75.81	20.55	7.85	6873.23
2002	2200	99.86	22.81	8.45	7950.63
2003	1835	114.36	7.70	2.40	2893.91
2004	2480	161.02	23.10	7.63	8020.27
2005	3099	242.83	27.62	9.26	10141.36
2006	4716	377.79	32.14	10.70	11515.66
2007	6220	504.04	43.00	15.48	12917.55
2008	8151	643.82	39.54	18.22	11697.37
2009	10400	797.69	39.95	16.28	11044.40
2010	12863	1052.64	50.01	18.61	12957.88
2011	16961	1420.70	58.51	23.62	13507.18
2012	21331	1849.49	70.50	30.42	16893.60
2013	26684	2358.18	77.70	31.97	20143.41
2014	32049	2882.66	85.50	35.94	21671.23
2015	37536	3500.46	94.09	39.83	20111.94
2016	53038	5011.94	110.19	51.83	25270.74
2017	74291	7097.91	126.79	64.86	28326.58
2018	96712	9449.58	146.55	79.57	31762.59
2019	113365	12296.03	161.31	102.11	34503.00

主要统计指标解释

入境游客人数 指报告期内来中国(大陆)观光、度假、探亲访友、就医疗养、购物、参加会议或从事经济、文化、体育、宗教活动的外国人、港澳台同胞等游客(即入境旅游人数)。统计时，入境游客按每入境1次统计1人次。葍

入境游客包括入境过夜游客和入境一日游游客。

国内游客人数 指报告期内在中国(大陆)观光游览、度假、探亲访友、就医疗养、购物、参加会议或从事经济、文化、体育、宗教活动的中国(大陆)居民，其出游的目的不是通过所从事的活动谋取报酬。统计时，国内游客按每出游1次统计1人次。

国内游客包括国内过夜游客和国内一日游游客。

国际旅游(外汇)收入 入境游客在中国(大陆)境内旅行、游览过程中用于交通、参观游览、住宿、餐饮、购物、娱乐等全部花费。

出境游组团旅行社 指从事招徕、组织、接待中国内地居民出国旅游，赴香港特别行政区、澳门特别行政区和台湾地区旅游，以及招徕、组织、接待在中国内地的外国人、在内地的香港特别行政区、澳门特别行政区居民和在大陆的台湾地区居民出境旅游的业务的旅行社。

国内及入境旅游旅行社 指从事招徕、组织和接待中国内地居民在境内旅游的业务和从事招徕、组织、接待外国旅游者来我国旅游，香港特别行政区、澳门特别行政区旅游者来内地旅游，台湾地区居民来大陆旅游，以及招徕、组织、接待在中国内地的外国人，在内地的香港特别行政区、澳门特别行政区居民和在大陆的台湾地区居民在境内旅游的业务的旅行社。

国内旅游收入 国内游客在旅游过程中(由游客或游客的代表为游客)支付的一切旅游支出就是国家(省、区、市)的国内旅游收入。旅游支出应包括过夜游客和一日游游客在整个游程中行、游、住、食、购、娱，以及为亲友、家人购买纪念品、礼品等方面的旅游支出，不包括为商业目的购物、购买房、地、车、船等资本性或交易性的投资、馈赠亲友的现金及给公共机构的捐赠。

星级饭店 指设备、设施、服务符合《旅游饭店星级的划分与评定》（GB/T14308-2003），通过相关旅游管理部门评定，并取得星级饭店称号的饭店（含预备星级饭店）。

Explanatory Notes on Main Statistical Indicators

Number of Oversea Visitor Arrivals refer to the number of foreigners, Chinese compatriots from Hong Kong, Macao and Taiwan Chinese who come to China within the reference period for sight-seeing, vacation, visiting relatives, medical treatment, shopping, attending conference, or to engage in economic, cultural, sports and religious activities (namely the number of oversea arrivals). In compiling statistics, each time of entering China is counted as one person-time.

The number of overseas visitor arrivals includes inbound overnight tourists and one-day tourists.

Number of Domestic Tourists refers to the number of Chinese (mainland) residents who travel within China (mainland) for sight-seeing, vacation, visiting relatives, medical treatment, shopping, attending conference, or to engage in economic, cultural, sports and religious activities. In compiling statistics, each time of travelling is counted as one person-time.

Domestic tourists are including domestic overnight visitors and domestic day trip visitors.

Foreign Exchange Earnings from International Tourism refer to the total expenditure of foreigners, overseas Chinese, Chinese compatriots from Hong Kong, Macao and Taiwan during their stay in the mainland of China on transportation of sighting, accommodation, food, shopping and entertainment.

Outbound Travel Agencies refer to the agencies which is engaged in the solicitation, organization, hospitality Chinese mainland residents to travel abroad, to visit Hong Kong SAR, Macao SAR and Taiwan tourism and attract, organize the reception of foreigners in the Chinese mainland, the mainland Hong Kong SAR, Macao SAR residents and residents of Taiwan on the mainland outbound travel business travel.

Domestic and Inbound Tourism Travel Agencies refer to the agencies which is engaged in soliciting travel, organization and hospitality Chinese mainland residents to travel in the territory and engaged in soliciting business, organization, reception of foreign tourists to China's tourism, Hong Kong SAR, Macao SAR mainland tourists to travel to the mainland for Taiwan residents tourism and attract, organization, reception of foreigners in China Mainland, the Mainland Hong Kong SAR, Macao SAR residents and residents of Taiwan on the mainland tourism business.

Income from Domestic tourism refer to the payment of all tourism expenditure revenue domestic tourists in the tourism process (by the representatives of visitors or tourists for tourists) payment of all tourism expenditure is the national (provincial, autonomous regions and municipalities) of domestic tourism revenue. Travel expenses shall include overnight visitors and day visitors in the entire run Bank of China, travel, housing, food, shopping and entertainment, as well as friends, family, buy souvenirs, gifts and other aspects of tourism expenditure, not including for commercial purposes, shopping, purchase house, ground, cars, boats and other capital investment or trading, cash and gift donations to public institutions.

Star-rated Hotels refer to hotels rated with stars as assessed by the relevant tourism authorities according to GB/T14308-2003 standard with reference to their infrastructure, facilities and service levels.

金融业

Financial Intermediation

19

简 要 说 明

一、主要内容

本篇资料主要反映全省金融、保险和证券业发展情况。

二、资料来源

1.金融资料由中国人民银行贵阳中心支行提供。

2.保险资料由中国银保监局提供。

3.证券资料由中国证监会贵州监管局提供。

Brief Introduction

I. Main Contents

Data in this chapter show the development of financial, securities and insurance industries of Guizhou.

II. Sources of Data

1. Data on financial are provided by Guiyang central branch of the People's Bank of China.

2. Data on insurance industry are provided by the China Banking and Insurance Regulatory Bureau.

3. Data in the table are provided by the Guizhou Securities Regulatory Bureau of the CSRC.

19−1 各类金融机构
Financial Institutions

单位：个 (unit)

指 标	Item	2015	2016	2017	2018	2019
银行类	**Banking Institutions**	**4915**	**5102**	**5329**	**5354**	**5379**
#商业银行	Commercial Banks	2654	2950	3063	3281	4308
外资银行	Foreign Funded Banks	1	1	1	1	1
非银行类	Non-Bank Financial Intermediaries	**6**	**7**	**7**	**7**	**7**
#财务公司	Finance Companies	5	5	5	5	5
信托公司	Trust Companies	1	1	1	1	1

注：商业银行数量中包括邮政储蓄银行，资料来源于中国人民银行贵阳中心支行。（下表同）

Note: The number of Commercial Banks includes Postal Savings Banks. The data comes from the People's Bank of China Guiyang Branch. (the same applies to the next table)

19−2 金融机构人民币各项存贷款余额
Saving Deposits and Loans Blance of Financial Institutions

单位：亿元 (100 million yuan)

指 标	Item	2015	2016	2017	2018	2019	2019年比2018年增长(%) Increase Rate in 2019 over 2018(%)
资金来源合计	**Sources of Funds**	**18299.80**	**22449.89**	**26433.92**	**30380.05**	**34543.02**	**13.7**
各项存款	**Total Deposits**	**19438.64**	**23770.93**	**26088.89**	**26473.34**	**27170.60**	**2.6**
#财政存款	Fiscal Deposits	761.66	802.56	824.05	739.42	471.06	-36.3
个人存款	Personal Deposits	7394.86	8531.81	9580.29	10588.61	11527.25	8.9
资金运用合计	**Uses of Funds**	**18299.80**	**22449.89**	**26433.92**	**30380.05**	**34543.02**	**13.7**
各项贷款	**Total Loans**	**15051.94**	**17857.80**	**20860.34**	**24715.05**	**28448.73**	**15.1**
#短期贷款	Short-term Loans	3143.33	3426.45	3791.62	4276.30	4863.57	13.7
中长期贷款	Medium-term & Long-term Loans	11680.25	14115.25	16798.37	20018.37	23033.16	15.1

19−3 保 险

Insurance

单位：个 (unit)

指　标	Item	2015	2016	2017	2018	2019	2019年比2018年增长(%) Increase Rate in 2019 over 2018(%)
机构数	**Total**	**1102**	**1148**	**1226**	**1250**	**1255**	**0.4**
省级分公司	Provincial Branches	27	29	31	32	32	持平
地市级分公司	Branches at Prefecture Level	150	160	170	176	176	持平
县级支公司	Branches at County Level	540	566	616	633	638	0.8
办事处或营业部	Business Offices and Departments	36	35	36	36	36	持平
营销服务部	Marketing Department	349	358	372	372	372	持平
职工人数	**Total**	**16493**	**17138**	**18848**	**20029**	**20644**	**3.1**
省级分公司	Provincial Branches	3642	3323	3546	3499	3934	12.4
地市级分公司	Branches at Prefecture Level	7901	8483	9219	9290	9942	7.0
县级支公司	Branches at County Level	4076	4798	5003	5918	5441	-8.1
办事处或营业部	Business Offices and Departments	279	259	402	286	331	15.7
营销服务部	Marketing Departments	595	325	678	1036	996	-3.9

注：1.资料来源于中国保险监督管理委员会贵州监管局(以下相关表同)。2.2017年起，贵州省机构数含1家总公司。

Note:1.Data in the table are obtained from the Provincial Insurance Regulatory Bureau (the relative tables in the chapter are the same). 2. Since 2017, there has been one head office in guizhou province

19-4 财产保险
Property Insurance

单位：万元 (10000 yuan)

指 标	Item	2015	2016	2017	2018	2019	2019年比2018年增长(%) Increase Rate in 2019 over 2018(%)
保费收入	**Premium**	**1403184**	**1625878**	**1918309**	**2259880**	**2466040**	**9.1**
企业财产保险	Enterprise Property Insurance	39312	38272	40577	45523	49193	8.1
机动车辆保险	Motor Vehicle Insurance	1103547	1274947	1469550	1632961	1720559	5.4
货物运输保险	Freight Transport Insurance	5396	5303	4904	4385	5102	16.3
责任保险	Liability Insurance	53580	73176	82083	100097	107637	7.5
信用保证保险	Export Credit and Guarantee Insurance	55143	39443	63428	113056	170726	51.0
农业保险	Agriculture Insurance	51795	66179	82600	118798	136115	14.6
其他保险	Other Insurance	94410	128558	175167	245060	276709	12.9
储金	**Deposits**	**15954**	**7429**	**15592**	**9507**	**18063**	**90.0**
赔案件数(万件)	**Cases of Claims (10000 cases)**	**159.31**	**173.10**	**200.36**	**288.83**	**351.59**	**21.7**
赔款支出	**Claim and Payment**	**695516**	**844489**	**982906**	**1179830**	**1321276**	**12.0**
企业财产保险	Enterprise Property Insuance	24265	21513	18238	18602	16036	-13.8
机动车辆保险	Motor Vehicle Insurance	564657	672762	769981	895841	952004	6.3
货物运输保险	Freight Transport Insurance	528	642	1436	467	712	52.6
责任保险	Liability Insurance	23345	32483	44446	53974	61132	13.3
信用保证保险	Export Credit and Guarantee Insurance	15193	15094	25672	27277	51776	89.8
农业保险	Agriculture Insurance	19856	26709	32800	61617	89447	45.2
其他保险	Other Insurance	47671	75286	90335	122051	150169	23.0
未决赔款	**Outstanding Claim**	**334596**	**363035**	**399813**	**417754**	**441080**	**5.6**

注：本表包括人保财险、太保产险、平安产险、天安保险、安邦保险、阳光产险、大地产险、国寿产险、都邦产险、太平保险、华安产险、鼎和产险、华泰产险、安诚产险、锦泰产险、永诚产险、永安产险、国元农业、中华联合、众诚20家财产保险分公司数据以及众安产险等互联网保险公司归为贵州省数据(下表同)。

Note: Data in the table include figures of the Guizhou Branches of PICC, Pacific Property Insurance Company, Ping'an Property Insurance Company, Tianan Insurance Company, Anbang Insurance Company, Yangguang Property Insurance Company, Dadi Property Insurance Company, China Life Property & Casualty Insurance Company, DuBang Insurance， China Taiping Life Insurance Company, Sinosafe General Insurance Company, Dinghe Insurance Company, Huatai Insuurance company, An-cheng Insurance Company, JinTai Property & Casualty Insurance Company, Alltrust Property Insurance Company, Chinia united Property Insurance Company, Guoyuan Agricultural Insurance Company, Company (the same applies to the next table).

19-5 财产保险主要指标(2019)

Major Indicators on Property Insurance

指标	Item	合计 Total	企业财产保险 Enterprise Property Insurance	家庭财产保险 Family Property Insurance	机动车辆保险 Motor Vehide Insurance	工程保险 Engin-eering Insurance	责任保险 Liability Insu-rance	保证保险 Guarantee Insu-rance	信用保险 Export Credit Insurance
承保件数(万件)	Amount Insured (10000 cases)	4887	2	50	1092	0	45	41	1
保险金额或责任限额(亿元)	Insurance Value or Liability Limit (100 million yuan)	272343.49	6658.65	3079.77	50300.32	1521.62	42474.25	109.41	3.66
签单保费(万元)	Premium of Sign Bill (10000 yuan)	2529527	49988	12745	1768890	28600	110647	177105	752
赔付件数(万件)	Amount Claim and Payment (10000 cases)	351.59	0.41	9.05	171.51	0.27	6.42	63.05	0.15
已决赔款(万元)	Settled claim (10000 yuan)	1310760	16234	11512	927742	19269	56425	73905	268
未决赔款(万元)	Outstanding claim (10000 yuan)	441080	7064	1199	345156	18859	25417	756	112

19-5 续表 continued

指标	Item	船舶保险 Ship Insurance	货物运输保险 Freight Transport Insurance	特殊风险保险 Special Risk Insurance	农业保险 Agric-ultural Insurance	健康险 Health Insu-rance	意外伤害保险 Accident Injury Insurance	其他险 Others Insu-rance
承保件数(万件)	Amount Insured(10000 cases)	0.03	4.28	0.01	3.12	626.39	1522.05	1500.71
保险金额或责任限额（亿元)	Insurance Value or Liability Limit (100 million yuan)	0.96	1786.91	227.95	1755.63	51874.81	112437.48	112.08
签单保费(万元)	Premium of Sign Bill(10000 yuan)	91.08	5202.55	1591.58	136079.85	122574.01	114002.02	1259.97
赔付件数(万件)	Amount Claim and Payment (10000 cases)		0.16	0.04	11.22	33.67	16.57	39.05
已决赔款(万元)	Settled claim(10000 yuan)	32.02	519.38	767.62	89769.92	72568.93	41156.50	589.63
未决赔款(万元)	Outstanding claim(10000 yuan)	742.43	224.45	767.87	12585.66	5357.28	22759.12	78.30

注：赔付件数指已决赔付件数。

Note: The number of claims refers to the amount of the claim.

19−6 人寿保险
Life Insurance

单位：万元 (10000 yuan)

指　标	Item	2015	2016	2017	2018	2019	2019年比2018年增长(%) Increase Rate in 2019 over 2018(%)
保费收入	**Premium**	**1174783**	**1586953**	**1958979**	**2198902**	**2426545**	**10.4**
#新单保费	Premium of New Guarantee Slip	637017	911726	1010762	935638	998189	6.7
#个人业务	Personal Business	1084522	1460316	1812505	1987744	2196702	10.5
人寿保险	Life Insurance	959155	1284249	1561347	1615517	1715809	6.2
意外伤害险	Accident Injury Insurance	34567	41688	50922	62184	60528	-2.7
健康险	Health Insurance	90800	134379	200235	310043	420366	35.6
团体业务	Group Business	90261	126636	146474	211157	229843	8.8
人寿保险	Life Insurance	11618	3669	4685	3481	5830	67.5
意外伤害险	Accident Injury Insurance	18224	18613	23865	21768	18742	-13.9
健康险	Health Insurance	60419	104354	117924	185909	205270	10.4
有效保单件数(万件)	**Cases of Virtual Guarantee Slip(10000 cases)**	**696.39**	**738.03**	**1042.13**	**1127.46**	**1411.40**	**25.2**
赔款及给付支出	**Claim and Payment**	**374195**	**470792**	**555165**	**632831**	**544401**	**-14.0**
个人业务	Personal Business	277551	344051	373533	417692	345452	-17.3
赔款支出	Benefit Paid	12242	13832	18314	20524	25644	24.9
年金给付	Payment for Annuity	54191	64985	77243	111552	92985	-16.6
满期给付	Payment for Expiration	177615	224294	223545	221163	148876	-32.7
死伤医疗给付	Payment for Death and Injured person	33503	40940	54432	64454	77947	20.9
团体业务	Group Business	96644	126740	181632	215139	198950	-7.5
赔款支出	Claim and Payment	63364	89093	137835	173021	182499	5.5
年金给付	Payment for Annuity	4426	4978	4751	4135	5712	38.2
满期给付	Payment for Expiration	27326	30120	34640	30991	4620	-85.1
死伤医疗给付	Payment for Death and Injured Person	1528	2550	4405	6991	6118	-12.5

注：本表数据包含华贵人寿、中国人寿、太保寿险、平安寿险、新华人寿、泰康人寿、平安养老、太平人寿、人保寿险、富德生命人寿、泰康养老、阳光人寿12家人寿保险分公司数据(下表同)。

Note: Data in the table include figures of the Guizhou Branches of Huagui Life Insurance Company, China Life Insurance Company, Pacific Life Insurance Company, Ping'an Life Insurance Company, Xinhua Life Insurance Company, Taikang Life Insurance Company, Ping'an pension Insurance and Life Insurance Company, Taiping Life Insurance Company, PICC Life Insurance Company,Taikang pension Insurance and Life Insurance Company, Sunshine Life Insurance Company (the same applies to the next table) .

19-7 人寿保险主要指标(2019)

Major Indicators on Life Insurance

单位：万元　　(10000 yuan)

指标项目	Item	合计 Total	寿险业务 Life Insu-rance Busi-ness	普通寿险 Normal Life Insu-rance	个人业务 Pers-onal	团体业务 Group	分红寿险 Share out Bonus	个人业务 Personal	团体业务 Group
保费收入	Premium	2426545	1721639	860064	854784	5280	850098	849548	550
期末有效保险金额(亿元)	Virtual Insurance Value at the year-end(100 million yuan)	129563.73	14700.24	13695.73	13255.88	439.85	734.23	730.60	3.63
期末有效承保人次(万人)	Virtual Insurance Person-time at the year-end 10000 persons)	7752.40	1113.25	873.19	805.25	67.94	159.51	152.76	6.74
期末有效承保保单件数(万件)	Cases of Virtual Guarantee Slip at the year-end (10000 cases)	1411.40	645.48	423.57	419.71	3.85	152.03	151.35	0.68
赔款和给付支出	Expenditure for Claim and Payment	544401	295554	114575	98517	16058	178440	178419	22
#赔款支出	Claim and Payment	208142							
死伤医疗给付	Payment for Death,Injury or Medical Treatmnet	84065	43782	34794	29047	5747	7036	7036	
满期给付	Mature Payment	153496	153075	34028	29407	4620	118460	118460	
年金给付	Payment for Annuity	98697	98697	45753	40063	5691	52944	52922	22
退保金	Insurance Withdrawed	310345	304648	184641	184515	125	120002	119998	4
在售产品数量（个)	Amount of Products under Selling(unit)	2294	709	457	405	52	138	132	6

19-7 续表 continued

单位：万元　　(10000 yuan)

指标项目	Item	投资连结产品 Life Insurance Product in investment	万能寿险 Omnip-otence Life Insurance	健康险业务 Health Insu-rance	个人业务 Personal	团体业务 Group	意外伤害保险业务 Unforeseen Injury Insurance
保费收入	Premium	161	11316	625636	420366	205270	79270
期末有效保险金额(亿元)	Virtual Insurance Value at the year-end (100 million yuan)	4.06	266.22	102069.52	23431.66	78637.86	12793.97
期末有效承保人次(万人)	Virtual Insurance Person-time at the year-end(10000 persons)	0.48	80.08	4768.54	1553.15	3215.39	1870.62
期末有效承保保单件数(万件)	Cases of Virtual Guarantee Slip at the year-end(10000 cases)	0.43	69.45	493.53	426.14	67.38	272.39
赔款和给付支出	Expenditure for Claim and Payment	20	2519	229841	59114	170728	19006
#赔款支出	Claim and Payment			189137	18780	170357	19006
死伤医疗给付	Payment for Death,Injury or Medical Treatmnet	12	1940	40283	39912	371	
满期给付	Mature Payment	8	579	422	422		
年金给付	Payment for Annuity						
退保金	Insurance Wthdrawed	0.07	5.05	5696.93	5378.14	318.79	
在售产品数量（个)	Amount of Products under Selling (unit)	10	104	1138	840	298	447

19−8 贵州上市公司股票发行情况(2019)

Summary List of Stocks Publicly Issued by Guizhou Enterprises

单位：亿股 (100 million shares)

上市公司名称	Listed Companies	上市时间 Listed Time	板块类别 Setor of Listed Companies	总股本(亿股) Total Capital Stock	流通股 Government Share	募集资金总额(亿元) Total Amount Issued (100 million yuan)
中天金融	Zhongtian Financial Group Company Limited	1994.02.02	主板	70.05	69.73	
贵州轮胎	Guizhou Tyre Co.,Ltd.	1996.03.08	主板	7.75	7.75	
中航重机	AVIC Heavy Machinery Co.,Ltd.	1996.11.06	主板	9.34	7.78	13.02
振华科技	China Zhenhua (Group) Science & Technology Co.,Ltd.	1997.07.03	主板	5.15	4.69	
ST天成	Guizhou Changzheng Tiancheng Holding Co.,Ltd.	1997.11.27	主板	5.09	5.09	
高鸿股份	Gohigh Data Networks Technology Co.,Ltd.	1998.06.09	主板	9.08	8.71	
南方汇通	South Huiton Co.,Ltd.	1999.06.16	主板	4.22	4.22	
圣济堂	Guizhou Salvage Pharmaceutical CO.,Ltd.	2000.02.21	主板	16.93	12.78	
红星发展	Guizhou Redstar Developing Co.,Ltd.	2001.03.20	主板	2.98	2.91	
盘江股份	Guizhou Panjiang Refined Coal Co.,Ltd.	2001.05.31	主板	16.55	16.55	
贵州茅台	Kweichow Moutai Co.,Ltd.	2001.08.27	主板	12.56	12.56	
贵航股份	Guizhou Guihang Automotive Components Co.,Ltd.	2001.12.27	主板	4.04	4.04	
益佰制药	Guizhou Yibai Pharmaceutical Co.,Ltd.	2004.03.23	主板	7.92	7.92	
贵绳股份	Guizhou Wire Rope Co.,Ltd.	2004.05.14	主板	2.45	2.45	
航天电器	Guizhou Space Appliance Co.,Ltd.	2004.07.26	中小板	4.29	4.29	
保利联合	Poly Union Chemical Holding Group Co.,Ltd.	2004.09.08	中小板	4.88	3.27	11.25
黔源电力	Guizhou Qianyuan Power Co.,Ltd.	2005.03.03	中小板	3.05	3.05	
信邦制药	Guizhou Xinbang Pharmaceutical Co.,Ltd.	2010.04.16	中小板	16.67	15.56	
贵州百灵	Guizhou Bailing Group Pharmaceutical Co.,Ltd.	2010.06.03	中小板	14.11	7.28	
朗玛信息	Guiyang Longmaster Information&Technology Co.,Ltd.	2012.02.16	创业版	3.38	2.02	
贵阳银行	Bank Of Guiyang CO.,Ltd.	2016.08.16	主板	32.18	30.70	
永吉股份	Guizhou Yongji Printing CO.,Ltd.	2016.12.23	主板	4.19	2.24	
贵广网络	Guizhou BC&TV Information Network Co.,Ltd.	2016.12.26	主板	10.52	10.52	15.96
新天药业	Guiyang Xintian Pharmaceutical Co.,Ltd.	2017.05.19	中小板	1.17	0.62	1.64
勘设股份	Guizhou Transportation Planning Survey&design Academe Co.,Ltd.	2017.08.09	主板	1.86	1.24	
川恒股份	Guizhou Chanhen Chemical Corporation	2017.08.25	中小板	4.08	0.89	
贵州燃气	Guizhou Gas Group Corporation Ltd.	2017.11.07	主板	11.38	6.32	
泰永长征	Guizhou Taiyong-Changzheng Technology Co.,Ltd.	2018.02.23	中小板	2.24	0.72	
华夏航空	China Express Airlines Co.,Ltd.	2018.03.02	中小板	6.01	2.04	7.74

注：1.资料来源于中国证监会贵州监管局。2.募集资金总额包括首发、增发、配股、可转债等募集的资金。

Note: 1.Data in the table are provided by the Guizhou Securities Regulatory Bureau of the CSRC. 2.Total Raised Capitals,including money raised by the first, issuing, convert-ible bonds of listed companies.

19-9 历年金融机构人民币各项存贷款余额

Saving Deposits and Loans Balance of Financial Institutions Over the Years

单位：亿元 (100 million yuan)

年 份 Year	各项存款余额 Total Deposits Balance	#个人储蓄存款 Personal Savings Deposit	人均储蓄余额（元） Per Captia Savings Deposit (yuan)	各项贷款余额 Total Loans Balance
1978	18.05	1.84	6.91	21.62
1979	19.82	2.42	8.93	23.31
1980	24.43	3.73	13.54	24.94
1981	25.75	5.28	18.85	30.10
1982	30.75	7.26	25.46	33.99
1983	35.25	8.86	30.68	36.07
1984	45.33	12.33	42.27	46.22
1985	52.27	16.61	56.27	63.41
1986	69.76	22.21	74.06	89.67
1987	83.79	30.37	99.60	107.76
1988	91.92	34.99	112.87	125.17
1989	107.35	44.54	141.44	142.73
1990	144.39	61.27	190.32	183.91
1991	187.06	80.30	243.99	234.56
1992	232.80	102.07	305.80	290.01
1993	291.22	141.88	419.16	357.00
1994	364.84	181.05	527.30	421.07
1995	478.21	247.62	710.89	513.41
1996	586.26	311.19	881.12	610.51
1997	712.80	362.87	1013.43	761.88
1998	815.43	423.08	1164.96	840.63
1999	945.80	484.51	1315.23	899.83
2000	1106.64	539.49	1445.23	1064.82
2001	1341.11	641.67	1698.83	1212.23
2002	1553.00	759.05	1988.13	1403.92
2003	1898.62	912.84	2368.88	1714.04
2004	2322.27	1094.55	2816.16	2020.04
2005	2777.54	1350.90	3633.79	2303.93
2006	3300.08	1596.86	4304.20	2696.11
2007	3826.37	1790.14	4889.76	3128.63
2008	4736.93	2237.05	6189.96	3569.27
2009	5898.26	2676.09	7503.41	4656.50
2010	7363.92	3244.99	9250.26	5747.53
2011	8742.79	3934.48	11325.50	6841.92
2012	10540.06	4806.09	13824.51	8274.78
2013	13265.01	5919.05	16944.93	10104.30
2014	15263.26	6620.56	18888.19	12368.30
2015	19438.64	6861.43	19499.51	15051.94
2016	23770.93	7795.01	22005.82	17857.80
2017	26088.89	8581.34	24115.09	20860.34
2018	26473.34	9099.21	29494.74	24715.05
2019	27170.60	9929.40	31918.40	28448.73

注：1.2005年及以后各年人均储蓄余额采用按人口普查修订后常住半年的年平均人口计算，以前年份按常住一年口径计算。2.表中个人储蓄存款及人均储蓄余额2010年及以前为城乡居民储蓄存款和城乡居民人均储蓄。

Note: 1.Per captia savings deposit are calculated by permanent population in half a year scope since 2005, and by permanent population in one year scopebefore 2005. 2.The year 2010 and before personal savings deposit and per captia savings deposit respectively refer to resident savings and per captia savings deposit of urban and rural.

主要统计指标解释

存款 指企业、机关、团体或居民把货币资金存入银行或其他信贷机构保管，可随时或按约定时间支取款项，并取得一定利息的一种信用活动形式。根据存款对象或性质的不同可划分为住户存款、非金融企业存款、政府存款、非银行业金融机构存款等科目。它是银行信贷资金的主要来源。

贷款 指银行或其他信贷机构根据资金必须归还的原则，按一定利率，为企业、个人等提供资金的一种信用活动形式。我国银行贷款分为短期贷款、中长期贷款、融资租赁、票据融资、各项垫款、境外贷款等。

保费 指投保人为取得保险人在约定范围内所承担赔偿责任而支付给保险人的费用。

赔款 指保险人对保险事故造成的损失，根据合同约定向被保险人或受益人给予的经济补偿。

给付 包括死伤医疗给付和满期给付。死伤医疗给付是指保险人根据人寿保险及长期健康保险合同的规定，因被保险人在保险期内发生保险责任范围内的保险事故支付给被保险人(或受益人)的金额。满期给付是指被保险人生存期满，保险人按人寿保险合同规定支付给被保险人的满期保险金额。

Explanatory Notes on Main Statistical Indicators

Deposit refers to a form of credit activity in which an enterprise, organ, group or resident deposits monetary funds in a bank or other credit institution for safekeeping and may withdraw funds at any time or at the agreed time and obtain certain interest. According to the different objects or properties of deposits, it can be divided into household deposits, non-financial corporate deposits, government deposits, and deposits of non-banking financial institutions. Deposits are major sources of the credit funds of banks.

Loan is a form of credit by which banks and other credit institutions provide funds at certain interest rate to enterprises and individuals in the light of the principle of unconditional repayment. Bank loans in China are divided into short-term loans, medium - and long-term loans, financial leasing, bill financing, advances, overseas loans, etc.

Premium refers to the expenses paid to the insurer by the applicant to obtain the insurer's liability for compensation within the agreed scope.

Settled Claim is the economic compensation that for the insurance losses caused by the accident and according to the contract, the insurer paid to the insured or the beneficiary.

Payment includes death and injury medical benefits and expired benefits. Death and injury medical benefits refer to the expenses paid by the insurer to the insured (or the beneficiary) for the insured's occurrence of an insured event within the scope of the insured's liability during the period of insurance, according to life insurance and long-term health insurance contract provisions. Expired benefits refer to the expired insurance amount paid by the insurer to the insured as stipulated in the life insurance contract, upon the expiration of the life of the insured.

教 育

Education 20

简 要 说 明

一、主要内容

本篇资料主要反映全省教育事业发展情况。包括：公办教育和民办教育、学历教育和非学历教育。具体有高等教育(研究生教育、普通高等教育和成人高等教育)、中等教育(高中阶段教育和初中阶段教育)、初等教育(小学)、学前教育、民族教育、特殊教育(盲聋哑和弱智学校等)以及教育经费等资料，主要指标包括学校数、在校学生数、招生数、毕业生数、教职工数和专任教师数等。

二、资料来源

本篇资料由省教育厅、省人力资源社会保障厅提供。

Brief Introduction

I. Main Contents

Data in this chapter show the development of education, and cover the situations on education funded by government and non-government agencies, as well as the education with and without academic credentials, including higher education (education of postgraduates, general higher education and adult education), secondary education (senior and junior high schools), elementary education (primary schools), preschool education, national education, special education (schools for the blind, the deaf and the mentally handicapped, etc.) and education funds and other information. Key indicators include the number of schools, the number of students enrolled, the number of new students enrolled, the number of graduates, the number of staff and workers, and the number of full-time teachers.

II. Sources of Data

Data in this chapter are provided by Provincial Guizhou Department of Education, the Provincial Department of Human Resources and Social Security.

20−1 各级各类学校数
Number of Schools by Level and Type

单位：所 (unit)

指 标	Item	2015	2016	2017	2018	2019
研究生培养机构	Institutions Providing Postgraduate Programs	8	8	9	9	10
普通高等学校	Regular Higher Education Institutions	59	64	70	72	72
成人高等学校	Adult Higher Education Institutions	4	3	3	3	3
中等职业教育	Secondary Vocational Education	206	195	192	183	185
普通中等专业教育	Regular Specialized Secondary Schools	67	66	66	67	65
职业高中	Vocational Senior Secondary Schools	129	120	119	110	115
成人中等专业学校	Adult Specialized Secondary Schools	10	9	7	6	5
普通中学	Regular Secondary Schools	2558	2536	2499	2468	2476
高 中	Senior Secondary Schools	430	437	451	466	468
初 中	Junior Secondary Schools	2128	2099	2048	2002	2008
#九年一贯制学校	9-Year Schools	561	551	544	525	535
小 学	Primary Schools	8520	7818	7113	6951	6943
幼儿园	Kindergartens	5993	8008	9772	10306	10685
特殊教育	Special Education	75	76	76	77	77
工读学校	Correctional Work-Study Schools	11	15	18	18	22
成人中学	Adult Secondary Schools	1	0	1	52	75
成人技术培训学校	Adult Technical Training Schools	6146	5886	5084	3910	4635
成人小学	Adult Primary Schools	3071	2783	2926	3035	2310

注：资料来源于省教育厅。(以下表同)。

Note: Data in the table are provided by the Provincial Department of Education (the relative tables in the chapter are the same).

20-2 各级各类学校专任教师数

Number of Full-time Teachers by Level and Type of School

单位：人 (person)

指 标	Item	2015	2016	2017	2018	2019
专任教师	**Number of Full-time Teachers**					
培养研究生的单位	Institutions Providing Postgraduate Programs	3518	3948	4302	4686	4937
普通高等学校	Regular Higher Education Institutions	30515	33087	35072	36243	37753
成人高等学校	Adult Higher Education Institutions	379	334	326	353	342
中等职业教育	Secondary Vocational Education	17787	17717	18181	17386	17470
普通中等专业教育	Regular Specialized Secondary Schools	6944	6827	6520	5724	5485
职业高中	Vocational Senior Secondary Schools	9595	9581	10369	10506	10819
成人中等专业学校	Adult Specialized Secondary Schools	1167	1220	1203	1067	1076
其它机构	Other Institutions	81	89	89	89	90
普通中学	Regular Secondary Schools	179875	188127	191622	194840	196323
高 中	Senior Secondary Schools	56198	61030	64094	66598	68099
初 中	Junior Secondary Schools	123677	127097	127528	128242	128224
小 学	Primary Schools	193511	197069	202061	207839	212485
幼儿园	Kindergartens	55856	73415	83376	87421	90713
特殊教育	Special Education	1408	1637	1728	1839	1922
工读学校	Correctional Work-Study Schools	183	206	256	271	320
成人中学	Adult Secondary Schools	3	0	13	240	790
成人技术培训学校	Adult Technical Training Schools	6106	5542	5605	4980	7683
成人小学	Adult Primary Schools	1538	1693	3309	3882	4935

20-3 各级各类学校招生数
Number of New Students Enrollment by Level and Type of School

单位：人 (person)

指 标	Item	2015	2016	2017	2018	2019
研究生	Postgraduates	5407	5736	7117	7848	8483
普通高等教育	Regular Higher Education Institutions	160181	195553	209522	229587	261485
成人高等教育	Adult Higher Education	35288	32371	34743	35087	33325
#成人高等学校	Adult Higher Education Institutions	2873	711	351	434	916
中等职业教育	Secondary Vocational Education	228109	196615	183061	166564	154707
普通中等专业教育	Regular Specialized Secondary Schools	86060	76656	72428	62978	54676
职业高中	Vocational Senior Secondary Schools	103783	92185	88619	85044	79587
成人中等专业教育	Adult Specialized Secondary Education	38266	27774	22014	18542	20444
#成人中等专业学校	Adult Specialized Secondary Schools	774	511	806	382	340
普通中学	Regular Secondary Schools	976148	952023	948978	952430	886868
高 中	Senior Secondary Schools	343484	342626	348498	337279	325020
初 中	Junior Secondary Schools	632664	609397	600480	615151	561848
小 学	Primary Schools	607667	640446	650473	675210	687609
幼儿园	Kindergartens	786694	806156	738023	687339	654564
特殊教育	Special Education	4852	4443	5269	6147	7876
工读学校	Correctional Work-Study Schools	490	524	808	943	1566

20-4 各级各类学校在校生数
Number of Students Enrollment by Level and Type of School

单位：人 (person)

指 标	Item	2015	2016	2017	2018	2019
在校生数	**Total Enrollment**					
研究生	Postgraduate	15484	16448	18591	20946	23676
普通高等教育	Regular Higher Education Institutions	500882	573932	627672	687530	765745
成人高等教育	Adult Higher Education	121577	117317	106930	95478	92078
#成人高等学校	Adult Higher Education Institutions	10924	5439	5398	4394	4694
中等职业教育	Secondary Vocational Education	602491	550922	503118	472182	438121
普通中等专业教育	Regular Specialized Secondary Schools	238123	224468	207934	188919	171042
职业高中	Vocational Senior Secondary Schools	269295	248017	230943	228535	215223
成人中等专业教育	Adult Specialized Secondary Education	95073	78437	64241	54728	51856
#成人中等专业学校	Adult Specialized Secondary Schools	2528	1728	1913	1670	1543
普通中学	Regular Secondary Schools	2958569	2885106	2840913	2816227	2784875
高 中	Senior Secondary Schools	978870	993695	1011043	1007791	992072
初 中	Junior Secondary Schools	1979699	1891411	1829870	1808436	1792803
小 学	Primary Schools	3463095	3533745	3620770	3717297	3882991
幼儿园	Kindergartens	1304713	1446274	1534207	1549437	1545246
特殊教育	Special Education	17888	20235	25840	31068	38942
工读学校	Correctional Work-Study Schools	600	658	1043	1342	2183
成人中学	Adult Secondary Schools	90		432	7920	9394
成人技术培训学校	Adult Technical Training Schools	1646885	1490563	1354921	837569	898526
成人小学	Adult Primary Schools	174654	134974	155365	146770	100071

20-5 各级各类学校毕业生数

Number of Graduates by Level and Type of School

单位：人 (person)

指　标	Item	2015	2016	2017	2018	2019
毕业生数	**Graduates**					
研究生	Postgraduate	4538	4728	4929	5361	5559
普通高等教育	Regular Higher Education Institutions	116824	116794	149037	149037	169655
成人高等教育	Adult Higher Education	29840	34098	45408	44575	38101
#成人高等学校	Adult Higher Education Institutions	4506	2794	1808	1184	608
中等职业教育	Secondary Vocational Education	118846	173046	158978	152670	142170
调整后中等职业教育	Adjusted Secondary Vocational Education		704			
普通中等专业教育	Regular Specialized Secondary Schools	51064	69551	65849	65067	59454
职业高中	Vocational Senior Secondary Schools	52809	75224	66897	66126	62297
成人中等专业教育	Adult Specialized Secondary Education	14973	27567	26232	21477	20419
#成人中等专业学校	Adult Specialized Secondary Schools	266	996	223	297	254
普通中学	Regular Secondary Schools	983124	999546	981299	959035	934814
高　中	Senior Secondary Schools	280735	307414	323440	330559	333356
初　中	Junior Secondary Schools	702389	692132	657859	628476	601458
小　学	Primary Schools	636867	604027	595600	605043	545516
幼儿园	Kindergartens	524936	566890	604508	661726	659658
特殊教育	Special Education	1523	2049	2407	3311	4297
工读学校	Correctional Work-Study Schools	364	506	813	821	1462
成人中学	Adult Secondary Schools	300	0	0	4817	11088
成人技术培训学校	Adult Technical Training Schools	1614488	1453015	1337112	873665	857997
成人小学	Adult Primary Schools	143437	126823	137645	131063	96229

20–6 教师职称
Technical Rank of Teachers

单位：人 (person)

指 标	Item	2015	2016	2017	2018	2019
高等学校教师数	**Teachers of Regular Higher Education Institutions**	**30894**	**33421**	**35398**	**36596**	**38095**
正高级	Senior	2944	3016	3343	3470	3774
副高级	Sub-senior	9600	10654	11164	11317	11950
中 级	Middle	9843	10589	10422	10619	11081
初 级	Junior	4650	5298	5990	6155	5724
无职称	No Rank	3857	3864	4479	5035	5566
中等职业学校教师数	**Teachers of Secondary Vocational Education**	**17787**	**17717**	**18181**	**17386**	**17470**
正高级	Senior	37	38	53	54	56
副高级	Sub-senior	2768	2958	2967	2601	2780
中 级	Middle	5476	5458	5436	5401	5531
初 级	Junior	5811	6071	6290	6381	6318
无职称	No Rank	3695	3192	3435	2949	2785
普通中学教师数	**Teachers of Regular Secondary Schools**				**194840**	**196323**
正高级	Senior					352
副高级	Sub-senior				35264	36424
中级	Middle				68483	73167
助理级	Assistant				65392	60332
员级	Technician				1774	3107
未定职级	Undetermined				23927	22941
小学教师数	**Teachers of Regular Primary Schools**				**207839**	**212485**
正高级	Senior					16
副高级	Sub-senior				3447	9593
中级	Middle				95949	112948
助理级	Assistant				63975	58002
员级	Technician				18799	5425
未定职级	Undetermined				25669	26501

注：2018年起普通中学、小学统一职称（职务）等级和名称，分别为：正高级、副高级、中级、助理级、员级、未定职级。

Note: Since 2018, ordinary middle schools and primary schools have unified titles (posts), namely senior, sub-senior, middle, assistant, technician, and undetermined rank.

20-7 各级各类学校女学生和女教师数

Female Students and Teachers by Level and Type of School

单位：人 (person)

指 标	Item	2015	2016	2017	2018	2019
在校女生数	**Number of Female Students Entrollment**					
普通高等教育	Regular Higher Education	278605	322576	352750	381322	424200
成人高等教育	Adult Higher Education	72816	74158	66934	61145	58625
中等职业教育	Vocational Secondary Education	310726	284525	259239	235686	209688
普通中学	Regular Secondary Schools	1432512	1401212	1381877	1369786	1347135
#高 中	Senior Secondary Schools	498604	514941	528648	526558	516355
初 中	Junior Secondary Schools	933908	886271	853229	843228	830780
小 学	Primary Schools	1609191	1644721	1690658	1735762	1811674
女教师数	**Number of Female Teachers**					
普通高等学校	Regular Higher Education Institutions	15468	16478	18200	19032	19930
成人高等学校	Adult Higher Education Institutions	206	190	191	210	201
中等职业学校	Secondary Vocational Schools	8348	8466	8982	8624	8765
普通中学	Regular Secondary Schools	76305	81948	85501	88846	90923
#高 中	Senior Secondary Schools	25190	27785	29839	31439	32548
初 中	Junior Secondary Schools	51115	54163	55662	57407	58375
小 学	Primary Schools	97172	101178	106597	112594	117347

20-8 各级各类学校师生比

Student-Teacher Ratio by Level and Type of School

单位：学生/教师 (Student/Teacher)

指 标	Item	2015	2016	2017	2018	2019
普通高等学校	Regular Higher Education Institutions	16.41	17.35	17.90	18.97	20.28
普通高中	Regular Senior Secondary School	17.42	16.28	15.77	15.13	14.57
初 中	Junior Secondary School	16.01	14.88	14.35	14.10	13.98
小 学	Primary School	17.90	17.93	17.92	17.89	18.27

20-9 各级各类学校学生入学率

Enrollment Rate by Level and Type of School

单位：% (%)

指 标	Item	2015	2016	2017	2018	2019
小学学龄儿童入学率	Enrollment Rate of School-age Children in Primary Schools	99.5	99.6	99.6	99.7	99.7
小学毕业生升学率	Percentage of Graduates of Primary Schools Entering into Junior Secondary Schools	99.3	100.0	100.0	100.0	100
初中阶段毛入学率	Rate of Primary School Graduates Entering into Junior Secondary Schools	104.0	107.9	108.8	109.7	109.9
高中阶段毛入学率	Rate of Junior Secondary School Graduates Entering into Senior Secondary Schools	86.1	87.0	87.0	88.0	89.0
高等教育毛入学率	Rate of Senior Secondary School Graduates Entering into Institution of Higher Learning	31.2	33.0	34.0	36.0	38.2

20-10 普通高等学校基本情况(2019)
Baisic Statistics on Regular Institutions of Higher Education

单位：人 (person)

类别	Sort	学校数(所) Number of Schools (unit)	毕业生数 Graduates with Degrees or Diplomas	招生数 New Enrollment	在校学生人数 Enro-llment	教职员工 Teachers, Staff & Workers	#专任教师 Full-time Teachers	#正、副教授 Senior and Sub-senior Professors
普通高等院校	**Regular Institutions of Higher Education**	**72**	**169655**	**261485**	**765745**	**51928**	**37753**	**15576**
综合大学	Comprehensive Universities	21	59536	84619	238603	14964	10887	3911
理工院校	Science & Engineering	15	27598	51438	127424	7202	5645	1427
农业院校	Agriculture	1	330	3544	7884	477	344	50
医药院校	Medicine & Pharmacy	12	26174	42444	122992	9240	6865	3314
师范院校	Teacher Training	14	33306	43698	149103	11593	8318	4345
财经院校	Finance & Economics	6	15669	26736	81425	5544	3630	1379
政法院校	Politics and Law	1	1507	1633	4591	393	288	128
民族院校	Ethnic Minortities	2	5535	7373	33723	2515	1776	1022
高等职业技术学院	**Vocational and Technical Colleges**	**35**	**75820**	**134217**	**320125**	**17383**	**13357**	**3029**

20-11 普通高等学校分科专任教师数(2019)
Number of Full-time Teachers in Institutions of Higher Education by Field of Study

单位：人 (person)

类别	Sort	专任教师数 Full-time Teachers	正高级 Senior	副高级 Subsenior	中级 Middle	初级 Junior	无职称 No Rank
总计	**Total**	**37753**	**3752**	**11824**	**10947**	**5672**	**5558**
哲学	Philosophy	1287	132	433	357	126	239
经济学	Economics	1811	144	561	449	321	336
法学	Law	1846	217	671	536	179	243
教育学	Education	3511	284	1057	1121	466	583
文学	Literature	4610	346	1614	1525	545	580
历史学	History	567	102	222	144	39	60
理学	Science	3719	472	1411	973	382	481
工学	Engineering	7787	524	2250	2355	1342	1316
农学	Agriculture	1222	178	440	254	147	203
医学	Medicine	5933	967	1809	1498	1047	612
管理学	Management	3337	258	820	1022	663	574
艺术学	Art	2123	128	536	713	415	331

20−12 研究生数

Number of Postgraduates

单位：人 (person)

指 标	Item	2015	2016	2017	2018	2019
招研究生数	Number of New Postgraduates Entrants	5407	5736	7117	7848	8483
#女 性	Female	2986	3363	4133	4672	5180
在校研究生数	Number of Postgraduates Enrollment	15484	16448	18591	20946	23676
#女 性	Female	8385	9160	10541	12262	14078
毕业研究生数	Number of Postgraduates Graduate	4538	4728	4929	5361	5559
#女 性	Female	2378	2553	2740	3001	3289

20−13 技工学校基本情况

Statistics on Technical Schools

单位：人 (person)

指 标	Item	2015	2016	2017	2018	2019
学校数（所）	Number of Schools (unit)	47	55	51	49	48
招生数	Number of Entrants	39220	36839	35486	29444	33370
在校学生数	Number of Students Enrolment	73177	85207	86366	69735	72974
毕业生数	Number of Graduates	14098	19421	20064	19121	20811
教职工数	Teachers and Staff	7806	6455	7333	6452	6397
专任教师数	Full-time Teachers	7384	6153	6813	6879	6757
文化技术理论课教师	Classroom Teachers	3563	3173	3676	3584	3194
生产实习课指导教师	Practical Training Teachers	2080	1556	1498	1379	1733
理论实习一体化教师	Classroom cum Practical Training Teachers	1741	1424	1639	1916	1830

注：资料来源于省人力资源社会保障厅。

Note: Data in the table are obtained from Provincial Department of Human Resources and Social Security.

20-14 中等职业学校(机构)数（2019）
Number of Secondary Vocational Schools

单位：个 (unit)

指　标	Item	总　计 Total	地方部门 Local Depart-'ments	教育部门 Depart-'ments of Education	非教育部门 Departments of Non-Education	民　办 Private
中等职业学校	**Secondary Vocational Schools**	**185**	**144**	**107**	**37**	**41**
普通中等专业学校	Regular Specialized Secondary Schools	65	60	31	29	5
成人中等专业学校	Adult Specialized Secondary Schools	5	5	1	4	
职业高中学校	Vocational Senior Secondary Schools	115	79	75	4	36

20-15 中等职业学校(2019)
Secondary Vocational Schools

单位：人 (person)

指　标	Item	学校数(所) Schools (unit)	毕业生数 Grad-uates	招生数 New Enrollment	在校学生数 Total Enrolment	教职员工 Teachers, Staff & Workers	#专任教师 Full-time Teachers
中等职业学校	**Secondary Vocational Schools**	**185**	**142170**	**154707**	**438121**	**20976**	**17470**
普通中等专业学校	Regular Specialized Secondary Schools	65	59454	54676	171042	7345	5485
成人中等专业学校	Adult Specialized Secondary Educaiton	5	20419	20444	51856	1394	1076
职业高中	Vocational Senior Secondary Schools	115	62297	79587	215223	12125	10819
#其他机构(教学点)	Others Institutions	2				112	90

20-16 中等职业学校（机构)学生分科类情况（2019）

Students in Secondary Vocational Schools by Field of Study

单位：人 (person)

指 标	Item	招生数 New Enrollment	#应届毕业生 Current Year Graduates	#初中毕业生 Junior Secondary School Graduates	在校学生数 Total Enrollment	毕业生数 Graduates	#获得职业资格证书 With Certificate On Professional Competence
总 计	**Total**	**154707**	**138810**	**135266**	**438121**	**142170**	**94041**
农林牧渔类	Farming,Forestry,Animal Husbandry and Fishery	5816	2765	2535	20065	7619	3600
资源环境类	Resources and Environment				374	443	264
能源与新能源类	Energy and New Energy	249	185	185	620	337	265
土木水利类	Civil and Hydraulic Engineering	6012	5428	5316	18269	5095	3834
加工制造类	Manufacturing	9241	8608	8166	25576	7749	4886
石油化工类	Petroleum and Chemical	118	114	114	226	52	14
轻纺食品类	Light Textile and Food	2558	2181	2119	6226	2226	1404
交通运输类	Transportation	30874	29173	28722	79653	19272	14969
信息技术类	Information Technologies	26356	21786	21191	68864	24011	16279
医药卫生类	Medicine and Health	14156	13728	13602	50405	15927	9705
休闲保健类	Leisure and Health-care	4632	4355	4343	10871	2252	1478
财经商贸类	Finance and Trade	13283	12065	11615	33975	11629	6885
旅游服务类	Tourism and services	12560	11456	11084	33643	9839	7129
文化艺术类	Culture and Art	5516	4918	4759	13178	3658	2113
体育与健身	Physical Education	763	663	662	1888	501	405
教育类	Education	20244	19317	18869	67987	25980	16828
司法服务类	Justice Services				56	84	64
公共管理与服务类	Public Management and Services	595	457	455	1939	1685	1128
其 他	Other	1734	1611	1529	4306	3811	2791

20-17 民族教育
Minority Nationality Education

指　标	Item	2015	2016	2017	2018	2019
学校数(所)	**Number of Schools(unit)**					
普通高校	Regular Higher Education Institutions	2	2	2	2	2
普通中学	Regular Secondary Schools	205	206	203	129	126
小　学	Primary Schools	578	538	506	174	175
专任教师数(人)	**Full-time Teachers(person)**					
普通高校	Regular Higher Education Institutions	7598	8382	8726	9264	9456
成人高校	Adult Higher Education Institutions	73	70	66	83	81
普通中学	Regular Secondary Schools	72776	76121	78662	79667	80776
#高　中	Senior Secondary Schools	22157	23644	25197	26247	26992
中等职业学校	Secondary Vocational Schools	4592	4869	4966	5050	5812
小　学	Primary Schools	81069	83276	85108	87667	89182
在校生数(人)	**Number of Total Enrollment (person)**					
普通高等教育	Regular Higher Education Institutions	188547	223224	256633	280702	318543
成人高等教育	Adult Higher Education	34469	35201	30647	32878	31629
普通中学	Regular Secondary Schools	1233488	1228209	1230147	1238237	1240414
#高　中	Senior Secondary Schools	404915	418217	432444	441013	440303
中等职业学校	Secondary Vocational Schools	212603	193880	186741	181097	157004
小　学	Primary Schools	1503617	1544896	1590718	1651245	1742680
毕业生数(人)	**Number of Graduates(person)**					
普通中学	Regular Secondary Schools	396618	407965	410816	407480	405244
#高　中	Senior Secondary Schools	115010	125494	133505	139194	143253
小　学	Primary Schools	266062	259388	260308	264300	242827

20-18 民办教育
Private Education

指　标	Item	2015	2016	2017	2018	2019
学校数(所)	**Number of Schools(unit)**					
普通高等学校	Regular Higher Education Institutions	13	14	15	15	15
中等职业教育学校	Secondary Vocational Schools	57	47	47	40	41
普通中学	Regular Secondary Schools	431	456	475	491	504
#高　中	Senior Secondary Schools	95	110	127	147	157
小　学	Primary Schools	258	250	230	214	198
在校学生数(人)	**Number of Total Enrollment (person)**					
普通高等学校	Regular Higher Education Institutions	90469	104691	114140	129558	148800
中等职业教育学校	Secondary Vocational Schools	43646	39494	38753	40163	42700
普通中学	Regular Secondary Schools	231068	254958	280550	311813	330983
#高　中	Senior Secondary Schools	88487	102516	124465	147242	165670
小　学	Primary Schools	155714	154893	172136	171896	180207
教职员工数(人)	**Teachers, Staff and Workers (person)**					
普通高等学校	Regular Higher Education Institutions	6164	6730	7005	7029	7768
中等职业教育学校	Secondary Vocational Schools	2353	2240	2144	2541	2632
普通中学	Regular Secondary Schools	22597	25392	28270	32532	36170
小　学	Primary Schools	4950	4939	5257	5278	4989
专任教师数(人)	**Full-time Teachers(person)**					
普通高等学校	Regular Higher Education Institutions	4620	5191	5365	5126	5836
中等职业教育学校	Secondary Vocational Schools	1576	1502	1532	1895	1924
普通中学	Regular Secondary Schools	17104	19613	21405	24396	26788
小　学	Primary Schools	3959	3879	4104	3951	3798

20-19 成人教育
Adult Education

指 标	Item	2015	2016	2017	2018	2019
学校数(所)	**Number of Schools(unit)**					
成人高等教育学校	Adult Higher Education Institutions	4	3	3	3	3
成人中等专业教育学校	Adult Specialized Secondary Schools	10	9	7	6	5
成人中学	Adult Secondary Schools	1	0	1	52	75
成人技术培训学校	Adult Technical Training Schools	6146	5886	5084	3910	4635
成人小学	Adult Primary Schools	3071	2783	2926	3035	2310
在校生数(万人)	**Number of Students Enrollment (10000 persons)**					
成人高等教育	Adult Higher Education	12.16	11.73	10.69	9.55	9.21
成人中等专业教育	Adult Specialized Secondary Education	9.51	7.84	6.42	5.47	5.19
成人中学	Adult Secondary Schools	0.01	0.00	0.04	0.79	0.94
成人技术培训学校	Adult Technical Training Schools	164.69	149.06	135.49	83.76	89.85
成人小学	Adult Primary Schools	17.47	13.50	15.54	14.68	10.01
毕业生数(万人)	**Number of Graduates (10000 persons)**					
成人高等教育	Adult Higher Education	2.98	3.41	4.54	4.46	3.81
成人中等专业教育	Adult Specialized Secondary Education	1.50	2.76	2.62	2.15	2.04
成人中学	Adult Secondary Schools	0.03	0.00	0.00	0.48	1.11
成人技术培训学校	Adult Technical Training Schools	161.45	145.30	133.71	87.37	85.8
成人小学	Adult Primary Schools	14.34	12.68	13.76	13.11	9.62

20-20 历年教育事业发展情况

年份 Year	在校学生数(万人) Students Enrollment(1 0000 persons)			小学毕业生升学率(%) Percentage of Graduates of Primary Schools Entering into Junior Secondary Schools(%)
	普通高等学校 Regular Institutions of Higher Education	普通中学 Regular Secondary Schools	小学 Primary Schools	
1978	1.33	137.17	423.60	76.1
1979	1.78	126.07	413.71	70.0
1980	1.71	110.24	404.22	62.6
1981	1.81	96.58	403.49	56.7
1982	1.67	89.53	412.30	53.8
1983	1.68	82.39	415.79	51.5
1984	2.03	85.13	436.56	53.1
1985	2.30	91.59	447.68	54.2
1986	2.52	99.00	461.99	53.8
1987	2.60	102.35	458.27	47.7
1988	2.73	98.63	449.70	56.6
1989	2.76	93.31	440.36	67.1
1990	2.70	96.54	435.05	60.8
1991	2.57	100.23	433.85	59.6
1992	2.67	103.99	435.94	59.9
1993	2.93	100.55	439.81	63.9
1994	3.23	103.08	455.30	70.5
1995	3.47	108.43	475.34	72.7
1996	3.57	113.47	489.32	71.5
1997	3.85	121.54	503.82	75.8
1998	4.26	127.10	505.36	75.1
1999	5.65	138.63	500.96	77.8
2000	7.55	157.20	500.21	78.7
2001	10.82	184.60	490.17	84.4
2002	12.27	212.81	484.28	88.2
2003	14.94	235.30	476.87	92.4
2004	17.99	249.34	479.41	96.0
2005	20.68	254.96	473.76	97.4
2006	22.15	256.31	474.38	97.8
2007	24.17	256.00	466.31	95.6
2008	26.75	261.78	469.79	98.7
2009	29.91	269.45	456.87	97.7
2010	32.33	276.75	433.50	96.3
2011	34.41	282.71	408.74	96.5
2012	38.38	287.38	380.08	96.3
2013	41.90	296.01	355.53	99.0
2014	46.04	301.10	346.31	100.0
2015	50.09	295.86	346.31	99.3
2016	57.39	288.51	353.37	100.0
2017	62.77	284.09	362.08	100.0
2018	68.75	281.62	371.73	100.0
2019	76.57	278.49	388.30	100.0

Development of Education Over the Years

学龄儿童 入学率(%) Percentage of School-Aged Children Enrolled(%)	专任教师数(人) Number of Full-time Teachers(person)		
	普通高等学校 Regular Higher Education Institutions	普通中学 Regular Secondary Schools	小学 Primary Schools
89.5	2753	54227	155930
86.1	3357	55532	151860
80.8	3638	51950	155708
78.5	3606	46892	159494
78.3	3986	44646	152176
81.2	4183	43821	152338
83.6	4555	41879	155715
84.9	4830	45159	157622
86.9	5177	47119	162105
89.2	5559	50216	161689
89.9	5588	51618	163514
88.8	5530	53279	164298
91.3	5469	55528	166662
90.3	5371	57074	168364
92.4	5542	59006	166769
93.8	5550	60453	165276
95.1	5540	63059	168842
96.0	5599	64292	168358
96.7	5600	66842	166526
97.4	5699	69355	168493
97.7	5929	72865	167823
98.2	6050	76654	170680
98.5	7240	81156	174822
98.2	9007	88079	173238
98.2	11079	97641	177920
98.2	11775	107312	179367
97.8	13792	115616	180793
98.3	14353	122721	183679
98.6	15398	128274	188762
98.6	16964	131087	191991
97.2	18037	135360	200024
98.4	19634	139302	199189
97.9	20351	143128	197913
98.6	21855	147396	197094
99.3	22803	156325	197983
99.3	25351	162309	192953
99.1	28144	171988	192850
99.5	30515	179875	193511
99.6	33087	188127	197069
99.6	35072	191622	202061
99.7	36243	194840	207839
99.7	37753	196323	212485

主要统计指标解释

普通高等学校 指通过国家普通高等教育招生考试，招收高中毕业生为主要培养对象，实施高等学历教育的全日制大学、独立设置的学院，独立学院和高等专科学校、高等职业学校及其他普通高教机构。

成人高等学校 指通过国家成人高等教育招生考试，招收具有高中毕业或同等学历的人员为主要培养对象，利用函授、业余、脱产等多种形式，对其实施高等学历教育的学校。包括：职工高等学校、农民高等学校、管理干部学院、教育学院、独立函授学院、广播电视大学、其他成人高教机构。

小学学龄儿童入学率 指调查范围内已入小学学习的学龄儿童占校内外学龄儿童总数(包括弱智儿童，不包括盲聋哑儿童)的比重。计算公式为：

小学学龄儿童入学率=已入学的小学学龄儿童数/校内外小学学龄儿童总数×100%

Explanatory Notes on Main Statistical Indicators

Regular Institutions of Higher Education refer to recruiting graduates from senior secondary schools as the main target by National Matriculation TEST. They include full-time universities, colleges, institutions of higher professional education, institutions of higher vocational education, institutions of higher vocational education and others.

Institutions of Higher Education for Adults refer to educational establishments, enrolling staff and workers with senior secondary school or equivalent education, and providing higher education courses in many forms of correspondence, spare time, or full time for adults. Professionals thus trained receive a qualification equivalent to graduates studying regular courses at regular universities, colleges and professional colleges. Institutions of higher learning for adults include schools of higher education for staff and workers, schools of higher education for peasants, colleges for management cadres, pedagogical colleges, independent correspondence colleges, Radio and TV universities and other educational establishments.

Enrollment Ratio of Primary Schools refers to the proportion of school age children enrolled at schools to the total number of school age children both in and outside schools (including retarded children, but excluding blind, deaf and mute children). The formula is:

$$\text{Net Enrolment Ratio of Primary Schools} = \frac{\text{Total Primary School-age Children at Schools}}{\text{Total Primary School-age Children Whether or Not Attending School}} \times 100\%$$

科学技术

Technology 21

简 要 说 明

一、主要内容

本篇资料主要反映全省科技事业发展状况。包括全社会规模以上工业法人单位、政府属研究机构、高等学校的研究与试验发展（R&D）活动情况；规模以上工业法人单位创新活动开展情况；专利申请和授权情况；高技术企业生产及研发活动情况；科技成果情况；科协系统科技活动情况等。

二、统计范围

科技活动统计范围为全社会有研究与试验发展（R&D）活动的企事业单位，具体包括规模以上工业法人单位、地级及以上独立核算的政府属科学研究与技术开发机构及科技信息与文献机构、全日制普通高等学校及附属医院，以及研究与试验发展（R&D）活动相对密集行业（包括农、林、牧、渔业，建筑业，交通运输、仓储和邮政业，信息传输、软件和信息技术服务业，金融业，租赁和商务服务业，科学研究和技术服务业，水利、环境和公共设施管理业，卫生和社会工作，文化、体育和娱乐业等）中从事研究与试验发展（R&D）活动的企事业单位。

创新活动统计范围为规模以上工业法人单位。

三、统计调查方法

研究与试验发展(R&D)活动情况采用全面调查取得；创新活动情况采用全面调查取得；科协、专利等资料采用抽样等多种调查方法取得。

四、资料来源

本篇综合资料由省统计局根据科技综合统计报表的有关资料加工整理编辑，规模以上工业法人单位科技活动情况根据企业（单位）科技活动统计报表的有关资料加工整理编辑。

政府属研究机构资料、专利申请和授权资料由省科技厅提供。

科协系统科技活动资料由省科协提供。

Brief Introduction

I. Main Contents

Statistics in this chapter reflect the development of science and technology in Guizhou province. It contains the data on research and development (R&D) activities of the whole society, industrial corporate units above designated size, scientific and technological institutions under the government and institutions of higher education; data on innovation activities of industrial corporate units above designated size; data on patents application accepted and granted; data on production, research and development activities of high-tech enterprises; data on scientific and technological achievements; data on the scientific and technological activities in the system of associations for science and technology.

Ⅱ.Scope of Statistics

Data on scientific and technological activities cover research and development (R&D) activities of enterprises and institutions of whole society, mainly including industrial corporate units above designated size, scientific research and technological development institutions and scientific and technological information and literature institutions of prefecture level and above under the government with independent accounting, full-time universities and colleges, affiliated hospitals, and enterprises and institutions engaged in R&D activities in relatively R&D-intensive industries (such as agriculture, forestry, animal husbandry, fishery, construction, transport, storage and post, information transmission, software and information technology service, finance, leasing and business services, scientific research and technical services, management of water conservancy, environment and public facilities, health and social service, culture, sports and entertainment).

Data on innovation activities cover industrial corporate units above designated size.

Ⅲ.Statistical Methodology

Data on R&D activities and innovation activities are collected through complete surveys. Data on scientific and technological associations, patents are collected through sample surveys and other surveys.

Ⅳ. Sources of Data

This comprehensive data are processed and edited by Guizhou Provincial Bureau of Statistics according to the relevant data of comprehensive reporting forms of science and technology. Meanwhile, data on scientific and technological activities of industrial corporate units above designated size is based on reporting forms of enterprises'(units') scientific and technological activities in this article.

The information on scientific and technological institutions under the government, and the data on patent apply and authorize are provided by the Provincial Department of Science and Technology.

The data on the scientific and technological activities of associations for science and technology are provided by Provincial Association for Science and Technology.

21-1 科技活动
Scientific and Technological Activities

指　标	Item	2015	2016	2017	2018	2019
科技活动人员(人)	**Persons Engaged in Scientific and Technological Activities (person)**	**75153**	**90604**	**—**	**—**	**—**
科研机构	**Scientific Research Institutions**					
科研机构数(个)	Number of Institutions(unit)	482	741	744	842	993
科研用仪器设备原价(万元)	Original Cost of Instrument and Equipment for Scientific Research (10000yuan)	513542	542829	586266	636277	916893
#进　口	Import	120473	113808	139330	158474	81588
研究与实验发展(R&D)	**Research and Development**					
研究与试验发展(R&D)人员(人)	R&D Personnel(person)	40516	45222	52746	63689	67285
#博士毕业	Doctor	2825	2810	2827	3601	4776
#硕士毕业	Master	7669	7780	8574	9888	11070
研究与试验发展(R&D)经费支出(万元)	Expenditure on R&D(10000yuan)	623196	734006	958815	1216145	1446849
科技产出	**S&T Output**					
专利申请数(件)	Number of Patents Application(piece)	5756	6856	10376	11324	13772
#发明专利	Inventions	2768	3037	4458	4790	5952
专利授权数(件)	Number of Patents Granted(piece)	1432	1583	2247	3107	3044
#发明专利	Inventions	340	361	339	528	399
有效发明专利数(件)	Number of Inventions In Force(piece)	6240	7175	10400	11021	11840
专利所有权转让及许可数(件)	Number of Patents Ownership Assigned and Granted (piece)	67	112	141	20	202
专利所有权转让及许可收入(万元)	Revenue from Patents Ownership Assigned and Granted(10000yuan)	914	4919	4144.9	169.3	2775.2
植物新品种权授予数(项)	Number of New Plant Breed Rights Granted(unit)	29	46	28	6	13
形成国家或行业标准数(项)	Number of Standards Adopted by State or Industry(unit)	185	353	187	244	271
发表科技论文(篇)	Scientific Papers Issued(piece)	20746	20710	21251	21902	25537
出版科技著作(种)	Publication on Science and Technology(kind)	647	739	890	976	857

注：2018年，专利所有权转让及许可数、专利所有权转让及许可收入不含企业数据。

Note: "Number of Patents Ownership Assigned and Granted" and "Revenue from Patents Ownership Assigned and Granted" in 2018 do not include corporate data.

21-2 研究与试验发展(R&D)活动
Scientific Research and Development

指　标	Item	2015	2016	2017	2018	2019	2019年比2018年增长(%) Increase Rate in 2019 over 2018(%)
有研究与试验发展(R&D)活动的单位(个)	**Number of Institutions Having R&D Activities(unit)**	**477**	**850**	**1166**	**1209**	**1432**	**18.4**
R&D人员(人)	**R&D Personnel(person)**	**40516**	**45222**	**52746**	**63689**	**67285**	**5.6**
#女性	Female	12290	13473	14991	16836	18262	8.5
#研究人员	Research Personnel	21296	22874	24780	26957	31510	16.9
#全时人员	Full-time Personnel	21153	25501	30962	32847	35898	9.3
非全时人员	Part-time Personnel	19363	19721	21784	30842	31387	1.8
#博士毕业	Doctor	2825	2810	2827	3601	4776	32.6
硕士毕业	Master	7669	7780	8572	9888	11070	12.0
本科毕业	Bachelor	13415	19739	22363	23402	27357	16.9
其他学历	Others	16607	14893	18984	26798	24082	-10.1
R&D人员折合全时当量(人年)	**Full-time Equivalent of R&D Personnel(person-year)**	**23537**	**24124**	**28290**	**33357**	**37757**	**13.2**
#研究人员	Research Personnel	11542	11873	13327	14318	17106	19.5
#基础研究	Basic Research	3454	3606	3993	4773	5282	10.7
应用研究	Applied Research	4179	2937	3906	6057	6689	10.4
试验发展	Experimental Development	15903	17581	20390	22526	25791	14.5
R&D经费内部支出(万元)	**Intramural Expenditure on R&D (10000yuan)**	**623196**	**734006**	**958815**	**1216145**	**1446849**	**19.0**
#基础研究	Basic Research	77790	74255	98003	102724	139705	36.0
应用研究	Applied Research	66723	69501	125749	198295	203493	2.6
试验发展	Experimental Development	478683	590251	735063	915126	1103650	20.6
#日常性支出	Daily Expenditure	517345	593820	762786	1050432	1222913	16.4
#人员劳务费	Personnel Service Fees	168728	177765	232849	311807	392146	25.8
资产性支出	Expenditure on Assets	105851	140186	196029	165713	219998	32.8
#仪器和设备	Insrument and Equipment	76126	120962	166170	139098	179358	28.9
#政府资金	Government Appropriation Funds	160345	152854	260656	264591	357154	35.0
企业资金	Self-raised Funds by Enterprises	418891	537892	657388	909258	1050195	15.5
境外资金	Overseas Funds	128	752	1071	325	7	-98.0
其他资金	Other Funds	43832	42508	39700	41971	39494	-5.9
经费投入强度(%)	**Intensity of Funds Input(%)**	**0.59**	**0.62**	**0.70**	**0.79**	**0.86**	**0.07**
R&D项目(课题)数(项)	Projects of R&D(unit)	16912	17573	20453	22369	25290	13.1
R&D项目(课题)参加人员折合全时当量(人年)	Participants(man-year)	21360	21679	25777	29824	34787	16.6
#研究人员	Research Personnel	10084	9955	11449	12404	14783	19.2
R&D项目(课题)经费内部支出(万元)	Intramural Expenditure on R&D(10000yuan)	497299	673116	865479	1056315	1275698	20.8

注：经费投入强度历史数据根据地区生产总值核算结果进行修订。

Note: The historical data on the Intensity of Funds Input was revised based on the results of the regional GDP accounting.

21-3 规模以上工业企业科技活动

Scientific and Technological Activities of Industrial Enterprises above Designated Size

指　　标	Item	2015	2016	2017	2018	2019
科技活动人员(人)	**Persons Engaged in Scientific and Technological Activities (person)**	**39450**	**51301**	—	—	—
科研机构	**Scientific Research Institutions**					
科研机构数(个)	Number of Institutions(unit)	242	474	442	494	590
科研用仪器设备原价(万元)	Original Cost of Instrument and Equipment for Scientific Research(10000yuan)	364192	389994	403695	414826	635742
#进　口	Import	59864	69079	73119	78447	—
研究与实验发展(R&D)	**Research and Development**					
研究与试验发展(R&D)人员(人)	R&D Personnel(person)	22465	27677	32616	37686	37644
#研究人员	Research Personnel	7363	9126	9775	9221	10635
#全时人员	Full-time Personnel	14034	18331	21813	22121	24314
#博士毕业	Doctor	107	140	212	123	—
硕士毕业	Master	1163	1251	1492	1125	—
研究与试验发展(R&D)人员折合全时当量(人年)	Full-time Equivalent of R&D Personnel (Person-year)	14916	15774	18786	20041	23164
#研究人员	Research Personnel	5235	5491	6167	5501	6872
#基础研究	Basic Research		70	107	173	162
应用研究	Applied Research	1216	402	568	2275	2442
试验发展	Experimental Development	13699	15302	18113	17592	20566
研究与试验发展(R&D)经费支出(万元)	Expenditure on R&D(10000yuan)	457303	556853	648576	762280	910206
#基础研究	Basic Research		550	2950	2860	6259
应用研究	Applied Research	15766	12121	19217	53630	51990
试验发展	Experimental Development	441537	544182	626409	705789	851957
#日常性支出	Daily Expenditure	403774	460863	525440	673209	806103
#人员劳务费	Personnel Service Fees	122028	124092	138333	178215	220584
资产性支出	Expenditure on Assets	53529	95990	123136	89071	104103
#仪器和设备	Instrument and Equipment	52285	94906	121749	85520	1615
#政府资金	Government Appropriation Funds	51877	46900	73466	47464	76307
企业资金	Self-raised Funds by Enterprises	400371	499387	559695	707679	833899
境外资金	Overseas Funds		447	740	159	
其他资金	Other Funds	5056	10119	14675	6978	
科技产出	**Statistics on S&T Outputs**					
专利申请数(件)	Number of Patents Application(piece)	3782	4341	5344	5976	6919
#发明专利	Inventions	1953	2021	2542	2611	2985
有效发明专利数(件)	Number of Valid Patents for Invention(piece)	4096	5411	6805	6544	7740
专利所有权转让及许可数(件)	Number of Patents Ownership Assigned and Granted (piece)	60	102	116	—	117
专利所有权转让及许可收入(万元)	Revenue from Patents Ownership Assigned and Granted(10000yuan)	774	4702	2389	—	2560
形成国家或行业标准数(项)	Number of Standards Adopted by State or Industry (unit)	156	313	167	180	174
发表科技论文(篇)	Scientific Papers Issued(piece)	1096	1232	1379	1101	1018

注：规模以上工业企业指年主营业务收入2000万元及以上工业企业。

Note: The industrial enterprises which are above designated size refer to the industrial enterprises with the sales revenue above 20 million yuan.

21-4 规模以上工业企业新产品开发及生产情况(2019)

New product Development and Production of Industrial Enterprises above Designated Size

指 标	Item	新产品开发项目数(项) The number of new pruduct development (unit)	新产品开发经费支出(万元) Expenditure on New Product Development (10000 yuan)	新产品销售收入(万元) Sales Revenue of New Product (10000 yuan)	#出口 Exports
合 计	**Total**	4235	856777	8188302	417413
#大中型工业企业	Large and Medium-sized Industrial Enterprises	2013	528587	6661059	351805
按登记注册类型分	**by Status of Registration**				
内资企业	Domestic Funded Enterprises	4142	835201	7908321	389030
#国有企业	State-owned Enterprises	483	36522	150953	3338
有限责任公司	Limited Liability Corporations	1735	401504	4675555	320781
股份有限公司	Share-holding Corporations Ltd.	460	118761	1504581	30627
港、澳、台商投资企业	Enterprises with Funds From Honkong, Macao and Taiwan	49	11241	150826	28383
外商投资企业	Foreign Funded Enterprises	44	10336	129155	
按行业分	**By Industrial Sector**				
#煤炭开采和洗选业	Mining and Washing of Coal	49	23336	144953	
食品制造业	Manufacture of Foods	79	27229	34852	3051
酒、饮料和精制茶制造业	Manufacture of Liquor, Beverages and Refined Tea	186	29382	671272	32
烟草制品业	Manufacture of Tobacco	107	7879	310858	
石油、煤炭及其他燃料加工业	Processing of Petroleum, Coking, Processing of Nuclear Fuel	1	250	29190	
化学原料及化学制品制造业	Manufacture of Raw Chemical Material and Chemical Products	195	69607	1172938	216681
医药制造业	Manufacture of Medicines	381	58286	612070	7545
非金属矿物制品业	Manufacture of Non-metallic Mineral Products	342	63549	452505	494
黑色金属冶炼和压延加工业	Smelting and Pressing of Ferrous Metals	81	48641	261250	
有色金属冶炼和压延加工业	Smelting and Pressing of Non-ferrous Metals	79	41941	1111502	47852
金属制品业	Manufacture of Metal Product	203	26864	198628	32094
通用设备制造业	Manufacture of General Purpose Machinery	209	20037	201367	5372
专用设备制造业	Manufacture of Special Purpose Machinery	121	13509	36972	10190
汽车制造业	Manufacture of Automobiles	131	42968	561024	5764
计算机、通信和其他电子	Manufacture of Computer, Communication and other Electronic Equipment	505	54127	546183	32904
电力、热力生产和供应业	Production and Supply of Electric Power and Heat Power.	421	25668	39374	

21-5 政府属独立研究与开发机构科技活动

Scientific and Technological Activities of Government-affiliated Independent Research Institutions

指　标	Item	2015	2016	2017	2018	2019
科技机构数(个)	**Number of S&T Institutions(unit)**	**105**	**82**	**75**	**77**	**70**
县级以上自然类研究与开发机构	The Scientific Research and Development Institution above the county level.	65	65	60	59	58
县级以上社会、人文科学研究机构	The Research Institutions of Social and Human Studies above the county level.	4	5	5	7	7
县级以上部门属科技情报与文献机构	Department of S&T Informations and Literature Institutions at County and Higher Levels	6	6	5	5	5
县级政府部门属研究与开发机构	Scientific Research and Development Institutions at County Level	6	6	5	6	
县级以上研究与开发转制机构	Conversed Scientific Research and Development Institution at County and Higher Levels	24				
科技活动人员数(人)	**Personnel Engaged in S&T Activities (person)**	**5373**	**4088**	**4206**	**4265**	**5187**
县级以上自然类研究与开发机构	The Scientific Research and Development Institution above the county level.	3463	3579	3722	3720	4683
县级以上社会、人文科学研究机构	The Research Institutions of Social and Human Studies above the county level.	256	280	281	311	350
县级以上部门属科技情报与文献机构	Department of S&T Informations and Literature Institutions at County and Higher Levels	155	154	143	151	154
县级政府部门属研究与开发机构	Scientific Research and Development Institutions at County Level	75	75	60	83	
县级以上研究与开发转制机构	Conversed Scientific Research and Development Institution at County and Higher Levels	1424				
大学本科及以上学历人数(人)	**University,College and Above(person)**	**4268**	**3347**	**3484**	**3508**	**4369**
县级以上自然类研究与开发机构	The Scientific Research and Development Institution above the county level.	2743	2935	3070	3052	3915
县级以上社会、人文科学研究机构	The Research Institutions of Social and Human Studies above the county level.	232	261	263	270	322
县级以上部门属科技情报与文献机构	Department of S&T Informations and Literature Institutions at County and Higher Levels	127	125	118	133	132
县级政府部门属研究与开发机构	Scientific Research and Development Institutions at County Level	22	26	33	53	
县级以上研究与开发转制机构	Conversed Scientific Research and Development Institution at County and Higher Levels	1144				

注：2016年起，政府属独立研究与开发机构科技活动单位不再包含县级以上研究与开发转制机构，此类机构改革转制为企业。

Note:Since 2016, Independent research and development institutions of science and technology activities which is Within the jurisdiction of the government no longer contain institutions for research and development above the county level. Such institutions have been transformed into enterprises.

21-6 省部级以上成果登记(完成人员)

Staffs Personnel of Provincial or Ministerial Level and above

单位：人次 (person-time)

指标	Item	2015	2016	2017	2018	2019
合 计	**Total**	**1386**	**1339**	**1468**	**672**	**1662**
按学历分	**by Education Background**					
博士	Doctor	219	280	369	109	509
硕士	Master	435	417	444	258	473
大本	Undergraduate Student	651	534	589	268	594
大专	Junior College Student	68	89	54	33	69
中专	Secondary Specialized School Student	8	14	9	3	11
其他	Others	5	5	3	1	6
按年龄结构分	**by Type of Age**					
35岁以下(含35岁)	thirty-five and below	399	398	403	202	384
36-45岁	thirty-six to forty-five	479	428	516	259	601
46-55岁	forty-six to fifty-five	415	390	449	161	500
56-65岁	fifty-six to sixty-five	74	93	89	47	160
65岁以上	above sixty-five	19	30	11	3	17
按技术职称分	**by Type of Title**					
院士	Academicians	1	1	3		1
正高	Senior Title	329	366	410	127	546
副高	Sub-senior Title	454	339	544	265	574
中级	Middle Title	444	457	403	224	421
初级	Primary Title	100	102	54	27	57
其他	Others	58	74	54	29	63

注：2018年根据“放管服”改革精神，非财政支持的科技成果登记采用自愿登记的方式管理，2018年登记数量较少（下表同）。

Note: In 2018, according to the reform spirit of "delegating, regulating and serving", the registration of non-financially supported scientific and technological achievements shall be managed by voluntary registration, and the number of registrations is rather small in 2018 (the same applies to the next table).

21-7 省部级以上成果登记（数量及投资额）
Number of Achievements and Investment of Projects at Provincial or Ministerial Level and above（number & investment）

指　标	Item	2015	2016	2017	2018	2019
成果登记(项)	**Achievement Registration(item)**	**115**	**120**	**144**	**65**	**220**
发明专利授权数(件)	Invention of Patent Authorigations Granted (piece)	116	247	316	166	489
制订标准数(个)	Number of Standards for Formulation (unit)	4	8	3	2	1
按成果类别分(项)	by Type of Achievement Sort (item)					
#基础理论成果	Basic Theory Achievement	25	28	36	13	61
应用技术成果	Applied Technical Achievement	89	92	108	50	156
按成果应用属性分(项)	by Type of Achievement Application Property (item)					
# 原始性创新	Original Invention	13	22	54	23	88
国外引进消化吸收创新	Absorb and Digest Invention of Foreign Indraught	12	22	12	2	27
国内技术二次开发	Twice Development of Inner Technology	64	48	42	25	41
项目投资额(万元)	**Project Investment (10000 yuan)**	**114161**	**98050**	**164272**	**109147**	**167401**
国家资金	Government Funds	6153	6621	70195	5468	14593
部门资金	Department Funds	12809	5429	2803	82	7689
地方资金	Local Funds	4647	14759	34754	38232	17882
基金投入	Fund Input	272	297	240	81	1435
自有资金	Self-raised Funds	90280	69963	54069	65233	84014
银行贷款	Loans from Bank		900	900	0	0
国外资金	Foreign Funds.		25	86	0	0
其他资金	Other Funds		56	1225	51	41788
净利润(万元)	**After-Tax Profit (10000 yuan)**	**64726**	**293909**	**2581655**	**30119**	**120644**
实交税金(万元)	**Tax (10000 yuan)**	**35752**	**82758**	**2270754**	**11753**	**50185**

21-8 专利申请受理及授权

Patent Application Accepted and Granted

单位：件 (item)

指 标	Item	2015	2016	2017	2018	2019
受理专利总计	**Total Patent Applications Accepted**	**18295**	**25315**	**34610**	**44508**	**44328**
按种类分	Grouped by Sort					
发 明	Inventions	7538	10953	13885	14992	10770
实用新型	Utility Models	8317	11081	16898	25577	28364
外观设计	Designs	2440	3281	3827	3939	5194
按对象分	Grouped by Applicant					
非职务发明创造	Non-service Creations and Inventions	3277	4709	6920	12641	14095
职务发明创造	Service Creations and Inventions	15018	20606	27690	31867	30233
大专院校	Universities and Colleges	1864	3637	5532	6490	7173
科研单位	Research Institutions	632	724	897	671	818
工矿企业	Industrial and Mineral Enterprises	11614	15045	18875	20599	18592
机关团体	Government Agencies and Organizations	908	1200	2386	4107	3650
授权专利总计	**Total Patent Authorigations Granted**	**14115**	**10425**	**12559**	**19456**	**24729**
按种类分	**Grouped by Sort**					
发 明	Inventions	1501	2036	1875	2081	1900
实用新型	Utility Models	7007	6525	7986	13980	19392
外观设计	Designs	5607	1864	2698	3395	3437
按对象分	Grouped by Applicant					
非职务发明创造	Non-service Creations and Inventions	4635	1847	2340	4514	7362
职务发明创造	Service Creations and Inventions	9480	8578	10219	14942	17367
大专院校	Universities and Colleges	1074	1529	1908	2883	3124
科研单位	Research Institutions	392	307	301	375	346
工矿企业	Industrial and Mineral Enterprises	7794	6581	7656	10473	11479
机关团体	Government Agencies and Organizations	220	161	354	1211	2418

注：资料来源于省市场监督管理局。

Note: Data in the table are obtained from the Provincial Administration for Market Regulation.

21－9 科协系统科学技术普及情况
Popularization of science and Technology

指　标	Item	2015	2016	2017	2018	2019
科学技术普及活动	**Science and Teohnology Popularization Activities**					
举办科普宣讲活动(次)	Popular Science Propaganda Activities(unit)	6122	5720	1454	983	1369
宣讲活动受众人数(万人次)	Audience of Preaching Activity(10000 Person-time)	368.0	339.0	444.9	309.8	223.5
参加活动科技人员(万人次)	Personnel Participated in the scientific and Technical Activities(10000 Person-time)	14.0	10.0	2.6	7.3	1.5
科普基础设施建设	**Infrastrueture Construction in Popularizatime of Science**					
科技馆(个)	Number of Science and Technology Museum(unit)	3	3	3	7	14
全年参观人数(万人次)	Number of Participants (10000 Person-time)	35.00	35.00	58.48	119.86	134.50
#少儿参观人数	Number of Child and Youth's participation	15.00	13.00	27.07	75.06	
科普画廊建筑面积(宣传栏、橱窗)(平方米)	Gallery construction Area in popularization of science(square meter)	38183	47054	49809	58234	40851
科普画廊展示面积(平方米)	Gallery Exhobition Area in popularization of science(square meter)	64114	71135	71746	75557	78044

注：资料来源于省科协。
Note: Data in the table are provided by the Provincial Association for Science and Technology.

主要统计指标解释

科技活动 指在自然科学、农业科学、医药科学、工程与技术科学、人文与社会科学领域(简称科学技术领域)中，与科技知识的产生、发展、传播和应用密切相关的有组织的活动。可分为研究与试验发展(R&D)、研究与试验发展成果应用及相关的科技服务三类活动。

科技活动人员 指直接从事科技活动、以及专门从事科技活动管理和为科技活动提供直接服务，累计的实际工作时间占全年制度工作时间10%及以上的人员。(1)直接从事科技活动的人员包括：在独立核算的科学研究与技术开发机构、高等学校、各类企业及其他事业单位内设的研究室、实验室、技术开发中心及中试车间(基地)等机构中从事科技活动的研究人员、工程技术人员、技术工人及其它人员；虽不在上述机构工作，但编入科技活动项目(课题)组的人员；科技信息与文献机构中的专业技术人员；从事论文设计的研究生等。(2)专门从事科技活动管理和为科技活动提供直接服务的人员，包括：独立核算的科学研究与技术开发机构、科技信息与文献机构、高等学校、各类企业及其他事业单位主管科技工作的负责人，专门从事科技活动的计划、行政、人事、财务、物资供应、设备维护、图书资料管理等工作的各类人员，但不包括保卫、医疗保健人员、司机、食堂人员、茶炉工、水暖工、清洁工等为科技活动提供间接服务的人员。该指标用来反映投入科技活动人力的规模。

科技活动从业人员：指从业人员中的科技管理人员、课题活动人员和科技服务人员。**其中，科技管理人员：**指院、所领导及业务、人事管理人员。包括：从事科技计划管理、课题管理、成果管理、专利管理、科技统计、科技档案管理、科技外事工作、人事管理、教育培训、财务等与科技活动有关的人员；**课题活动人员：**指编制在研究室或课题组的人员；**科技服务人员：**指直接为科技工作服务的各类人员，如从事图书、信息与文献、测试、试制、咨询、物资器材供应等工作的人员，以及实验室、试验工厂（车间）、试验农场的人员。不包括司机、门卫、食堂人员、医务人员、清洁工、幼儿园和托儿所的工作人员，以及主要从事生产、经营活动人员。

研究与试验发展(R&D) 指在科学技术领域，为增加知识总量、以及运用这些知识去创造新的应用进行的系统的创造性的活动，包括基础研究、应用研究、试验发展三类活动。国际上通常采用R&D活动的规模和强度指标反映一国的科技实力和核心竞争力。

基础研究：是一种实验性或理论性的工作，主要是为了获得关于现象和可观察事实的基本原理的新知识，不预设任何特定的应用或使用目的。

应用研究：是指为了获取新知识而进行的创造性研究，但它主要针对某一特定的实际目的或目标。应用研究通常是为了确定基础研究成果或知识的可能的用途，或是为达到某一具体的、预定的实际目的，确定新的(原理性)方法或途径。

试验发展：是指是利用从科学研究、实际经验中获取的知识和产生的额外知识，以形成新的产品、工艺（流程），或改进现有产品、工艺（流程），而进行的系统性工作。

R&D 人员：指本单位人员及外聘研究人员和在读研究生中参加 R&D 课题的人员、R&D 课题管理人员和为 R&D 活动提供直接服务的人员，不包括为 R&D 课题提供间接服务的人员（如生活服务人员），也不包括全年从事 R&D 活动工作量不到 0. 1 年的人员。

R&D 人员折合全时当量：指全时人员折合全时工作量与所有非全时人员工作量之和，结果取整数。一个全时人员的折合全时工作量计为 1，非全时人员按实际投入工作量进行累加。例如：有两个全时人员(他们的工作量分别为 0.9 年和 1.0 年)和三个非全时人员(他们的工作量分别为 0.2 年、0.3 年和 0.7 年)，则折合为：折合全时工作量＝1+1+0.2+0.3+0.7=3(人年)（四舍五入）。

科技活动经费支出：指调查单位在报告期内用于内部开展科技活动实际支出的费用，包括来自科研渠道以及其他各种渠道的经费实际用于科技活动支出的费用,包括外协加工费。

专利 一般是专利权的简称，指专利权人对发明创造享有的专利权。即国家依法在一定时期内授予发明创造或者其权利继受者独占使用其发明创造的权利。

专利同时也指具体专利技术，即受国家认可并在公开的基础上进行法律保护的技术或者方案。

专利还可指具体的物质文件，即国家颁发的确认申请人对其发明创造享有的专利证书或记载发明创造内容的专利文献。

发明 对产品、方法或其改进所提出的新的技术方案。

Explanatory Notes on Main Statistical Indicators

Scientific and Technological Activities (S&T Activities) refer to organized activities which are closely related with the creation, development, dissemination and application of the scientific and technical knowledge in the fields of natural sciences, agricultural science, medical science, engineering and technological science, humanities and social sciences (referred to as scientific and technological fields). S&T activities can be classified in to 3 categories: research and development (R&D) activities, application of R&D results, and related S&T services.

Personnel Engaged in S&T Activities refer to personnel directly engaged in S&T activities, in the management of S&T activities, and in providing direct service to S&T activities, who spend over 10% of the total working hours in a year in S&T activities. (1) Personnel directly engaged in S&T activities include researchers, engineers, technicians and other related personnel engaged in S&T activities in independent-accounting R&D institutions, institutions of higher learning, and in research institutes, laboratories, technology development centers and central experiment workshops under enterprises and institutions. Also included are people working in S&T research project teams, professional and technical personnel working in S&T information archiving institutes, and graduate students working on the design of their thesis. (2) Personnel engaged in the management of S&T activities and in providing direct service to S&T activities include senior management people responsible for S&T activities in independent-accounting R&D institutions, S&T information archiving institutes, institutions of higher learning, and in enterprises and institutions where S&T activities are undertaken. Also included are people responsible for the planning, administration, personnel management, financial management, logistics supply, equipment maintenance, information and library management that are related with S&T activities. People providing indirect services are excluded, such as security, medical service, drivers, plumbers, cleaners and those providing catering and related service. This indicator reflects the size of personnel engaged in S&T activities.

Science and Technology Activities Staff refers to the scientific and technological management ,project and technical services person in employee。The scientific and technological management refers to the Instructor leadership and business, personnel management persons which including related person Engaged in science and technology program management, project management, results management, patent management, science and technology statistics, science and technology file management, science and technology foreign affairs, personnel management, education and training, finance and other scientific and technological activities; project staff refers to the person who are staffed in a research room or task group;Technical service person refers to the various types of staff who work for scientific and technological ,such as work on books, information and literature, testing, trial production, consulting, supplies and other equipment, as well as laboratories, test factories (workshops), experimental farms.Those staff are not including the driver, guard, canteen staff, medical staff, cleaners, kindergartens and nursery staff, and mainly engaged in production and business activities.

Research and Development (R&D) refers to systematic and creative activities in the field of science and technology aiming at increasing the knowledge and using the knowledge for new application. R&D includes 3 categories of activities: basic research, applied research and experimentation for development. The scale and intensity of R&D are widely used internationally to reflect the strength of S&T and the core competitiveness of a country in the world.

Basic Research refers to empirical or theoretical research aiming at obtaining new knowledge on the fundamental principles regarding phenomena or observable facts to reveal the intrinsic nature and underlying laws and to acquire new discoveries or new theories. Basic research takes no specific or designated application as the aim of the research.

Applied Research refers to creative research aiming at obtaining new knowledge on a specific objective or target. Purpose of the applied research is to identify the possible uses of results from basic research, or to explore new (fundamental) methods or new approaches.

Experiments and Development refer to systematic activities aiming at using the knowledge from basic and applied researches or from practical experience to develop new products, materials and equipment, to establish new production process, systems and services, or to make substantial improvement on the existing products, process or services.

R&D Personnel refer to persons engaged in research, management and supporting activities of R&D, including persons in the project teams, persons engaged in the management of S&T activities of enterprises and supporting staff providing direct service to the research projects, and not including annual research and experimental development activities in less than 0.1 years of staff workload.

Full-time Equivalent of R&D Personnel refers to the sum of the full-time persons and the full-time equivalent of part-time persons converted by workload. A full-time staff equivalent to full-time work is counted as a part-time personnel according to actual efforts to accumulate. For instance, if there are 2 full-time persons and 3 part-time workers (20%, 30% and 70% of working hours respectively on R&D activities), the full-time equivalent are 2+0.2+0.3+0.7=3.2 person-years.

Expenditure on science and technology activities refers to real expenditure of surveyed units on their own science and technology activities ,Including funding from scientific research channels and other channels for the actual cost of expenditure on scientific and technological activities, including external assistance in processing expenditure.

Patent is an abbreviation for the patent right and refers to the exclusive right of ownership by the inventors or designers for the creation or inventions, given from the patent offices after due process of assessment and approval in accordance with the Patent Law.

Patent also refers to a specific patented technology that recognized by the State and public legal protection on the basis of technical or program.

Patent document also refers to a specific substance, which confirm that the applicant issued by the state enjoyed their inventions patented inventions certificate or record the content of patent documents.

Inventions refer to new technical proposals to the products or methods or their modifications.

文化、体育和卫生

Culture, Sports and Public Health

22

简 要 说 明

一、主要内容

本篇资料主要反映全省文化、体育、卫生事业发展情况。

文化、体育内容包括文化事业机构、文化娱乐、艺术表演团体、群众艺术馆、广播电视、期刊报纸出版、体育运动员获奖、群众体育活动等。

卫生内容包括医疗卫生机构、卫生人员、卫生设施、卫生经费、基层医疗卫生服务、妇幼保健、疾病控制、医疗保障制度等情况。

二、资料来源

新闻出版、广播、电视资料由省新闻出版广电局提供。

文化资料由省文化和旅游厅提供。

体育资料由省体育局提供。

卫生资料由省卫生健康委员会提供。

Brief Introduction

I. Main Contents

Data in this chapter mainly reflect the development of culture, sports and public health undertakings.

Data on culture and sports include culture undertakings, culture and entertainment, art performance troupes, mass art centers, radio and television; the publication of magazines and newspapers, the awards of athlete, and the activities of mass sports.

Data on public health include the number of medical and health institutions, health personnel, health facility, health expenses, medical and health services at grass-root level, maternal and child health, disease control and health security system.

II. Sources of Data

Data on news and publication, radio broadcasting and television are provided by Guizhou Provincial Administration of Press, Publication, Radio, Film and Television.

Data on culture are provided by Provincial Department of Culture and Touvism.

Data on sports are provided by Provincial Sports Administration.

Data on public health are provided by Provincial Health Commission.

22-1 文化事业机构和人员

Number of Institution and Personel in Culture Industry

指　标	Item	2015	2016	2017	2018	2019
机构总计(个)	**Total Number of Institutions (unit)**	**2204**	**2230**	**2298**	**2164**	**2174**
艺术事业	Art Institutions	103	125	146	26	25
文物事业	Cultural Relics	150	150	155	203	204
图书馆事业	Libraries	96	98	98	98	98
群众文化事业	Mass Culture	1665	1666	1694	1688	1698
文艺科研	Art Research Institutions	2	2	3	3	3
其他文化事业	Other Culture Units	188	189	202	146	146
人员总计(人)	**Total Number of Persons Engaged(person)**	**17637**	**18929**	**17318**	**16170**	**21502**
艺术事业	Arts	3257	3857	3976	664	645
文物事业	Cultural Relics	1692	1847	2277	2390	2297
图书馆事业	Libraries	1046	1078	1081	1089	1088
群众文化事业	Mass Culture	5957	6370	6617	6467	10907
文艺科研	Art Research Institutions	21	26	25	28	32
其他文化事业	Others	5664	5751	3342	5532	6533

注：1.资料来源于省文化和旅游厅(以下相关表同)。2.机构和人员数不含文化市场新分的机构和人员数。3.2018年机构改革，部份事业单位转为企业，不在本表统计之列。

Note: 1.Data in the table are provided by the Provinvial Department of Culture and Tourism (the relative tables in the chapter are the same). 2. Number of Instituiions and Personnel in the table exclude newly increased institutions and personnel. 3. In the institutional reform in 2018, some public institutions were transformed into enterprises, which are not included in this table.

22-2 文化事业单位数

Basic Statistics on Culture Establishment

单位：个 (unit)

指 标	Item	2015	2016	2017	2018	2019
公共图书馆	Public Libraries	96	98	98	98	98
博物馆、纪念馆	Museums and Memorials	73	73	84	91	91
群众艺术馆、文化馆	Mass Art Centers and Cultural Centers	98	99	99	99	99
档案馆	Archives	108	108	108	108	109

注：博物馆、纪念馆统计范围含民间博物馆机构。

Note: The statistical range of museums and memorials has included folk museum agencies.

22-3 文化娱乐业(2019)

Culture and Entertainment Industry

指 标	Item	机构数（个）Institutions (unit)	从业人员（人）Number of Employed Persons(person)	营业收入（万元）Operating Revenue (10000 yuan)	营业利润（万元）Primary Business Profit (10000 yuan)
总 计	**Total**	**6005**	**39695**	**382527**	**84571**
非国有艺术表演团体	Non-state Performing Arts Groups	118	2205	14532	-462
娱乐场所	Places of Entertainment	2404	26130	266159	60462
互联网上网服务营业场所（网吧）	Internet access service establishments(internet cafes)	3483	11360	101835	24571

22-4 艺术表演场所(2019)

Art Preformances Places

指 标	Item	机构数（个）Number of Instit-utions (unit)	从业人员（人）Number of Staff and Workers (person)	座席数（个）Seats (unit)	演(映)出场次(场) Number of Perfo-rmances (show)	#艺术演出场次 Art Perfo-rmance	观众人次（万人次）Number of Spectators (10000 person -times)
总 计	**Toatl**	**18**	**317**	**1548**	**850**	**670**	**46.16**
#省 级	Province Level	4	52				
地 级	Prefectural Level	1					
县 级	County Level	13	265	1548	850	670	46.16
#文化系统	Cultural Organizations and Institutions	5	52				

22-5 文化部门艺术表演团体(2019)

Art Troupes of Culture Sector

指 标	Item	剧团数(个) Number of Troupes (unit)	从业人员(人) Number of Employed Persons (person)	国内演出(场) Number of Domestic Performances (show)	#在农村演出 Shows in Rural Areas	国内观众人数(万人次) Number of Domestic Spectators (10000 person-times)
总 计	**Total**	**22**	**600**	**2320**	**900**	**440**
按隶属关系分	**By Jurisdiction of Management**					
#国有剧团	State-owned Troupes	21	598	2290	900	437
按剧种分	**By Type of Art**					
话剧、儿童剧、滑稽剧团	Drama, Children's Play and Comedy Troupes					
歌舞、音乐类	Song and Dance Troupe,Music Troupes	21	480	2040	750	425
京剧、昆曲类	Peking Opera Troupes and Kunqu Troupes					
地方戏曲类	Local Opera Troupes	1	120	280	150	15
杂技、魔术、马戏类	Acrobatics , Magic, Circus Troupes					
曲艺类	Folk Arts					
综合性艺术表演团体	Comprehensive Art Perfonabce					

22-6 群众文化馆(站)(2019)

Mass Culture Centers (Stations)

指 标	Item	合计 Total	文化馆 Culture Centers	文化站 Culture Stations
馆(站)个数(个)	**Number of Centers(unit)**	**1698**	**99**	**1599**
组织各类讲座次数(次)	Organizing Lectures(time)	625	652	
组织文艺活动次数(次)	Organizing Art Performances(time)	26595	6587	20008
举办文艺训练班(班次)	Conducting Arts and Cultural Training Courses (course)	11990	4161	7829
#培训人数(万人次)	Number of people trained (10000 persons)	68.66	23.38	45.28
举办展览次数(次)	Number of Exhibitions(unit)	3416	471	2945

22-7 广播、电视
Radio and Television Industry

指标	Item	2015	2016	2017	2018	2019
广播电视台(座)	Broadcasting and Television Stations(unit)	85	85	85	85	85
广播节目综合人口覆盖率(%)	Radio Coverage Rate of the Population(%)	92.3	93.0	93.5	93.9	94.6
广播节目自办套数(套)	Number of Radio Programs with Ownership(set)	46	46	46	48	45
#公共广播	Public Radio	46	46	46	48	45
广播节目制作时间(万小时)	Length of Radio Programs Produced (10 000 hours)	13.81	14.27	14.57	14.61	14.94
公共广播节目播出时间(万小时)	Length of Public Radio Programs Broadcasted (10 000 hours)	25.33	24.87	24.82	25.65	25.54
电视节目综合人口覆盖率(%)	TV Coverage Rate of Population(%)	96.0	96.1	96.5	96.8	97.0
有线广播电视用户数(万户)	Users of Cable Radio and TV (10 000 households)	421.92	457.00	576.43	702.92	813.02
数字电视用户数(万户)	Number of Users of Digital TV (10 000 households)	421.92	452.75	576.43	702.92	813.02
有线广播电视入户率(%)	Popularization Rate of Cable Radio and TV (%)	33.1	35.0	43.3	53.2	59.9
电视节目自办套数(套)	Number of TV Programs with Ownership(set)	103	103	103	104	104
#公共电视	Public TV	103	103	103	104	104
电视节目制作时间(万小时)	Length of TV Programs Produced (10 000 hours)	4.26	3.81	3.87	4.65	4.37
公共电视节目播出时间(万小时)	Length of Public TV Programs Broadcasted (10 000 hours)	27.25	25.53	43.26	45.15	47.53
电视剧播出数(万部)	Number of TV Plays Broadcasted (10 000 sets)	0.23	0.27	0.52	0.46	0.42
#进口电视剧播出数(部)	Imported TV Plays(set)	50	65	32	20	13
电视剧播出数(万集)	Number of TV Plays Broadcasted (10 000 parts)	6.34	7.14	14.15	13.70	14.52
#进口电视剧播出数	Imported TV Plays	0.12	0.18	0.10	0.06	0.05

注：资料来源于省新闻出版广电局(以下相关表同)。

Note: Data in the table are provided by Guizhou Provinvial Press and Publication Bureau (the relative tables in the chapter are the same).

22−8 广播、电视节目播出时间(2019)

Broadcasting Hours of Radio and Television Programs

单位：小时 (hour)

指　标	Item	全年公共节目播出时间 Broadcasting Hours	#新闻咨询类节目 News	#专题服务类节目 Special Subject	#综合益智类节目 General Entertainment
广播电台	**All Radio Broadcasting Stations**	**255397**	**49252**	**48978**	**48983**
省　级	Province Level	61218	7018	9962	10462
地　级	Prefectural Level	115997	25452	28891	23418
县　级	County Level	78182	16782	10125	15103
电视台	**All Television Stations**	**475250**	**85800**	**49028**	**12376**
省　级	Province Level	46481	3033	7635	1233
地　级	Prefectural Level	127487	23046	14297	4980
县　级	County Level	301282	59721	27096	6163

22−9 图书出版

Books Published

指　标	Item	2015	2016	2017	2018	2019
出版图书(种)	**Number of Publications(kind)**	**738**	**1013**	**1062**	**1001**	**1222**
#新出版	New Publications	564	742	769	674	696
总印数(万册)	Printed Copies (10000 copies)	9636	8823	9151	9754	13663
总印张数(万印张)	Printed Sheets (10000 sheets)	65251	66039	68651	70836	87480

注：数据由省委宣传部提供（以下相关表同）。

Note: Data in the table are provided by the Publicity Department of Provincial Party Committee (the relative tables in the chapter are the same).

22-10 杂志出版
Magazines Published

指　标	Item	2015	2016	2017	2018	2019
出版杂志(种)	**Number of Publications(kind)**	**90**	**90**	**93**	**93**	**93**
每期平均印数(万册)	Average Printed Copies Per Issue (10000 copies)	80	80	74	69	65
总印数(万册)	Printed Copies (10000 copies)	1756	1713	1734	1722	1668
总印张数(万印张)	Printed Sheets (10000 sheets)	9109	8790	8897	10054	9357

22-11 报纸出版
Newspaper Published

指　标	Item	2015	2016	2017	2018	2019
出版报纸(种)	**Number of Publications (kind)**	**42**	**42**	**39**	**38**	**38**
每期平均印数(万份)	Average Printed Copies Per Issue (10000 copies)	126	114	100	95	89
总印数(万份)	Printed Copies (10000 copies)	33375	30351	27733	26718	25367
总印张数(万印张)	Printed Sheets (10000 sheets)	105503	82334	70465	64813	59233

22-12 报纸分类出版数量(2019)
Number of Newspaper Published by Category

指　标	Item	出版报纸(种) Number of Publications (kind)	每期平均印数(万份) Average Publication Per Issue (10000 copies)	总印数(万份) Total Printed (10000 copies)	总印张数(万印张) Total Printed Sheets (10000 sheets)
总　计	**Total**	**3**	**25.15**	**9131.93**	**26200.18**
#贵州日报	Guizhou Daily	1	18.01	6574.45	21866.81
贵州都市报	Guizhou Urban Newspaper	1	2.92	1045.47	1769.70
贵阳晚报	Guiyang Evening Newspaper	1	4.22	1512.01	2563.67

22-13 体育运动员

Athletes

单位：人 (person)

指　标	Item	2015	2016	2017	2018	2019
优秀运动员	**Excellent Athletes**	**188**	**248**	**182**	**265**	**213**
#女运动员	Female	78	112	89	127	100
专职教练员	**Full-time Coaches**	**199**	**237**	**210**	**274**	**160**
#女专职教练员	Female	56	66	52	70	42
等级运动员发展人数	**Number of Certified Athletes**	**403**	**469**	**522**	**653**	**751**
等级裁判员发展人数	**Number of Certified Referees**	**1191**	**1738**	**1005**	**530**	**623**

注：资料来源于省体育局(以下相关表同)。

Note: The data in the table are provided by the Provincial Sport Administration (the relative tables in the chapter are the same).

22-14 体育运动获奖

Medals Won by Guizhou Athletes in Domestic and International Competitions

单位：项 (unit)

指　标	Item	2015	2016	2017	2018	2019
国内外大赛第一名	Number of the First-Order	7	17	23	55	98
国内外大赛第二名	Number of the Second-Order	8	10	19	58	95
国内外大赛第三名	Number of the Third-Order	31	15	18	61	98

22-15 公共体育场地

Number of Public Stadiums and Gymnasiums

单位：个 (unit)

指　标	Item	2015	2016	2017	2018	2019
总　计	**Total**	**2260**	**2213**	**4350**	**902**	
#体育场馆	Stadiums	11	23	123	166	
全民健身活动中心	The National fitness activities center	4	4	23	29	
乡镇体育健身工程	Villages and Towns sports fitness sites	300	152	115	80	83
村级农民体育健身工程	Villages farmer sports fitness sites	1630	1345	1531	773	835
全民健身路径工程(条)	**Body-building Activities of The Whole Nation(unit)**	**315**	**689**	**1091**	**1091**	**260**

注：1“合计”数统计口径为“当年新建数”。2.2018年乡镇体育健身工程、村级农民体育健身工程为“当年新增数”。

Note: 1. The statistical caliber of "Total" is "new number in the year". 2. In 2018, "Villages and Towns sports fitness sites" and "Villages farmer sports fitness sites" are "number of new additions in the year".

22-16 卫生事业
Health Care

指 标	Item	2015	2016	2017	2018	2019
卫生机构(个)	**Number of Health Institutions(unit)**	**28740**	**28023**	**28053**	**28072**	**28516**
#医院、卫生院	Hospitals and Township Hospitals	2631	2661	2682	2705	2708
床位数(万张)	**Number of Beds(10000 beds)**	**19.65**	**21.02**	**23.29**	**24.56**	**26.48**
#医院、卫生院床位	Number of Hospital and Township Hospitals Beds	18.73	19.99	22.09	23.27	25.07
卫生人员合计(万人)	**Number of Employed Personnel in Health Care Institutions (10000 persons)**	**25.89**	**27.74**	**30.19**	**32.35**	**34.71**
#卫生技术人员	Medical Technical Personnels	18.70	20.47	22.59	24.56	26.75
#执业(助理)医师	Licensed(Assistant) Doctors	6.34	6.90	7.55	8.15	8.98
#注册护士	Registered Nurse	7.61	8.60	9.80	10.91	12.14
医疗机构病床使用率(%)	**Utilization Rate in Medical Institutions(%)**	**74.00**	**70.70**	**72.46**	**74.11**	**74.31**
人均卫生费(元)	**Expenditure for Health of each Person(yuan)**	**1847**	**2472**	**3015**	**3271**	
平均每千人拥有:	**Per 1000 Person:**					
床位数(张)	Beds(set)	5.57	5.91	6.51	6.82	7.31
#医院、卫生院床位	Number of Hospital Beds	5.31	5.62	6.17	6.46	6.92
卫生人员(人)	Number of Employed Personnel in Health Care Institutions(person)	7.33	7.80	8.43	8.99	9.58
#卫生技术人员	Medical Technical Personnels	5.30	5.76	6.31	6.82	7.38
#执业(助理)医师	Licensed(Assistant) Doctors	1.80	1.94	2.11	2.26	2.48
医院服务情况	**Hospital Services**					
诊疗人次(万人次)	Visits (10000 person-times)	4966.24	5626.39	6390.52	7078.57	7667.90
入院人数(万人)	Inpatients (10000 persons)	480.10	507.89	571.92	639.10	860.08
出院人数(万人)	Patients Discharged from Hospital (10000 persons)	465.45	501.92	567.55	633.60	854.51
每百门诊急诊入院人数(人)	Inpatients per 100 Outpatient and Emergency Visits (person)	10.10	9.45	9.33	9.34	8.92
病床使用率(%)	Utilization Rate of Beds (%)	80.83	78.29	79.90	81.76	81.50
出院者平均住院日(天)	Average Stay Days in Hospital(day)	8.5	8.5	8.1	8.1	8.2

注：1.资料来源于省卫生健康委员会(以下相关表同)。2.机构数含村卫生室。3.医院服务情况指医院类别的医疗服务情况。4.2015年起每千人口指标以常住人口数为基数计算。

Note:1.The data are obtained from the Provincial Health Committee (the following table is the same). 2. Number of institutions includes village clinics. 3. Hospital services refer to the medical services in the hospital category. 4.In 2015,the per thousand population index was calculated from the permanent resident population number as the base.

22-17 卫生机构、床位、人员数(2019)
Number of Health Institutions, Beds and Personnels

指 标	Item	机构数(个) Institutions (unit)	床位数(张) Hospital Beds (Bed)	人员数(人) Number of Personnels (person)	#卫生技术人员数 Medical Technical Personnels
合 计	**Total**	**28516**	**264827**	**347108**	**267502**
医 院	Hospitals	1338	205709	205256	173337
#市	City	646	109720	120800	101290
县	County	692	95989	84456	72047
#综合医院	Genaral Hospital	952	139271	151178	129246
县医院	Hospitals at County Level	114	49704	55027	48074
中医医院	Hospital Specialized in TCM	98	24425	25871	22302
中西医结合医院	Hospitals of Integrated Traditional Chinese with Western Medicine	22	3145	3375	2782
民族医院	Nationalities Hospitals	8	403	328	271
专科医院	Specialized Hospitals	254	38303	24337	18613
护理院	Nursing Hospital	4	162	167	123
疗养院(所)	Sanatoriums	2	153	85	47
社区卫生服务中心(站)	Community Health Service Centers (Stations)	810	5356	13618	11520
社区卫生服务中心	Community Health Service Centers	264	5222	9743	8081
社区卫生服务站	Community Health Service Stations	546	134	3875	3439
卫生院	Health Centers	1370	44992	52325	44693
#农村乡镇卫生院	Rural Township Health Centers	1329	44041	50944	43607
中心卫生院	Central Health Centers	540	26334	27958	24045
乡卫生院	Ecumenic Health Centers	789	17707	22986	19562
门诊部、诊所、医务室	Outpatient Department Clinic and Infirmary	4361		15685	14187
#私人办诊所	Private Clinique	3881		11126	10605
专科防治所(站)	Specialized Disease Prevention and Treatment Institution	6	138	157	143
疾控中心(卫生防疫站)	CDC(Epidemic Prevention Station)	100		5335	4338
#县疾控中心	CDC at County Level	64		2718	2278
卫生监督机构	Sanitation Supervise Centers	87		1624	1286
#县卫生监督机构	Sanitation Supervise Centers at County Level	56		880	696
妇幼保健院(所、站)	Women and Children Care Agencies	99	8479	13980	11804
#县妇幼保健院(所、站)	Women and Children Care Agenciesat County level	64	4192	6173	5308
医学科学研究机构	Research Institution of Medicine Science	2		29	27
村卫生室	Health Clinics of Village	20265		36039	4012
其他卫生机构	Other Health Project Institution	76		2975	2108
按主办单位分	**By Host Unit**				
政府办	Government Office	5178	172395	219607	183781
卫计部门办	Health Department	5059	167930	217028	181987
社会办	Industrial and Other Department	12372	28978	51692	27489
个人办	Private	10966	63454	75649	56219
按经济类型分	**By Type of Economic**				
公立	The Public	12614	181597	244345	195158
国有	State-owned	5881	181240	231004	193374
集体	Collective	6733	357	13341	1784
民营	Private	15902	83230	102763	72344
联营	Joint venture	165	577	632	356
私营	Private	14438	67395	81943	56883
其他	other	1299	15258	20188	15105

22-18 卫生防疫防治和妇幼卫生事业
Sanitation and Epidemic Prevention, Maternity and Child Care

指 标	Item	2015	2016	2017	2018	2019
专科疾病防治院(所、站)机构数(个)	**Specialized Disease Prevention and Treatment Institution(unit)**	**10**	**10**	**10**	**8**	**6**
人员总数(人)	Number of Personnels(person)	381	177	268	169	157
#卫生技术人员数	Medical Technical Personnels	287	139	198	150	143
床位数(张)	Hospital Beds(bed)	675	276	665	163	138
疾病预防控制中心机构数(个)	**Center for Disease Control and Prevention (unit)**	**100**	**100**	**100**	**100**	**100**
人员总数(人)	Number of Personnels(person)	5060	5233	5324	5278	5335
#卫生技术人员数(人)	Medical Technical Personnels (person)	4098	4288	4368	4327	4338
妇幼保健机构数(个)	**Institutions of Maternity and Child Care (unit)**	**102**	**101**	**98**	**99**	**99**
人员总数(人)	Number of Personnels(person)	6828	8839	10917	12590	13980
#卫生技术人员数(人)	Medical Technical Personnels (person)	5905	7615	9373	10733	11804
床位数(张)	Hospital Beds(bed)	5485	7047	7635	8268	8479

22-19 县及县以上医院、卫生院(2019)

Hospitals and Health Centers at County Level and above

指　标	Item	机构合计 (个) Institutions (unit)	诊疗人次数 (万人次) Number of Visits and Inpatients (10000 person-times)	#门　诊 (万人次) Number of Visits in Clinics (10000 person-times)	入院人数 (万人) Inpatients (10000 person)	出院人数 (万人) Outpatients (10000 person)
县及县以上医院合计	**Hospitals at County Level and above**	**1338**	**7667.90**	**6634.68**	**668.82**	**664.09**
#综合医院	General Hospitals	952	6103.85	5253.96	528.27	525.14
中医医院	Hospitals Specialized in Traditional Chinese Medicine	98	982.58	866.28	90.94	90.27
妇幼保健院(所、站)	**Maternity and Child Care Hospital(Centers orStations)**	**99**	**579.22**	**526.38**	**31.65**	**31.64**
#妇幼保健院	Maternity and Child Care Hospital	89	569.77	517.21	31.28	31.26
卫生院合计	**Health Centers**	**1370**	**3849.36**	**3684.32**	**147.07**	**146.25**
#农村乡镇卫生院	Rural Health Centers	1329	3761.56	3598.87	145.19	144.37
中心卫生院	Central Health Centers	540	2127.00	2033.55	93.09	92.52
乡卫生院	Ecumenic Health Centers	789	1634.56	1565.31	52.10	51.85

22-19 续表 continued

指　标	Item	平均开放病床数 (张) Average Beds Opened (bed)	病床周转次数 (次/年) Turnover of Beds (time/year)	病床工作日 (日/床) Working Days of Bed (day/Bed)	病床使用率 (%) Utilization Rate of Beds(%)	出院者平均住院日 (天/人) Average Stay Days in Hospital (day/Person)	每百门(急)诊入院人数(人) Inpatients Per 100 OutPatient and Emergency Visits (person)
县及县以上医院合计	**Hospitals at County Level and above**	**199207**	**33.3**	**297.5**	**81.5**	**8.2**	**8.92**
#综合医院	General Hospitals	135790	38.7	299.3	82.0	7.5	8.85
#中医医院	Hospitals Specialized in Traditional Chinese Medicine	23245	38.8	314.3	86.1	8.1	9.41
妇幼保健院(所、站)	**Maternity and Child Care Hospital(Centers orstations)**	**8255**	**38.3**	**225.8**	**61.9**	**5.8**	**5.55**
#妇幼保健院	Maternity and Child Care Hospital	8045	38.9	229.6	62.9	5.8	5.57
卫生院合计	**Health Centers**	**43964**	**33.3**	**175.5**	**48.1**	**5.0**	**3.94**
#农村乡镇卫生院	Rural Township Health Centers	43045	33.5	176.3	48.3	5.0	3.98
中心卫生院	Central Health Centers	25574	36.2	194.1	53.2	5.1	4.50
乡卫生院	Ecumenic Health Centers	17471	29.7	150.2	41.1	4.8	3.30

22-20 县、乡、村三级医疗、预防、保健

Health Organization at County,Town and Village Level

指 标	Item	2015	2016	2017	2018	2019
县医院个数(个)	**Number of Hospitals at County Level (unit)**	**68**	**67**	**65**	**66**	**114**
平均每院病床数(张)	Average Number of Beds Per Hospital(bed)	441.07	458.22	508.92	522.83	436.00
平均每院人员数(人)	Average Personnels Per Hospital(person)	416.91	481.99	537.18	574.67	482.69
#平均每院卫生技术人员数	Average Medical Technical Personnels Per Hospital Per Station	362.22	420.34	467.75	503.41	421.70
县妇幼保健院(所、站)机构数(个)	**Maternity and Child Care Centers at County Level (unit)**	**64**	**68**	**65**	**65**	**64**
平均每院(所、站)床位数(张)	Average Number of Beds Per Station (bed)	43.78	52.04	60.57	64.85	65.50
平均每院(所.站)人员数(人)	Average Personnels Per Station (person)	57.34	65.46	77.23	83.26	96.45
#每院(所.站)卫生技术人员数	Medical Technical Personnels Per Stati on	49.45	56.29	66.15	71.97	82.94
县疾病预防控制中心机构数(个)	**Center for Disease Control and Prevention at County Level (unit)**	**69**	**68**	**65**	**65**	**64**
平均每所站人员数(人)	Personnels Per Station(person)	40.64	41.21	41.86	41.75	42.47
#平均每站卫生技术人员数	Average Medical Technical Personnels Per Station	34.10	35.09	35.85	35.34	35.59
农村乡镇卫生院机构数(个)	**Institutions of Rural Health Centers (unit)**	**1419**	**1399**	**1362**	**1341**	**1329**
农村乡镇卫生院床位数（张)	Number of Beds of Rural Rural Health Centers (bed)	38454	39905	41754	42349	44041
平均每院床位数(张)	Average Number of Beds Per Hospital(bed)	27.10	28.52	30.66	31.58	33.14
平均每千乡村人口乡镇卫生院床位数(张)	Average Number of Beds of Rural Health Centers Hospitals Per 1000 Rural Personnels(bed)	1.88	2.01	2.33	2.24	2.38
农村乡镇卫生院人员数(人)	Personnels of Rural Health Centers (person)	39014	42420	44940	47153	50944
平均每院人员数(人)	Average Personnels Per Hospital (person)	27.49	30.32	33.00	35.16	38.33
平均每千乡村人口乡镇卫生院人员数(人)	Average Medical Technical Personnels of Rural Health Centers Per 1000Rural Personnels(person)	1.91	2.14	2.33	2.50	2.76
村卫生室个数(个)	**Number of Health Clinics of Village (unit)**	**20832**	**20652**	**20555**	**20355**	**20265**
村卫生室覆盖率(%)	Coverage Rate of Health Clinics of Village (%)	100.0	100.0	100.0	100.0	100.0
开展合作医疗的村数(个)	Number of Villages of Carrying out Rural Cooperative Medical Treatment(unit)	18723	14616	13436	15432	13231
开展合作医疗的村覆盖率(%)	Coverage Rate of Villages of Carrying out Rural Cooperative Medical Treatment (%)	100.0	100.0	100.0	100.0	100.0
平均每村设置医疗点数(个)	Average Number of Medical Treatment Stations Per Village(unit)	1.11	1.41	1.53	1.5	1.5
乡村医生和卫生员数(人)	Doctors and Health Workers(person)	36019	34684	35109	34097	32027
#乡村医生所占比例(%)	Proportion of Rural Doctors(%)	74.3	77.0	76.2	76.3	82.4
平均每村乡村医生和卫生员数(人)	Average Number of Doctors and Health Workers Per Village (person)	1.92	2.37	2.61	2.54	2.42
平均每千乡村人口乡村医生和卫生员数(人)	Average Number of Doctors and Health Workers Per 1000 Rural Personnels (person)	1.76	1.75	1.82	1.80	1.73

注：1.县医院指卫生计生部门办的县综合医院，不含县级市和区。2.“村卫生室覆盖率”=设置村卫生室的村数/行政村总数。3.2015年以后每千乡村人口数以统计局提供的乡村常住人口数为计算基数。

Note: 1.Hospitals at county level running by the health department refers to general hospital,and exclude county-level city and district. 2."The coverage rate of township hospitals"=number of villages with medical treatment stations/the number of administrative villages. 3. The number of rural residents per thousand after 2015 was calculated based on the number of permanent rural residents provided by the bureau of statistics.

22–21 28种传染病报告发病及死亡人数(2019)

List of 28 Infectious Diseases Reported and Number of Death

单位：人 (person)

顺位 No.	发病 Diseases 疾病名称 Diseases	发病人数Persons	死亡 Death 疾病名称 Diseases	死亡人数Persons
1	肺结核 Pulmonary Tuberculosis	36904	艾滋病 AIDS	1631
2	病毒性肝炎 Viral Hepatitis	24125	肺结核 Pulmonary Tuberculosis	48
3	梅毒 Syphilis	17583	狂犬病 Hydrophobia	20
4	细菌性和阿米巴性痢疾 Dysentery	1197	流行性乙型脑炎 Encephalitis B	1
5	淋病 Gonorrhea	3125	新生儿破伤风 Newborn Tetanus	
6	伤寒副伤寒 Typhoid and Paratyphoid Fever	486	病毒性肝炎 Viral Hepatitis	5
7	艾滋病 AIDS	4753	梅毒 Syphilis	
8	猩红热 Scarlet Fever	615	细菌性和阿米巴性痢疾 Dysentery	
9	流行性乙型脑炎 Encephalitis B	22	钩端螺旋体病 Leptospirosis	
10	狂犬病 Hydrophobia	21	流行性脑脊髓膜炎 Epidemic Encephalitis	1
11	流行性出血热 Hemorrhage Fever	39	流行性出血热 Hemorrhage Fever	
12	百日咳 Pertussis	1004	人感染高致病性禽流感 Highly Pathogenic Avian Influenza	
13	麻疹 Measles	4	淋病 Gonorrhea	
14	钩端螺旋体病 Leptospirosis	4	伤寒副伤寒 Typhoid and Paratyphoid Fever	
15	新生儿破伤风 Newborn Tetanus	9	疟疾 Malaria	
16	疟疾 Malaria	28	麻疹 Measles	
17	流行性感冒(包含甲型H1N1流感) A(H1N1)Flu	12509	流行性感冒(包含甲型H1N1流感) A(H1N1)Flu	1
18	布鲁氏菌病 Brucellosis	25	炭疽 Anthrax	
19	流行性脑脊髓膜炎 Epidemic Encephalitis	3	鼠疫 The Plague	
20	炭疽 Anthrax	2	血吸虫病 Schistosomiasis	
21	人感染高致病性禽流感 Highly Pathogenic Avian Influenza		百日咳 Pertussis	
22	血吸虫病 Schistosomiasis		布鲁氏菌病 Brucellosis	
23	霍乱 Cholera		猩红热 Scarlet Fever	
24	鼠疫 The Plague		登革热 Dengue Fever	
25	登革热 Dengue Fever	58	霍乱 Cholera	
26	传染性非典型肺炎 SARS		传染性非典型肺炎 SARS	
27	脊髓灰质炎 Poliomyelitis		脊髓灰质炎 Poliomyelitis	
28	白喉 Diphtheria		白喉 Diphtheria	

22-22 28种传染病报告发病率、死亡率及病死率(2019)

List of Incidence, Death and Mortality Rates of 28 Infectious Disease Reported

顺位 No.	发病 Disease Incidence 疾病名称 Diseases	发病率(1/10万) Incidence (1/100 000)	死亡 Death 疾病名称 Diseases	死亡率(1/10万) Death Rate (1/100 000)	病死 Mortality Rate 疾病名称 Diseases	病死率(%) Mortality Rate (%)
1	肺结核 Pulmonary Tuberculosis	102.5111	狂犬病 Hydrophobia	0.0556	人禽流感 Highly Pathogenic Avian Influenza	
2	病毒性肝炎 Viral Hepatitis	67.0139	艾滋病 AIDS	4.5306	狂犬病 Hydrophobia	95.2381
3	梅毒 Syphilis	48.8417	肺结核 Pulmonary Tuberculosis	0.1333	新生儿破伤风 Newborn Tetanus	
4	细菌性和阿米巴性痢疾 Dysentery	3.3250	流行性乙型脑炎 Encephalitis B	0.0028	流脑 Epidemic Encephalitis	33.3333
5	淋病 Gonorrhea	8.6800	病毒性肝炎 Viral Hepatitis	0.0139	钩端螺旋体病 Leptospirosis	
6	伤寒+副伤寒 Typhoid and Paratyphoid Fever	1.3500	新生儿破伤风 Newborn Tetanus		流行性乙型脑炎 Encephalitis B	4.5455
7	艾滋病 AIDS	13.2028	梅毒 Syphilis		流行性出血热 Hemorrhage Fever	
8	猩红热 Scarlet Fever	1.7083	细菌性和阿米巴性痢疾 Dysentery		肺结核 Pulmonary Tuberculosis	0.1301
9	流行性乙型脑炎 Encephalitis B	0.0611	流脑 Epidemic Encephalitis	0.0028	淋病 Gonorrhea	
10	狂犬病 Hydrophobia	0.0583	流行性出血热 Hemorrhage Fever		梅毒 Syphilis	
11	流行性出血热 Hemorrhage Fever	0.1083	人禽流感 Highly Pathogenic Avian Influer		细菌性和阿米巴性痢疾 Dysentery	
12	百日咳 Pertussis	2.7889	淋病 Gonorrhea		病毒性肝炎 Viral Hepatitis	0.0207
13	麻疹 Measles	0.0111	伤寒+副伤寒 Typhoid and Paratyphoid Fever		炭疽 Anthrax	
14	钩端螺旋体病 Leptospirosis	0.0111	疟疾 Malaria		流行性感冒(包含甲型H1N1流 A(H1N1)Flu	0.0080
15	新生儿破伤风 Newborn Tetanus	0.0182	流行性感冒(包含甲型H1N1流感) A(H1N1)Flu	0.0028	鼠疫 The Plague	
16	疟疾 Malaria	0.0700	炭疽 Anthrax		麻疹 Measles	
17	流行性感冒(包含甲型H1N1流感) A(H1N1)Flu	34.7472	麻疹 Measles		疟疾 Malaria	
18	布鲁氏菌病 Brucellosis	0.0694	血吸虫病 Schistosomiasis		百日咳 Pertussis	
19	流脑 Epidemic Encephalitis	0.0083	鼠疫 The Plague		血吸虫病 Schistosomiasis	
20	炭疽 Anthrax	0.0056	百日咳 Pertussis		伤寒+副伤寒 Typhoid and Paratyphoid Fever	
21	人禽流感 Highly Pathogenic Avian Influenza		淋病 Gonorrhea		布鲁氏菌病 Brucellosis	
22	登革热 Dengue Fever	0.1611	布鲁氏菌病 Brucellosis		猩红热 Scarlet Fever	34.3152
23	血吸虫病 Schistosomiasis		猩红热 Scarlet Fever		登革热 Dengue Fever	
24	鼠疫 The Plague		登革热 Dengue Fever		霍乱 Cholera	
25	霍乱 Cholera		霍乱 Cholera		传染性非典型肺炎 SARS	
26	传染性非典型肺炎 SARS		传染性非典型肺炎 SARS		脊灰 Poliomyelitis	
27	脊灰 Poliomyelitis		脊灰 Poliomyelitis		白喉 Diphtheria	
28	白喉 Diphtheria		白喉 Diphtheria		艾滋病 AIDS	

注：死亡率指法定传染病报告死亡人数占同年该地区总人口之比。病死率指传染病死亡人数占同年同类传染病人数之比。

Nate: Death Rate refers to the ratio of the death tocl in the repord of notifiable infections disease to the total population of the region in the same yeqr. Mortality Rcite refers to the ratio of the death toll from in fectious cliseases to the number of the population infecting the similar diseases in the same year.

22-23 5岁以下儿童和孕产妇死亡率

Mortality Rate of the Maternal and Children Aged under 5

指 标	Item	2015	2016	2017	2018	2019
新生儿死亡率(‰)	**Newborn Mortality Rate(‰)**	**4.6**	**4.5**	**4.5**	**4.1**	**3.1**
城 市	Urban	4.2	3.5	3.9	3.2	2.5
农 村	Rural	4.8	5.0	4.8	4.6	3.3
婴儿死亡率(‰)	**Infant Mortality Rate(‰)**	**8.7**	**7.9**	**7.4**	**7.5**	**5.6**
城 市	Urban	7.6	5.5	5.7	5.9	4.6
农 村	Rural	9.2	9.1	8.3	8.3	6.3
5岁以下儿童死亡率(‰)	**Mortality Rate of Children under 5(‰)**	**12.2**	**10.9**	**10.5**	**10.0**	**8.3**
城 市	Urban	10.3	7.5	7.6	7.8	6.2
农 村	Rural	13.2	12.7	11.9	11.1	9.4
孕产妇死亡率(1/10万)	**Maternal Mortality Rate(1/100 000)**	**24.6**	**27.3**	**22.8**	**19.5**	**16.9**
城 市	Urban	31.8	28.7	26.1	20.6	15.1
农 村	Rural	20.9	26.5	21.3	18.9	17.3

注：数据源自省妇幼卫生监测数据。

Note: Data are obtained from the Annual Report of Maternal and Child Health.

22-24 新型农村合作医疗

Conditions of New Cooperative Medical System

指 标	Item	2015	2016	2017	2018
开展新农合县（市、区、特区)数(个)	Number of Counties Implementing of NCMS (unit)	88	88	88	88
参加新农合人数(万人)	Number of Enrollee s(10000 persons)	3292.33	3025.28	3067.58	3193.12
参合率(%)	Enrollment Rate(%)	99.1	99.3	99.5	99.7
当年筹资总额(亿元)	Total Fund Raised at Current Year (100 million yuan)	149.48	153.85	172.34	188.87
人均筹资(元)	Per Capita Premiums(yuan)	450	510	570	610
当年基金支出(亿元)	Payout at Current Year (10000 million yuan)	124.90	132.74	167.87	193.57
补偿受益人次(万人次)	Number of Beneficiaries from Reimbursement(10000person-times)	5464.12	5567.93	6402.86	7225.55

注：数据由省医疗保障局提供。

Note:Data in the table are provided by the Provincial Healthcare Security Administration.

22-25 历年卫生事业发展情况
Development of Health Care Over the Years

年份 Year	卫生机构数(个) Number of Health Institutions (unit)	#医院、卫生院 Hospitals Health Center's	卫生机构床位数(张) Number of Beds in Health Institutions (bed)	#医院、卫生院 Hospitals Health Center's	卫生技术人员数(人) Medical Technical Personnels (person)	#执业(助理)医师 Licensed (Assistant) Doctors	每万人口拥有 Per 10000 person 床位数(张) Number of Beds (bed)	执业(助理)医师数(人) Number of Licensed(Assistant) Doctors(person)
1978	6274	4510	40274	37533	58190	21228	14.0	7.9
1979	6267	4516	42812	40001	60635	21868	14.6	8.0
1980	6246	4529	43627	40835	63766	26491	14.7	9.5
1981	6634	4588	44752	41314	68918	26798	14.6	9.5
1982	6595	4605	46226	42301	70671	27097	14.7	9.4
1983	6605	4602	47555	43292	72988	28433	14.9	9.8
1984	6673	4643	49271	44123	75808	29309	15.0	10.0
1985	6480	3295	49805	45226	76722	29153	15.2	9.8
1986	6760	3358	50893	46259	79776	30475	15.3	10.1
1987	6716	3349	52595	48059	81599	31305	15.6	10.2
1988	7021	3896	54193	49543	84904	35249	15.8	11.3
1989	6926	3620	57428	52063	84891	35646	16.4	11.2
1990	6949	3721	59013	53074	86120	37185	16.2	11.4
1991	6908	3630	59168	53978	87774	37978	16.3	11.5
1992	4734	1624	57767	52405	87927	38537	15.6	11.5
1993	3908	1623	57720	51888	84409	38060	15.2	11.2
1994	3930	1660	59648	53766	88053	40358	15.5	11.7
1995	3934	1692	60295	54475	87005	40260	15.5	11.5
1996	10932	1870	58205	54051	84273	43548	15.2	12.2
1997	8955	1870	57560	53627	84348	43236	14.9	12.0
1998	9113	1877	57844	54492	84400	44138	14.9	12.1
1999	9703	1874	58624	55138	85613	45473	14.9	12.3
2000	8992	1878	58380	55148	85397	45673	14.8	12.2
2001	8791	1872	59120	55876	86103	46412	14.8	12.3
2002	7027	1857	59850	57742	79727	36964	15.1	11.3
2003	6499	1866	59281	56273	77557	36911	14.9	11.2
2004	6664	1850	61313	58113	76699	36911	14.9	12.2
2005	6571	1843	61784	58398	77805	35521	16.6	9.5
2006	6147	1855	66452	62586	82324	41147	17.9	11.1
2007	5907	1939	75806	71400	85298	42100	20.7	11.5
2008	5848	1934	83132	78129	89313	38830	23.0	10.7
2009	5736	1982	97527	91164	95270	40171	27.3	11.3
2010	5637	2005	105277	97490	102527	42158	30.0	12.0
2011	5683	2071	117534	108029	112210	44037	27.7	10.4
2012	27379	2210	136542	129670	152608	49200	32.1	11.2
2013	29182	2429	163332	155848	156557	55877	38.1	13.0
2014	28995	2512	181728	174002	169799	57802	42.0	13.4
2015	28740	2631	196517	187334	187361	63412	55.7	18.0
2016	28023	2661	210247	199930	204687	69007	59.1	19.4
2017	28053	2682	232903	220940	225870	75535	65.1	21.1
2018	28072	2705	245639	232701	245568	81476	68.2	22.6
2019	28516	2708	264827	250701	267502	89784	73.1	24.8

注：1.表中数据2011年及以前的数据不含村卫生室,2012年起含村卫生室；2.每万人口指标2011年以前以常住人口数为基数计算，2011年起以户籍人口数为基数计算。2015年起以常住人口为基数计算。

Note: 1.The data in the table for 2011 and before excludes village clinics, and data from 2012 include village clinics. 2. Before 2011, per ten thousand population indicators were calculated on the number of permanent resident population, but since 2011 they have calculated on the number of household registered population. After 2015, the resident population was calculated on the base number.

主要统计指标解释

文化事业机构 指由文化部门主办或实行行业管理的文化及相关产业机构以及由文化部门主办的非文化及相关产业机构等。

艺术表演团体 指由文化部门主办或实行行业管理（经文化行政部门审批并领取营业性演出许可证），专门从事表演艺术等活动的各类专业艺术表演团体，含民间职业剧团（不包括群众业余文艺表演团队）。

艺术表演观众人数(人次) 指在国内和国外的艺术表演的观众人数。包括售票、包场等有演出收入的场次人数和政府采购的公益性演出场次人数及参加汇演、调演等无演出收入的公开演出场次人数，包括流动舞台车演出场次人数，不包括彩排和内部观摩等无演出收入的场次人数。

广播节目综合人口覆盖率 指根据国家广电总局制定的《广播电视人口覆盖率统计技术标准和方法》进行统计调查的，在对象区内采用无线、有线、卫星等技术手段能够收听到包括中央、省、地市、县广播节目其中任意一套的人口数占全国总人口数的百分比。

电视节目综合人口覆盖率 指根据国家广电总局制定的《广播电视人口覆盖率统计技术标准和方法》进行统计调查的，在对象区内采用无线、有线、卫星等技术手段能够收看到包括中央、省、地市、县级电视节目中任意一套的人口数占全国总人口数的百分比。

体育馆 指有固定看台，可供篮球、排球、羽毛球、乒乓球、体操等项目训练比赛活动用的室内运动场地。体育馆按看台容纳观众人数分为：甲级6000人以上，乙级4000-6000人，丙级2000-4000人，丁级2000人以下。

医院 包括综合医院、中医医院、中西医结合医院、民族医院、各类专科医院和护理院。包括医学院校附属医院，不包括专科疾病防治院、妇幼保健院和疗养院。

社区卫生服务中心(站) 指为本社区居民提供预防、医疗、保健、康复、健康教育、计划生育技术服务等的基层卫生机构。包括社区卫生服务中心和社区卫生服务站。

卫生技术人员 包括执业医师、执业助理医师、注册护士、药师(士)、检验及影像技师(士)、卫生监督员和见习医(药、护、技)师(士)等卫生专业人员(不包括药剂员、检验员、护理员等)，不包括从事管理工作的卫生技术人员(如院长、副院长、党委书记等)。其中见习医师(士)指毕业于高中等院校医学专业但尚未取得医师执业证书的医师和医士。

执业医师 指具有《医师执业证》及其“级别”为“执业医师”且实际从事临床工作的人员，不包括取得执业证书但从事管理工作的人员（如院长、书记等）。执业医师类别分为临床、中医、口腔和公共卫生。

执业助理医师 指具有《医师执业证》及其“级别”为“执业助理医师”且实际从事临床工作的人员，不包括取得执业证书但从事管理工作的人员。执业助理医师类别分为临床、中医、口腔和公共卫生。

孕产妇死亡率 孕产妇死亡率=(该年该地区孕产妇死亡人数×100000)/(某年某地区活产率×100000)

5岁以下儿童死亡率 5岁以下儿童死亡率=（该年该地区5岁以下儿童死亡人数/某年某地区活产率）×1000‰

婴儿死亡率 指某地区一年内出生未满28天（0—27天）的婴儿死亡人数与该地区当年全部活产数的比率。

婴儿死亡率=（该年该地区婴儿死亡人数/某年某地区活产数）×10000‰

参加新农合人数 指根据本地新农合的实施方案，到本年度新农合筹资截止时，已缴纳参加新农合资金的人口数。

Explanatory Notes on Main Statistical Indicators

Cultural Institutions defined by the cultural industry management department sponsored or cultural institutions and related industries as well as non-organized by the cultural sector and related industries and cultural institutions.

Art Performance Troupe defined by the cultural industry management department sponsored or carried (by the cultural administrative departments for approval and obtain business performance license), specializing in the performing arts and other activities of the various professional performing arts groups, including the professional troupes (Excluding the masses of amateur theatrical performance team).

Number of Spectators at Art Performance refers to the domestic and foreign performing arts attendance. Including ticketing, private use, which are the number of performances and screenings of revenue for government procurement and participation in the number of public performances show and other non-public performances show the number of performances, including the number of mobile stage vehicle, not including rehearsals and internal observation and other the number of non-performing income screenings.

The Population Coverage Rate of Radio refers to the percentage of population, who can receives to one of central, provincial, city, prefecture, and county radio programs by wireless, cable, satellite and other technical means, in the surveying area, to national total population, according to Statistical Standard and Method on Television and Radio Coverage of Population established by the State Administration of Broadcasting, Film and Television.

The Population Coverage Rate of Television refers to the percentage of population, who can watch one of central, provincial, city, prefecture, and county television programs by wireless, cable, satellite and other technical means, in the surveying area, to national total population, according to Statistical Standard and Method on Television and Radio Coverage of Population established by the State Administration of Broadcasting, Film and Television.

Gymnasiums refer to indoor sports grounds with permanent seats in which basketball, volleyball. badminton, table tennis and gymnastics competitions can be held. Gymnasiums are classified according to seating capacity. They include Class A gymnasiums seating over 6000 people, Class B gymnasiums seating 4000 to 6000 people, Class C gymnasiums seating 2000 to 4000 people, and Class D gymnasiums seating fewer than 2000 people.

Hospitals include polyclinics, traditional Chinese medical hospitals, hospitals integrated with traditional Chinese therapeutics and western therapeutics, ethical hospitals, various specialties hospitals and nursing hospitals, including medical colleges affiliated hospitals, but excluding specialized prevention and treatment hospital, maternal and child health care hospitals and convalescent hospitals.

Community Health Service Centers (stations) refer to the primary units that provide the health care for community residents, such as disease prevention and control, medical treatment, health care, rehabilitation, health education, family planning technical services, including community health service centers and community health service stations.

Medical Technical Personnel refers to practicing physicians, practicing physician assistant, registered nurses, pharmacists (who), inspection and imaging technician (who), health supervisors and trainee doctors (medicine, nursing, technology) division (disabilities) and other health professionals (not including pharmacy staff , inspectors, care workers, etc.), not including those engaged in the management of health and technical personnel (such as president, vice president, party secretary, etc.). The trainee doctors (who) refers graduated from high school and other institutions but has not yet obtained physician medical specialty physicians and healers practicing certificate.

Licensed Doctors refer to the medical workers who have obtained the licenses of qualified doctors and are employed in medical treatment, disease prevention or healthcare institutions, excluding the licensed doctors engaged in management job. The classification of licensed doctors is clinician, Chinese medicine, dentist and public health.

Licensed Assistant Doctors refer to the medical workers who have obtained the licenses of qualified assistant doctors and are employed in medical treatment, disease prevention or healthcare institutions, excluding the licensed assistant doctors engaged in management job. The classification of licensed assistant doctors is clinician, Chinese medicine, dentist and public health.

Maternal Mortality Rate

$$\text{Maternal Mortality Rate}=\frac{\text{number of maternal deaths}\times 100000}{\text{live births}\times 100000}.$$

Mortality Rate of Children under 5

$$\text{Mortality Rate of Children under 5}=\frac{\text{death number of children under 5}}{\text{live birth}}\times 1000‰.$$

Newborn Mortality Rate refers to the ratio of neonatal deaths of new birth under the age of 28 days (0-27 days) in a year of the region to the total number of live births of this region.

$$\text{Newborn Mortality Rate}=\frac{\text{death number of newborn}}{\text{live birth}}\times 1000‰.$$

Number of Persons Participated in the New Rural Cooperative Medical System refers to the number of persons who have given payment to the new cooperative medical system by the deadline of fundraising during the year according to the implementation plan of the new system.

社会服务及其他

Social Services and Others

23

简 要 说 明

一、主要内容

本篇资料主要反映社会服务、公检法司、交通事故情况及火灾情况。

社会服务内容包括消费者协会受理投诉、生产安全、社会保险、社会福利、民政事业、殡葬服务情况等。

公检法司内容包括司法部门律师、公证、调解工作情况，人民检察院办案情况，人民法院审理案件和收结案情况等。

二、资料来源

本篇资料分别由省司法厅、省消费者协会、省人民检察院、省高级人民法院、省应急管理厅、省消防总队、省人力资源社会保障厅、省民政厅等提供。

Brief Introduction

I. Main Contents

Data in this chapter mainly reflect the social services, public security, procuratorial, legal and judicial affairs, traffic accident and fire situation.

Data on social services include consumers association receiving complaints, production safety, social insurance, social welfare, civil affairs, funeral and interment services.

Data on public security, procuratorial, legal and judicial affairs cover information such as statistics on lawyers, notarization and mediation, cases handled by procuratorate's offices, cases accepted and settled by the people's courts.

II. Sources of Data

Data in this chapter are provided respectively by Guizhou Provincial Department of Justice, Provincial Consumers Association, the People's Procuratorate of Guizhou, Guizhou Higher People's Court, Provincial Department of Emergency Management, Provincial Fire Brigade, Provincial Department of Human Resources and Social Security, and Provincial Department of Civil Affairs.

23-1 律师、公证、调解工作
Lawyers, Notarization and Mediation

指　标	Item	2015	2016	2017	2018	2019
律师工作	**Lawyers**					
法律律师事务所(个)	Number of Law Offices (unit)	405	485	559	658	775
专职律师(人)	Full-time Lawyers (person)	3348	4072	4708	5624	6769
辅助工作人员(人)	Assistant (person)	1761	1701	1470	979	879
聘请常年法律顾问(个)	Number of Permanent Legal Advisors (person)	4278	5967	8071	9155	5776
全年办理(件)	Number of Cases in Whole Year (case)	134763	207003	179088	174154	71066
刑事案件诉讼代理	Agent of Criminal Cases	8581	7334	11810	15655	33492
民事诉讼代理	Agent of Civil Cases	25603	28742	36249	70854	33271
行政诉讼代理	Agent of Administrative Action	1127	1340	2980	3606	1384
经济案件诉讼代理	Agent of Economic Cases	9672	13825	15004	—	
非诉讼法律事务	Agent of Non-litigious Legal Affairs	1412	1784	5737	5915	2919
解答法律询问	Agent of Legal Advisory Services	85847	109872	98713	56568	38763
代写法律事务文书	Agent of Legal Document Written on Behalf of Clients	10683	8952	7640		
调解成功	Successful Mediation	1510	1729	955	1278	2000
公证工作	**Notarization**					
公证处(个)	Number of Notary Offices (unit)	97	97	98	98	98
公证员(人)	Notaries (person)	245	242	261	269	294
公证辅助人员(人)	Assistant Notaries (person)	150	180	174	179	191
办理公证文书(件)	Number of Notarized Documents (case)	98878	100454	114816	123049	132995
#经济合同公证	Notarized Documents on Economic Affairs	19794	16994	15877	11050	115224
#涉外公证	Foreign-related Notarization	16130	16851	16672	16406	16491
国内公证	Domestic Notarization	82748	83603	98144	106648	—
公证费收入(万元)	Income of Notarization (10000 yuan)	3295	2660	3031	4134	5386
人民调解工作	**Number of People's Mediation**					
人民调解委员会(个)	Number of People's Mediation Committees (unit)	19968	19738	19554	19952	20348
人民调解人员(人)	Number of Mediators (person)	106107	106889	103743	108343	101689
调解民间纠纷(件)	Number of Civil Disputes Mediated (case)	169465	147947	141967	131089	117423
调解成功率(%)	The Rate of Success of Mediation (%)	97.1	97.2	96.8	96.5	95.7
基层法律服务工作	**Law Service at Basic Level**					
法律服务所(个)	Offices for Law Service (unit)	383	492	491	471	449
法律工作者(人)	Law Staffs (person)	1469	2473	2487	2487	1555
代理案件(件)	Cases Deputed (case)	19581	15247	19513	22962	16982
刑释解教人员安置帮教工作	**Settling and Assisting and Teaching Work for People That Has Been Released After Serving a Sentence**					
设立工作机构(个)	Institutions Established (unit)	94	96	90	104	86
工作人员(人)	Staffs (person)	182	188	279	256	201
安置人数(人)	Number of Persons Settled Down (person)	36165	33541	24515	26868	30353
帮教人数(人)	Number of Persons Assisted and Teached (person)	41237	39369	29026	35024	35399

注：1.资料来源于省司法厅(下表同)。 2.2018年起“经济案件诉讼代理”纳入“民事诉讼代理”统计中。

Note: 1.Data in the table are obtained from the Provincial Department of Justice (the same applies to the next table). 2.After 2018, Agent of Economic Cases is included in the statistic of Agent of Civil Cases.

23-2 公证文书分类

Domestic Notarial Documents by Type

单位：件 (piece)

指　标	Item	2018	2019
合　计	**Total**	**123049**	**132995**
合　同（协议）	**Contract (Agreement)**	11050	8971
继　承	Inheritance	27294	31376
委　托	Delegation	21891	21267
声　明	Declaration	12550	14003
赠　与	Grant	1160	1043
遗　嘱	Testament	1971	1969
现场监督	Site Supervision	937	320
婚姻状况、亲属关系、收养关系	Marital Status, Kinship, Adoptive Relationship	3481	3670
出生、生存、死亡	Birth, Life, Death	2276	2099
身份、经历、学历、学位、职务、职称	Identity, Experience, Education, Degree, Post, Professional title	1435	845
有无违法犯罪记录	Criminal Record or Not	2019	2607
公司章程	Articles of Incorporation	750	8
保全证据	Evidence Preservation	1509	3042
证书、执照	Certificate, License	2945	5431
签名、印鉴	Signature, Seal	3939	1903
文本相符	Text Consistency	5064	6818
赋予强制执行效力	Endow Enforcement with Force	12052	19017
执行证书	Performing Certificate	117	306
抵押登记	Mortgaging Registration	40	30
提　存	Escrow	19	40
保　管	Legal Custody	60	60
其　他	Other	10490	8170

注：本表按2018年司法统计报表编制。

Note: This table is compiled on the basis of 2018 judicial statistics.

23-3 消费者协会受理投诉

Cases Accepted and Heard by Consumer Association

单位：件 (piece)

指　标	Item	2015	2016	2017	2018	2019
总　计	**Total**	**3214**	**2660**	**2377**	**3241**	**3856**
#家用电器类	Household Appliances	660	459	308	331	271
#视听产品	Televison	48	46		18	12
电冰箱	Refrigerators	3	16		7	15
洗衣机	Washing Machines	3	8		15	7
空调器	Air-Conditioner		6		9	7
摩托车	Motorcycles	6	11		9	13
医疗器械	Assistant Things of Medical Treatment	2	1		5	9
服装鞋帽	Garment,Shoes and Caps	373	221	199	189	215
家　具	Furniture	48	31	36	41	38
食　品	Foods	273	253	216	322	360
房屋及装修建材	Houses and Fitment Material	349	209	186	221	269
#房　屋	Houses	97	35	41	76	100
装饰材料	Fitment Material	109	122	96	87	102
电信服务	Telecome	147	78	49	64	67
邮政业服务	Mail	94	50	37	38	29
农用生产资料类	Agricultural Production Materials	43	27	25	27	20
其他类	Others	292	355	430	640	916

注：资料来源于省消费者协会。

Note: Data in the table are obtained from the Provincial Consumers Association.

23-4 检察院主要业务

Cases of Procuratorate

指 标	Item	2015	2016	2017	2018	2019
民事行政案件(件)	**Civil administrative case (per case)**					
受 理	Cases Accepted	10248	6095	6280	5461	5954
提请抗诉	Protests Lodged to Procutatorate of Higher Level	93	105	81	109	141
提出抗诉	Protests Lodged to Court of the Same Level	34	52	37	65	84
提出再审检察建议	Retrial Inspection Suggested	29	32	36	54	181
批准、决定批捕	**Total of Arrests**					
案件数（万件）	Cases (10000 cases)	2.20	2.10	2.08	2.06	2.08
人 数（万人）	Persons (10000 persons)	2.98	2.82	2.80	2.97	3.09
决定起诉	**Total of Public Prosecutions**					
案件数（万件）	Cases (10000 cases)	2.83	2.94	2.93	2.73	2.67
人 数（万人）	Persons (10000 persons)	3.91	3.97	4.00	3.87	3.93

注：1.资料来源于省人民检察院。2.根据国家监察体制改革要求，2018年起检察机关不再统计职务犯罪数据。

Note: 1.Data in the table are obtained from the Provincial People's Procuratorate. 2.According to the requirements of the reform of the state supervision system, procuratorial organs will no longer collect official crime data from 2018.

23-5 人民法院刑事一审案件收案

First Trail Criminal Cases Accepted by Courts

单位：件 (case)

指 标	Item	2015	2016	2017	2018	2019
总 计	**Total**	**32163**	**31725**	**30552**	**29146**	**28564**
危害国家安全罪	Offences Against State Security	1	1	1		1
危害公共安全罪	Offences Against Public Security	4354	5247	5140	6198	6527
破坏社会主义市场经济秩序罪	Offences Against Socialist Economic Order	672	821	870	812	1053
侵犯公民人身权利民主权利罪	Offences Against Citizens' Personal and Democratic Rights	5578	4958	4606	4712	5002
侵犯财产罪	Offences Against Properties	10014	9600	9453	8595	8043
妨害社会管理秩序罪	Offences Against Social Management of Order	10303	9572	9280	8067	7428
危害国防利益罪	Offences Against National Defense	2	2	2	3	1
贪污贿赂罪	Offences on Corruption and Bribery	1077	1345	1021	671	454
渎职罪	Offences on Abuse and Dereliction of Duty	159	178	179	88	55
其他	Other	3	1			

注：资料来源于省高级人民法院(以下相关表同)。

Note: Date in the table are obtained from Provincial Higher People's Court (the relative tables in the chapter are the same).

23-6 人民法院刑事一审案件结案
First Trail Criminal Cases Settled by Courts

单位：件 (case)

指标	Item	2015	2016	2017	2018	2019
总计	**Total**	**30137**	**30656**	**29611**	**27995**	**27312**
危害国家安全罪	Offences Against State Security	1	1	1		
危害公共安全罪	Offences Against Public Security	4230	5163	5083	6094	6434
破坏社会主义市场经济秩序罪	Offences Against Socialist Economic Order	555	718	768	693	900
侵犯公民人身权利民主权利罪	Offences Against Citizens' Personal and Democratic Rights	5205	4733	4448	4451	4686
侵犯财产罪	Offences Against Properties	9653	9367	9299	8355	7786
妨害社会管理秩序罪	Offences Against Social Management of Order	9885	9338	9019	7753	7091
危害国防利益罪	Offences Against National Defense	2	2	2	3	1
贪污贿赂罪	Offences on Corruption and Bribery	506	1195	851	568	377
渎职罪	Offences on Abuse and Dereliction of Duty	98	139	140	78	37
其他	Other	2				

23-7 人民法院刑事案件中青少年犯罪
Juvenile Delinquency Among Criminal Cases

单位：人 (person)

指标	Item	2015	2016	2017	2018	2019
刑事罪犯总数	**Number of Criminals**	**34668**	**33820**	**41110**	**37162**	**39658**
#青少年罪犯	Juvenile Criminals	10010	8324	10878	9099	10658
#不满18岁	Less Than 18	2994	2240	2551	1712	2110
18-25岁	Aged 18-25	7016	6084	8327	7387	8548
青少年罪犯占刑事罪犯(%)	Proportion of Juvenile Criminals to Total Criminals (%)	28.9	24.6	26.5	24.5	26.9

23-8 生产安全
Production Safety

指　标	Item	2016	2017	2018	2019
各类事故死亡人数合计(人)	**Number of Deaths for Production Security Accidents(person)**	**1360**	**1299**	**1118**	**956**
农林牧渔业	Farming,Forestry,Animal Husbandary, Fishery	4	1	3	
#农业机械	Agricultural Machinery	2			
采矿业	Mining Industry	23	65	54	77
#煤矿	Coal Mine	16	58	43	60
非煤矿山	Non-coal Mine	7	7	11	17
商贸制造业	Trade Manufacturing	28	27	39	38
#化工	Chemical Industry	5		3	1
烟花爆竹	Fireworks	1	1		
冶金机械八行业	Metallurgical Machinery Eight Industry	19	10	22	14
建筑业	Construction	104	69	63	69
#房屋建筑及市政工程	Building Contruction and Municipal Works	39	31	27	47
交通建设工程	Traffic Construction Project	26	30	20	13
交通运输和仓储业	Transportation and Warehousing	1173	1127	938	752
#铁路运输业	Railway Transportation Industry	33	39	51	38
道路运输业	Road Transportation Industry	1139	1087	886	709
其他行业	Other Industry	28	10	21	20
亿元地区生产总值生产安全事故死亡人率(人/亿元)	Production Safety Accidents of GDP per billion yuan Death Rate(Person - 100 million yuan)	0.116	0.096	0.076	0.057
工矿商贸就业人员10万人生产安全事故死亡率(人/10万人)	Industrial, Commercial and Employment Personnel 100 Thousand People,Production Safety Accident Mortality(person-100 thousand persons)	2.161	1.901	1.881	2.146
煤矿百万吨死亡人率(人/百万吨)	Coal Mine Million tons Tortality Rate (person-million tons)	0.096	0.36	0.309	0.463

注：数据来源于省应急管理厅、省能源局。

Note: Data in the table are provided by the Provincial Department of Emergency Management and Provincial Bureau of Energy.

23–9 火灾事故情况

Fire Accidents

指 标	Item	2015	2016	2017	2018	2019
实际发生数(起)	**Number of Fire Accidents(case)**	**3483**	**4008**	**3996**	**4650**	**5576**
按火灾原因分	**Grouped by Cause**					
生产作业	Operation	96	110	120	115	172
电 气	Electric	1584	1990	1864	2362	3065
吸 烟	Smoking	67	60	52	101	97
生活用火不慎	Not Careful with Cooking Fire	619	740	752	830	1098
玩 火	Playing with Fire	115	104	89	84	71
自 燃	Natural Fire	97	103	110	155	229
不 明	Uncertain	42	93	73	77	105
其 他	Others	784	808	936	853	655
死亡人数(人)	Number of Deaths(person)	49	36	33	37	37
受伤人数(人)	Number of Injuries(person)	28	22	16	27	37
直接财产损失(万元)	Direct Property Loss (10000 yuan)	6538	8416	10617	8837	10200
平均每起事故损失(万元)	Average Loss of Fire (10000 yuan)	1.87	2.09	2.66	1.90	1.83

注：数据来源于省消防总队。

Note: Data in the table are provided by the Provincial Fire Brigade.

23-10 社会保险
Social Insurance

指 标	Item	2015	2016	2017	2018	2019
社会保险基金	**Social Security Fund**					
社会保险基金收入(亿元)	Revenue(100 million yuan)	463.97	582.84	953.81	1127.29	1359.75
社会保险基金支出(亿元)	Expenses(100 million yuan)	362.85	487.49	796.67	889.77	1130.53
社会保险基金累计结余(亿元)	Balance at year-end(100 million yuan)	670.98	871.43	1028.56	1266.08	1495.30
城乡居民基本养老保险	**Basic Pension Insurance for Urban and Rural Residents**					
城乡居民基本养老保险参保人数(万人)	The number of insured (10000 persons)	1649.03	1703.08	1748.55	1802.66	1855.76
城乡居民基本养老保险基金收入(亿元)	Revenue(100 million yuan)	62.20	58.58	63.28	70.17	71.21
城乡居民基本养老保险基金支出(亿元)	Expenses(100 million yuan)	46.14	43.04	44.37	56.33	59.69
城镇职工基本养老保险	**Basic Pension Insurance of urban Staff**					
城镇职工基本养老保险参保人数(万人)	Number of Urban Employees Joining in Basic Pension Insurance(10000 persons)	392.09	423.58	588.17	639.81	677.50
#参保职工	Number of Employees	297.26	323.94	446.91	490.09	521.72
城镇职工基本养老保险基金收入(亿元)	Revenue(100 million yuan)	315.38	331.29	667.10	799.25	725.62
城镇职工基本养老保险基金支出(亿元)	Expenses(100 million yuan)	242.16	283.88	575.69	636.57	613.49
离退休人员社区管理服务率(%)	Rate of Community Management and Services for Retirees(%)	76.04	77.00	78.01	79.03	81.42
基本医疗保险	**Basic Medical Care Insurance**					
基本医疗保险参保人数(万人)	Number of Persons Joining in Basic Medical Care Insurance(10000 persons)	955.45	973.59	1001.34	1040.47	4186.75
职工	Urban Worker	372.74	389.81	410.42	431.97	462.04
城乡居民	Urban Residents	582.71	583.78	590.92	608.50	3724.71
基本医疗保险基金收入(亿元)	Revenue(100 million yuan)	135.93	158.00	186.62	214.19	516.34
职工	Urban Worker	112.11	131.50	154.09	185.80	205.12
城乡居民	Urban Residents	23.83	26.51	32.53	28.39	311.21
基本医疗保险基金支出(亿元)	Expenses(100 million yuan)	114.37	129.88	143.49	161.39	413.65
职工	Urban Worker	97.29	111.22	120.71	133.87	149.42
城乡居民	Urban Residents	17.08	18.66	22.77	27.51	264.23
失业保险	**Unemployment Insurance**					
失业保险参保人数(万人)	Number of Persons Joining in Unemployment Insurance(10000 persons)	205.31	218.10	235.71	257.33	276.07
领取失业金人数(万人)	Beneficiaries of Unemployment Insurance Fund	1.73	2.37	2.24	2.30	2.71
失业保险基金收入(亿元)	Revenue(100 million yuan)	17.71	17.03	13.80	15.54	17.69
失业保险基金支出(亿元)	Expenses(100 million yuan)	8.46	13.91	11.31	10.74	12.25
#失业金（亿元）	Jobless Claims	1.91	2.99	3.30	3.77	4.16
职业培训补贴支出(亿元)	Expenses of Professional Training (100 million yuan)	0.08	0.06	0.25	0.04	0.04
工伤保险	**Work Injury Insurance**					
工伤保险参保人数(万人)	Number of Persons Joining in Injury Insurance	290.22	305.02	332.48	355.75	408.51
工伤保险基金收入(亿元)	Revenue(100 million yuan)	14.21	12.45	15.15	16.00	14.88
工伤保险基金支出(亿元)	Expenses(100 million yuan)	11.52	11.89	12.65	14.65	17.81
生育保险	**Maternity Insurance**					
生育保险参保人数(万人)	Number of Persons Joining in Basic Maternity Insurance(10000 persons)	263.64	286.27	304.03	325.90	349.61
生育保险基金收入(亿元)	Revenue(100 million yuan)	4.56	5.48	7.86	12.15	14.01
生育保险基金支出(亿元)	Expenses(100 million yuan)	3.41	4.90	9.16	10.09	13.64

注：1.资料来源于省人力资源社会保障厅；2.2014年起，因制度整合，原新型农村社会养老保险统计口径调整为城乡居民基本养老保险；2017年起，城镇职工基本医疗保险调整为职工基本医疗保险。3.社会保险基金2016年前统计口径为“老五险”，2016年起，增加城乡居民基本养老保险和城乡居民基本医疗保险。4.2019年起，新型农村合作医疗保险合并到基本医疗保险。

Note: 1.Data in the table are obtained from Provincial Department of Human Resources and Social Security. 2.Since 2014, basic pension insurance for urban and rural residents refers to the new rural social pension insurance. Since 2015, the basic medical insurance in urban and rural areas of Qianxinan Prefecture in the community sector statistics, and the basic medical insurance for urban residents was adjusted to urban residents basic medical insurance (township). 4. Starting from 2019, the new rural cooperative medical insurance is incorporated into the basic medical care insurance.

23-11 社会福利机构
Social Welfare Institutions and Enterprises

单位：个 (unit)

项　目	Item	2015	2016	2017	2018	2019
总　计	**Total**	**22894**	**24611**	**24344**	**24395**	**24741**
提供住宿的社会服务机构	Social Welfare Institutions with Acammoclations	936	1015	980	1005	1041
社会福利企业	Social Welfare Enterprises	32	32	—	—	—
优抚事业单位	Administration Agencies for Martyrs	64	59	39	—	—
救助类单位	Collecting and Repatriation Units	78	81	51	49	48
殡仪服务单位	Funeral and Interment services Institutions	148	126	123	122	116
彩票发行单位	Lottery Issuing Units	13	13	12	12	11
社区服务单位	Community Service Facilities	21623	23285	23139	23207	23525

注：1.资料来源于省民政厅。2.提供住宿的社会服务机构2018年前为收养性福利单位，2018年起调整为提供住宿的社会服务机构，包括：提供住宿的养老机构、为智障与精神病人提供收留抚养服务的机构，儿童福利和救助机构，其他提供住宿的社会服务机构。根据民政部要求，未办理统一社会信用代码的农村敬老院不能做机构统计，需调整到社区服务机构和设施中，待办理统一社会信用代码证后方能调回。3.救助类单位、殡葬服务单位个数减少，系因民政部规范统计口径，对未办理社会统一信用代码证的机构从统计台账中删除。（以下相关表同）

Note: 1.The data in the table are provided by the provincial department of civil affairs. 2.Before 2018, social services institutions which provide accommodation were regarded as adopting welfare unit, while they have been adjusted as social services institutions to provide accomodation since 2018, including institutions which provide accomoodations for elderly, disabilities, mental patients or children, and those that provide other services. According to the requirements of the ministry of civil affairs, rural nursing homes without unified social credit codes cannot make institutional statistics, they need to be adjusted to community service institutions and facilities, and they can only be transferred back after applying unified social credit codes. 3.The reduction in the number of "Collecting and Repatriation Units" and " Funeral and Interment services Institutions" is due to the standardization of statistics by the ministry of civil affairs, and the deletion of organizations from the Statistical parameter that have not received the social unified credit code certificate.(the same applies to the next table)

23-12 社会福利机构工作人员
Staff Employed by Social welfare Institutions and Enterprises

单位：人 (person)

项　目	Item	2015	2016	2017	2018	2019
总　计	**Total**	**106069**	**112991**	**110743**	**111979**	**113177**
提供住宿的社会服务机构	Social Welfare Institutions with Accommodations	5666	6278	6473	7043	7576
社会福利企业	Social Welfare Enterprises	1882	1880	—	—	—
优抚事业单位	Administration Agencies for Martyrs	329	323	300	—	—
救助类单位	Collecting and Repatriation Units	494	463	393	388	353
殡仪服务单位	Funeral and Interment services Institutions	3660	3564	3726	3751	3837
彩票发行单位	Lottery Issuing Units	265	262	301	305	302
社区服务单位	Community Service Facilities	93773	100221	99550	100492	101109

注：2017年民政部统计年报取消福利企业统计。

Note: The annual report of the Ministry of Civil Affairs of 2017 cancelled the statistics of welfare enterprises.

23-13 社会服务及设施和民政事业发展主要指标
Main Indicators of Social Services & Facilities and Civil Administration Career Development

指 标	Item	2015	2016	2017	2018	2019
社区服务机构和设施数(个)	**Number of Community Service Institutions and Facilities**	**21623**	**23285**	**23139**	**23207**	**23525**
#城市社区服务机构和设施数	Number of Urban Community Service Institutions and Facilities	3452	5013	5494	5700	5933
#农村社区服务机构和设施数	Number of Rural Community Service Institutions and Facilities	18171	18272	17645	17507	17592
城镇便民利民服务网点(个)	Number of Urban Service Points for Civilian (unit)	15309	14599	—	—	—
乡镇敬老院覆盖率(%)	Coverage Rate of Villages and Town Elderly Welfare Homes(%)	93.1	93.9	94.0	94.4	94.6
提供住宿的社会服务机构床位数(张)	Number of Beds of Welfare Home (unit)	161327	188108	186841	186616	189783
提供住宿的社会服务机构床位利用率(%)	Using Rate of Bed(%)	40.5	36.2	36.1	36.71	45.84
享受城市低保人数(万人)	Number of Persons Receiving Lowest Cost of living in Urban Area (10000 persons)	40.00	35.82	31.50	34.09	48.82
城市低保生活保障支出(万元)	Expenditure of Lowest Cost of living in Urban Area(10000 yuan)	168125	164852.8	159150.8	173794	208169

注：1.为保持口径一致，提供住宿的社会服务机构床位数均为机构及设施在用床位数，不包括建成未投入使用的床位数。 2.城市社区服务设施数是指城市社区服务指导中心、城市社区服务中心、城市社区服务站、社区养老照料机构、城市其他社区服务机构和设施的总和。3.2019年起“城市社区服务设施数”改为“社区服务机构和设施数”。

Note: 1. In order to keep the same caliber, the number of beds for social service organizations providing accommodation is the number of beds for institutions and facilities in use, excluding those for the construction of unused beds. 2. "Number of Urban Community Service Facilities" refers to the total number of urban community service guidance centers, urban community service centers, urban community service stations, community old-age care institutions, and other community service institutions and facilities in the city.3. Starting from 2019, the number of community service facilities in urban areas is replaced by the number of community service institutions and facilities.

23-14 社会福利救济主要支出
Major Expenditures of Welfare Relief Funds

单位：万元 (10000 yuan)

指 标	Item	2015	2016	2017	2018	2019
总 计	**Total**	**1013671**	**1031479**	**1073998**	**926795**	**1073274**
优抚对象补助金额	Funds for Family Members of Martyrs and Disabled Veterans	138089	159311	168715	166455	152266
#国家支出	Government Funds	138089	159311	168715	166455	143745
传统救济对象的国家救济金额	Funds for Family Members of Traditional Relief	11928	10749	11863	9299	5605
最低生活保障支出	Expenditure for Persons Receiving Lowest Cost-of-living	786193	829746	868537	840993	867687
#城 市	For Urban Areas	168126	164853	159151	173794	208169
农 村	For Rural Areas	618067	664893	709386	667199	659518
提供住宿社会服务机构支出	Funds for Adopting Social Welfare Institution	33617	31673	24883	76504	47716
#国家支出	Government Funds	33617	31673	24883	76504	47716

注：1.因机构改革，优抚对象补助金额不再由省民政厅填报。 2.传统救济对象的统计口径2017年起变更为其他社会救助(含传统救济)，包括其他城市生活救助（含传统救济）和其他农村生活救助（含传统救济），反映除最低生活保障、临时救助、特困人员供养外的城乡生活困难居民生活救助支出。 3.优抚对象补助数据由省退役军人事务厅提供。

Note:1.Entitled groups including:death pension, disability pension, in the township demobilized, veterans living allowance, compulsory special allowances, special care and other expenses. 2.Traditional Relieves groups including:five guarantees, the city "three noes" rescue, vagrants and beggars,temporary relief, traditional Relief. 3. Data of "Funds for Family Members of Martyrs and Disabled Veterans" are provided by the Provincial Department of Veterans Affairs.

23-15 享受补助、救济人员

Persons Receiving Subsidies and Relief Funds

单位：万人 (10000 persons)

指　　标	Item	2015	2016	2017	2018	2019
城乡居民最低生活保障人数	**Number of Urban and Rural Residents Receiving Minimum Living Allowance**	**372**	**340.63**	**291.51**	**260.85**	**256.16**
城　市	Urban Area	40	35.82	31.50	34.09	48.82
农　村	Rural Area	332	304.81	260.01	226.76	207.34
传统救济人数	Number of Persons Receiving Traditional Relief Funds	2.38	2.13	2.03	1.96	0.86

23-16 殡葬服务情况

Funeral and Interment Services

指　　标	Item	2015	2016	2017	2018	2019
殡葬类单位数（个）	Number of Funeral and Interment Enterprises	148	126	123	122	116
从业人员（人）	Employed Persons(Porson)	3660	3564	3726	3751	3837
火化炉数（台）	Number of Cremators(unit)	136	169	178	191	206
火化数（万具）	Cremated Remains(10000 units)	8.11	9.22	9.61	10.76	11.75
#安葬数（万具）	Number of the Buried(10000 units)	2.37	2.89	3.04	3.47	4.54
火化率（%）	Cremation Rate(%)	39.80	40.00	40.60	43.67	47.48

注：1.安葬数为当年安葬数。2.根据民政部规范统计口径，将未办理统一社会信用代码证的机构不在机构台账中统计。

Note: 1. Number of the buried refers to the number in current year. 2. The ministry of civil affairs standardizes the scope of statistics and does not make statistics on institutions that have not dealt with unified social credit code certificate.

主要统计指标解释

公证员 指按照《公证法》规定，在公证机构从事公证业务的执业公证员、公证助理员、行政人员、其他人员。

办理公证文书 指公证处在一定时期内办结的公证文书件数。公证文书按司法部规定或批准的格式制作，包括国内公证和涉外公证两部分。国内公证分为经济合同公证和民事法律关系公证两大类。

人民调解人员 指人民调解委员会委员和人民调解委员会聘任的，负责对《人民调解法》规定人民调解委员会可以受理的民间纠纷进行调解的人员。

调解民间纠纷 是指人民调解委员会通过说服、疏导等方法，促成当事人在平等协商基础上自愿达成调解协议，解决民间纠纷的活动。

批准、决定逮捕 指人民检察院对公安机关、国家安全机关、监狱管理机关提出逮捕的犯罪嫌疑人进行审查，根据事实，依法做出逮捕决定。该指标主要反映人民检察院对提请逮捕犯罪嫌疑人进行审查后依法做出批准逮捕决定的情况。

青少年罪犯 指人民法院在报告期内判决发生法律效力的有罪判决中14周岁以上不满25周岁的罪犯。其中14周岁以上不满18周岁的罪犯为未成年罪犯。

基本养老保险参保人数 指报告期末按照国家法律、法规和有关政策规定参加基本养老保险并在社保经办机构已建立缴费记录档案的人数，包括中断缴费但未终止养老保险关系的职工人数，报告期末参加基本养老保险的离休、退休和退职人员，不包括只登记未建立缴费记录档案的人数。

基本医疗保险参保人数 指报告期末按国家有关规定参加基本医疗保险的人数。包括参加保险的职工人数和退休人员人数。

失业保险参保人数 指报告期末按照国家法律、法规和有关政策规定参加了失业保险的城镇企业事业单位的职工及地方政府规定参加失业保险的其他人员的人数。

工伤保险参保人数 指报告期末依据国家有关规定参加工伤保险的职工人数和有雇工的个体工商户的雇工数。

生育保险参保人数 指报告期末依据有关规定参加生育保险的职工人数。

城市社区服务设施数 是指社区服务站、社区服务中心、其他社区服务设施的总和。是面向老年人及家庭的商品递送、医疗保健、家庭保洁、日间照料、陪伴服务等为社区居家养老服务的设施和突出综合服务功能，如党员活动室、就业保障网络、社区卫生服务站、文化活动室、图书馆、“爱心超市”社区捐款接收站点、警务站（室）、老年活动室、未成年人文化活动场所等具有综合服务功能的设施。原则上，每个社区服务站设施的最低标准能满足社区居委会办公所需，并配置多功能社区活动场所，建筑面积不低于200平方米。在此基础上可根据社区居民的实际需求，重点强化若干类服务功能。

城市居民最低生活保障人数 指在报告期末家庭人均收入低于当地最低生活保障标准的持有非农业户口的城市居民家庭人员及国家规定有民政部门救济的特殊人员和60年代精减退职老职工救济人员等。

农村居民最低生活保障人数 指报告期末家庭年人均纯收入低于当地最低生活保障标准的农村居民，主要是因病残、年老体弱、丧失劳动能力以及生存条件恶劣等原因造成生活常年困难的农村居民。

Explanatory Notes on Main Statistical Indicators

Notary Personnel refers to judicial workers of the state notary offices handling notarization work according to law. They include notaries, assistant notaries,administrators and other people working for notary offices.

Notarized Documents refer to the number of notarial documents that the notary has gone through within a certain period. The notary documents are drawn up in accordance with the regulations of the Ministry of Justice, including domestic documents and foreign-related documents.Domestic documents are divided into two major categories, documents on economic contracts and documents on civil legal relations.

Mediators refer to workers on peoples mediation committees responsible for mediating in civil disputes and cases of slight infraction of the law. They include members of the mediation committees and mediators of mediation groups.

Mediation of civil disputes refers to the people's mediation committee through persuasion, persuasion and other methods, to facilitate the parties to reach a voluntary agreement on the basis of equality, the settlement of civil disputes.

Approval for Arrest refers to the decision made by people's procurator ate office, in accordance with the law and relevant facts, to approve the arrest of the suspect(s) as proposed by the public security departments, state security departments or prisons authority. This indicator reflects approved arrests made by people's procuratorate offices that are proposed by related departments.

Juvenile Criminals refers to the offenders within the age range of 14 to 25 convicted guilty by the court during the reporting period while those between 14 and 18 are defined as minor offenders.

Number of Basic Pension Insurance refer to the people participating in the basic pension insurance program according to national laws, regulations and related policies at the end of the reference period, who have already had payment records in social security management agencies, including those who have interrupt payment without terminating the insurance program. Those who have registered in the program but with no payment records are not included.

Number of Basic Medical Care Insurance refers to the number of people participating in the basic medical care insurance program according to related regulations as at the end of reference period, including number of staff and workers and retirees participating in this insurance program.

Number of Unemployment Insurance refers to the number of staff and workers in urban enterprises or institutions who have participated in the unemployment insurance program according to relevant policies and regulations, and other people who have participated according to local government regulations, as at the end of reference period.

Number of Work Injury Insurance refers to the number of staff and workers who have participated in the work injury insurance program according to relevant national regulations and hirelings who were hired by individual industrial and commercial households.

Number of Maternity Insurance refers to the number of staff and workers who have participated in the maternity insurance program according to relevant regulation at the end of the reporting period.

Number of Service Facilities in Urban Communities refers to community service centers, community service centers, other community service facilities combined. Is for the elderly and home delivery of goods, health care, household cleaning, day care, companionship services, home care services for community facilities and outstanding comprehensive service functions, such as Party member activity room, employment security networks, community health service stations, cultural activities room, library, "love supermarket" community donations receiving stations, police stations (room), old activity room, minors and other cultural activities with comprehensive service functions of the facility. In principle, each community service station facilities to meet the minimum standards required for community neighborhood committee office, and configure the multi-purpose community activities, building area of not less than 200 square meters. On this basis, according to the actual needs of community residents, can focus on enhancing certain types of services.

Number of Urban Residents Entitled to Minimum Living Allowances refers to urban residents who hold non-agricultural household registration and whose per capita income is lower than the local minimum living standard by the end of the reporting period, and special staff who were relieved by states provide State regulations and the District Department and 1960s streamline relief workers older workers retire, etc.

Number of Rural Residents Entitled to Minimum Living Allowances refers to the number of those receiving the minimum living allowances from the local government or community in the rural areas where this allowances system is in place as of the end of the reporting period, and rural residents who live in perennial difficulties, mainly due to illness and disability, old age and incapacitation, loss of working ability and poor living conditions and other causes.

民族自治地方

Minority Nationality Autonomous Areas

24

简 要 说 明

一、主要内容

木篇资料主要反映全省民族自治地方经济社会发展情况。

二、资料来源

部分资料根据省民宗委《2019 民族自治地方统计报表制度》加工、整理。

本篇资料由省统计局根据部门资料加工编辑。

Brief Introduction

I. Main Contents

Data in this chapter present the social and economic development of ethnic minority autonomous regions of Guizhou.

II. Sources of Data

Some of the data are processed and edited according to the 2019 Statistical Statement System of Ethnic Autonomous Areas issued by the Provincial Committee of Ethnic and Religious Affair.

Data in this table are processed and edited by Guizhou Provincial Bureau of Statistics according to departmental data.

24-1 民族自治地方行政区划

Administrative Division of Minority Nationality Autonomous Areas

单位：个 (unit)

民族自治州(县)名称	Autonomous Prefecture(County)	地级 Prefectural Level	县级 County Level	#县级市 City at County Level	成立时间 Time of Come into Existence	土地面积(平方公里) Total Land Area(sq.km)
黔西南布依族苗族自治州	Qianxinan(Bouyei & Miao)Autonomous State	1	8	1	1982年05月01日	16804
黔东南苗族侗族自治州	Qiandongnan(Miao & Dong)Autonomous State	1	16	1	1956年07月23日	30337
黔南布依族苗族自治州	Qiannan(Bouyei & Miao)Autonomous State	1	12	2	1956年08月08日	26197
道真仡佬族苗族自治县	Daozhen(Gelao & Miao)Autonomous County		1		1987年11月29日	2156
务川仡佬族苗族自治县	Wuchuan(Gelao & Miao)Autonomous County		1		1987年11月26日	2773
镇宁布依族苗族自治县	Zhenning(Bouyei & Miao)Autonomous County		1		1963年09月11日	1703
关岭布依族苗族自治县	Guanling(Bouyei & Miao)Autonomous County		1		1981年12月31日	1468
紫云苗族布依族自治县	Ziyun(Miao & Bouyei)Autonomous County		1		1966年02月11日	2284
威宁彝族回族苗族自治县	Weining(Yi,Hui & Miao)Autonomous County		1		1954年11月11日	6296
玉屏侗族自治县	Yuping(Dong)Autonomous County		1		1984年11月07日	516
印江土家族苗族自治县	Yinjiang(Tujia & Miao)Autonomous County		1		1987年11月20日	1961
沿河土家族自治县	Yanhe(Tujia)Autonomous County		1		1987年11月23日	2469
松桃苗族自治县	Songtao(Miao)Autonomous County		1		1956年12月31日	2861
三都水族自治县	Sandu(Shui)Autonomous County		1		1957年01月02日	2384

注：资料来源于省民政厅。
Note: Data in the table are provided by the Provincial Department of Civil Affairs.

24-2 少数民族分布

Geographic Distribution of Minority Nationalities

民族	Nationality	分布的主要地区	Main Geographic Distribution
苗族	Miao	黔东南州、黔南州、黔西南州、松桃县、紫云县、务川县、水城县	Qiandongnan,Qiannan,Qianxinan,Songtao,Ziyun Wuchuan,Shuicheng
布依族	Bouyei	黔南州、黔西南州、镇宁县、紫云县	Qiannan,Qianxinan,Zhenning,Ziyun
侗族	Dong	黔东南州、玉屏县、碧江区、石阡县	Qiandongnan,Yuping,Bijiang,Shiqian
土家族	Tujia	铜仁市	Tongren
彝族	Yi	毕节市、六盘水市	Bijie,Liupanshui
仡佬族	Gelao	遵义市、关岭县、石阡县	Zunyi,Guanling,Shiqian
水族	Shui	三都县	Sandu
回族	Hui	威宁县、兴仁市、平坝区、兴义市	Weining,Xingren,Pingba,Xingyi
白族	Bai	毕节市、盘州市	Bijie,panahou
瑶族	Yao	黔东南州、荔波县	Qiandongnan,Libo
壮族	Zhuang	从江县、独山县、荔波县、都匀市	Congjiang,Dushan,Libo,Duyun
畲族	She	凯里市、麻江县、都匀市、福泉市	Kaili,Majiang,Duyun,Fuquan
毛南族	Maonan	平塘县、独山县、惠水县	Pingtang,Dushan,Huishui
蒙古族	Mongolian	毕节市、石阡县、思南县	Bijie,Shiqian,Sinan
仫佬族	Mulam	凯里市、麻江县、黄平县	Kaili,Majiang,Huangping
满族	Man	黔西县、大方县、金沙县、云岩区	Qianxi,Dafang,Jinsha,Yunyan
羌族	Qiang	石阡县、江口县	Shiqian,Jiangkou

24-3 民族自治地方经济社会主要指标
Major Social and Economic Indicators of Minority Nationality Autonomous Areas

指 标	Item	2015	2016	2017	2018	2019	2019年比2018年增长(%) Increase Rate in 2019 over 2018(%)
人口	**Population**						
年末常住人口(万人)	Number of Resident Population at Year-end (10000 persons)	1357.77	1365.49	1372.93	1376.13	1379.78	0.3
#少数民族人口	Minority Population	875.76	1079.86	1075.43	1102.95	1118.51	1.4
地区生产总值	**Gross Domestic Product**						
地区生产总值(亿元)	Gross Domestic Product(100 million yuan)	3327.29	3813.68	4243.99	4628.88	5100.23	8.4
财政、金融	**Government Finance and Banking**						
一般公共预算收入(亿元)	General Public Budget Revenue (100 million yuan)	361.86	387.42	376.36	360.27	331.72	-7.9
一般公共预算支出(亿元)	General Public Budget Expenditure (100 million yuan)	1226.29	1327.22	1481.37	1585.05	1724.10	8.8
金融机构人民币各项存款余额(亿元)	Total Savins Deposit Balance at Year-end (100 million yuan)	4100.77	5301.08	5910.04	5842.12	5749.04	-1.6
#住户存款	Urban and Rural Resident Savings Deposit Balance	1989.58	2339.21	2653.40	3168.56	—	—
金融机构人民币各项贷款余额(亿元)	Total Loan Balance at Year-end (100 million yuan)	2751.04	3489.23	4271.76	5100.74	5918.23	16.0
农业	**Agriculture**						
农林牧渔业增加值(亿元)	Gross Output Value of Farming,Forestry,Animal	729.74	849.73	928.44	1002.30	1065.61	5.9
粮食产量(万吨)	Grain Output(10000 tons)	522.88	530.75	522.43	522.30	483.30	-7.5
油菜籽产量(万吨)	Output of Rapeseeds(10000 tons)	31.23	32.57	39.62	33.95	31.89	-6.1
大牲畜存栏数(万头)	The Number of Cattle and Buffaloes in Stock(year-end)(10000 heads)	242.72	269.11		394.32	262.87	-33.3
猪年底存栏数(万头)	Hogs(year-end)(10000 heads)	608.40	635.93	666.08	631.42	514.04	-18.6
羊年底存栏数(万只)	Sheep and Goats(year-end)(10000 heads)	160.71	204.97		257.22	197.77	-23.1
工业（规模以上）	**Industry**						
企业数（个）	Number of enterprises(unit)	1694	2010	2059	2154	1910	-11.3
主营业务收入（亿元）	Revenue from Principal Business (100 million yuan)				2255.99	2241.72	-0.6
运输邮电	**Transportation, Post and Telecommunication**						
公路里程(公里)	Length of Highways(km)	107834	92568	94960	99169	101030	1.9
邮电业务总量（亿元）	Business Volume of Post and Telecommunications (100 million yuan)				183.46		
商业	**Trade**						
社会消费品零售总额(亿元)	Total Retail Sales of Consumer Goods (100 million yuan)	833.34	942.95	1057.00	1127.84		
人均水平	**Per Capita Standard of Living**						
人均地区生产总值(元)	Per Capita Gross Domestic Product(yuan)	24524	28008	30912	33160	36964	6.8
人均一般公共预算收入	Per Capita General Public Budget Revenue(yuan)	2667	2837	2741	2621	2407	-8.2
人均储蓄(元)	Per Capita Urban and Rural Resident Savings(yuan)	14664	17179	19327	23025	22664	-1.6

注：1.部分数据取自省民宗委《2019民族自治地方统计报表制度》（以下相关表同）。2.规模以上工业统计口径为年主营业务收入2000万元及以上工业企业。3.人均水平数据按常住半年人口计算。

Note: 1.Partial data in this table are obtained from Statistical Report System of National Autonomous Areas 2018 of Ethnic and Religious Affairs Commission of Guizhou Privince (the relative tables in the chapter are the same) .2.The statistical caliber of industrial above designated size are the ones whose main business income is over 20 million yuan. 3.Data of per capita standard of living are calculated according to resident population staying at home for 6 months.

24-4 民族自治地方经济社会主要指标(2019)
Major Social and Economic Indicators of Minority Nationality Autonomous Areas

指 标	Item	民族自治地方 Minority Nationality Autonomous Areas	民族自治州 Minority Nationality Autonomous Prefecture	民族自治县 Minority Nationality Autonomous County
人口	**Population**			
年末常住人口(万人)	Number of Population at The Year-end (10000persons)	1379.78	973.92	433.05
#少数民族人口	Minority Population	1118.51	806.66	348.93
人口密度(人/平方公里)	Population Density(person/sq.km)	140.27	132.90	157.58
地区生产总值(亿元)	**Gross Domestic Product(100 million yuan)**	**5100.23**	**3913.88**	**1270.53**
第一产业增加值	Value-added of Primary Industry	1013.36	681.15	354.16
第二产业增加值	Value-added of Secondary Industry	1509.85	1252.70	280.42
第三产业增加值	Value-added of Tertiary Industry	2577.02	1980.03	635.95
农业	**Agriculture**			
乡村从业人口(万人)	Rural Employed population(10000 persons)	863.23	621.51	260.73
农用机械总动力(万千瓦)	Total power of Agricultural machinery(10000 kw)	1177.52	919.37	281.15
化肥使用量(折纯量)(万吨)	Consumption of Chemical Fertilizers(10000 tons)	34.10	22.49	11.99
有效灌溉面积(千公顷)	Effective Irrigated Areas(1000 hectares)	593.91	432.71	173.16
农作物播种面积(千公顷)	Total Sown Areas (1000 hectares)	2416.26	1670.60	796.12
#粮 食	Grain	1112.54	721.57	410.76
油料作物	Rapeseeds	310.42	233.04	83.89
粮食总产量(万吨)	Total Grain Yield(10000 tons)	483.30	326.18	165.97
油菜籽产量(万吨)	Output of Rapeseeds(10000 tons)	31.89	23.29	9.63
烤烟产量(万吨)	Output of Flue -cured Tobacco (10000 tons)	10.84	6.01	4.83
茶叶产量(万吨)	Output of Tea (10000 tons)	7.82	5.82	2.21
当年造林面积(千公顷)	Afforested Areas(1000 hectares)	180.69	116.70	65.52
牲畜当年存栏数	The Number of Total Livestock			
大牲畜(万头)	Cattle and Buffaloes(10000 heads)	262.87	163.89	105.75
猪(万头)	Hogs(10000 heads)	514.04	305.11	218.66
羊(万只)	Sheep and Goats(10000 heads)	197.77	102.50	96.55
牲畜当年出栏数	Number of Slaughtered Animals			
大牲畜(万头)	Cattle and Buffaloes(10000 heads)	89.72	56.13	35.48
猪(万头)	Hogs(10000 heads)	719.03	442.86	287.60
羊(万只)	Sheep and Goats(10000 heads)	152.06	82.21	70.60
肉类总产量(万吨)	Output of Meat(10000 tons)	90.68	56.54	35.61
水产品产量(万吨)	Total Aquatic Products(10000 tons)	12.79	8.84	4.24
农林牧渔业增加值(亿元)	Gross Output Value of Farming,Forestry,Animal Husbandry and Fishery(100 million yuan)	1065.61	716.59	371.77

24－4 续表 continued

指标	Item	民族自治地方 Minority Nationality Autonomous Areas	民族自治州 Minority Nationality Autonomous Prefectures	民族自治县 Minority Nationality Autonomous Counties
#农业	Farming	682.49	450.95	246.51
林业	Forestry	91.69	69.43	24.18
牧业	Animal Husbandry	220.31	147.81	76.92
渔业	Fishery	19.00	12.96	6.68
工业(规模以上)	**Industry(above designated size)**			
企业单位数(个)	Number of Enterprises(unit)	1910.00	1582.00	365.00
主营业务收入(亿元)	Revenue from Principal Business (100 million yuan)	2241.72	1888.84	377.43
利润总额(亿元)	Total Profits(100 million yuan)	116.56	86.82	31.21
商业	**Trade**			
社会消费品零售总额(亿元)	Total Retail Sales of Consumer Goods (100 million yuan)			324.10
财政、金融	**Government Finance and Banking**			
一般公共预算收入(亿元)	General Public Budget Revenue (100 million yuan)	331.72	281.10	53.36
一般公共预算支出(亿元)	General Public Budget Expenditure (100 million yuan)	1724.10	1305.66	451.55
金融机构人民币各项存款余额(亿元)	Total Savins Deposit Balance at Year-end (100 million yuan)	5749.04	4543.45	1298.03
#个人储蓄存款	Urban and Rural Resident Savings Deposit Balance	3122.97	2399.68	779.11
金融机构人民币各项贷款余额(亿元)	Total Loan Balance at Year-end (100 million yuan)	5918.23	4625.58	1397.78
交通运输	**Traffic**			
公路里程(公里)	Length of Highways(km)	101030.90	67322.00	37040.50
邮电、通讯	**Post and Telecommunications**			
邮路总长度(公里)	Length of Postal Routes(km)	31423.50	23530.50	8673.00
农村投递线路总长度(公里)	Rural Delivery Routes(km)		57951.80	
互联网宽带接入用户(万户)	Number of Fixed Telephone Subscribers at the Year-end (10000 units)	641.15	518.38	130.86

24-5 民族自治地方一般公共预算收入(2019)

General Public Financial Budget Revenue of Minority Nationality Autonomous Areas

单位：万元 (10000 yuan)

指 标	Item	民族自治地方 Miniority Nationality Autonomous Area	民族自治州 Nationality Minority Autonomous Prefecture	民族自治县 Minority Nationality Autonomous County
一般公共预算收入	**General Public Budget Revenue**	**3317218**	**2811034**	**533609**
税收收入	**Tax Revenue**			
#增值税	Value-added Tax	722842	624584	105225
企业所得税	Corporate Income Tax	192354	169468	25051
个人所得税	Individual Income Tax	57932	48180	10025
资源税	Resource Tax	56328	51327	5227
城市维护建设税	City Maintenance and Construction Tax	128011	114327	14650
土地增值税	Land Appreciation Tax	255241	221573	34326
契 税	Deed Tax	237535	195405	43182
非税收入	**Non-tax Revenue**			
#专项收入	Special Program Receipts	143169	108202	35964
行政事业性收费收入	Change of Administrative and Institutional Units	282914	254726	29903
罚没收入	Penalty Receipts	238728	207891	33014
国有资本经营收入	Operation Income of State-owned Assets	16928	16928	

注：资料来源于省财政厅(下表同)。
Note:Data in the table are obtained from Guizhou Provincial Finance Department(the same applies to the next table).

24-6 民族自治地方一般公共预算支出(2019)

General Public Budget Expenditure of Minority Nationality Autonomous Areas

单位：万元 (10000 yuan)

指 标	Item	民族自治地方 Miniority Nationality Autonomous Area	民族自治州 Minority Nationality Autonomous Prefecture	民族自治县 Minority Nationality Autonomous County
一般公共预算支出	**General Public Financial Budget Expenditure**	**17241013**	**13056575**	**4515529**
#一般公共服务	Expenditure for General Public Service	2252400	1750857	536476
国 防	Expenditure for National Defense	6631	5067	1564
公共安全	Expenditure for Public Security	712081	578061	143766
教 育	Expenditure for Education	3643937	2687267	1032018
科学技术	Expenditure for Science and Technology	302221	226369	83393
文化体育与传媒	Expenditure for Culture,Sports and Media	195918	163402	35785
社会保障和就业	Expenditure for Social Safety Net and Employment Effort	1754908	1284759	496271
医疗卫生	Expenditure for Medical and Health Care	1823060	1505119	342407
节能环保	Energy Saving and Environment Protection	755831	511243	255900
城乡社区事务	Urban and Rural Community Affairs	1079273	736010	348588
农林水事务	Agriculture,Forestry and Water Conservancy	2608195	1968728	716108
交通运输	Transportation	406478	327989	85356

市(州)、县(市、区、特区)资料

25

Main Statistics of City (State,Prefecture) and County (City,District,Special Region)

简 要 说 明

一、主要内容

本篇资料主要反映全省市（州）、县（市、区、特区）经济社会发展基本情况。

二、资料来源

本篇资料分别由省统计局、国家统计局贵州调查总队、省公安厅、省人力资源社会保障厅、省财政厅、省农业农村厅、中国人民银行贵阳中心支行、省交通运输厅、省通信管理局、省邮政管理局、省教育厅、省卫生健康委员会等单位提供。

Brief Introduction

I. Main Contents

Data in this chapter present the social and economic development of city (prefecture), county (city, district or special administrative region).

II. Sources of Data

Data in this chapter are provided respectively by Guizhou Provincial Bureau of Statistics, Guizhou Survey of NBS,Provincial Department of Public Security, Provincial Department of Human resources and Social Security, Provincial Finance Bureau, Provincial Department of Agriculture and Rural Affairs and Guiyang Central Sub-branch of The People's Bank of China, Guizhou Provincial Department of Transportation, Communications Administation, Provincial Postal Administation,Provincial Department of Education, and Provincial Health Commission.

Brief Introduction

25－1 各市(州)地区生产总值及增速(2019)

Gross Domestic Product and Its Increase Rates by Region

市（州）名称	City (Autonomous Prefectures)	地区生产总值 Gross Domestic Product	第一产业增加值 Primary Industry	第二产业增加值 Secondary Industry	#工业 Industry	第三产业增加值 Tertiary Industry	人均地区生产总值(元) Per Capita Gross Domestic Product(yuan)
绝对数（亿元）	**Level (100 million yuan)**						
贵阳市	Guiyang	4039.60	161.34	1495.41	869.00	2382.85	81995
六盘水市	Liupanshui	1265.97	154.76	582.43	512.24	528.78	43003
遵义市	Zunyi	3483.32	431.87	1592.79	1417.48	1458.66	55411
安顺市	Anshun	923.94	157.19	292.14	232.12	474.61	39177
毕节市	Bijie	1901.36	439.36	520.67	403.55	941.33	28378
铜仁市	Tongren	1249.16	254.89	325.87	216.23	668.40	39298
黔西南州	Qianxinan	1272.80	226.88	444.58	330.12	601.34	44212
黔东南州	Qiandongnan	1123.04	223.73	253.74	139.69	645.57	31678
黔南州	Qiannan	1518.04	230.54	554.38	429.08	733.12	46048
比上年增长(%)	**Composition(%)**						
贵阳市	Guiyang	7.4	5.6	8.2	6.5	7.0	5.6
六盘水市	Liupanshui	7.5	5.7	8.7	9.0	6.6	7.0
遵义市	Zunyi	9.7	5.5	12.3	12.4	8.0	9.2
安顺市	Anshun	8.1	5.7	9.6	10.9	7.8	7.6
毕节市	Bijie	8.0	5.7	6.8	5.9	9.9	7.5
铜仁市	Tongren	8.0	5.9	7.0	5.2	9.6	7.5
黔西南州	Qianxinan	9.8	6.0	12.1	11.7	9.5	9.3
黔东南州	Qiandongnan	8.4	5.7	8.1	6.2	9.5	7.9
黔南州	Qiannan	7.9	5.5	10.4	10.8	6.7	7.6

注：表中绝对数按当年价格计算，增长速度按可比价格计算。

Note: Data of absolute figures in the table are calculated at current prices, and increase rates are calculated at comparable prices.

25-2 各市(州)年末常住人口
Permanent Population at the year-end by Region

单位：万人 (10000 persons)

市(州)名称	City (State)	2015	2016	2017	2018	2019
贵 阳 市	Guiyang	462.18	469.68	480.20	488.19	497.14
六盘水市	Liupanshui	288.99	290.69	292.41	293.73	295.05
遵 义 市	Zunyi	619.21	622.84	624.83	627.07	630.20
安 顺 市	Anshun	231.35	232.86	234.44	235.31	236.36
毕 节 市	Bijie	660.61	664.18	665.97	668.61	671.43
铜 仁 市	Tongren	312.24	314.07	315.69	316.88	318.85
黔西南州	Qianxinan	282.16	283.82	286.00	287.17	288.60
黔东南州	Qiandongnan	348.54	350.74	352.37	353.83	355.20
黔 南 州	Qiannan	324.22	326.12	328.09	329.21	330.12

25-3 各市(州)户籍人口

Household Registered Population by Region

市(州)名称	City (Autonomous Prefectures)	总户数(万户) Total Number of Household (10000 households)		平均每户人数(人) Population of Per Household(person)	
		2019	2018	2019	2018
贵 阳 市	Guiyang	135.32	130.31	3.16	3.21
六盘水市	Liupanshui	105.26	105.31	3.36	3.31
遵 义 市	Zunyi	251.11	247.86	3.26	3.28
安 顺 市	Anshun	90.31	89.77	3.40	3.39
毕 节 市	Bijie	255.75	254.22	3.67	3.66
铜 仁 市	Tongren	135.58	134.84	3.29	3.29
黔西南州	Qianxinan	104.33	103.89	3.54	3.51
黔东南州	Qiandongnan	135.30	137.27	3.58	3.51
黔 南 州	Qiannan	130.65	130.16	3.27	3.26

注：资料来源于省公安厅(下表同)。

Note:Data in the table are obtained from Provincial Department the Public Security (the same applies to the next table).

25-3 续表 Continued

单位：万人 (10000 persons)

市(州)名称	City (Autonomous Prefectures)	年末人口数 Total Population at The Year-end		按性别分 Grouped by sex			
				男 Male		女 Female	
		2019	2018	2019	2018	2019	2018
贵 阳 市	Guiyang	427.83	418.45	214.66	210.42	213.16	208.03
六盘水市	Liupanshui	353.21	348.55	185.89	183.60	167.33	164.95
遵 义 市	Zunyi	819.00	812.75	426.95	423.64	392.05	389.11
安 顺 市	Anshun	307.07	304.44	159.05	157.68	148.02	146.77
毕 节 市	Bijie	937.76	930.28	492.18	488.13	445.58	442.15
铜 仁 市	Tongren	446.38	443.86	234.96	233.48	211.42	210.37
黔西南州	Qianxinan	368.81	365.17	191.71	190.06	177.10	175.11
黔东南州	Qiandongnan	484.73	481.19	258.79	257.36	225.94	223.83
黔 南 州	Qiannan	426.65	423.94	222.72	221.35	203.94	202.59

25-4 各市(州)非私营单位在岗职工年平均人数、年平均工资(2019)

Number of Staff and Workers and Their Annual Average Wages in Non-private units by Region

市(州)名称	City (Autonomous Prefectures)	合 计 Total	国有经济 State -owned units	城镇集体经济 Urban Collective-owned Units	其他经济类型 Units of Other Types of Ownership	2019年比2018年增长(%) Increase Rate in 2019 over 2018(%)
在岗职工年平均人数(万人)	**Annual Average of Staff and Workers (10000 persons)**	**286.01**	**141.56**	**2.51**	**141.94**	**4.6**
贵 阳 市	Guiyang	98.85	26.59	0.80	71.46	6.2
六盘水市	Liupanshui	21.03	8.14	0.08	12.81	2.0
遵 义 市	Zunyi	42.70	24.20	0.31	18.19	8.3
安 顺 市	Anshun	16.78	8.62	0.17	7.99	0.6
毕 节 市	Bijie	30.34	20.95	0.28	9.11	-0.5
铜 仁 市	Tongren	18.31	13.73	0.25	4.33	5.6
黔西南州	Qianxinan	14.94	10.08	0.09	4.77	7.2
黔东南州	Qiandongnan	22.07	16.24	0.28	5.55	4.0
黔 南 州	Qiannan	20.98	13.01	0.24	7.73	1.2
年平均工资(元)	**Annual Average Wages (yuan)**	**87970**	**93814**	**60996**	**82619**	**6.5**
贵 阳 市	Guiyang	92650	103915	50956	88926	12.1
六盘水市	Liupanshui	84719	103791	47735	72844	2.3
遵 义 市	Zunyi	94644	93831	73044	96088	7.4
安 顺 市	Anshun	80727	97443	65011	63032	3.1
毕 节 市	Bijie	80046	85016	79031	68651	9.4
铜 仁 市	Tongren	82090	86608	63858	68822	-5.1
黔西南州	Qianxinan	93360	103302	43748	73307	-0.7
黔东南州	Qiandongnan	81893	86346	56153	70158	0.6
黔 南 州	Qiannan	80540	88234	69018	67943	1.8

25-5 各市(州)社会消费品零售总额增速
Growth Rate of Total Retail Sales of Social Consumer Goods by Region

单位：% (%)

市(州)名称	City (Autonomous Prefectures)	2018	2019
贵阳市	Guiyang	8.0	7.9
六盘水市	Liupanshui	7.8	10.2
遵义市	Zunyi	8.7	7.0
安顺市	Anshun	8.1	9.1
毕节市	Bijie	8.5	8.9
铜仁市	Tongren	8.2	7.4
黔西南州	Qianxinan	8.8	8.7
黔东南州	Qiandongnan	7.9	7.8
黔南州	Qiannan	8.3	9.1

25-6 各市(州)能源利用效率(2019)
Energy Using Efficiency by Region

市(州)名称	City (Autonomous Prefectures)	单位地区生产总值能耗(吨标准煤/万元) Energy Consumption Per Unit of GDP(ton of SEC/10000 yuan)	单位地区生产总值能耗比上年增长(%) Growth Rate of Energy Consumption Per Unit of GDP over Preceding Year(%)	单位地区生产总值电耗(千瓦时/万元) Electricity Consumption Per Unit of GDP (KWh/10000 yuan)	单位地区生产总值电耗比上年增长(%) Growth Rate of Electricity Consumption Per Unit of GDP over Preceding Year(%)
贵阳市	Guiyang	0.61	-3.65	794	0.3
六盘水市	Liupanshui	1.36	-4.40	913	-3.6
遵义市	Zunyi	0.55	-4.41	776	3.0
安顺市	Anshun	0.67	-5.67	840	-5.1
毕节市	Bijie	0.68	-4.16	638	3.5
铜仁市	Tongren	0.62	-3.15	865	5.1
黔西南州	Qianxinan	0.66	-4.00	997	-16.6
黔东南州	Qiandongnan	0.82	-7.89	922	-7.4
黔南州	Qiannan	0.63	-4.40	912	-5.7

注：2018年单位地区生产总值能耗及电耗均按照调整后的地区生产总值重新计算，同比增速不变。但因数据调整，2019年数与2018年不可比。

Note: Energy consumption and electricity consumption per unit of GDP of 2018 were recalculated according to the adjusted GDP, with the year-on-year growth rate unchanged.However, due to the adjustment of the data, the 2019 figure is not comparable to 2018.

25-7 各市(州)一般公共预算收入(2019)

General Public Financial Budget Revenue by Region

市(州)名称	City (Autonomous Prefectures)	一般公共预算收入(亿元) General Public Budget Revenue(100 million yuan)	#增值税 Value Added Tax	#企业所得税 Corporate Income Tax	#个人所得税 Individual Income Tax	#土地增值税 Land Appreciation Tax	#专项收入 Special Program Receipts	2019年比2018年增长(%) Increase Rate in 2019 over 2018(%)
贵阳市	Guiyang	417.26	120.34	46.43	14.11	29.33	39.87	1.4
六盘水市	Liupanshui	106.81	24.42	4.19	2.16	7.87	3.29	-24.6
遵义市	Zunyi	254.45	96.08	20.79	6.45	12.43	16.84	0.9
安顺市	Anshun	64.65	15.28	4.58	1.21	3.72	2.40	-16.4
毕节市	Bijie	130.25	29.07	7.74	2.18	9.57	10.50	0.1
铜仁市	Tongren	63.55	17.52	3.71	1.31	4.15	2.99	-8.2
黔西南州	Qianxinan	109.69	18.20	5.71	1.65	11.78	3.06	-7.0
黔东南州	Qiandongnan	60.76	17.75	4.46	1.53	3.39	3.08	-8.5
黔南州	Qiannan	110.65	26.51	6.78	1.63	6.99	4.68	-7.2

注：资料来源于省财政厅(下表同)。

Note:Data in the table are obtained from Guizhou Provincial Financial Department(the same applies to the next table).

25-8 各市(州)一般公共预算支出(2019)

General Public Budget Expenditure by Region

市(州)名称	City (Autonomous Prefectures)	一般公共预算支出(亿元) General Public Financial Budget Expenditure (100 million yuan)	#一般公共服务 Expenditure for General Public Service	#教育 Expenditure for Education	#科学技术 Expenditure for Science and Technology	#文化体育与传媒 Expenditure for Culture, Sports and Media	#社会保障和就业 Expenditure for Social Security and Employment	#医疗卫生 Expenditure for Medical and Health Care	#节能环保 Expenditure for Energy Saving and Environmental Protection	#农林水事务 Expenditure for Agriculture, Forestry and Water Conservancy	2019比2018年增长(%) Increase Rate in 2019 over 2018(%)
贵阳市	Guiyang	718.82	111.88	126.83	28.46	8.31	54.20	49.72	19.00	41.62	15.2
六盘水市	Liupanshui	321.31	25.15	78.71	5.51	3.15	32.68	40.64	22.96	26.04	-0.7
遵义市	Zunyi	747.20	70.63	152.52	10.31	8.81	73.78	88.00	22.62	92.81	10.3
安顺市	Anshun	300.51	30.40	55.16	4.39	2.57	29.91	32.31	9.88	30.26	10.0
毕节市	Bijie	689.00	54.56	161.16	18.55	6.02	80.36	85.08	30.26	80.35	19.9
铜仁市	Tongren	442.66	54.74	96.06	6.43	4.18	53.39	52.91	16.29	56.80	8.1
黔西南州	Qianxinan	384.12	50.01	87.58	8.45	6.43	37.03	37.27	16.48	54.34	1.1
黔东南州	Qiandongnan	489.65	73.57	94.94	5.42	5.56	46.69	60.79	13.98	79.82	21.3
黔南州	Qiannan	431.88	51.50	86.20	8.76	4.35	44.76	52.46	20.66	62.72	4.1

25-9 各市(州)金融机构人民币各项存贷款余额(2019)

Saving Deposits and Loans Balance of Financial Institutions by Region

单位：亿元 (100 million yuan)

市(州) 名 称	City (Autonomous Prefectures)	金融机构人民币 各项存款余额 Total Deposits	#个人储蓄存款 Personal Savings Deposits	金融机构人民币 各项贷款余额 Total Loans
贵 阳 市	Guiyang	11936.17	2597.89	14057.59
六盘水市	Liupanshui	1312.38	645.47	1425.43
遵 义 市	Zunyi	5012.93	1980.96	3904.06
安 顺 市	Anshun	1088.77	546.72	1077.40
毕 节 市	Bijie	1902.14	1006.13	1860.07
铜 仁 市	Tongren	1371.17	752.27	1484.43
黔西南州	Qianxinan	1474.83	663.12	1376.03
黔东南州	Qiandongnan	1462.70	908.46	1439.49
黔 南 州	Qiannan	1605.92	828.11	1810.06

注：资料来源于中国人民银行贵阳中心支行。

Note: Data in the table are obtained from the People's Bank of China Guiyang Branch.

25-10 各市(州)城镇常住居民家庭人均年收支(2019)

Per capita Income and Expenditure of Urban Resident by Region

单位：元 (yuan)

市(州) 名 称	City (Autonomous Prefectures)	城镇常住居民 人均可支配收入 Per Capita Annual Disposable Income of Urban Resident	2019年比2018年 增长（%） Increase Rate in 2018 over 2017(%)	城镇常住居民 人均消费性支出 Per Capita Annual Consumption Expenditnre of Urban Resident	2019年比2018年 增长（%） Increase Rate in 2019 over 2018(%)
贵 阳 市	Guiyang	38240	8.9	29151	3.2
六盘水市	Liupanshui	33048	8.8	20915	7.7
遵 义 市	Zunyi	35352	9.4	22506	16.5
安 顺 市	Anshun	32345	9.0	21378	6.6
毕 节 市	Bijie	32638	9.2	18716	9.0
铜 仁 市	Tongren	32158	9.3	21450	9.7
黔西南州	Qianxinan	33309	9.5	21461	6.9
黔东南州	Qiandongnan	32752	8.7	19203	12.2
黔 南 州	Qiannan	33969	9.1	20789	10.3

注：增长速度未扣除价格因素（下表同）。

Note: The Increase Rate has not deducted price factors (the same applies in the following tables).

25−11 各市(州)农村常住居民家庭人均年收支(2019)

Per Capita Net Income and Living Expenditure of Rural Households by Region

单位：元 (yuan)

市(州)名称	City (Autonomous Prefectures)	农村常住居民人均可支配收入 Annual Per Capita Disposable Income of Rural Households	2019年比2018年增长(%) Increase Rate in 2018 over 2017 (%)	农村常住居民人均生活消费支出 Annual Per Capita Living Expenditures of Rural Households	2019年比2018年增长(%) Increase Rate in 2019 over 2018 (%)
贵 阳 市	Guiyang	17275	10.4	14357	9.1
六盘水市	Liupanshui	11043	10.8	9861	9.7
遵 义 市	Zunyi	13565	10.6	12712	15.0
安 顺 市	Anshun	10896	10.5	9888	9.4
毕 节 市	Bijie	10364	10.8	9866	10.6
铜 仁 市	Tongren	10259	10.7	11865	39.8
黔西南州	Qianxinan	10532	11.0	9844	12.4
黔东南州	Qiandongnan	10233	10.9	9021	15.2
黔 南 州	Qiannan	11911	11.1	12102	19.3

25−12 各市(州)分类价格指数

Urban Price Indices of Major Cities by Region

(上年=100) (preceding year=100)

城市名称	City	居民消费价格指数 Residents Consumer Price Index		商品零售价格指数 Retail Price Index	
		2019	2018	2019	2018
贵 阳 市	Guiyang	102.7	101.7	102.3	102.3
六盘水市	Liupanshui	101.5	101.6	100.6	101.0
遵 义 市	Zunyi	102.0	102.8	101.2	102.0
安 顺 市	Anshun	102.1	101.3	100.0	100.8
毕 节 市	Bijie	101.6	102.8	101.9	101.9
铜 仁 市	Tongren	102.7	101.5	101.9	101.6
黔西南州	Xingyi	102.2	101.3	102.0	102.4
黔东南州	Kaili	102.0	102.0	101.0	102.1
黔 南 州	Duyun	102.6	101.9	101.7	101.8

25-13 各市(州)农业机械总动力及拥有量(2019)

Total Power and Possession of Agricultural Machinery by Region

市(州)名称	City (Autonomous Prefecture)	农业机械总动力(万千瓦) Total Power of Agricultural Machinery (10000 kw)	大型拖拉机(台) Number of Large sized Agricultural (set)	中型拖拉机(台) Number of Medium-sized Agricultural (set)	小型拖拉机(台) Number of Small Tractors (set)	农用水泵(台) Agricultural Water Pump (set)
贵 阳 市	Guiyang	200.20		2115	3005	34889
六盘水市	Liupanshui	186.60		944	6727	29018
遵 义 市	Zunyi	525.00	57	2231	6230	118167
安 顺 市	Anshun	220.50	1	2357	6902	73805
毕 节 市	Bijie	606.00	1	1832	71131	56279
铜 仁 市	Tongren	306.00		768	10581	86373
黔西南州	Qianxinan	294.00	46	710	6735	70745
黔东南州	Qiandongnan	298.30	37	2883	5148	57284
黔 南 州	Qiannan	323.80	16	4508	7678	91160

注：资料来源于省农业农村厅。

Note:The data in this table are provided by the Provincial Department of Agriculture and Rural Affairs.

25-14 各市(州)农林牧渔业增加值、乡村从业人员数(2019)

Value-Added of Farming, Forestry, Animal Husbandary, Fishery and Their Services by Region Number of Rural Employees

单位：亿元 (100 million yuan)

市(州)名称	City (Autonomous Prefecture)	乡村从业人员数(万人) Number of Rural Employees (10000 people)	农林牧渔业增加值 Value-Added of Farming,Forestry, Animal usbandary, and Fishery	农业 Farming	林业 Forestry	牧业 Animal Husbandary	渔业 Fishery	农林牧渔服务业 Services of FFAF	2019年比2018年增长(%) Increase Rate in 2019 over 2018 (%)
贵 阳 市	Guiyang	105.67	172.61	124.39	1.79	34.61	0.55	11.27	5.6
六盘水市	Liupanshui	130.56	164.11	109.50	11.82	33.10	0.33	9.35	5.7
遵 义 市	Zunyi	395.60	457.03	304.11	25.02	92.96	9.78	25.15	5.5
安 顺 市	Anshun	147.04	164.94	105.50	10.86	34.56	6.28	7.75	5.7
毕 节 市	Bijie	369.95	464.44	320.00	22.80	94.75	1.82	25.08	5.7
铜 仁 市	Tongren	158.59	268.31	174.14	19.55	55.34	5.87	13.42	5.9
黔西南州	Qianxinan	174.36	240.01	152.28	21.98	50.16	2.47	13.13	6.0
黔东南州	Qiandongnan	233.16	234.39	133.79	36.13	47.28	6.52	10.66	5.7
黔 南 州	Qiannan	213.99	242.19	164.88	11.32	50.38	3.96	11.65	5.9

25-15 各市(州)农用化肥施用量(2019)

Consumption of Chemical Fertilizers for Agricultural Use by Region

单位：吨 (ton)

市(州)名称	City (Autonomous Prefecture)	合计 Total	氮肥 Nitrogenous Fertilizer	磷肥 Phosphate Fertilizer	钾肥 Potash Fertilizer	复合肥 Compound Fertilizer	2019年比2018年增长(%) Increase Rate in 2019 over 2018(%)
贵阳市	Guiyang	47965	19823	3895	5178	19069	-10.3
六盘水市	Liupanshui	56146	34326	4489	3026	14305	-6.5
遵义市	Zunyi	170922	61759	20322	17018	71823	-11.5
安顺市	Anshun	63840	25483	10772	5422	22164	1.0
毕节市	Bijie	184992	87152	16190	19900	61750	-5.4
铜仁市	Tongren	83070	30212	12881	7734	32243	-8.5
黔西南州	Qianxinan	65422	32085	9174	7552	16611	-4.9
黔东南州	Qiandongnan	68972	23363	9144	5181	31284	-1.8
黔南州	Qiannan	90509	44374	10399	8205	27532	-10.1

注：本表按折纯法计算。

Note:Data in this table are calculated by converting the gross weight into weight containing 100% effective component.

25-16 各市(州)主要经济作物播种面积和产量(2019)

Sown Areas and Yields of Major Cash Crops by Region

市(州)名称	City (Autonomous Prefecture)	播种面积（千公顷） Sown Areas (1000 hectares)		产量（万吨） Yield (10000 tons)			
		油菜籽 Rapeseeds	烤烟 Flue-cured Tobacco	油菜籽 Rapeseeds	烤烟 Flue-cured Tobacco	茶叶 Tea	水果 Fruits
贵阳市	Guiyang	23.11	2.88	3.97	0.50	0.55	34.68
六盘水市	Liupanshui	16.30	8.39	2.31	1.37	0.28	27.40
遵义市	Zunyi	90.26	32.53	18.04	5.67	8.17	60.86
安顺市	Anshun	53.98	3.41	8.68	0.55	0.61	36.24
毕节市	Bijie	61.42	37.40	12.27	5.75	0.42	50.25
铜仁市	Tongren	45.97	9.77	8.69	1.73	3.93	50.98
黔西南州	Qianxinan	42.90	18.66	6.61	3.27	0.94	36.86
黔东南州	Qiandongnan	45.40	10.24	6.78	1.83	1.61	54.75
黔南州	Qiannan	66.34	6.71	9.90	0.91	3.27	89.96

25−17 各市(州)水产品产量

Output of Major Aquatic Products by Region

单位：吨 (ton)

市(州)名称	City (Autonomous Prefecture)	2018	2019
贵阳市	Guiyang	2316	3378
六盘水市	Liupanshui	1512	2123
遵义市	Zunyi	53411	63561
安顺市	Anshun	22161	27431
毕节市	Bijie	11032	9510
铜仁市	Tongren	37649	48656
黔西南州	Qianxinan	34029	13065
黔东南州	Qiandongnan	46328	54455
黔南州	Qiannan	28448	20920

注：1.数据来源于省农业农村厅。2.市州数据不含贵安新区数。

Note: 1. Data in this table are obtained from the Provincial Department of Agriculture and Rural Affairs. 2. The city-state data does not include the number of Gui'an New District.

25−18 各市(州)规模以上工业增加值增速

The Ratio of Total Gross Industrial Value-added above Designated Size in Each City to the Entire Province

单位：% (%)

市(州)名称	City (Autonomous Prefecture)	2018	2019
贵阳市	Guiyang	7.4	6.3
六盘水市	Liupanshui	7.5	9.0
遵义市	Zunyi	12.1	12.5
安顺市	Anshun	11.2	11.0
毕节市	Bijie	10.5	5.3
铜仁市	Tongren	5.0	5.0
黔西南州	Qianxinan	11.4	12.1
黔东南州	Qiandongnan	9.0	5.0
黔南州	Qiannan	10.3	11.1

注：统计口径为年主营业务收入2000万元及以上的工业企业(下表同)。

Note: The statistical caliber of the table refers to the industries which main business revenue achieve 20 million yuan and above. (the same applies to the next table).

25-19 各市(州)规模以上工业企业主要工业产品产量(2019)

Ouput of Major Industrial Products above Designated Size by Region

市(州)名称	City (Autonomous Prefecture)	发电量(亿千瓦小时) Electricity (100 million kwh)	化肥(万吨) Chemical Fertilizer(10000 tons)	水泥(万吨) Cement (10000 tons)
贵阳市	Guiyang	126.61	260.10	1113.84
六盘水市	Liupanshui	437.70		946.62
遵义市	Zunyi	307.34	26.01	1951.77
安顺市	Anshun	93.31		801.14
毕节市	Bijie	479.20		1275.23
铜仁市	Tongren	137.30		1013.27
黔西南州	Qianxinan	325.16		955.05
黔东南州	Qiandongnan	108.79		1001.00
黔南州	Qiannan	90.87	85.32	1933.16

25-20 各市(州)公路里程(2019)

Length of Highways by Region

单位：公里 (km)

市(州)名称	City (Autonomous Prefecture)	公路里程 Total Length of Highways	#等级公路 Expressway and class Ⅰ to Ⅳ Highway	#高速公路 Expressway	#有铺装路面(高级) Paved Road (advanced)	#沥青混凝土 Asphalt concrete
贵阳市	Guiyang	10263	9834	614	7846	1705
六盘水市	Liupanshui	14655	13750	424	10448	2897
遵义市	Zunyi	39432	32617	1279	27874	4686
安顺市	Anshun	13912	9226	461	7594	1713
毕节市	Bijie	33088	28282	988	18467	2885
铜仁市	Tongren	26051	21729	640	17015	1946
黔西南州	Qianxinan	17869	14657	524	11245	2279
黔东南州	Qiandongnan	29760	22950	970	17840	3054
黔南州	Qiannan	19693	17837	1106	14391	3565

注：资料来源于省交通运输厅。

Note:Data in the table are obtained from Guizhou Provincial Department of Transportation.

25−21 各市(州)邮政、电信主要指标(2019)

Major Indicators of Post and Telecommunications by Region

市(州)名称	City (Autonomous Prefecture)	年末固定电话用户数(万户) Number of Fixed Line Telephone at the Year-end (10000 subscribers)	移动电话用户(万户) Number of Mobile Telephone Subscribers (10000 subscribers)	固定互联网宽带接入用户(万户) Number of Fixed Subscribers of Internet Service (10000 subscribers)	报刊、杂志累计订销数(万份) Issue of Newspapers and Magazines (10000 copies)	移动互联网用户(万户) Number of Mobile Telephone Subscribers (10000 subscribers)
贵阳市	Guiyang	75.77	819.25	193.78	8241.43	676.42
六盘水市	Liupanshui	20.61	350.84	66.84	2723.62	281.08
遵义市	Zunyi	48.52	742.86	150.84	6464.02	618.07
安顺市	Anshun	13.75	262.74	53.19	2511.67	214.35
毕节市	Bijie	15.56	622.57	92.85	5176.8	516.56
铜仁市	Tongren	11.98	357.51	75.00	3721.60	297.38
黔西南州	Qianxinan	11.02	352.48	68.63	2760.64	274.24
黔东南州	Qiandongnan	15.52	442.56	88.21	4290.02	360.42
黔南州	Qiannan	16.60	401.89	82.85	3720.15	328.93

注：资料来源于省通信管理局、省邮政管理局。

Note: Data in the table are obtained from the GuiZhou Communications Administration and the Provincial Postal Administration.

25−22 各市(州)教育事业主要指标(2019)

Major Indicators of Education by Region

市(州)名称	City (Autonomous Prefecture)	高等教育 Higher Education		普通中学 Secondary Schools		小学 Primary Schools	
		学校数(所) Number of schools (unit)	在校学生(人) Students Enrollment (person)	学校数(所) Number of schools (unit)	在校学生(人) Students Enrollment (person)	学校数(所) Number of schools (unit)	在校学生(人) Students Enrollment (person)
贵阳市	Guiyang	36	494304	334	243856	547	433519
六盘水市	Liupanshui	3	24272	209	210697	471	321702
遵义市	Zunyi	7	100328	420	446695	1173	608288
安顺市	Anshun	4	30941	157	175204	460	270497
毕节市	Bijie	6	41474	468	629948	1663	851921
铜仁市	Tongren	5	51959	256	307242	745	338842
黔西南州	Qianxinan	2	19877	254	263722	669	332223
黔东南州	Qiandongnan	3	37809	213	278323	674	391012
黔南州	Qiannan	9	80535	165	229188	541	334987

注：1.资料来源于省教育厅。2.高等教育学校数包括普通高等学校、成人高等学校，高等教育在校学生包括研究生、普通高等教育、成人高等教育。

Note: 1.Data in the table are obtained from Provincial Department of Education. 2.Institutions of higher education include Localization of Chinese Academy of Sciences,regular schools of higher education,and adult institutions of higher education.Students enrollment include those students enrolling in postgraduates education, regular institutions of higher education and adult institution of higher education.

25-23 各市(州)卫生人员数(2019)

Number of Employed Persons in Health Care Institutions by Region

单位：人 (person)

市(州)名称	City (Autonomous Prefecture)	总计 Total	卫生技术人员 Medical Technical Personnel	#执业(助理)医师 Licensed (Assistant) Doctors	#注册护士 Registered Nurse	#药师(士) (assistant) Pharmacist	#技师(士) (assistant) Laboratory Technician	乡村医生和卫生员 Village Doctors and Assistants	其他技术人员 Other Technical Personnel	管理人员 Administrative Personnel	工勤技能人员 Logistics Technical Workers
贵阳市	Guiyang	67139	54548	19781	26210	2135	2903	1484	2357	4759	3991
六盘水市	Liupanshui	26109	20217	6089	9614	786	1231	2485	864	1222	1321
遵义市	Zunyi	64545	50427	17498	22952	1921	2935	5132	2523	2764	3699
安顺市	Anshun	18810	14284	4648	6284	504	959	1752	885	961	928
毕节市	Bijie	49081	35047	11726	16338	1135	1983	7696	1956	2528	1854
铜仁市	Tongren	32318	24062	7523	10190	901	1715	4460	1014	1478	1304
黔西南州	Qianxinan	25317	19401	6308	8809	770	1048	2358	952	1393	1213
黔东南州	Qiandongnan	36066	27685	8681	11653	1068	1821	4381	1056	1324	1620
黔南州	Qiannan	27723	21831	7530	9302	848	1390	2279	711	1209	1693

注：资料来源于省卫生健康委员会(以下相关表同)。

Note: Data in the table are obtained from the Provincial Health Commission (the same applies to relative tables below).

25-24 各市(州)每千人口拥有卫生技术人员数(2019)

Medical Technical Personnel in Health Care Institutions Per 1000 Persons by Region

单位：人 (person)

市(州)名称	City (Autonomous Prefecture)	卫生技术人员 Medical Technical Personnel 合计 Total	每千人口拥有 Per 1000 Person	执业(助理)医师 Licensed(Assistant) Doctors 合计 Total	每千人口拥有 Per 1000 Person	注册护士 Registered Nurses 合计 Total	每千人口拥有 Per 1000 Person
贵阳市	Guiyang	54548	10.97	19781	3.98	26210	5.27
六盘水市	Liupanshui	20217	6.85	6089	2.06	9614	3.26
遵义市	Zunyi	50427	8.00	17498	2.78	22952	3.64
安顺市	Anshun	14284	6.04	4648	1.97	6284	2.66
毕节市	Bijie	35047	5.22	11726	1.75	16338	2.43
铜仁市	Tongren	24062	7.55	7523	2.36	10190	3.2
黔西南州	Qianxinan	19401	6.72	6308	2.19	8809	3.05
黔东南州	Qiandongnan	27685	7.79	8681	2.44	11653	3.28
黔南州	Qiannan	21831	6.61	7530	2.28	9302	2.82

注：每千人口拥有数按常住人口数计算。

Note: The number of persons per thousand is calculated as the number of permanent residents.

25−25 各市(州) 社区卫生服务中心(站)医疗服务情况(2019)
Medical Services of Community Health Service Centers (Stations) by Region

市(州)名称	City (Autonomous Prefecture)	社区卫生服务中心 Community Health Service Centers						社区卫生服务站 Community Health Service Stations	
		诊疗人次(万人次) Visits (10 000 person-times)	入院人数(人) Inpatients (person)	病床使用率(%) Utilization Rate of Beds (%)	出院者平均住院日(日) Average Stay Days in Hospital (day)	医师日均担负诊疗人次(人次) Daily Visits Each Doctor (person-time)	医师日均担负住院床日(日) Daily Inpatients Each Doctor (day)	诊疗人次(万人次) Visits (10 000 person-times)	医师日均担负诊疗人次(人次) Daily Visits Each Doctor (person-time)
贵阳市	Guiyang	172.67	9616	23.8	10.2	9.9	0.4	59.1	10.5
六盘水市	Liupanshui	34.33	8499	31.4	7.1	6.0	0.8	31.1	6.1
遵义市	Zunyi	104.05	53078	61.9	4.7	9.6	1.7	110.8	8.8
安顺市	Anshun	11.99	8349	56.1	4.5	12.6	2.7	19.7	6.1
毕节市	Bijie	52.78	4577	38.6	5.7	12.7	0.5	2.3	6.5
铜仁市	Tongren	76.26	17942	38.5	5.0	11.3	0.9	27.8	14.3
黔西南州	Qianxinan	51.63	17014	47.3	4.3	8.2	0.8	56.4	11.9
黔东南州	Qiandongnan	24.59	3423	39.5	5.6	6.9	0.5	3.0	7.1
黔南州	Qiannan	41.92	1300	10.0	6.9	6.5	0.1	17.5	29.2

25−26 各市(州)火灾情况(2019)
Fires by Region

市(州)名称	City (Autonomous Prefecture)	火灾(起) Fire Accidents (case)	死亡(人) Deaths (person)	受伤(人) Injuries (person)	直接财产损失(万元) Direct fire loss (10000 yuan)
贵阳市	Guiyang	844	11	2	1059
六盘水市	Liupanshui	356			469
遵义市	Zunyi	2164	12	9	2580
安顺市	Anshun	230	1		260
毕节市	Bijie	462	8	11	972
铜仁市	Tongren	397	1	6	1182
黔西南州	Qianxinan	383		2	960
黔东南州	Qiandongnan	290	7	10	2043
黔南州	Qiannan	434	3	2	1000

注.资料来源于省消防总队。

Note: Data in the table are provided by the Provincial Fire Brigade.

25–27 各市(州)医疗卫生机构服务情况(2019)
Services in Hospitals by Region

市(州) 名称	City (Autonomous Prefecture)	诊疗人次(万人次) Visits (10 000 person-times)	#医院 Hospital	#农村乡镇卫生院 Rural Township Health	入院人数(万人) Inpatients (10000 persons)	#医院 Hospital	#农村乡镇卫生院 Rural Township Health	出院人数(万人) Patients Discharged from Hosptials (10000 persons)	#医院 Hospital	#农村乡镇卫生院 Rural Township Health Centers
贵阳市	Guiyang	3092.15	1748.76	271.29	110.99	97.53	4.56	110.04	96.38	4.56
六盘水市	Liupanshui	1226.36	440.79	344.64	60.47	42.99	12.70	60.49	43.10	12.63
遵义市	Zunyi	3512.66	1457.57	683.04	197.49	141.64	45.44	196.26	140.68	45.13
安顺市	Anshun	784.76	393.60	140.97	46.44	36.52	5.51	45.99	36.04	5.50
毕节市	Bijie	2661.85	929.72	675.44	134.79	105.38	25.59	133.85	104.66	25.40
铜仁市	Tongren	1498.79	601.03	443.14	85.84	63.18	17.44	85.15	62.69	17.30
黔西南州	Qianxinan	1360.32	576.36	240.17	62.18	54.41	5.04	61.58	53.82	5.03
黔东南州	Qiandongnan	1735.72	696.94	476.73	97.97	70.74	23.16	97.68	70.72	23.08
黔南州	Qiannan	1705.90	823.14	486.13	63.93	56.44	5.75	63.48	56.02	5.73

25–27 续表 continued

市(州) 名称	City (Autonomous Prefecture)	每百门诊急诊入院人数(人) Inpatientsper 100 Outpatient and Emergency Visits (person)	#医院 Hospital	#农村乡镇卫生院 Rural Township Health Centers	病床使用率(%) Utilization Rate of Beds (%)	#医院 Hospital	#农村乡镇卫生院 Rural Township Health Centers	出院者平均住院日(天) Average Stay Days in Hospital (day)	#医院 Hospital	#农村乡镇卫生院 Rural Township Health Centers
贵阳市	Guiyang	4.67	5.67	1.73	75.21	79.84	32.87	9.4	9.8	5.7
六盘水市	Liupanshui	6.74	9.92	3.79	67.60	76.51	43.38	7.5	8.3	5.3
遵义市	Zunyi	8.40	10.03	6.95	83.35	87.52	71.25	7.1	7.9	5.1
安顺市	Anshun	7.79	9.62	3.98	76.28	84.20	38.56	7.8	8.7	4.5
毕节市	Bijie	7.95	11.66	3.88	67.46	74.79	44.48	6.9	7.3	5.3
铜仁市	Tongren	7.31	10.85	4.07	70.38	78.10	48.70	7.0	7.7	4.9
黔西南州	Qianxinan	6.61	9.54	2.11	74.09	81.97	27.75	6.9	7.3	3.8
黔东南州	Qiandongnan	7.92	10.44	5.12	77.42	87.38	51.64	7.5	8.5	4.5
黔南州	Qiannan	4.55	6.89	1.20	70.36	82.13	25.01	8.0	8.4	4.9

25-28 各县(市、区、特区)地区生产总值(2019)

Gross Domestic Product by County (City, District, Special Region)

单位：亿元 (100 million yuan)

县(市、区、特区)名称	County (City, District, Special region)	地区生产总值 Gross Domestic Product	第一产业增加值 Primary Industry	第二产业增加值 Secondary Industry	#工业 Industry	第三产业增加值 Tertiary Industry	2019年比2018年增长(%) Increase Rate in 2019 over 2018(%)
南明区	Nanming	837.59	1.08	284.81	77.74	551.71	11.7
云岩区	Yunyan	820.03	0.18	260.19	74.41	559.66	8.9
花溪区	Huaxi	605.78	15.80	343.27	296.95	246.71	4.2
乌当区	Wudang	159.85	17.64	74.61	59.41	67.59	3.6
白云区	Baiyun	225.68	7.03	117.45	82.22	101.20	7.2
观山湖区	Guanshanhu	602.49	4.05	98.52	36.82	499.92	9.7
开阳县	Kaiyang	218.24	36.91	82.23	56.13	99.11	-0.5
息烽县	Xifeng	136.79	21.59	45.16	32.19	70.04	1.6
修文县	Xiuwen	173.07	26.86	82.50	67.22	63.71	9.3
清镇市	Qingzhen	260.07	30.20	106.67	85.90	123.20	4.6
钟山区	Zhongshan	296.20	7.01	102.85	85.18	186.35	3.1
六枝特区	Liuzhi	124.58	39.75	23.71	15.908	61.12	5.9
水城县	Shuicheng	309.98	44.01	181.54	172.36	84.43	7.7
盘州市	Panzhou	535.20	63.99	274.34	238.79	196.88	10.3
红花岗区	Honghuagang	409.40	36.11	97.32	54.30	275.97	7.1
汇川区	Huichuan	384.69	27.37	130.71	99.25	226.61	8.4
播州区	Bozhou	328.89	51.84	141.19	126.46	135.86	9.6
桐梓县	Tongzi	148.82	36.06	42.77	26.62	69.99	9.2
绥阳县	Suiyang	99.48	37.24	14.89	9.78	47.36	9.2
正安县	Zhengan	113.56	30.64	18.74	12.79	64.19	9.6
※道真县	Daozhen	73.13	23.82	13.33	7.80	35.98	11.8
※务川县	Wuchuan	77.44	24.51	11.69	7.00	41.24	8.8
凤冈县	Fenggang	76.64	26.77	13.42	8.35	36.45	9.9
湄潭县	Meitan	110.05	32.17	25.76	20.48	52.12	9.1
余庆县	Yuqing	76.87	21.36	19.67	14.19	35.84	10.7
习水县	Xishui	186.75	33.60	80.90	73.50	72.25	15.3
赤水市	Chishui	100.55	19.65	37.05	22.73	43.85	11.5
仁怀市	Renhuai	1297.04	30.73	945.34	934.23	320.98	10.1
西秀区	Xixiu	373.33	39.32	134.29	113.06	199.72	8.3
平坝区	Pingba	136.48	21.69	59.20	50.05	55.59	8.1
普定县	Puding	132.72	22.79	41.95	34.41	67.98	8.2
※镇宁县	Zhenning	109.62	25.06	24.28	18.15	60.28	7.5
※关岭县	Guanling	98.29	24.39	19.67	10.39	54.24	8.1
※紫云县	Ziyun	73.54	23.94	12.74	6.07	36.85	7.1
七星关区	Qixingguan	469.23	86.56	107.81	68.08	274.86	8.0
大方县	Dafang	214.81	45.54	54.66	40.38	114.61	8.4
黔西县	Qianxi	210.84	40.67	68.65	56.10	101.53	8.3
金沙县	Jinsha	226.13	38.25	96.54	83.15	91.35	8.6
织金县	Zhijin	206.81	41.70	67.81	56.97	97.31	8.6
纳雍县	Nayong	164.64	37.38	49.96	42.70	77.30	7.1
※威宁县	Weining	266.29	101.86	50.33	36.46	114.10	7.2
赫章县	Hezhang	142.62	47.44	24.90	19.70	70.28	7.3
碧江区	Bijiang	213.65	15.48	72.47	44.81	125.70	10.7
万山区	Wanshan	71.25	11.11	25.28	17.30	34.86	11.1

注：1.※为少数民族自治县(以下相关表同)。2.表中绝对数按当年价格计算，增长速度按可比价格计算。3.因各县2018年数据根据第四次经济普查数进行修定，本表数与《2019贵州统计年鉴》25—28表数据不可比。

Note: 1.Counties with ※ refer to autonomous counties (the relative tables in this chapter are the same). 2. Absolute Figures in the table are calculated at prices, and increase rates are calculated at comparable prices.3. As the data of each county in 2018 are revised according to the fourth economic census, the data in this table cannot be compared with the data in Table 25-28 of Guizhou Statistical Yearbook 2019.

25-28 续表 continued

单位：亿元 (100 million yuan)

县(市、区、特区)名称	County (City, District, Special region)	地区生产总值 Gross Domestic Product	第一产业增加值 Primary Industry	第二产业增加值 Secondary Industry	#工业 Industry	第三产业增加值 Tertiary Industry	2019年比2018年增长(%) Increase Rate in 2019 over 2018(%)
江口县	Jiangkou	67.13	17.40	13.09	5.65	36.63	4.0
※玉屏县	Yuping	93.76	11.05	40.93	34.23	41.78	6.5
石阡县	Shiqian	108.43	30.78	19.52	11.93	58.13	8.8
思南县	Sinan	163.25	39.49	41.13	27.30	82.63	6.6
※印江县	Yinjiang	113.46	31.72	22.55	15.48	59.19	7.5
德江县	Dejiang	137.40	32.00	29.41	14.84	75.98	7.7
※沿河县	Yanhe	123.45	32.75	22.91	14.36	67.79	7.1
※松桃县	Songtao	157.37	33.11	38.71	30.33	85.55	8.3
兴义市	Xingyi	465.38	44.00	168.38	121.09	253.01	8.6
兴仁市	Xingren	182.42	31.78	73.17	54.91	77.48	8.6
普安县	Puan	93.74	20.42	31.68	23.49	41.64	11.6
晴隆县	Qinglong	82.26	20.87	22.40	18.64	38.99	10.7
贞丰县	Zhenfeng	143.05	29.30	59.91	52.69	53.84	13.3
望谟县	Wangmo	93.20	26.91	19.00	9.45	47.29	11.1
册亨县	Ceheng	74.22	21.42	19.35	10.44	33.45	10.4
安龙县	Anlong	138.53	32.18	50.71	39.41	55.64	9.3
凯里市	Kaili	271.92	17.98	56.36	26.15	197.57	11.0
黄平县	Huangping	65.05	20.13	11.92	3.20	33.00	11.9
施秉县	Shibing	33.50	10.34	5.84	2.03	17.33	-1.9
三穗县	Sansui	47.06	9.90	11.95	5.13	25.21	5.0
镇远县	Zhenyuan	58.59	15.12	12.14	8.86	31.34	1.7
岑巩县	Cengong	55.54	10.07	17.20	13.74	28.26	7.0
天柱县	Tianzhu	76.89	20.03	18.91	12.02	37.96	7.6
锦屏县	Jinping	56.59	9.88	22.39	15.46	24.31	10.5
剑河县	Jianhe	54.82	13.37	11.28	2.88	30.17	13.8
台江县	Taijiang	42.56	8.30	16.70	12.46	17.56	5.3
黎平县	Liping	92.47	22.07	21.37	10.46	49.03	6.5
榕江县	Rongjiang	79.13	19.79	15.06	8.88	44.29	11.0
从江县	Congjiang	68.46	19.92	10.48	5.65	38.05	7.8
雷山县	Leishan	40.37	8.52	6.69	3.35	25.17	10.3
麻江县	Majiang	40.94	9.71	7.18	4.58	24.05	7.3
丹寨县	Danzhai	39.14	8.60	8.26	4.83	22.27	5.3
都匀市	Duyun	213.59	19.39	39.19	22.01	155.01	4.7
福泉市	Fuquan	183.29	17.41	93.77	70.47	72.11	9.6
荔波县	Libo	70.23	11.03	12.68	8.34	46.52	3.3
贵定县	Guiding	117.51	13.60	60.19	50.61	43.71	7.8
瓮安县	Wengan	146.44	28.66	46.18	38.71	71.60	5.9
独山县	Dushan	125.74	21.29	51.15	44.09	53.30	6.3
平塘县	Pingtang	86.09	23.24	17.55	10.60	45.30	7.9
罗甸县	Luodian	75.68	18.85	23.10	16.97	33.73	6.3
长顺县	Changshun	79.72	15.59	27.56	20.35	36.57	11.3
龙里县	Longli	201.28	11.96	109.11	91.54	80.22	12.6
惠水县	Huishui	134.28	27.56	50.63	45.47	56.10	7.3
※三都县	Sandu	84.18	21.95	23.27	9.93	38.96	11.7

25-29 各县(市、区、特区)人均地区生产总值(2019)

Per Capita Gross Domestic Product by County (City, District, Special Region)

单位：元 (yuan)

县(市、区、特区)名称	County (City, District, Special region)	人均地区生产总值 Per Capita Gross Domestic Product(yuan)	比上年增长 (%) Increase Rate in (%)
南明区	Nanming	90507	11.2
云岩区	Yunyan	83770	10.8
花溪区	Huaxi	86269	-0.2
乌当区	Wudang	62662	1.9
白云区	Baiyun	75604	5.3
观山湖区	Guanshanhu	172633	-2.9
开阳县	Kaiyang	56408	-1.5
息烽县	Xifeng	55708	-0.1
修文县	Xiuwen	61060	7.5
清镇市	Qingzhen	51848	3.6
钟山区	Zhongshan	48451	2.4
六枝特区	Liuzhi	24619	5.6
水城县	Shuicheng	40856	7.3
盘州市	Panzhou	50122	9.8
红花岗区	Honghuagang	47379	6.4
汇川区	Huichuan	66566	7.7
播州区	Bozhou	47652	9.0
桐梓县	Tongzi	28040	8.8
绥阳县	Suiyang	25796	8.8
正安县	Zhengan	29133	9.3
※道真县	Daozhen	29433	11.4
※务川县	Wuchuan	23856	8.4
凤冈县	Fenggang	24332	9.6
湄潭县	Meitan	28693	8.7
余庆县	Yuqing	31968	10.4
习水县	Xishui	35537	14.8
赤水市	Chishui	40858	11.0
仁怀市	Renhuai	229850	9.6
西秀区	Xixiu	46791	7.0
平坝区	Pingba	41617	7.0
普定县	Puding	33754	8.1
※镇宁县	Zhenning	38162	7.5
※关岭县	Guanling	35300	9.5
※紫云县	Ziyun	26874	7.1
七星关区	Qixingguan	40255	7.6
大方县	Dafang	26986	7.9
黔西县	Qianxi	29554	7.8
金沙县	Jinsha	39354	8.1
织金县	Zhijin	25735	8.2
纳雍县	Nayong	23967	6.7
※威宁县	Weining	20571	6.8
赫章县	Hezhang	21431	6.9
碧江区	Bijiang	60792	3.3
万山区	Wanshan	49084	-3.7
江口县	Jiangkou	38021	3.5
※玉屏县	Yuping	64003	-3.7
石阡县	Shiqian	36253	10.5
思南县	Sinan	33198	8.7
※印江县	Yinjiang	40998	9.7
德江县	Dejiang	37887	9.8
※沿河县	Yanhe	27921	9.3
※松桃县	Songtao	32342	9.6
兴义市	Xingyi	55664	8.1
兴仁市	Xingren	42907	7.9
普安县	Puan	35874	10.4
晴隆县	Qinglong	33734	12.5
贞丰县	Zhenfeng	45190	12.0
望谟县	Wangmo	38378	9.9
册亨县	Ceheng	39807	10.6
安龙县	Anlong	37783	8.5
凯里市	Kaili	49620	10.6
黄平县	Huangping	24335	11.4
施秉县	Shibing	25200	-2.2
三穗县	Sansui	29772	4.5
镇远县	Zhenyuan	28282	1.3
岑巩县	Cengong	33990	6.6
天柱县	Tianzhu	28988	7.1
锦屏县	Jinping	36145	10.0
剑河县	Jianhe	29837	13.3
台江县	Taijiang	37646	4.8
黎平县	Liping	23374	6.1
榕江县	Rongjiang	27206	10.6
从江县	Congjiang	23190	7.4
雷山县	Leishan	33958	9.9
麻江县	Majiang	32902	6.8
丹寨县	Danzhai	31396	4.8
都匀市	Duyun	45470	4.3
福泉市	Fuquan	61653	9.3
荔波县	Libo	52960	2.4
贵定县	Guiding	48277	7.6
瓮安县	Wengan	37093	5.6
独山县	Dushan	46144	6.0
平塘县	Pingtang	35532	7.6
罗甸县	Luodian	28887	6.0
长顺县	Changshun	42189	11.0
龙里县	Longli	123904	12.2
惠水县	Huishui	37394	7.0
※三都县	Sandu	31005	11.4

25-30 各县(市、区、特区)年末常住人口

Permanent Population at Year-end by County (City, District, Special region)

单位：万人 (10000 persons)

县(市、区、特区)名称	County (City, District, Special region)	2015	2016	2017	2018	2019
南明区	Nanming	87.97	89.64	91.90	92.39	92.70
云岩区	Yunyan	99.44	99.54	99.59	99.64	96.14
花溪区	Huaxi	64.17	65.21	66.71	67.74	72.70
乌当区	Wudang	23.91	24.33	24.88	25.28	25.74
白云区	Baiyun	27.90	28.39	29.02	29.58	30.12
观山湖区	Guanshanhu	25.15	26.78	28.97	32.77	37.03
开阳县	Kaiyang	36.86	37.39	38.23	38.34	39.04
息烽县	Xifeng	22.50	23.16	23.97	24.33	24.78
修文县	Xiuwen	26.65	27.04	27.65	28.09	28.60
清镇市	Qingzhen	47.64	48.20	49.28	50.03	50.29
钟山区	Zhongshan	60.23	60.84	60.46	60.98	61.29
六枝特区	Liuzhi	49.90	50.15	50.40	50.55	50.66
水城县	Shuicheng	74.26	74.36	75.49	75.69	76.05
盘州市	Panzhou	104.60	105.34	106.06	106.51	107.05
红花岗区	Honghuagang	68.46	85.26	85.67	86.14	86.68
汇川区	Huichuan	45.99	56.98	57.25	57.56	58.02
播州区	Bozhou	94.39	68.28	68.51	68.86	69.18
桐梓县	Tongzi	52.54	52.73	52.84	52.92	53.23
绥阳县	Suiyang	38.11	38.30	38.39	38.47	38.66
正安县	Zhengan	38.57	38.72	38.82	38.91	39.05
※道真县	Daozhen	24.59	24.67	24.73	24.80	24.89
※务川县	Wuchuan	32.09	32.24	32.31	32.40	32.52
凤冈县	Fenggang	31.19	31.29	31.36	31.44	31.56
湄潭县	Meitan	37.90	38.11	38.20	38.28	38.43
余庆县	Yuqing	23.74	23.86	23.93	24.00	24.09
习水县	Xishui	51.96	52.11	52.25	52.45	52.65
赤水市	Chishui	24.21	24.41	24.48	24.55	24.67
仁怀市	Renhuai	55.47	55.88	56.09	56.29	56.57
西秀区	Xixiu	77.21	77.90	78.30	79.39	80.18
平坝区	Pingba	31.12	31.50	32.25	32.69	32.90
普定县	Puding	39.10	39.20	39.28	39.31	39.33
※镇宁县	Zhenning	28.45	28.55	28.70	28.72	28.73
※关岭县	Guanling	28.36	28.46	28.56	27.84	27.85
※紫云县	Ziyun	27.11	27.25	27.35	27.36	27.37
七星关区	Qixingguan	114.93	115.55	115.85	116.32	116.81
大方县	Dafang	78.45	78.87	79.08	79.43	79.77
黔西县	Qianxi	70.33	70.71	70.91	71.19	71.49
金沙县	Jinsha	56.65	56.95	57.11	57.34	57.58
织金县	Zhijin	79.23	79.66	79.87	80.19	80.53
纳雍县	Nayong	67.73	68.10	68.28	68.55	68.84
※威宁县	Weining	127.68	128.37	128.71	129.18	129.72
赫章县	Hezhang	65.62	65.97	66.16	66.41	66.69
碧江区	Bijiang	31.16	31.58	32.02	33.61	36.68
万山区	Wanshan	11.51	11.65	11.90	13.27	15.76

注：由于行政区划调整，2016年红花岗区、汇川区、播州区数据为现行政区划统计数。

Note: Due to the adjustment of administrative divisions, in 2016, the data of Honghuagang District, Huichuan District and Bozhou District are statistics of current administrative divisions.

25-30 续表 continued

单位：万人 (10000 persons)

县(市、区、特区)名称	County (City, District, Special region)	2015	2016	2017	2018	2019
江口县	Jiangkou	17.37	17.44	17.52	17.60	17.71
※玉屏县	Yuping	12.03	12.14	12.77	13.72	15.58
石阡县	Shiqian	30.51	30.64	30.65	30.13	29.69
思南县	Sinan	50.01	50.23	50.29	49.91	48.44
※印江县	Yinjiang	28.48	28.58	28.72	27.79	27.56
德江县	Dejiang	37.11	37.26	37.20	36.74	35.79
※沿河县	Yanhe	45.08	45.30	45.32	44.96	43.47
※松桃县	Songtao	48.98	49.25	49.30	49.15	48.17
兴义市	Xingyi	79.36	82.40	83.26	83.30	83.91
兴仁市	Xingren	41.78	41.85	42.17	42.34	42.69
普安县	Puan	25.80	25.50	25.65	26.05	26.21
晴隆县	Qinglong	24.80	24.60	24.75	24.85	23.92
贞丰县	Zhenfeng	30.74	30.87	31.22	31.35	31.96
望谟县	Wangmo	24.48	23.65	23.94	24.09	24.48
册亨县	Ceheng	19.16	18.65	18.66	18.69	18.60
安龙县	Anlong	36.04	36.30	36.35	36.50	36.83
凯里市	Kaili	53.81	54.31	54.52	54.71	54.89
黄平县	Huangping	26.28	26.44	26.57	26.68	26.78
施秉县	Shibing	13.08	13.16	13.22	13.27	13.32
三穗县	Sansui	15.52	15.62	15.70	15.77	15.84
镇远县	Zhenyuan	20.39	20.51	20.60	20.68	20.75
岑巩县	Cengong	16.06	16.16	16.24	16.31	16.37
天柱县	Tianzhu	26.07	26.21	26.35	26.47	26.58
锦屏县	Jinping	15.37	15.47	15.55	15.62	15.69
剑河县	Jianhe	18.08	18.18	18.26	18.34	18.41
台江县	Taijiang	11.11	11.18	11.23	11.28	11.33
黎平县	Liping	38.91	39.11	39.30	39.47	39.65
榕江县	Rongjiang	28.63	28.78	28.92	29.03	29.14
从江县	Congjiang	29.06	29.21	29.34	29.46	29.58
雷山县	Leishan	11.70	11.77	11.82	11.87	11.91
麻江县	Majiang	12.22	12.30	12.36	12.42	12.47
丹寨县	Danzhai	12.25	12.33	12.39	12.44	12.49
都匀市	Duyun	45.57	46.09	46.71	46.89	47.06
福泉市	Fuquan	29.32	29.44	29.60	29.69	29.77
荔波县	Libo	12.72	12.84	13.04	13.24	13.28
贵定县	Guiding	24.04	24.19	24.26	24.33	24.35
瓮安县	Wengan	38.94	39.21	39.31	39.43	39.53
独山县	Dushan	26.95	27.09	27.16	27.22	27.28
平塘县	Pingtang	23.94	24.05	24.13	24.20	24.26
罗甸县	Luodian	25.77	25.93	26.09	26.17	26.23
长顺县	Changshun	18.66	18.75	18.82	18.87	18.92
龙里县	Longli	16.04	16.07	16.16	16.21	16.28
惠水县	Huishui	35.46	35.54	35.77	35.85	35.97
※三都县	Sandu	26.80	26.92	27.04	27.11	27.19

25-31 各县(市、区、特区)户籍人口

Household Registered Population by County (City, District, Special region)

单位：万人 (10000 persons)

县(市、区、特区)名称	County (City, District, Special region)	2018	2019
南明区	Nanming	64.40	65.68
云岩区	Yunyan	66.14	67.84
花溪区	Huaxi	52.40	53.77
乌当区	Wudang	22.03	22.57
白云区	Baiyun	22.62	23.29
观山湖区	Guanshanhu	31.30	33.65
开阳县	Kaiyang	45.46	45.58
息烽县	Xifeng	27.47	27.64
修文县	Xiuwen	32.80	33.12
清镇市	Qingzhen	53.83	54.68
钟山区	Zhongshan	48.78	49.50
六枝特区	Liuzhi	74.42	75.07
水城县	Shuicheng	96.69	98.07
盘州市	Panxian	128.66	130.57
红花岗区	Honghuagang	80.43	81.48
汇川区	Huichuan	56.37	57.26
播州区	Bozhou	87.34	88.23
桐梓县	Tongzi	74.54	74.77
绥阳县	Suiyang	56.52	56.80
正安县	Zhengan	66.08	66.46
※道真县	Daozhen	35.21	35.27
※务川县	Wuchuan	47.78	48.03
凤冈县	Fenggang	44.81	45.09
湄潭县	Meitan	51.04	51.41
余庆县	Yuqing	30.88	30.98
习水县	Xishui	77.42	78.04
赤水市	Chishui	31.83	31.89
仁怀市	Renhuai	72.50	73.31
西秀区	Xixiu	93.07	93.64
平坝区	Pingba	37.84	38.12
普定县	Puding	51.28	51.80
※镇宁县	Zhenning	41.14	41.43
※关岭县	Guanling	40.60	41.03
※紫云县	Ziyun	40.52	41.06
七星关区	Qixingguan	166.82	168.65
大方县	Dafang	120.84	121.72
黔西县	Qianxi	100.81	101.43
金沙县	Jinsha	70.75	70.36
织金县	Zhijin	123.66	124.74
纳雍县	Nayong	105.54	106.58
※威宁县	Weining	154.94	156.67
赫章县	Hezhang	86.91	87.61
碧江区	Bijiang	32.68	33.38
万山区	Wanshan	17.09	17.30
江口县	Jiangkou	24.85	24.99
※玉屏县	Yuping	16.51	17.22
石阡县	Shiqian	41.57	41.63
思南县	Sinan	68.45	68.63
※印江县	Yinjiang	45.45	45.58
德江县	Dejiang	55.12	54.91
※沿河县	Yanhe	69.08	69.50
※松桃县	Songtao	73.05	73.24
兴义市	Xingyi	89.36	93.39
兴仁市	Xingren	56.87	57.35
普安县	Puan	35.32	35.42
晴隆县	Qinglong	34.68	34.19
贞丰县	Zhenfeng	42.64	43.04
望谟县	Wangmo	32.55	32.09
册亨县	Ceheng	24.65	24.03
安龙县	Anlong	49.09	49.30
凯里市	Kaili	57.37	57.89
黄平县	Huangping	38.87	39.03
施秉县	Shibing	17.62	17.80
三穗县	Sansui	23.10	23.19
镇远县	Zhenyuan	27.62	27.67
岑巩县	Cengong	23.70	23.84
天柱县	Tianzhu	41.76	41.91
锦屏县	Jinping	23.63	23.76
剑河县	Jianhe	27.40	27.63
台江县	Taijiang	16.99	17.17
黎平县	Liping	56.65	57.18
榕江县	Rongjiang	37.61	37.99
从江县	Congjiang	37.92	38.53
雷山县	Leishan	16.32	16.39
麻江县	Majiang	16.92	16.99
丹寨县	Danzhai	17.69	17.76
都匀市	Duyun	50.44	50.87
福泉市	Fuquan	33.79	34.00
荔波县	Libo	18.33	18.46
贵定县	Guiding	30.18	30.23
瓮安县	Wengan	49.43	49.70
独山县	Dushan	35.61	35.78
平塘县	Pingtang	33.52	33.70
罗甸县	Luodian	36.34	36.53
长顺县	Changshun	27.18	27.34
龙里县	Longli	23.99	24.23
惠水县	Huishui	47.32	47.69
※三都县	Sandu	37.82	38.13

注：资料来源于省公安厅。

Note: Data in the table above are obtained from the Provincial Department of Public Security.

25-32 各县(市、区、特区)一般公共预算收入(2019)

General Public Financial Budget Revenue by County (City, District, Special region)

县(市、区、特区)名称	County (City,District,Special region)	一般公共预算收入(亿元) General Public Budget Revenue(10000 yuan)	#增值税 Value added Tax	2019年比2018年增长(%) Increase Rate in 2019 over 2018(%)
南明区	Nanming	40.33	13.73	-3.0
云岩区	Yunyan	33.71	9.77	0.9
花溪区	Huaxi	40.03	11.05	-3.6
乌当区	Wudang	14.49	5.10	-30.3
白云区	Baiyun	33.42	11.04	2.9
观山湖区	Guanshanhu	53.80	12.42	6.7
开阳县	Kaiyang	8.78	1.52	-26.5
息烽县	Xifeng	4.85	1.30	6.2
修文县	Xiuwen	7.80	2.42	8.2
清镇市	Qingzhen	17.81	4.45	1.7
钟山区	Zhongshan	16.74	2.80	-24.7
六枝特区	Liuzhi	5.04	1.07	-49.6
水城县	Shuicheng	12.76	2.83	-44.7
盘州市	Panzhou	45.73	8.62	-11.7
红花岗区	Honghuagang	30.55	8.87	-1.6
汇川区	Huichuan	17.01	5.98	0.4
播州区	Bozhou	14.64	4.70	-21.7
桐梓县	Tongzi	6.83	1.82	0.8
绥阳县	Suiyang	4.89	1.19	-17.8
正安县	Zhengan	6.87	1.25	4.0
※道真县	Daozhen	3.00	0.73	10.9
※务川县	Wuchuan	5.87	0.96	1.2
凤冈县	Fenggang	3.26	0.72	2.3
湄潭县	Meitan	4.72	1.24	-1.5
余庆县	Yuqing	3.56	1.09	-16.6
习水县	Xishui	12.56	4.46	20.7
赤水市	Chishui	6.22	1.51	-2.2
仁怀市	Renhuai	72.22	37.84	7.3
西秀区	Xixiu	26.23	5.73	-9.8
平坝区	Pingba	10.26	2.96	-11.4
普定县	Puding	5.96	0.93	-12.0
※镇宁县	Zhenning	4.09	0.88	-41.6
※关岭县	Guanling	4.18	0.71	-11.4
※紫云县	Ziyun	3.19	0.70	-32.8
七星关区	Qixingguan	28.28	6.43	6.4
大方县	Dafang	6.50	1.41	4.5
黔西县	Qianxi	10.53	2.03	16.8
金沙县	Jinsha	16.78	4.23	-17.5
织金县	Zhijin	10.98	2.75	4.1
纳雍县	Nayong	9.58	1.10	5.8
※威宁县	Weining	12.95	1.63	6.0
赫章县	Hezhang	5.06	1.26	5.8
碧江区	Bijiang	14.73	3.57	1.0
万山区	Wanshan	3.70	1.35	5.7

注：资料来源于省财政厅(下表同)。

Note:Data in the table are obtained from Guizhou Provincial Financial Bureau(the same applies to the next table).

25-32 续表 continued

县(市、区、特区)名 称	County (City,District,Special region)	一般公共预算收入(亿元) General Public Budget Revenue(10000 yuan)	#增值税 Value added Tax	2019年比2018年增长(%) Increase Rate in 2019 over 2018(%)
江口县	Jiangkou	1.86	0.62	2.5
※玉屏县	Yuping	4.22	0.75	-19.0
石阡县	Shiqian	2.65	0.76	-33.0
思南县	Sinan	4.33	1.31	-17.0
※印江县	Yinjiang	3.06	0.87	0.2
德江县	Dejiang	5.00	1.37	-13.0
※沿河县	Yanhe	4.14	1.29	-14.6
※松桃县	Songtao	5.91	1.31	-7.9
兴义市	Xingyi	33.79	5.19	-7.0
兴仁市	Xingren	15.17	1.05	-4.9
普安县	Puan	5.67	0.48	-35.7
晴隆县	Qinglong	5.69	1.20	-5.7
贞丰县	Zhenfeng	9.43	1.17	-17.7
望谟县	Wangmo	3.86	0.74	3.0
册亨县	Ceheng	3.72	0.73	3.0
安龙县	Anlong	11.51	1.74	3.3
凯里市	Kaili	15.94	4.22	-17.7
黄平县	Huangping	2.72	0.50	-1.6
施秉县	Shibing	1.27	0.23	-23.0
三穗县	Sansui	1.86	0.41	-11.6
镇远县	Zhenyuan	2.68	0.74	-5.9
岑巩县	Cengong	2.34	0.56	-22.2
天柱县	Tianzhu	3.13	0.96	-11.2
锦屏县	Jinping	2.08	0.67	0.9
剑河县	Jianhe	2.08	0.71	-2.6
台江县	Taijiang	1.82	0.83	-17.0
黎平县	Liping	2.78	0.93	5.4
榕江县	Rongjiang	3.24	0.95	6.2
从江县	Congjiang	2.22	0.59	0.4
雷山县	Leishan	1.62	0.39	18.2
麻江县	Majiang	1.13	0.38	-13.4
丹寨县	Danzhai	1.26	0.29	14.4
都匀市	Duyun	16.91	3.49	-20.3
福泉市	Fuquan	10.53	2.24	-15.7
荔波县	Libo	3.51	0.77	-6.0
贵定县	Guiding	6.66	1.17	0.6
瓮安县	Wengan	11.01	2.02	-27.1
独山县	Dushan	4.70	0.84	-1.4
平塘县	Pingtang	2.93	0.70	-10.3
罗甸县	Luodian	4.34	1.21	3.3
长顺县	Changshun	3.42	0.89	1.2
龙里县	Longli	14.25	3.91	15.2
惠水县	Huishui	6.82	1.45	-2.5
※三都县	Sandu	2.74	0.70	-10.5

25-33 各县(市、区、特区)一般公共预算支出(2019)

General Public Budget Expenditure by County (City, District, Special region)

县（市、区、特区）名称	County (City,District, Special region)	一般公共预算支出(亿元) General Public Budget Expenditures (10000 yuan)	#教育支出 Expenditure for Education	2019年比2018年增长(%) Increase Rate in 2019 over 2018(%)
南明区	Nanming	73.25	13.64	18.8
云岩区	Yunyan	55.51	12.66	8.8
花溪区	Huaxi	97.90	14.43	21.7
乌当区	Wudang	33.78	7.87	6.3
白云区	Baiyun	56.70	7.26	27.1
观山湖区	Guanshanhu	78.99	8.47	21.1
开阳县	Kaiyang	31.41	8.61	2.1
息烽县	Xifeng	24.56	5.25	6.1
修文县	Xiuwen	27.05	5.81	7.3
清镇市	Qingzhen	42.20	13.50	18.5
钟山区	Zhongshan	35.96	12.46	-12.0
六枝特区	Liuzhi	37.87	12.19	-9.7
水城县	Shuicheng	63.14	16.96	-8.8
盘州市	Panzhou	112.22	28.09	-6.5
红花岗区	Honghuagang	74.95	18.06	3.7
汇川区	Huichuan	38.93	10.10	1.4
播州区	Bozhou	48.82	13.52	-12.8
桐梓县	Tongzi	49.91	10.56	9.2
绥阳县	Suiyang	28.25	7.20	-14.6
正安县	Zhengan	53.36	11.49	35.5
※道真县	Daozhen	26.62	5.83	0.8
※务川县	Wuchuan	40.44	7.96	15.9
凤冈县	Fenggang	30.20	6.31	-0.4
湄潭县	Meitan	32.03	7.59	0.6
余庆县	Yuqing	22.98	6.38	6.9
习水县	Xishui	54.65	12.31	10.1
赤水市	Chishui	34.60	5.23	12.8
仁怀市	Renhuai	83.64	17.89	7.1
西秀区	Xixiu	81.00	17.20	17.0
平坝区	Pingba	44.97	7.54	17.2
普定县	Puding	32.62	6.23	-1.7
※镇宁县	Zhenning	25.68	5.43	-26.9
※关岭县	Guanling	30.48	7.37	-0.3
※紫云县	Ziyun	36.21	6.35	24.8
七星关区	Qixingguan	97.42	28.77	6.5
大方县	Dafang	62.90	17.17	23.5
黔西县	Qianxi	48.54	11.27	23.7
金沙县	Jinsha	57.41	11.12	4.9
织金县	Zhijin	76.53	17.45	26.0
纳雍县	Nayong	65.53	17.22	28.4
※威宁县	Weining	95.53	27.61	28.9
赫章县	Hezhang	59.02	14.20	43.3
碧江区	Bijiang	35.60	7.97	1.4
万山区	Wanshan	22.80	5.23	8.1

25-33 续表 continued

县（市、区、特区）名 称	County (City,District, Special region)	一般公共预算支出(亿元) General Public Budget Expenditures (10000 yuan)	#教育支出 Expenditure for Education	2019年比2018年增长(%) Increase Rate in 2019 over 2018(%)
江口县	Jiangkou	24.12	5.16	10.5
※玉屏县	Yuping	29.50	4.70	10.0
石阡县	Shiqian	32.67	7.79	1.3
思南县	Sinan	53.97	12.96	5.3
※印江县	Yinjiang	36.75	7.79	-6.0
德江县	Dejiang	44.12	12.56	2.6
※沿河县	Yanhe	49.92	12.46	4.2
※松桃县	Songtao	47.31	10.18	11.9
兴义市	Xingyi	74.85	25.50	-6.5
兴仁市	Xingren	43.35	9.78	-6.8
普安县	Puan	28.04	5.65	-9.7
晴隆县	Qinglong	38.67	8.43	13.9
贞丰县	Zhenfeng	43.89	8.41	1.0
望谟县	Wangmo	34.73	7.33	4.0
册亨县	Ceheng	32.51	6.13	7.0
安龙县	Anlong	43.69	12.07	7.5
凯里市	Kaili	44.73	12.13	5.3
黄平县	Huangping	32.93	8.61	32.0
施秉县	Shibing	14.84	3.14	6.5
三穗县	Sansui	22.36	5.11	19.4
镇远县	Zhenyuan	17.09	3.77	3.9
岑巩县	Cengong	22.89	5.06	18.1
天柱县	Tianzhu	33.08	6.18	9.7
锦屏县	Jinping	24.85	3.64	36.3
剑河县	Jianhe	29.46	4.87	33.1
台江县	Taijiang	17.83	3.36	6.2
黎平县	Liping	35.89	9.20	3.5
榕江县	Rongjiang	37.89	7.71	28.0
从江县	Congjiang	41.92	7.20	37.5
雷山县	Leishan	18.53	3.84	26.7
麻江县	Majiang	16.52	2.56	11.0
丹寨县	Danzhai	14.88	3.14	-0.8
都匀市	Duyun	39.30	9.02	-8.2
福泉市	Fuquan	30.74	6.57	-5.8
荔波县	Libo	21.99	4.33	6.4
贵定县	Guiding	24.27	4.98	-7.0
瓮安县	Wengan	34.23	8.25	-4.1
独山县	Dushan	27.68	5.36	1.3
平塘县	Pingtang	29.75	6.04	6.9
罗甸县	Luodian	32.14	6.12	10.3
长顺县	Changshun	24.11	3.93	10.7
龙里县	Longli	33.23	5.88	5.5
惠水县	Huishui	35.05	8.33	2.8
※三都县	Sandu	33.11	7.53	16.0

25－34 各县(市、区、特区)城镇常住居民人均可支配收入

Per Capita Disposable income of Urban Households by County (City, District, Special region)

单位：元 (yuan)

县(市、区、特区)名称	County (City,District, Special region)	2018	2019
南明区	Nanming	35740	38921
云岩区	Yunyan	35809	38996
花溪区	Huaxi	34462	37564
乌当区	Wudang	34285	37302
白云区	Baiyun	34358	37313
观山湖区	Guanshanhu	34601	37750
开阳县	Kaiyang	34457	37558
息烽县	Xifeng	33067	36109
修文县	Xiuwen	34197	37275
清镇市	Qingzhen	34276	37258
钟山区	Zhongshan	32269	35076
六枝特区	Liuzhi	28279	30881
水城县	Shuicheng	28247	30789
盘州市	Panzhou	29240	31725
红花岗区	Honghuagang	34849	37916
汇川区	Huichuan	34881	37985
播州区	Bozhou	34114	37184
桐梓县	Tongzi	29142	31910
绥阳县	Suiyang	30172	32948
正安县	Zhengan	29165	32023
※道真县	※Daozhen	29123	31919
※务川县	※Wuchuan	29120	31886
凤冈县	Fenggang	29143	31853
湄潭县	Meitan	32047	34963
余庆县	Yuqing	29153	31835
习水县	Xishui	29860	32816
赤水市	Chishui	31381	34425
仁怀市	Renhuai	34390	37623
西秀区	Xixiu	31531	34369
平坝区	Pingba	29247	31967
普定县	Puding	28279	30852
※镇宁县	※Zhenning	28104	30493
※关岭县	※Guanling	27804	30362
※紫云县	※Ziyun	26637	29061
七星关区	Qixingguan	31642	34521
大方县	Dafang	28800	31507
黔西县	Qianxi	29414	32238
金沙县	Jinsha	31669	34456
织金县	Zhijin	28854	31451
纳雍县	Nayong	29105	31812
※威宁县	※Weining	28748	31306
赫章县	Hezhang	28584	31300
碧江区	Bijiang	31961	35047
万山区	Wanshan	30266	33067
江口县	Jiangkou	29186	31887
※玉屏县	※Yuping	30383	33195
石阡县	Shiqian	28403	31003
思南县	Sinan	28702	31445
※印江县	※Yinjiang	28478	31142
德江县	Dejiang	28823	31548
※沿河县	※Yanhe	28184	30849
※松桃县	※Songtao	28526	31110
兴义市	Xingyi	32369	35444
兴仁市	Xingren	29515	32319
普安县	Puan	29164	31993
晴隆县	Qinglong	28792	31556
贞丰县	Zhenfeng	29366	32185
望谟县	Wangmo	28602	31405
册亨县	Ceheng	28780	31571
安龙县	Anlong	29306	32060
凯里市	Kaili	32026	34845
黄平县	Huangping	29790	32411
施秉县	Shibing	29298	31788
三穗县	Sansui	30299	32905
镇远县	Zhenyuan	29749	32337
岑巩县	Cengong	29328	31909
天柱县	Tianzhu	29277	31882
锦屏县	Jinping	28933	31537
剑河县	Jianhe	29442	31945
台江县	Taijiang	28447	30922
黎平县	Liping	29798	32420
榕江县	Rongjiang	29267	31872
从江县	Congjiang	30007	32557
雷山县	Leishan	29705	32319
麻江县	Majiang	29111	31614
丹寨县	Danzhai	30148	32861
都匀市	Duyun	33686	36751
福泉市	Fuquan	32050	35158
荔波县	Libo	30363	33004
贵定县	Guiding	30046	32841
瓮安县	Wengan	31528	34429
独山县	Dushan	30426	33164
平塘县	Pingtang	29408	32172
罗甸县	Luodian	29028	31612
长顺县	Changshun	28724	31338
龙里县	Longli	31917	34981
惠水县	Huishui	30803	33730
※三都县	※Sandu	28700	31226

25-35 各县(市、区、特区)农村常住居民人均可支配收入

Per Capita Net Income of Rural Households by County (City, District, Special region)

单位：元 (yuan)

县(市、区、特区)名称	County (City,District, Special region)	2018	2019
南明区	Nanming	-	
云岩区	Yunyan	-	
花溪区	Huaxi	16211	17897
乌当区	Wudang	17062	18802
白云区	Baiyun	18071	19896
观山湖区	Guanshanhu	17091	18851
开阳县	Kaiyang	15032	16595
息烽县	Xifeng	14393	15904
修文县	Xiuwen	14441	15986
清镇市	Qingzhen	15281	16901
钟山区	Zhongshan	13056	14414
六枝特区	Liuzhi	9576	10629
水城县	Shuicheng	9317	10351
盘州市	Panzhou	10310	11423
红花岗区	Honghuagang	14586	16059
汇川区	Huichuan	14597	16057
播州区	Bozhou	14291	15806
桐梓县	Tongzi	11885	13157
绥阳县	Suiyang	12703	14050
正安县	Zhengan	10191	11322
※道真县	※Daozhen	10160	11267
※务川县	※Wuchuan	10091	11191
凤冈县	Fenggang	11218	12396
湄潭县	Meitan	13351	14726
余庆县	Yuqing	11683	12898
习水县	Xishui	10492	11625
赤水市	Chishui	12303	13656
仁怀市	Renhuai	12357	13617
西秀区	Xixiu	12052	13269
平坝区	Pingba	10236	11345
普定县	Puding	9196	10180
※镇宁县	※Zhenning	8822	9704
※关岭县	※Guanling	8807	9760
※紫云县	※Ziyun	8791	9740
七星关区	Qixingguan	9489	10505
大方县	Dafang	9469	10491
黔西县	Qianxi	9473	10543
金沙县	Jinsha	10396	11446
织金县	Zhijin	9371	10402
纳雍县	Nayong	8852	9825
※威宁县	※Weining	9324	10359
赫章县	Hezhang	8812	9728
碧江区	Bijiang	12667	14056
万山区	Wanshan	9391	10387
江口县	Jiangkou	9105	10061
※玉屏县	※Yuping	11598	12835
石阡县	Shiqian	9066	10032
思南县	Sinan	8899	9883
※印江县	※Yinjiang	8888	9843
德江县	Dejiang	8885	9850
※沿河县	※Yanhe	8802	9741
※松桃县	※Songtao	8891	9847
兴义市	Xingyi	12078	13407
兴仁市	Xingren	9383	10406
普安县	Puan	8822	9811
晴隆县	Qinglong	8356	9258
贞丰县	Zhenfeng	9187	10206
望谟县	Wangmo	8082	8979
册亨县	Ceheng	8278	9213
安龙县	Anlong	8991	9981
凯里市	Kaili	11865	13158
黄平县	Huangping	8788	9773
施秉县	Shibing	9555	10587
三穗县	Sansui	9481	10505
镇远县	Zhenyuan	9342	10351
岑巩县	Cengong	9259	10278
天柱县	Tianzhu	9387	10438
锦屏县	Jinping	8520	9466
剑河县	Jianhe	8714	9682
台江县	Taijiang	8379	9301
黎平县	Liping	8735	9679
榕江县	Rongjiang	8801	9761
从江县	Congjiang	9223	10219
雷山县	Leishan	9297	10310
麻江县	Majiang	8887	9847
丹寨县	Danzhai	9060	10057
都匀市	Duyun	12046	13347
福泉市	Fuquan	11058	12230
荔波县	Libo	10246	11393
贵定县	Guiding	10797	11953
瓮安县	Wengan	11130	12309
独山县	Dushan	10565	11759
平塘县	Pingtang	10065	11233
罗甸县	Luodian	10483	11646
长顺县	Changshun	10172	11342
龙里县	Longli	11221	12444
惠水县	Huishui	10800	11988
※三都县	※Sandu	10066	11214

25-36 各县（市、区、特区）乡村从业人员

Number of Rural Employment by County (City, District, Special region)

单位：人 (person)

县(市、区、特区)名称	County (City,District, Special region)	2018	2019
南明区	Nanming	26266	28101
云岩区	Yunyan	12580	12135
花溪区	Huaxi	159669	161485
乌当区	Wudang	68663	75143
白云区	Baiyun	49851	48652
观山湖区	Guanshanhu	64421	54606
开阳县	Kaiyang	179754	181670
息烽县	Xifeng	115261	109136
修文县	Xiuwen	161764	173534
清镇市	Qingzhen	236769	212222
钟山区	Zhongshan	79412	78296
六枝特区	Liuzhi	362793	300406
水城县	Shuicheng	483235	463051
盘州市	Panzhou	512599	463853
红花岗区	Honghuagang	267598	260717
汇川区	Huichuan	210904	206435
播州区	Bozhou	461169	455407
桐梓县	Tongzi	398859	417041
绥阳县	Suiyang	324450	319479
正安县	Zhengan	394646	390984
※道真县	Daozhen	195790	192520
※务川县	Wuchuan	268489	257439
凤冈县	Fenggang	237846	228894
湄潭县	Meitan	262571	261443
余庆县	Yuqing	176557	167717
习水县	Xishui	345016	336475
赤水市	Chishui	143153	143085
仁怀市	Renhuai	229054	318345
西秀区	Xixiu	373420	349679
平坝区	Pingba	207546	198123
普定县	Puding	271415	265579
※镇宁县	Zhenning	200257	181314
※关岭县	Guanling	220486	210379
※紫云县	Ziyun	261438	265360
七星关区	Qixingguan	666178	673827
大方县	Dafang	639727	640180
黔西县	Qianxi	325114	312003
金沙县	Jinsha	234191	226877
织金县	Zhijin	480832	482257
纳雍县	Nayong	366272	360254
※威宁县	Weining	587220	591299
赫章县	Hezhang	417281	412795
碧江区	Bijiang	107044	105807
万山区	Wanshan	61782	60239
江口县	Jiangkou	112622	82450
※玉屏县	Yuping	92190	98227
石阡县	Shiqian	207819	201106
思南县	Sinan	256143	258934
※印江县	Yinjiang	233991	221484
德江县	Dejiang	145936	158506
※沿河县	Yanhe	277304	183281
※松桃县	Songtao	406635	215897
兴义市	Xingyi	408893	420855
兴仁市	Xingren	208654	212363
普安县	Puan	181269	175291
晴隆县	Qinglong	168178	139325
贞丰县	Zhenfeng	234136	233870
望谟县	Wangmo	171377	169762
册亨县	Ceheng	150608	101474
安龙县	Anlong	290475	290653
凯里市	Kaili	211813	209970
黄平县	Huangping	212460	208152
施秉县	Shibing	68453	67296
三穗县	Sansui	126024	123386
镇远县	Zhenyuan	118717	120869
岑巩县	Cengong	137895	135392
天柱县	Tianzhu	222024	222101
锦屏县	Jinping	119371	116975
剑河县	Jianhe	131742	124099
台江县	Taijiang	93081	93019
黎平县	Liping	244956	250027
榕江县	Rongjiang	210793	206629
从江县	Congjiang	193704	176392
雷山县	Leishan	79730	79905
麻江县	Majiang	96921	99652
丹寨县	Danzhai	100896	97744
都匀市	Duyun	194167	183584
福泉市	Fuquan	145352	138334
荔波县	Libo	107266	101994
贵定县	Guiding	141728	138876
瓮安县	Wengan	299655	301377
独山县	Dushan	201541	190541
平塘县	Pingtang	202633	203787
罗甸县	Luodian	178792	182330
长顺县	Changshun	133886	130915
龙里县	Longli	132435	130569
惠水县	Huishui	257074	247493
※三都县	Sandu	191687	190125

25-37 各县(市、区、特区)农林牧渔业增加值(2019)

Value-Added of Farming, Forestry, Animal Husbandry Fishery and Their Services

单位：万元　　　　(10000 yuan)

县(市、区、特区)名称	County (City,District, Special region)	合计 Total	农业 Farming	林业 Forestry	牧业 Animal Husbandry	渔业 Fishery	农林牧渔服务业 Services of FFAT	比上年增长(%) Increase Rate in 2019 over 2018 (%)
南明区	Nanming	11511	10215	24	908		364	2.0
云岩区	Yunyan	1906	1898				8	1.8
花溪区	Huaxi	169067	146236	207	9244	108	13273	1.9
乌当区	Wudang	188758	158039	862	18088	472	11296	5.8
白云区	Baiyun	75188	64391	1382	4179	94	5142	5.7
观山湖区	Guanshanhu	43343	34249	1760	3371	78	3885	5.9
开阳县	Kaiyang	394885	255277	3584	116236	1461	18327	6.2
息烽县	Xifeng	231011	153738	2503	53605	1157	20007	6.1
修文县	Xiuwen	287384	201380	629	65219	1315	18842	6.1
清镇市	Qingzhen	323066	218451	6956	75237	850	21573	6.0
钟山区	Zhongshan	84797	53781	524	15675	91	14726	5.6
六枝特区	Liuzhi	422200	288292	22196	85545	1508	24659	5.6
水城县	Shuicheng	462105	331155	14996	93643	280	22031	5.8
盘州市	Panzhou	672007	421773	80528	136149	1430	32127	5.8
红花岗区	Honghuagang	377495	311253	6180	34678	8538	16846	5.5
汇川区	Huichuan	287486	232084	4466	37239	2322	11375	5.4
播州区	Bozhou	572953	379068	3644	102386	35751	52104	5.7
桐梓县	Tongzi	382059	228006	51278	76327	4388	22061	5.5
绥阳县	Suiyang	389604	281747	5966	77923	7547	16421	5.4
正安县	Zhengan	319976	195548	34510	72078	3817	14023	5.5
※道真县	Daozhen	251317	167004	20810	47445	2550	13508	5.4
※务川县	Wuchuan	257640	172295	20453	48929	3078	12885	5.4
凤冈县	Fenggang	282366	175760	25635	62537	3387	15047	5.5
湄潭县	Meitan	341401	216658	9910	83710	10829	20295	5.6
余庆县	Yuqing	226871	151389	9360	49928	2550	13644	5.6
习水县	Xishui	353258	209353	7509	116706	1125	18566	5.6
赤水市	Chishui	206712	81690	40445	67230	6873	10475	5.6
仁怀市	Renhuai	321138	239290	9984	52480	5096	14289	5.3
西秀区	Xixiu	412555	283512	16791	79802	13044	19405	5.7
平坝区	Pingba	228106	144981	16971	44563	10377	11213	5.6
普定县	Puding	239471	153669	11984	52423	9862	11533	5.6
※镇宁县	Zhenning	259983	161505	19095	55175	14797	9411	5.9
※关岭县	Guanling	255538	162027	18194	55016	8628	11673	5.8
※紫云县	Ziyun	253764	149287	25547	58572	6071	14287	5.5
七星关区	Qixingguan	897880	645079	44013	160341	1084	47363	5.5
大方县	Dafang	487652	332271	18135	103960	3175	30111	5.8
黔西县	Qianxi	430962	302188	14985	90311	1283	22195	5.7
金沙县	Jinsha	414191	270769	21321	89274	3232	29594	6.0
织金县	Zhijin	448027	288960	23649	100809	5639	28970	5.7
纳雍县	Nayong	395773	263854	29045	80669	2359	19847	5.9
※威宁县	Weining	1069742	757159	42721	219965	822	49074	6.1
赫章县	Hezhang	500190	339703	34089	102132	621	23644	5.6
碧江区	Bijiang	162171	104144	16744	30839	3051	7393	6.4
万山区	Wanshan	119378	72083	13646	22715	2670	8264	5.6

25-37 续表 continued

单位：万元 (10000 yuan)

县(市、区、特区)名称	County (City,District, Special region)	合计 Total	农业 Farming	林业 Forestry	牧业 Animal Husbandry	渔业 Fishery	农林牧渔服务业 Services of FFAT	比上年增长(%) Increase Rate in 2019 over 2018 (%)
江口县	Jiangkou	185743	108998	18515	38103	8384	11743	5.2
※玉屏县	Yuping	118273	74805	7639	25104	2933	7793	5.5
石阡县	Shiqian	317787	219288	17102	65631	5772	9994	5.9
思南县	Sinan	415441	277032	23066	86206	8614	20523	6.1
※印江县	Yinjiang	331565	209750	32638	69643	5190	14344	6.2
德江县	Dejiang	340362	213716	30561	69974	5752	20359	6.3
※沿河县	Yanhe	339973	236457	13774	71646	5617	12480	5.7
※松桃县	Songtao	352370	225112	21772	73488	10736	21261	5.8
兴义市	Xingyi	464144	318025	31350	84801	5714	24254	6.0
兴仁市	Xingren	336452	228160	26218	62006	1362	18706	5.7
普安县	Puan	214671	134465	22845	46130	900	10331	6.0
晴隆县	Qinglong	220154	132425	25474	46711	4200	11344	5.6
贞丰县	Zhenfeng	311671	202278	22154	67804	695	18740	6.1
望谟县	Wangmo	282501	175999	24222	65745	3121	13414	6.0
册亨县	Ceheng	228335	120475	38042	53133	2523	14162	6.2
安龙县	Anlong	342187	210974	29452	75256	6170	20335	6.3
凯里市	Kaili	188479	130761	7365	37432	4270	8651	5.8
黄平县	Huangping	209658	140218	17765	40498	2784	8393	5.7
施秉县	Shibing	107352	71217	8621	21169	2388	3957	5.7
三穗县	Sansui	103981	59121	14632	22170	3115	4943	5.8
镇远县	Zhenyuan	155609	92320	23698	31798	3335	4458	5.7
岑巩县	Cengong	115797	61822	10225	25085	3616	15049	5.9
天柱县	Tianzhu	207545	124169	27633	42278	6196	7269	5.7
锦屏县	Jinping	103401	48174	22191	20799	7652	4585	5.8
剑河县	Jianhe	137871	71928	26306	29903	5565	4169	5.8
台江县	Taijiang	86696	43011	19422	17769	2787	3707	5.5
黎平县	Liping	228412	109343	59491	46003	5838	7737	5.7
榕江县	Rongjiang	203767	105097	48653	38213	5896	5908	5.5
从江县	Congjiang	207069	107037	47133	39283	5788	7828	5.6
雷山县	Leishan	89052	58143	7829	17709	1481	3890	5.6
麻江县	Majiang	107674	66019	5376	23679	2012	10588	5.9
丹寨县	Danzhai	91555	49557	14985	18980	2517	5516	5.6
都匀市	Duyun	203508	146169	5226	39086	3454	9573	6.1
福泉市	Fuquan	176828	122336	7282	42034	2466	2710	6.2
荔波县	Libo	123032	63548	14072	26539	6116	12757	5.8
贵定县	Guiding	145055	99425	4700	28992	2919	9019	6.0
瓮安县	Wengan	299167	213037	6560	63927	3095	12548	5.7
独山县	Dushan	221274	149008	13795	47601	2541	8329	5.8
平塘县	Pingtang	239086	175953	8561	46182	1748	6642	5.9
罗甸县	Luodian	198571	135769	9338	39469	3924	10071	5.7
长顺县	Changshun	171597	106844	8665	38504	1850	15734	6.0
龙里县	Longli	126194	90284	1467	26614	1218	6610	6.0
惠水县	Huishui	289995	196733	14343	60594	3905	14420	5.9
※三都县	Sandu	227573	149695	19182	44209	6408	8079	5.9

25−38 各县(市、区、特区)油菜籽、烤烟产量(2019)

Output of Rapeseed and Fluecured Tobacco and Its Order by County (City, District, Special region)

县(市、区、特区)名 称	County (City,District, Special region)	油菜籽产量(吨) Output of Rapeseeds (ton)	2019比2018年增长(%) Increase Rate in 2019 over 2018 (%)	烤烟产量(吨) Output of Flue-cured Tobacco (ton)	2019年比2018年增长(%) Increase Rate in 2019 over 2018 (%)
南明区	Nanming				
云岩区	Yunyan				
花溪区	Huaxi	1099	-40.6		
乌当区	Wudang	1008	-35.5	4	
白云区	Baiyun	183	-31.3		
观山湖区	Guanshanhu	276	-78.5		
开阳县	Kaiyang	12830	-14.9	2539	-44.3
息烽县	Xifeng	4187	-28.9	525	-30.0
修文县	Xiuwen	6843	-42.7	561	-44.2
清镇市	Qingzhen	13283	11.2	1415	-8.1
钟山区	Zhongshan				
六枝特区	Liuzhi	13919	0.5	294	16.3
水城县	Shuicheng	423	8.4	9816	10.8
盘州市	Panzhou	8742	-3.6	3549	-21.2
红花岗区	Honghuagang	9068	-17.5	757	12.5
汇川区	Huichuan	10985	-12.3	4319	13.7
播州区	Bozhou	46374	-10.9	5684	39.7
桐梓县	Tongzi	12371	0.5	4717	11.9
绥阳县	Suiyang	17975	-33.4	4555	14.2
正安县	Zhengan	14045	-20.0	5250	-17.3
※道真县	Daozhen	9130	-3.5	5155	-5.0
※务川县	Wuchuan	7749	-16.1	8639	5.2
凤冈县	Fenggang	13700	-5.2	5100	-5.2
湄潭县	Meitan	15480	-6.9	5100	7.4
余庆县	Yuqing	5202	-49.0	6038	6.2
习水县	Xishui	7247	2.2	755	-17.9
赤水市	Chishui	404	41.5		
仁怀市	Renhuai	10672	-30.0	607	8.0
西秀区	Xixiu	37424	0.2	2019	-35.9
平坝区	Pingba	7969	-35.6	1479	-24.0
普定县	Puding	6451	-34.6	280	-20.0
※镇宁县	Zhenning	11121	-5.9		-100.0
※关岭县	Guanling	7167	5.5	163	-13.8
※紫云县	Ziyun	16661	4.7	1590	-46.6
七星关区	Qixingguan	4429	-21.7	4569	-5.6
大方县	Dafang	7650	5.6	8261	-12.7
黔西县	Qianxi	65451	-7.2	4895	-13.8
金沙县	Jinsha	27200	8.0	3155	-7.5
织金县	Zhijin	16876	0.4	3460	-1.2
纳雍县	Nayong	992	76.8	3115	-11.1
※威宁县	Weining	8	-89.9	24895	-13.6
赫章县	Hezhang	119	-16.2	5100	-6.0
碧江区	Bijiang	2277	-51.5		
万山区	Wanshan	3783	-1.0	114	

25−38 续表 continued

县(市、区、特区)名称	County (City,District, Special region)	油菜籽产量(吨) Output of Rapeseeds(ton)	2019比2018年增长(%) Increase Rate in 2019 over 2018 (%)	烤烟产量(吨) Output of Flue-cured Tobacco (ton)	2019比2018年增长(%) Increase Rate in 2019 over 2018 (%)
江口县	Jiangkou	6848	16.6	902.5	20.3
※玉屏县	Yuping	3177	-16.0		
石阡县	Shiqian	14911	-12.8	2590	-19.9
思南县	Sinan	17673	-17.0	1121	-40.4
※印江县	Yinjiang	12401	8.2	1363	18.4
德江县	Dejiang	7198	-50.9	4734	-0.9
※沿河县	Yanhe	7627	-19.9	5026	25.6
※松桃县	Songtao	11023	-20.6	1446	15.9
兴义市	Xingyi	12790	3.0	8261	-6.7
兴仁市	Xingren	13024	-2.0	5419	-4.0
普安县	Puan	7039	-10.0	7538	5.7
晴隆县	Qinglong	1995	0.1	1643	-2.2
贞丰县	Zhenfeng	12249	6.9	3116	-10.7
望谟县	Wangmo	5849	-12.0		
册亨县	Ceheng	5189	6.0		
安龙县	Anlong	7937	13.3	6718	2.9
凯里市	Kaili	2363	-18.7	525	15.3
黄平县	Huangping	3305	-31.8	2112	-1.1
施秉县	Shibing	3992	-14.4	6420	25.6
三穗县	Sansui	1850	-1.0	77	-47.6
镇远县	Zhenyuan	7842	2.1	5126	4.4
岑巩县	Cengong	6211	0.5	2315	15.1
天柱县	Tianzhu	6123	-1.6	629	5.6
锦屏县	Jinping	4993	-3.7	72	-3.5
剑河县	Jianhe	2792	-6.0		
台江县	Taijiang	2561	-4.9		
黎平县	Liping	6958	2.9		
榕江县	Rongjiang	8112	-4.8		
从江县	Congjiang	4889	-30.5	157	
雷山县	Leishan	712	-1.5		
麻江县	Majiang	4111	0.9	738	-35.5
丹寨县	Danzhai	1021	-1.7	140	-2.8
都匀市	Duyun	8946	-8.0	161	-1.6
福泉市	Fuquan	10439	-19.0	2000	-31.6
荔波县	Libo	4839	0.2		
贵定县	Guiding	6463	-7.4	900	31.2
瓮安县	Wengan	15030	-17.9	3000	0.6
独山县	Dushan	8722	-16.9	331	-21.4
平塘县	Pingtang	9317	-11.8	500	-33.1
罗甸县	Luodian	3569	3.5	140	
长顺县	Changshun	6378	17.8	772	-20.9
龙里县	Longli	7602	1.0	300	-29.5
惠水县	Huishui	7418	0.4	1006	-19.9
※三都县	Sandu	10232	-8.0		

25-39 各县(市、区、特区)规模以上工业增加值增速
Value-added and Growth of Industry above Designated Size of Each County (City, District, Special region)

单位：% (%)

县(市、区、特区)名称	County (City,District, Special region)	2018	2019
南明区	Nanming	13.0	11.4
云岩区	Yunyan	5.3	5.0
花溪区	Huaxi	8.8	7.3
乌当区	Wudang	3.4	1.5
白云区	Baiyun	1.0	8.8
观山湖区	Guanshanhu	16.3	71.6
开阳县	Kaiyang	8.2	–19.7
息烽县	Xifeng	1.4	–12.3
修文县	Xiuwen	11.3	11.3
清镇市	Qingzhen	16.0	2.8
钟山区	Zhongshan	1.7	6.3
六枝特区	Liuzhi	–28.1	6.8
水城县	Shuicheng	10.5	8.5
盘州市	Panzhou	11.3	11.6
红花岗区	Honghuagang	–7.4	9.5
汇川区	Huichuan	4.8	10.5
播州区	Bozhou	13.4	17.0
桐梓县	Tongzi	–21.5	12.4
绥阳县	Suiyang	–7.3	17.4
正安县	Zhengan	0.2	18.2
※道真县	Daozhen	–7.8	5.0
※务川县	Wuchuan	–10.6	9.8
凤冈县	Fenggang	–16.2	19.5
湄潭县	Meitan	–0.1	12.2
余庆县	Yuqing	–2.3	17.7
习水县	Xishui	15.7	25.0
赤水市	Chishui	2.2	18.7
仁怀市	Renhuai	17.2	11.6
西秀区	Xixiu	13.9	14.1
平坝区	Pingba	9.7	11.3
普定县	Puding	9.8	4.6
※镇宁县	Zhenning	13.7	10.8
※关岭县	Guanling	9.8	1.3
※紫云县	Ziyun	0.1	0.5
七星关区	Qixingguan	9.5	–2.7
大方县	Dafang	12.3	8.4
黔西县	Qianxi	13.3	12.2
金沙县	Jinsha	12.6	14.7
织金县	Zhijin	13.5	14.5
纳雍县	Nayong	10.5	0.2
※威宁县	Weining	10.6	0.1
赫章县	Hezhang	11.3	2.8
碧江区	Bijiang	9.1	9.9
万山区	Wanshan	8.4	4.8
江口县	Jiangkou	1.9	–28.0
※玉屏县	Yuping	5.1	2.8
石阡县	Shiqian	7.1	7.1
思南县	Sinan	5.2	3.1
※印江县	Yinjiang	6.3	7.2
德江县	Dejiang	6.1	4.4
※沿河县	Yanhe	2.0	2.9
※松桃县	Songtao	0.3	9.8
兴义市	Xingyi	12.3	12.2
兴仁市	Xingren	11.7	14.3
普安县	Puan	11.3	13.5
晴隆县	Qinglong	11.7	13.4
贞丰县	Zhenfeng	12.6	14.1
望谟县	Wangmo	12.9	12.9
册亨县	Ceheng	12.8	13.0
安龙县	Anlong	13.0	12.0
凯里市	Kaili	9.7	0.3
黄平县	Huangping	0.9	0.2
施秉县	Shibing	3.4	–0.1
三穗县	Sansui	1.3	15.2
镇远县	Zhenyuan	9.3	–3.0
岑巩县	Cengong	2.7	10.7
天柱县	Tianzhu	0.5	17.6
锦屏县	Jinping	1.8	15.3
剑河县	Jianhe	7.9	16.3
台江县	Taijiang	31.5	7.6
黎平县	Liping	11.7	2.5
榕江县	Rongjiang	8.8	11.3
从江县	Congjiang	11.2	–0.5
雷山县	Leishan	6.5	17.5
麻江县	Majiang	13.0	–0.6
丹寨县	Danzhai	0.7	0.3
都匀市	Duyun	10.5	11.0
福泉市	Fuquan	11.2	11.4
荔波县	Libo	10.2	9.2
贵定县	Guiding	11.0	11.3
瓮安县	Wengan	10.6	9.8
独山县	Dushan	11.0	10.8
平塘县	Pingtang	10.8	11.1
罗甸县	Luodian	10.7	11.2
长顺县	Changshun	11.2	12.6
龙里县	Longli	11.6	14.6
惠水县	Huishui	11.3	11.7
※三都县	Sandu	10.9	10.6

注：统计口径为年主营业务收入2000万元及以上的工业企业。

Note: The statistical caliber of this table in the table refers to the industries which main business revenue achieve 20 million yuan and above.

25-40 各县(市、区、特区)社会消费品零售总额增速(2019)

Growth Rate of Total Retail Sales of Social Consumer Goods by County (City, District, Special Region)

单位：% (%)

县(市、区、特区)名　称	County (City,District, Special Region)	社会消费品零售总额增速 Growth Rate of Total Retail Sales of Consumer Goods
南明区	Nanming	6.8
云岩区	Yunyan	7.4
花溪区	Huaxi	4.7
乌当区	Wudang	6.7
白云区	Baiyun	7.3
观山湖区	Guanshanhu	5.6
开阳县	Kaiyang	7.2
息烽县	Xifeng	4.6
修文县	Xiuwen	7.1
清镇市	Qingzhen	6.7
钟山区	Zhongshan	6.9
六枝特区	Liuzhi	6.2
水城县	Shuicheng	6.4
盘州市	Panzhou	7.0
红花岗区	Honghuagang	4.1
汇川区	Huichuan	4.4
播州区	Bozhou	0.5
桐梓县	Tongzi	4.6
绥阳县	Suiyang	4.7
正安县	Zhengan	5.2
※道真县	Daozhen	1.1
※务川县	Wuchuan	4.3
凤冈县	Fenggang	4.0
湄潭县	Meitan	4.5
余庆县	Yuqing	4.2
习水县	Xishui	4.1
赤水市	Chishui	4.9
仁怀市	Renhuai	0.1
西秀区	Xixiu	5.6
平坝区	Pingba	5.2
普定县	Puding	5.5
※镇宁县	Zhenning	5.7
※关岭县	Guanling	5.8
※紫云县	Ziyun	5.3
七星关区	Qixingguan	6.7
大方县	Dafang	5.7
黔西县	Qianxi	7.0
金沙县	Jinsha	7.1
织金县	Zhijin	5.1
纳雍县	Nayong	6.3
※威宁县	Weining	5.4
赫章县	Hezhang	5.6
碧江区	Bijiang	4.1
万山区	Wanshan	4.2
江口县	Jiangkou	1.5
※玉屏县	Yuping	2.8
石阡县	Shiqian	3.2
思南县	Sinan	4.4
※印江县	Yinjiang	3.1
德江县	Dejiang	3.6
※沿河县	Yanhe	2.9
※松桃县	Songtao	2.9
兴义市	Xingyi	5.8
兴仁市	Xingren	5.4
普安县	Puan	6.5
晴隆县	Qinglong	6.7
贞丰县	Zhenfeng	6.3
望谟县	Wangmo	6.1
册亨县	Ceheng	6.9
安龙县	Anlong	5.9
凯里市	Kaili	3.1
黄平县	Huangping	4.0
施秉县	Shibing	3.0
三穗县	Sansui	2.8
镇远县	Zhenyuan	3.0
岑巩县	Cengong	3.8
天柱县	Tianzhu	3.5
锦屏县	Jinping	3.3
剑河县	Jianhe	3.2
台江县	Taijiang	3.8
黎平县	Liping	2.6
榕江县	Rongjiang	3.5
从江县	Congjiang	2.9
雷山县	Leishan	3.0
麻江县	Majiang	2.6
丹寨县	Danzhai	3.1
都匀市	Duyun	2.6
福泉市	Fuquan	4.0
荔波县	Libo	2.9
贵定县	Guiding	2.7
瓮安县	Wengan	3.5
独山县	Dushan	3.0
平塘县	Pingtang	4.2
罗甸县	Luodian	3.2
长顺县	Changshun	3.7
龙里县	Longli	4.3
惠水县	Huishui	3.8
※三都县	Sandu	3.3

25-41 各县(市、区、特区)金融机构人民币各项存贷款余额(2019)

Urban and Rural Resident Savings Deposit Balance and Loan by County (City, District, Special region)

单位：亿元 (100 million yuan)

县(市、区、特区)名 称	County (City,District, Special region)	金融机构人民币各项存款余额 Total Deposits	#个人储蓄存款 Personal Savings Deposits	金融机构人民币各项贷款余额 Total Loans
开阳县	Kaiyang	147.00	80.62	169.40
息烽县	Xifeng	94.49	53.21	114.82
修文县	Xiuwen	191.20	68.09	207.58
清镇市	Qingzhen	297.77	135.27	330.23
六枝特区	Liuzhi	151.90	94.63	181.26
盘州市	Panzhou	400.40	221.87	384.45
桐梓县	Tongzi	196.76	131.85	184.38
绥阳县	Suiyang	163.88	96.78	130.05
正安县	Zhengan	174.38	101.14	206.71
※道真县	Daozhen	106.81	75.64	96.84
※务川县	Wuchuan	130.51	75.93	128.46
凤冈县	Fenggang	110.28	73.58	126.47
湄潭县	Meitan	164.34	115.09	180.07
余庆县	Yuqing	108.38	73.46	114.12
习水县	Xishui	226.12	110.33	240.74
赤水市	Chishui	155.50	99.39	160.66
仁怀市	Renhuai	1561.55	206.10	325.02
平坝区	Pingba	161.64	85.87	166.62
普定县	Puding	87.44	52.61	96.92
※镇宁县	Zhenning	92.38	53.56	139.47
※关岭县	Guanling	88.97	53.44	96.42
※紫云县	Ziyun	88.32	43.15	93.77
七星关区	Qixingguan	656.98	249.05	596.49
大方县	Dafang	190.79	123.05	180.56
黔西县	Qianxi	204.87	111.60	207.44
金沙县	Jinsha	162.31	105.93	171.14
织金县	Zhijin	203.28	127.40	211.90
纳雍县	Nayong	145.97	85.99	132.11
※威宁县	Weining	197.70	117.78	219.94
赫章县	Hezhang	140.23	85.33	140.49
碧江区	Bijiang	357.28	146.20	384.76
万山区	Wanshan	47.17	26.26	67.89

注：资料来源于中国人民银行贵阳中心支行。

Note: Data in the table are obtained from the People's Bank of China Guiyang Branch.

25-41 续表 continued

单位：亿元 (100 million yuan)

县(市、区、特区)名 称	County (City,District, Special region)	金融机构人民币各项存款余额 Total Deposits	#个人储蓄存款 Personal Savings Deposits	金融机构人民币各项贷款余额 Total Loans
江口县	Jiangkou	74.31	43.16	82.30
※玉屏县	Yuping	66.90	39.74	82.23
石阡县	Shiqian	110.19	61.86	122.88
思南县	Sinan	142.48	96.00	146.57
※印江县	Yinjiang	128.39	78.49	133.87
德江县	Dejiang	138.85	75.00	162.28
※沿河县	Yanhe	150.80	91.54	132.85
※松桃县	Songtao	154.81	94.02	168.80
兴义市	Xingyi	730.59	279.42	690.53
兴仁市	Xingren	140.14	85.57	158.00
普安县	Puan	85.71	47.06	98.84
晴隆县	Qinglong	71.24	41.95	49.33
贞丰县	Zhenfeng	125.32	63.82	87.07
望谟县	Wangmo	98.74	35.21	90.82
册亨县	Ceheng	70.05	33.21	51.91
安龙县	Anlong	153.05	76.87	149.53
凯里市	Kaili	465.92	225.26	490.08
黄平县	Huangping	88.87	57.24	79.19
施秉县	Shibing	42.44	26.96	43.46
三穗县	Sansui	51.08	36.71	47.85
镇远县	Zhenyuan	58.17	44.27	64.89
岑巩县	Cengong	55.22	37.29	63.24
天柱县	Tianzhu	104.18	72.83	76.87
锦屏县	Jinping	72.66	46.95	62.75
剑河县	Jianhe	64.87	48.68	58.07
台江县	Taijiang	43.89	27.92	51.76
黎平县	Liping	111.47	82.70	105.84
榕江县	Rongjiang	87.34	59.84	99.62
从江县	Congjiang	71.75	45.15	61.17
雷山县	Leishan	46.92	29.68	43.31
麻江县	Majiang	49.44	37.52	53.63
丹寨县	Danzhai	48.47	29.45	37.76
都匀市	Duyun	410.73	178.26	465.74
福泉市	Fuquan	148.48	71.89	193.76
荔波县	Libo	61.35	42.65	86.25
贵定县	Guiding	89.77	55.91	88.01
瓮安县	Wengan	168.86	100.98	183.07
独山县	Dushan	110.28	69.34	121.45
平塘县	Pingtang	79.34	43.52	116.65
罗甸县	Luodian	75.64	41.96	89.43
长顺县	Changshun	81.39	34.30	105.35
龙里县	Longli	179.47	74.32	150.68
惠水县	Huishui	108.17	59.16	104.52
※三都县	Sandu	92.44	55.81	105.13

25-42 各县(市、区、特区)普通中学(2019)

县(市、区、特区)名称	County (City,Distric, Special Region)	学校数(所) Total Schools (unit)	#初中 Junior Secondary Schools	毕业生数(人) Graduates(person) 初中 Junior Secondary Schools	高中 Senior Secondary Schools
南明区	Nanming	67	57	7336	2749
云岩区	Yunyan	67	53	8011	5192
花溪区	Huaxi	57	45	7183	4666
乌当区	Wudang	16	12	3171	1226
白云区	Baiyun	20	14	4139	2990
观山湖区	Guanshanhu	33	22	4489	3132
开阳县	Kaiyang	19	17	3289	2363
息烽县	Xifeng	14	11	2552	1595
修文县	Xiuwen	16	10	2573	2147
清镇市	Qingzhen	25	16	5223	3824
钟山区	Zhongshan	51	40	11901	7847
六枝特区	Liuzhi	37	31	10211	4431
水城县	Shuicheng	55	46	13248	5186
盘州市	Panzhou	66	53	11273	10274
红花岗区	Honghuagang	49	34	11021	8114
汇川区	Huichuan	35	28	7155	3914
播州区	Bozhou	35	27	9038	7938
桐梓县	Tongzi	42	36	8275	4222
绥阳县	Suiyang	29	22	5719	3424
正安县	Zhengan	31	27	6710	3799
※道真县	Daozhen	21	19	4195	2978
※务川县	Wuchuan	27	23	6877	3930
凤冈县	Fenggang	20	15	5324	3488
湄潭县	Meitan	31	28	5851	3680
余庆县	Yuqing	15	13	4028	2508
习水县	Xishui	32	29	8910	4307
赤水市	Chishui	19	16	3209	1645
仁怀市	Renhuai	34	27	9134	5081
西秀区	Xixiu	57	44	13457	8653
平坝区	Pingba	21	16	4304	2188
普定县	Puding	19	17	6432	1567
※镇宁县	Zhenning	14	12	4046	1231
※关岭县	Guanling	26	24	5249	2281
※紫云县	Ziyun	20	18	5051	2022
七星关区	Qixingguan	104	82	28635	15728
大方县	Dafang	59	42	16323	7323
黔西县	Qianxi	59	52	11259	5064
金沙县	Jinsha	32	28	9701	3986
织金县	Zhijin	46	39	16592	8211
纳雍县	Nayong	48	44	15160	4790
※威宁县	Weining	72	59	34128	15513
赫章县	Hezhang	48	37	14953	7644
碧江区	Bijiang	26	20	6613	6707
万山区	Wanshan	13	10	1903	1708

注：资料来源于省教育厅（以下相关表同）。

Regular Secondary Schools by County (City, District, Special region)

招生数(人) New Enrollment(person)		在校学生数(人) Students Enrollment(person)		专任教师(人) Full-time Teachers(person)	
初中 Junior Secondary Schools	高中 Senior Secondary Schools	初中 Junior Secondary Schools	高中 Senior Secondary Schools	初中 Junior Secondary Schools	高中 Senior Secondary Schools
7883	2211	23187	7246	1926	675
8656	4969	25907	15331	2191	1422
6892	5725	21202	16014	1760	1223
3359	1615	10084	4596	828	425
4639	3127	12972	8617	875	774
5180	3347	15341	10174	1253	879
3342	1804	10222	5440	705	393
2610	1434	7931	4348	598	361
3340	1764	9588	5523	689	452
6052	4075	18428	11705	1297	907
10616	8714	32694	25103	2276	1842
10577	4276	31591	12194	1964	824
9470	4755	34158	14205	2413	1113
9320	8759	30316	30436	2397	2214
11874	7056	35336	23265	2951	1911
7602	3512	22838	11100	1896	932
9100	5247	28248	18566	2374	1604
7723	3976	24461	12482	1690	777
5119	2926	15699	9220	1388	746
6477	3513	20849	10914	1625	772
4398	2566	12844	8273	960	491
5125	3630	17869	11081	1294	777
4891	2753	15323	9432	1171	669
5448	3038	16496	9871	1403	766
3950	2153	12184	6598	882	433
9196	4491	27245	13111	1700	762
3925	1751	10864	4984	795	329
7346	4929	22633	14909	2269	1139
12170	8121	40066	26094	2692	1652
4166	2251	14109	6795	961	477
5957	1838	20113	5208	1287	395
4326	1204	12864	3703	966	265
6140	1816	19026	6042	1158	424
5618	1712	16383	4801	1005	340
25185	16273	85305	50926	5440	2655
10975	7843	45367	24405	2929	1779
10132	5361	32154	15778	2354	900
10275	4704	30490	12655	1956	888
15012	6840	49286	22738	2991	1494
14792	6068	47515	18745	2884	993
24867	13426	87700	43509	5408	2290
14827	6513	43737	19638	2888	1322
7215	7065	21399	21131	1611	1367
2119	2221	6655	7513	612	448

Note：Data in the table are provided by the Provincial Department of Education (the rclative tables in the chapter are the same).

25-42 续表

县 (市、区、特区) 名 称	County (City,Distric, Special Region)	学校数 (所) Total Schools (unit)	#初中 Junior Secondary Schools	毕业生数(人) Graduates(person) 初中 Junior Secondary Schools	高中 Senior Secondary Schools
江口县	Jiangkou	15	13	2614	1765
※玉屏县	Yuping	5	4	2052	961
石阡县	Shiqian	27	23	5697	3630
思南县	Sinan	40	33	10394	6171
※印江县	Yinjiang	23	20	6748	4115
德江县	Dejiang	35	29	9381	4287
※沿河县	Yanhe	32	26	10988	4569
※松桃县	Songtao	40	35	9384	5178
兴义市	Xingyi	81	59	18180	13285
兴仁市	Xingren	42	37	8222	3237
普安县	Puan	29	26	4396	1857
晴隆县	Qinglong	24	21	3347	2314
贞丰县	Zhenfeng	24	21	5898	1917
望谟县	Wangmo	13	11	5093	1960
册亨县	Ceheng	15	13	2873	1524
安龙县	Anlong	26	22	5596	3287
凯里市	Kaili	40	28	9376	7494
黄平县	Huangping	14	10	4841	2560
施秉县	Shibing	7	6	2094	1088
三穗县	Sansui	7	6	2806	1212
镇远县	Zhenyuan	14	12	3160	1912
岑巩县	Cengong	14	12	3117	1842
天柱县	Tianzhu	15	12	3863	2066
锦屏县	Jinping	12	10	2429	1509
剑河县	Jianhe	11	8	3142	1863
台江县	Taijiang	5	4	2041	1097
黎平县	Liping	24	19	5293	3751
榕江县	Rongjiang	13	10	5098	2440
从江县	Congjiang	19	17	4834	2136
雷山县	Leishan	6	5	1974	1043
麻江县	Majiang	6	5	1801	1055
丹寨县	Danzhai	6	5	2359	1172
都匀市	Duyun	20	9	5173	4024
福泉市	Fuquan	10	9	2887	1535
荔波县	Libo	8	7	2050	1395
贵定县	Guiding	9	7	2978	1883
瓮安县	Wengan	20	16	5129	3436
独山县	Dushan	8	6	2955	1949
平塘县	Pingtang	14	13	4286	2117
罗甸县	Luodian	17	14	4893	2559
长顺县	Changshun	6	4	3132	1556
龙里县	Longli	13	10	2531	1013
惠水县	Huishui	22	21	6262	3818
※三都县	Sandu	18	15	6240	2508

continued

招生数(人) New Enrollment(person)		在校学生数(人) Students Enrollment(person)		专任教师(人) Full-time Teachers(person)	
初中 Junior Secondary Schools	高中 Senior Secondary Schools	初中 Junior Secondary Schools	高中 Senior Secondary Schools	初中 Junior Secondary Schools	高中 Senior Secondary Schools
2437	1425	7913	4801	632	305
2031	955	6429	2902	462	207
3620	3438	14057	10522	1293	733
7282	6487	27192	20605	2411	1493
4732	3231	17814	10224	1483	661
7775	4962	27011	14414	2171	857
10294	4727	34076	14492	2303	898
6060	4674	24144	13948	2331	1041
17896	14235	57933	42401	3857	2786
7837	3269	25140	9682	1818	789
3887	1860	14043	5641	1089	442
3614	2301	11927	6098	991	320
6399	2406	21455	6547	1316	441
5507	2393	15844	6625	1171	439
2968	1697	9028	4856	632	353
5152	3723	16897	9605	1213	499
9313	7927	28770	24564	1845	1643
4100	2925	13878	8372	1012	516
1975	997	6211	2977	453	172
2987	1300	8616	3817	529	244
2642	1601	8525	5104	665	341
2795	1740	8963	5440	673	378
4194	2261	13039	6334	998	465
2457	1602	7434	4606	518	342
3255	1803	10321	5439	659	351
2372	1008	7419	2962	439	207
6654	3159	18596	9524	1019	638
4338	2588	13326	7243	867	489
4629	1942	13048	5498	913	372
1907	906	5900	2924	410	206
1793	1003	5190	3017	482	220
2564	1102	7748	3518	487	212
4869	5337	14336	14720	1142	1043
3362	1515	9515	4771	633	327
2070	1177	6391	3770	465	260
3074	2015	9230	5051	606	358
5364	3157	16535	10017	1039	651
4620	1994	11623	5748	792	423
4063	1807	12488	6019	978	419
4629	2093	14655	7102	1073	521
2762	1518	8440	4502	686	313
2848	1508	8371	4318	611	325
5735	3482	17854	9831	1221	582
5100	2398	16799	7102	1124	516

25-43 各县(市、区、特区)小学(2019)

Primary Schools by County (City, District, Special Region)

县(市、区、特区)名称	County (City,Distric, Special Region)	学校数(个) Schools (unit)	毕业生数(人) Graduates (person)	招生数(人) New Enrollment (person)	在校学生数(人) Students Enrollment (person)	专任教师(人) Full-time Teachers (person)	学龄儿童入学率(%) Enrollment Ratio of Primary Schools(%)	学龄女童入学率(%) Enrollment Ratio of School Girls(%)
南明区	Nanming	75	9014	11857	64837	3577	99.80	99.80
云岩区	Yunyan	66	9256	13945	71549	3903	99.96	99.96
花溪区	Huaxi	87	7532	12307	63952	2988	99.37	99.22
乌当区	Wudang	40	2662	4824	24119	1380	99.04	99.26
白云区	Baiyun	47	4020	6337	33264	1762	99.80	99.80
观山湖区	Guanshanhu	47	5109	9210	45794	2437	99.98	99.96
开阳县	Kaiyang	48	3335	5511	29596	1556	99.76	99.84
息烽县	Xifeng	28	2674	3547	20455	1075	99.63	99.84
修文县	Xiuwen	32	3127	5336	28487	1369	99.21	98.91
清镇市	Qingzhen	77	5424	10136	51466	2587	99.96	100
钟山区	Zhongshan	72	10368	13812	75794	3793	99.65	99.65
六枝特区	Liuzhi	119	10376	10812	69783	3417	99.58	99.64
水城县	Shuicheng	128	8578	14903	78986	4179	99.69	99.69
盘州市	Panzhou	152	8943	20005	97139	4864	99.62	99.62
红花岗区	Honghuagang	104	10604	13537	77887	4141	100	100
汇川区	Huichuan	86	6776	8798	48998	2841	99.58	99.53
播州区	Bozhou	131	8588	12181	67216	4187	99.92	99.98
桐梓县	Tongzi	133	7649	8861	54513	2859	99.65	99.60
绥阳县	Suiyang	54	5308	6357	36126	2147	99.68	99.99
正安县	Zhengan	89	6126	6305	39796	2228	99.23	99.32
※道真县	Daozhen	52	4401	3351	23376	1494	99.31	99.97
※务川县	Wuchuan	59	4891	5289	31496	1725	98.14	96.48
凤冈县	Fenggang	76	4852	4521	29056	1678	99.58	98.16
湄潭县	Meitan	54	5383	5038	32516	1950	99.66	99.87
余庆县	Yuqing	62	3976	3335	22517	1228	99.74	99.72
习水县	Xishui	147	8907	11460	64611	3223	95.73	92.98
赤水市	Chishui	45	3936	3436	22576	1415	99.80	99.79
仁怀市	Renhuai	81	7365	11091	57604	3175	99.90	99.87
西秀区	Xixiu	124	11840	15537	85393	4451	99.58	99.57
平坝区	Pingba	84	4080	6190	34296	1940	99.74	99.71
普定县	Puding	70	5993	7681	44612	2316	99.62	99.25
※镇宁县	Zhenning	45	4676	5494	32133	1806	99.72	99.83
※关岭县	Guanling	61	5589	6436	36250	1834	99.86	99.88
※紫云县	Ziyun	76	5504	7453	37813	1968	99.87	99.94
七星关区	Qixingguan	322	23368	27758	161148	8254	99.94	99.95
大方县	Dafang	217	10142	18891	107778	5219	99.95	99.95
黔西县	Qianxi	135	9800	14513	78461	4022	99.63	99.63
金沙县	Jinsha	88	10537	9300	60707	3431	99.71	99.46
织金县	Zhijin	205	14076	17798	101543	4427	99.60	99.59
纳雍县	Nayong	210	14596	17035	96881	4533	99.68	99.68
※威宁县	Weining	338	24619	25738	160091	8037	99.77	99.74
赫章县	Hezhang	148	14816	14156	85312	4539	99.96	99.97
碧江区	Bijiang	51	6227	7778	43946	2316	99.98	99.99
万山区	Wanshan	37	1779	2827	14576	891	99.66	98.91

25-43 续表 continued

县(市、区、特区)名 称	County (City,Distric, Special Region)	学校数（个）Schools (unit)	毕业生数（人）Graduates (person)	招生数（人）New Enrollment (person)	在校学生数（人）Students Enrollment (person)	专任教师（人）Full-time Teachers (person)	学龄儿童入学率(%) Enrollment Ratio of Primary Schools(%)	学龄女童入学率(%) Enrollment Ratio of School Girls(%)
江口县	Jiangkou	30	2369	3210	17851	1088	99.92	99.99
※玉屏县	Yuping	29	2001	2883	15502	900	99.94	99.96
石阡县	Shiqian	60	3498	4725	26564	1767	100	100
思南县	Sinan	111	7086	7524	44810	2965	99.01	99.02
※印江县	Yinjiang	68	5177	4912	31891	2239	99.94	100
德江县	Dejiang	101	7516	7280	42625	3005	99.73	99.47
※沿河县	Yanhe	140	10126	8141	51097	3522	99.79	99.88
※松桃县	Songtao	118	6139	9012	49980	3803	99.90	99.89
兴义市	Xingyi	168	14070	17329	102826	5750	99.91	99.92
兴仁市	Xingren	116	8649	8241	50737	3020	99.76	99.78
普安县	Puan	44	4066	4802	26270	1971	99.23	99.09
晴隆县	Qinglong	94	4305	4647	28413	1995	99.53	99.54
贞丰县	Zhenfeng	96	6348	5806	35786	2322	99.57	99.42
望谟县	Wangmo	58	5724	4018	24537	1892	99.95	99.97
册亨县	Ceheng	35	3023	3759	21836	1162	99.41	99.56
安龙县	Anlong	58	5249	7647	41818	2224	99.53	99.85
凯里市	Kaili	77	8544	12025	63126	3204	100	100
黄平县	Huangping	65	3909	3882	24089	1501	99.81	99.87
施秉县	Shibing	32	2059	2234	12973	764	99.69	99.95
三穗县	Sansui	34	3008	3513	20079	979	99.86	99.84
镇远县	Zhenyuan	28	2758	3289	19865	1051	99.28	98.71
岑巩县	Cengong	23	2583	3215	18593	1020	100	100
天柱县	Tianzhu	48	4050	5221	29845	1750	99.42	99.45
锦屏县	Jinping	41	2390	2903	16322	947	99.95	99.91
剑河县	Jianhe	35	3139	4079	23152	1228	99.02	98.47
台江县	Taijiang	14	2261	2509	14089	884	100	100
黎平县	Liping	78	6415	8502	44174	2377	99.57	99.57
榕江县	Rongjiang	49	4368	6903	32680	1772	100	100
从江县	Congjiang	80	4621	6514	32252	1584	99.90	99.95
雷山县	Leishan	25	1839	2138	12336	806	99.84	99.84
麻江县	Majiang	21	1836	2219	11909	689	97.53	97.39
丹寨县	Danzhai	24	2524	2565	15528	861	99.62	99.76
都匀市	Duyun	46	4739	6821	35662	2033	99.71	99.82
福泉市	Fuquan	58	3425	5509	29335	1528	99.59	99.50
荔波县	Libo	36	2057	2691	14402	912	100	100
贵定县	Guiding	42	3075	4067	22059	1177	99.91	99.92
瓮安县	Wengan	46	5214	6748	40374	1909	99.59	99.51
独山县	Dushan	25	4248	4424	23349	1364	99.70	99.73
平塘县	Pingtang	63	4112	4393	23439	1504	100	99.99
罗甸县	Luodian	50	4416	5576	30349	1633	100	100
长顺县	Changshun	39	2667	4157	21632	1223	99.78	99.73
龙里县	Longli	28	2714	3971	21332	1259	99.89	99.88
惠水县	Huishui	51	5348	6786	37701	1979	99.91	99.91
※三都县	Sandu	57	5029	6132	35353	1760	99.76	99.64

25-44 贫困县名单(2019)
Poverty County

县　名	County
安顺市	
▼紫云县	Ziyun
毕节市	
▼纳雍县	Nayong
▼威宁县	Weining
▼赫章县	Hezhang
铜仁市	
▼沿河县	Yanhe
黔西南州	
▼晴隆县	Qinglong
▼望谟县	Wangmo
黔东南州	
▼榕江县	Rongjiang
▼从江县	Congjiang

注：1.资料来源于省扶贫办。2.▼为深度贫困县。

Note: 1.Date in the table are provided by the Poverty Allevation and Development office of Guizhou.
2."▼" are the counties of deep poverty.

全国及各省(区、市)资料

Main Statistics of Provinces (autonomous regions,municipalities) in the Whole Country

26

简 要 说 明

一、主要内容

本篇资料包括全国及各省（自治区、直辖市）主要经济社会指标。

二、资料来源

由国家统计局相关专业司提供，部分数据来源于《2020 中国统计摘要》。

Brief Introduction

I、 Main Contents

Data in this chapter mainly include national and provincial (autonomous regions, municipalities directly under the central government) economic and social indicators.

II、 Sources of Data

Data are provided by the relevant professional division of the National Bureau of Statistics, some of which are from 2020 China Statistical Yearbook.

26-1 全国及各省(区、市)人口、地区生产总值(2019)

单位：亿元

地 区	Region	年末总人口(万人) Total Population at year-end (10000 persons)	位次 Order	地区生产总值 Gross Domestic Product	位次 Order	第一产业增加值 Primary Industry	位次 Order
全 国	**National Total**	**140005**	-	**990865.00**	-	**70467.00**	-
北 京	Beijing	2153.60	26	35371.28	12	113.69	30
天 津	Tianjin	1561.83	27	14104.28	23	185.23	28
河 北	Hebei	7591.97	6	35104.52	13	3518.44	8
山 西	Shanxi	3729.00	18	17026.68	21	824.72	25
内蒙古	Inner Mongolia	2539.56	23	17212.53	20	1863.19	19
辽 宁	Liaoning	4351.70	14	24909.45	15	2177.77	15
吉 林	Jilin	2690.73	21	11726.82	26	1287.32	22
黑龙江	Heilongjiang	3751.30	17	13612.68	24	3182.45	10
上 海	Shanghai	2428.14	25	38155.32	10	103.88	31
江 苏	Jiangsu	8070.00	5	99631.52	2	4296.28	5
浙 江	Zhejiang	5850.00	10	62351.74	4	2097.38	16
安 徽	Anhui	6365.90	8	37113.98	11	2915.70	12
福 建	Fujian	3973.00	15	42395.00	8	2596.23	13
江 西	Jiangxi	4666.13	13	24757.50	16	2057.56	17
山 东	Shandong	10070.21	2	71067.53	3	5116.44	1
河 南	Henan	9639.75	3	54259.20	5	4635.40	3
湖 北	Hubei	5927.00	9	45828.31	7	3809.09	6
湖 南	Hunan	6918.38	7	39752.12	9	3646.95	7
广 东	Guangdong	11521.00	1	107671.07	1	4351.26	4
广 西	Guangxi	4960.00	11	21237.14	19	3387.74	9
海 南	Hainan	944.72	28	5308.93	28	1080.36	23
重 庆	Chongqing	3124.32	20	23605.77	17	1551.42	21
四 川	Sichuan	8375.00	4	46615.82	6	4807.23	2
贵 州	**Guizhou**	**3622.95**	**19**	**16769.34**	**22**	**2280.56**	**14**
云 南	Yunnan	4858.00	12	23223.75	18	3037.62	11
西 藏	Tibet	350.60	31	1697.82	31	138.19	29
陕 西	Shanxi	3876.21	16	25793.17	14	1990.93	18
甘 肃	Gansu	2647.43	22	8718.30	27	1050.48	24
青 海	Qinghai	607.82	30	2965.95	30	301.90	26
宁 夏	Ningxia	694.66	29	3748.48	29	279.93	27
新 疆	Xinjiang	2523.22	24	13597.11	25	1781.75	20

注：数据摘自《2020中国统计摘要》。

The Population and GDP of the Whole Country and All Provinces

(100 million yuan)

第二产业 增加值 Secondary Industry	位次 Order	第三产业 增加值 Tertiary Industry	位次 Order	地区生产总值比上年增长(%) Increase Rate of GDP in 2019 over 2018(%)	位次 Order
386165.00	-	**534233.00**	-	**6.1**	-
5715.06	22	29542.53	5	6.1	20
4969.18	23	8949.87	20	4.8	29
13597.26	11	17988.82	13	6.8	11
7453.09	18	8748.87	21	6.2	16
6818.88	20	8530.46	22	5.2	28
9531.24	15	13200.44	14	5.5	26
4134.82	25	6304.68	26	3.0	31
3615.21	26	6815.02	25	4.2	30
10299.16	14	27752.28	6	6.0	22
44270.51	1	51064.73	2	6.1	20
26566.60	4	33687.76	4	6.8	11
15337.90	9	18860.38	12	7.5	7
20581.74	6	19217.03	11	7.6	5
10939.83	13	11760.11	18	8.0	4
28310.92	3	37640.17	3	5.5	26
23605.79	5	26018.01	7	7.0	10
19098.62	7	22920.60	9	7.5	7
14946.98	10	21158.19	10	7.6	5
43546.43	2	59773.38	1	6.2	16
7077.43	19	10771.97	19	6.0	22
1099.03	30	3129.54	28	5.8	25
9496.84	16	12557.51	15	6.3	14
17365.33	8	24443.26	8	7.5	7
6058.45	**21**	**8430.33**	**23**	**8.3**	**1**
7961.58	17	12224.55	16	8.1	2
635.62	31	924.01	31	8.1	2
11980.75	12	11821.49	17	6.0	22
2862.42	27	4805.40	27	6.2	16
1159.75	29	1504.30	30	6.3	14
1584.72	28	1883.83	29	6.5	13
4795.50	24	7019.86	24	6.2	16

Note: Data in this table are extracted from China Statistical Summary 2020.

26-2 全国及各省(区、市)固定资产投资(不含农户)、房地产开发情况(2019)

地区	Region	固定资产投资增速(%) Growth in Fixed Assets Investment	位次 Order	房地产开发投资增速(%) Investment in Real Estate Development	位次 Order
全国	**National Total**	**5.4**		**9.9**	
北京	Beijing	-2.4	27	-0.9	28
天津	Tianjin	13.9	1	12.5	13
河北	Hebei	6.1	16	-2.9	29
山西	Shanxi	9.3	7	20.3	5
内蒙古	Inner Mongolia	6.8	13	18.0	6
辽宁	Liaoning	0.5	25	9.0	19
吉林	Jilin	-16.3	31	11.9	14
黑龙江	Heilongjiang	6.3	15	1.4	27
上海	Shanghai	5.1	19	4.9	23
江苏	Jiangsu	5.1	19	9.4	18
浙江	Zhejiang	10.1	4	7.4	21
安徽	Anhui	9.2	8	11.7	15
福建	Fujian	5.9	17	14.8	9
江西	Jiangxi	9.2	8	3.0	26
山东	Shandong	-8.4	28	14.1	10
河南	Henan	8.0	12	6.4	22
湖北	Hubei	10.6	3	8.9	20
湖南	Hunan	10.1	4	12.7	11
广东	Guangdong	11.1	2	10.0	17
广西	Guangxi	9.5	6	27.0	4
海南	Hainan	-9.2	29	-22.1	31
重庆	Chongqing	5.7	18	4.5	24
四川	Sichuan	8.6	10	15.4	8
贵州	**Guizhou**	**1.0**	**24**	**27.3**	**3**
云南	Yunnan	8.5	11	27.8	2
西藏	Tibet	-2.1	26	39.9	1
陕西	Shanxi	2.5	22	10.4	16
甘肃	Gansu	6.6	14	12.7	11
青海	Qinghai	5.0	21	15.5	7
宁夏	Ningxia	-10.3	30	-10.3	30
新疆	Xinjiang	2.5	22	3.9	25

注：本表固定资产投资统计口径为计划总投资500万元及以上固定资产项目投资和房地产开发项目投资，分省数据不含跨省项目。

The Investment in Fixed Assets(Excluding Rural Households) and Real Estate Development of the Whole Country and All Province

房地产开发企业房屋施工面积(万平方米) Floor Space under Construction (10000 aq.m)	位次 Order	房地产开发企业本年房屋竣工面积(万平方米) Floor Space Completed This Year (10000 aq.m)	位次 Order	房地产开发企业商品房销售面积(万平方米) Floor Space of Commercial Houses (10000 aq.m)	位次 Order
893820.89		**95941.53**		**171557.87**	
12514.99	23	1343.28	21	938.86	28
11453.43	25	1655.50	20	1478.68	26
29852.97	11	2679.96	12	5282.70	15
19548.55	19	2739.22	11	2366.11	19
15889.08	20	950.56	28	2008.19	21
23787.49	17	1817.63	18	3696.27	18
12403.73	24	1222.17	23	2122.34	20
11441.20	26	1204.08	24	1684.50	25
14802.97	21	2669.67	13	1696.34	24
65686.75	3	9369.08	3	13972.85	2
49604.61	5	5738.82	5	9378.31	6
43591.15	7	5673.90	6	9229.38	7
34140.18	9	2882.29	10	6456.13	12
23556.98	18	2230.76	15	6458.86	11
75767.42	2	10179.25	1	12727.25	5
57567.10	4	6571.21	4	14277.55	1
33825.07	10	2558.60	14	8602.04	9
40045.12	8	3975.24	9	9103.50	8
86824.87	1	9955.54	2	13846.54	3
29807.03	12	2037.85	16	6711.77	10
9221.56	28	1302.26	22	829.34	29
27986.64	13	5069.17	7	6104.68	13
49113.75	6	4580.04	8	12978.61	4
27775.07	**14**	**954.85**	**27**	**5323.31**	**14**
26314.05	16	1844.49	17	4835.41	16
764.16	31	18.87	31	127.71	31
27728.39	15	1782.13	19	4401.06	17
10977.33	27	674.14	29	1705.31	23
2922.38	30	133.27	30	480.52	30
5936.59	29	1011.05	26	1009.55	27
12970.30	22	1116.66	25	1724.18	22

Note: The statistical caliber of this table is the investment of fixed assets projects and real estate development projects with a total investment of 5 million yuan and above.

26-3 全国及各省(区、市)内外贸易(2019)

Imports and Exports of the Whole Country and All Provinces

单位：亿美元 (USD 100 million)

地 区	Region	社会消费品零售总额增速(%) Growth Rate of Total Retail Sales of Consumer Goods(%)	位 次 Order	进出口总额 Total Exports and Imports	位 次 Order	出口额 Exports	位 次 Order	进口额 Imports	位 次 Order
全 国	**National Total**	**8.0**		**45851.57**		**24994.57**		**20857.00**	
北 京	Beijing	4.4	28	4164.57	5	750.51	7	3414.06	2
天 津	Tianjin	-0.3	31	1066.46	8	437.92	13	628.54	8
河 北	Hebei	8.4	12	580.43	16	343.81	18	236.62	16
山 西	Shanxi	7.8	14	209.82	23	116.90	22	92.91	25
内蒙古	Inner Mongolia	4.1	29	159.39	25	54.68	23	104.71	24
辽 宁	Liaoning	6.1	22	1053.20	9	454.38	11	598.82	9
吉 林	Jilin	3.4	30	189.04	24	47.04	27	142.00	22
黑龙江	Heilongjiang	6.2	20	271.09	21	50.69	24	220.40	17
上 海	Shanghai	6.5	18	4939.05	3	1989.94	4	2949.11	3
江 苏	Jiangsu	6.2	20	6295.16	2	3948.28	2	2346.88	4
浙 江	Zhejiang	8.7	9	4472.24	4	3346.05	3	1126.20	6
安 徽	Anhui	10.6	2	687.30	13	404.11	14	283.19	13
福 建	Fujian	10.0	8	1930.64	7	1201.78	6	728.86	7
江 西	Jiangxi	11.3	1	508.90	19	361.93	16	146.97	21
山 东	Shandong	6.4	19	2969.96	6	1614.40	5	1355.56	5
河 南	Henan	10.4	3	824.99	12	542.13	9	282.86	14
湖 北	Hubei	10.3	6	571.61	17	359.95	17	211.65	18
湖 南	Hunan	10.2	7	628.50	15	445.41	12	183.09	20
广 东	Guangdong	8.0	13	10366.26	1	6294.53	1	4071.72	1
广 西	Guangxi	7.0	17	682.22	14	377.47	15	304.75	11
海 南	Hainan	5.3	25	131.53	26	49.87	25	81.66	26
重 庆	Chongqing	8.7	9	839.50	11	538.03	10	301.46	12
四 川	Sichuan	10.4	3	984.01	10	565.45	8	418.55	10
贵 州	**Guizhou**	**5.1**	**27**	**65.68**	**28**	**47.40**	**26**	**18.28**	**28**
云 南	Yunnan	10.4	3	336.92	20	150.24	21	186.68	19
西 藏	Tibet	8.7	9	7.03	30	5.41	30	1.62	31
陕 西	Shanxi	7.4	16	510.33	18	272.22	19	238.11	15
甘 肃	Gansu	7.7	15	128.33	27	19.07	29	109.26	23
青 海	Qinghai	5.4	24	5.45	31	2.94	31	2.51	30
宁 夏	Ningxia	5.2	26	34.90	29	21.59	28	13.30	29
新 疆	Xinjiang	5.5	23	237.07	22	180.44	20	56.63	27

26-4 全国及各省(区、市)主要农产品产量(2019)

The Output of Main Agricultural Products of the Whole Country and All Provinces

单位：万吨 (10000 tons)

地 区	Region	粮 食 Grain	油 料 Oil-bearing Crops	蔬菜 Vegetable	水 果 Fruits	肉 类 Meat	奶 类 Milk
全 国	**National**	**66384.3**	**3493.0**	**72102.6**	**27400.8**	**7758.8**	**3297.6**
北 京	Beijing	28.8	0.3	111.5	59.9	5.1	26.4
天 津	Tianjin	223.3	0.4	242.8	57.4	30.4	47.4
河 北	Hebei	3739.2	119.5	5093.1	1391.5	433.4	433.8
山 西	Shanxi	1361.8	13.7	827.8	862.7	91.0	92.3
内蒙古	Inner Mongolia	3652.5	228.7	1090.8	280.4	264.6	582.9
辽 宁	Liaoning	2430.0	97.7	1885.4	820.7	367.9	134.7
吉 林	Jilin	3877.9	81.8	445.4	153.9	243.2	40.0
黑龙江	Heilongjiang	7503.0	11.5	655.4	165.0	237.1	467.0
上 海	Shanghai	95.9	0.8	268.1	48.1	10.8	29.7
江 苏	Jiangsu	3706.2	94.3	5643.7	983.6	274.5	62.4
浙 江	Zhejiang	592.1	31.9	1903.1	744.1	94.3	15.5
安 徽	Anhui	4054.0	161.4	2213.6	706.3	402.8	33.8
福 建	Fujian	493.9	22.0	1570.7	727.2	255.2	15.0
江 西	Jiangxi	2157.5	120.8	1581.8	693.3	299.8	7.3
山 东	Shandong	5357.0	289.0	8181.1	2840.2	704.0	234.5
河 南	Henan	6695.4	645.5	7368.7	2589.7	560.4	208.5
湖 北	Hubei	2725.0	313.9	4086.7	1010.2	349.2	13.4
湖 南	Hunan	2974.8	239.2	3969.4	1062.0	459.4	6.3
广 东	Guangdong	1240.8	110.2	3528.0	1768.6	412.1	13.9
广 西	Guangxi	1332.0	71.6	3636.4	2472.1	380.0	8.7
海 南	Hainan	145.0	8.7	572.0	456.1	67.1	0.2
重 庆	Chongqing	1075.2	65.2	2008.8	476.4	163.8	4.2
四 川	Sichuan	3498.5	367.4	4639.1	1136.7	559.5	66.8
贵 州	**Guizhou**	**1051.2**	**103.0**	**2734.8**	**442.0**	**205.9**	**5.3**
云 南	Yunnan	1870.0	62.5	2304.1	860.3	405.9	66.7
西 藏	Tibet	103.9	5.7	77.5	2.4	28.4	48.2
陕 西	Shanxi	1231.1	60.1	1897.4	2012.8	109.5	159.7
甘 肃	Gansu	1162.6	63.2	1388.8	710.1	101.7	44.7
青 海	Qinghai	105.5	28.9	151.9	3.7	37.4	35.5
宁 夏	Ningxia	373.2	7.7	565.9	258.6	33.5	183.4
新 疆	Xinjiang	1527.1	66.4	1458.8	1604.8	170.7	209.4

注：1.本表数据摘自《2020中国统计摘要》。2.水果产量含果用瓜。

Note: Data in this table are extracted from China Statistical Summary 2019.2. The yield of fruits includes melons.

26-5 全国及各省(区、市)主要工业产品产量(2019)

The Output of Main Industrial Products of the Whole Country and All Provinces

地 区	Region	成品钢材 (万吨) Products Steel (10000 tons)	水 泥 (万吨) Cement (10000 tons)	农用化肥 (万吨) Chemical Fertilizers (10000 tons)	家用电冰箱 (万台) Household (10000 sets)	十种有色金属 (万吨) Ten Kinds of Nonferrous Metals (10000 tons)	磷矿石 (万吨) Phosphorite Mineral (10000 tons)
全 国	**National Total**	**120477.4**	**233035.7**	**5624.9**	**7904.3**	**5841.6**	**9332.4**
北 京	Beijing	170.7	318.7				
天 津	Tianjin	5455.0	687.7	16.4	44.6	1.4	
河 北	Hebei	28409.6	10231.5	186.7		4.0	75.1
山 西	Shanxi	5594.3	4982.4	398.5		104.4	
内蒙古	Inner Mongolia	2563.8	3265.9	509.7		634.9	
辽 宁	Liaoning	7254.4	4608.1	38.2	178.2	127.8	20.1
吉 林	Jilin	1544.2	1801.8	29.0		13.1	
黑龙江	Heilongjiang	782.0	1976.5	46.6		2.3	
上 海	Shanghai	1819.7	430.0	1.0	33.8	0.1	
江 苏	Jiangsu	14211.4	16048.2	199.1	1068.1	72.6	
浙 江	Zhejiang	3468.3	13399.9	41.8	567.9	63.1	
安 徽	Anhui	3158.4	13988.1	269.4	2505.9	202.2	78.7
福 建	Fujian	3737.7	9443.1	90.3		73.4	
江 西	Jiangxi	2795.7	9625.1	29.2	93.3	186.6	
山 东	Shandong	9289.4	14357.1	421.7	732.5	965.3	
河 南	Henan	3838.0	10465.6	406.5	251.6	435.6	105.1
湖 北	Hubei	3771.6	11622.8	558.3	539.9	85.8	3732.1
湖 南	Hunan	2451.6	11194.9	52.6		193.9	25.3
广 东	Guangdong	4510.5	16711.8	13.6	1631.4	42.9	
广 西	Guangxi	3346.7	11919.8	27.2		373.8	
海 南	Hainan		2019.0	65.6			
重 庆	Chongqing	1136.5	6752.9	81.6		62.2	
四 川	Sichuan	3308.2	14172.1	441.7	99.5	97.0	763.6
贵 州	**Guizhou**	**707.7**	**10991.1**	**371.4**	**157.6**	**155.1**	**2504.1**
云 南	Yunnan	2323.3	12844.9	279.3		405.1	2027.3
西 藏	Tibet		1081.0			0.9	
陕 西	Shanxi	2037.5	6621.2	126.5		205.4	1.0
甘 肃	Gansu	936.7	4409.5	17.0		329.0	
青 海	Qinghai	180.6	1339.8	560.4		250.9	
宁 夏	Ningxia	306.2	1888.6	45.4		133.4	
新 疆	Xinjiang	1367.9	3836.8	300.1		619.6	

注：统计口径为年主营业务收入2000万元及以上的工业企业。在纳入规模以上工业统计的主要产品中，本表选取了贵州支柱行业生产的主要产品列示。

Note: The statistical caliber of the table refers to the industry enterprises whose main business revenue are 20 millions yuan and above. Among the main industrial products above designated size, this table lists the main products produced by the pillar industries in Guizhou.